高等学校应用型本科金融学“十四五”规划教材

金融风险管理

Financial Risk Management

（第三版）

主　编　刘金波　张　涛
副主编　胡海波　王会钧
　　　　里　明
参　编　刘　香　赵丽娟
　　　　尹　珂

中国金融出版社

责任编辑：张菊香
责任校对：潘　洁
责任印制：陈晓川

图书在版编目（CIP）数据

金融风险管理/刘金波，张涛主编．—3 版．—北京：中国金融出版社，2023.8
高等学校应用型本科金融学“十四五”规划教材
ISBN 978－7－5220－2049－5

Ⅰ.①金…　Ⅱ.①刘…②张…　Ⅲ.①金融风险—风险管理—高等学校—教材
Ⅳ.①F830.9

中国国家版本馆 CIP 数据核字（2023）第 103361 号

金融风险管理
JINRONG FENGXIAN GUANLI
出版
发行　中国金融出版社
社址　北京市丰台区益泽路 2 号
市场开发部　(010)66024766，63805472，63439533（传真）
网 上 书 店　www.cfph.cn
(010)66024766，63372837（传真）
读者服务部　(010)66070833，62568380
邮编　100071
经销　新华书店
印刷　河北松源印刷有限公司
尺寸　185 毫米×260 毫米
印张　23.75
字数　533 千
版次　2010 年 8 月第 1 版　2014 年 8 月第 2 版　2023 年 8 月第 3 版
印次　2023 年 8 月第 1 次印刷
定价　69.00 元
ISBN 978－7－5220－2049－5

编辑部邮箱：jiaocaiyibu@126.com

前　言

所谓风险是指未来结果的不确定性，如未来收益、资产或债务价值的波动性或不确定性。金融风险是指企业未来收益的不确定性或波动性，它直接与金融市场的波动性相关。随着金融发展不断深化，金融风险日趋复杂化和多样化，金融风险管理的重要性愈加突出。金融风险管理（Finance Risk Management）就是营利性组织和非营利性组织衡量和控制风险与回报之间的得失，是在降低风险的成本与收益之间进行权衡并决定采取何种措施的过程。金融风险管理包括对金融风险的识别、度量、控制和规避。

首先，金融风险管理必须识别和度量风险。风险识别的目的是确定何种风险可能会对企业产生影响，最重要的是量化不确定性的程度和每个风险可能造成损失的程度。

其次，金融风险管理要着眼于风险控制。银行通常采用积极的措施来控制风险，通过降低损失发生的概率、缩小损失程度来达到目的。控制风险最有效的方法就是制订切实可行的应急方案，编制多个备选方案，对企业所面临的风险做好充分的准备。当风险发生后，按照预先编制的方案实施，将损失控制在最低限度。

最后，金融风险管理要学会规避风险。在既定目标不变的情况下，改变方案的实施路径，从根本上消除特定的风险因素。例如，设立现代激励机制、培训方案、做好人才备份工作等，可以降低知识型员工流失的风险。

对于经济高速发展、金融市场逐步与世界接轨的中国而言，强化风险防范意识，掌握风险管理的技巧和方法，顺利融入经济和金融的全球化进程，在当今有着前所未有的极为重要的现实意义。尤其是现代商业银行在全球经济活动中扮演的角色和承担的职能说明风险管理能力是核心能力之一。面对日益多元化的全球金融市场，现代商业银行必须学习在更为复杂的风险环境中生存。商业银行能否承担并且妥善管理风险，直接决定银行的盈亏和生存状况。

本书针对在一个肯定有风险的环境里把风险降至最低的问题做深入研究，特别强调金融风险管理知识的系统性、管理程序的逻辑性和管理技术的实用性，并结合大量实际案例对各类风险管理方法的运用做了深入分析。本书适合作为应用型本科院校金融、经济专业学生的金融风险管理课程的教科书，也可供工商企业或金融机构从业人员、相关研究人员使用，还可以作为银行风险管理培训和中国银行业从业人员资格认证考试风险管理科目参考模拟训练教材。在世界经济一体化形势下，现代经济越来越依赖于金融业的发展，风险管理也就成为工商企业和金融机构的核心竞争力之一。本书以系统介绍金融风险管理的基本理论与基本技能为主要内容，详细介绍了商业银行风险的特征、来源、传播及其种类，风险管理的文化、组织架构，风险管理的流程以及巴塞尔体系，商业银行风险管理的技术标准等，并对信用风险、操作风险、市场风险、流动性风险、国家风险、法律风险及声誉风险等具体风险形式的识别、评估及控制方法进行了重点介绍。

本书相对于前一版做了以下修改：

（一）根据职业资格考试的变化做了重新修订

本书在结构上将风险管理基础知识与实际业务相结合，根据“中国银行业从业人员资格认证”（Certification of China Banking Professional，CCBP）风险管理科目的考试大纲及考点的变化做了重新修订，通过相关案例分析和背景知识介绍来消化吸收较复杂的理论知识。同时也考虑了金融风险管理师（Financial Risk Manager，FRM）考试的要求，符合 FRM 考试的基础知识体系。

（二）对最新的商业银行监管规定进行梳理

在编写过程中根据目前我国商业银行风险管理的实际现状，以及最新的监管规定更新了相关内容，如《商业银行流动性管理办法》以及《银行保险机构声誉风险管理办法（试行）》等，并专门邀请中国光大银行长期从事风险管理的银行高级风险管理经理参与修订，以使读者能完全掌握实际中商业银行风险管理的各种实务操作。

（三）引入了最新的风险管理案例

当前金融风险不断出现，我国监管层也在不断地加强监管，根据新的风险情况我们补充了新的风险管理案例，尤其是声誉风险管理案例。读者可以通过实践引导、案例分析、案例训练等，更深入地了解金融风险管理实际。

（四）配套了相关的慕课资源

本书侧重于将各种理论和实际工作中的案例进行融合、归纳、集成，形成一个比较完整的理论与实践有机融合的体系，具有较强的科学性、系统性、实用性和超前性。同时配套了相关的慕课资源，读者可以在智慧树平台搜索完全配套的慕课，即《金融风险管理》慕课，在慕课中有知识点的讲解及知识横向的总结，另外还有学习中的知识提问和每节习题及复习考试的习题，将学习、探究、实训、拓展有机结合，使学生在学习知识的同时，提高自主学习的能力。

本书的编写分工如下：刘金波（哈尔滨金融学院）编写第二章、第四章、第九章，张涛（哈尔滨金融学院）编写第七章、第十章、第五章练习题，胡海波（哈尔滨金融学院）编写第五章、第六章、第十一章，王会钧（哈尔滨金融学院）编写第三章、第八章，刘香（哈尔滨金融学院）编写第一章，里明（中国光大银行黑龙江省分行风险管理部）编写第十二章，尹珂（中国农业银行哈尔滨昆仑支行）编写背景知识，赵丽娟（东北农业大学）编写部分案例，中国银行业协会风险管理培训师王红梅教授担任主审。刘金波负责全书总体结构设计、大纲的拟定、初稿的修改补充，并对全书进行总撰、定稿。

由于风险管理领域理论和实践的发展变化日新月异，加之作者的水平有限，本书虽经过多次修改仍难免有错误和遗漏之处，敬请有关专家、学者批评指正。

编者

2023 年 1 月

目　　录

第一章

金融风险管理基础知识

【章前引例】

《全球金融稳定报告》：通往经济复苏的桥梁

国际货币基金组织（IMF）在2020年10月发布了《全球金融稳定报告》，指出短期全球金融稳定风险暂且得到控制，空前且及时的政策应对帮助维持信贷持续流向实体经济，避免了不利的宏观金融反馈循环，构筑了通往经济复苏的桥梁。然而，金融脆弱性正在上升，这使部分国家的金融稳定问题有所加剧。企业为应对现金流短缺举借了更多债务，当局则为支持经济扩大了财政赤字，这使非金融企业部门和主权部门的脆弱性有所上升。随着危机发展，企业的流动性压力可能演变为偿付问题，尤其是在经济复苏被推迟的情况下。与可进入资本市场融资的大型企业相比，中小企业更为脆弱。未来债务违约的情况将最终取决于当局维持政策支持的程度以及经济复苏的速度，而各部门和各国的复苏情况预计将有所不同。虽然全球银行体系资本金充足，但处于尾部的银行比较脆弱；在2020年10月《世界经济展望》假设的不利情景下，即使考虑到当前已采取的政策措施，一些国家的银行体系仍可能面临资本金总体短缺的问题。一些新兴和前沿市场经济体面临融资挑战，这可能使部分经济体陷入债务困境或引发金融不稳定，可能需要官方提供支持。随着经济重启，宽松的政策对于稳定复苏势头、实现可持续复苏至关重要。疫情后的金融改革计划应该聚焦于加强非银行金融部门的监管框架，完善审慎监管，以抑制长期低利率环境下的过度承担风险行为。

资料来源：国际货币基金组织网站，2020年10月。

【本章学习目标】

1. 了解金融风险的定义，理解风险与收益、损失的关系。
2. 了解商业银行风险管理发展的历程，掌握全面风险管理的含义。
3. 掌握商业银行面临的风险以及各自的内涵和主要特征。
4. 掌握商业银行风险管理的主要策略和风险管理流程。
5. 掌握商业银行监管资本和经济资本的定义。

金融风险管理就是营利性组织和非营利性组织衡量及控制风险与回报之间的得失。金融风险管理这个词汇是金融语言的核心。随着金融全球化和经济全球化的发展，金融风险日趋复杂化和多样化，金融风险管理的重要性愈加突出。由于金融风险对经济、金融乃至国家安全的消极影响，目前在国际上，许多大型企业、金融机构和组织、各国政府及金融监管部门都在积极寻求金融风险管理的技术和方法，以对金融风险进行有效识别、精确度量和严格控制。在现代经济越来越依赖于金融业的情形下，金融风险管理也就成为工商企业和金融机构的核心竞争力之一，同时成为广大学术界，包括数学界、信息科学界、金融理论界和实务界共同研究和关注的重要课题之一。

第一节　金融风险管理概述

一、金融风险的本质

（一）风险及金融风险的定义

改革开放40多年来，我国经济迅速增长。金融作为市场经济的核心，在我国经济的发展和改革中起到了重要的枢纽和推动作用。但是，在我国经济、金融快速发展的同时，由于金融、经济、社会、历史等多个方面的原因，潜伏着较大的金融风险。从国际上来看，近年来，动荡不安的国际金融领域险象环生，如1982年的墨西哥金融风波、1985年英国巴林银行的倒闭、1997年7月开始的东南亚金融危机、2007年爆发的美国次贷危机等。

世界上发生的金融危机表明，一旦金融风险得不到有效的控制，很容易引起连锁反应，从而引发全局性、系统性的金融危机，并殃及整个经济生活，甚至导致经济秩序混乱与政治危机。因此，正确识别金融风险（包括其表现、特点、产生原因），及时、准确监测金融风险，采取措施防范和化解金融风险已经成为全球关注的焦点。

风险是指某种不确定事件发生的可能性。在经济学领域，最早定义风险的是美国学者海斯，他认为，风险是损失发生的可能性。1921年，另一位美国学者奈特在其经典著作《风险、不确定性和利润》中，以是否可度量为标准，首次明确区分了风险与不确定性：可度量的是风险，不可预见和计量的是不确定性。此外，还有很多其他具有代表性的观点，例如，风险是指在一定条件下和一定时期内可能发生的各种结果的变动程度；风险是从事后角度来看的由于不确定性因素而造成的损失；风险是由于对事物无法预料的不确定性因素的影响，使实际收益与预期收益产生差异，从而有蒙受经济损失或获取额外收益的机会和可能性；等等。对于风险的定义还有很多，总体上看都认为风险是由不确定性引起的，其结果是不确定的。但对于不确定的结果，则有两种不同的具有代表性的观点：一种认为风险发生的结果是损失；另一种则认为风险发生的结果既可以是损失，也可以是额外的收益。谨慎的风险管理者常常采取第一种观点，我国传统的风险管理者也采取第一种观点。

一般来说，任何营利事业都存在风险。金融风险指的是经济主体在从事资金融通的过程中遭受损失的可能性。有人把金融比喻成硬币的两面，一面是金融的收益性；另一面是不稳定性、损失性。而金融活动就像投掷硬币的过程一样，获利与损失的机会都有，只是概率不同，结果不同。

在现代市场经济中，随着经济货币化、证券化和金融化程度的不断提高，金融已成为现代经济的核心，金融风险不仅客观存在，而且在相当大的程度上反映了国民经济的运行风险；再加上金融活动特有的信用性和虚拟性，使金融风险加大。金融风险累积到一定程度并爆发，就成了金融危机，其后果危害之大，波及之广，是远远超过其他风险的。它不仅能破坏金融秩序，还会危及经济运行，甚至影响社会稳定。

（二）风险与收益、损失的关系

没有风险就没有收益。正确认识并深入理解风险与收益的关系，一方面有助于对损失可能性和盈利可能性的平衡管理，防止过度强调风险损失而制约机构的盈利和发展；另一方面有利于金融机构在经营管理活动中主动承担风险，利用经济资本配置、经风险调整的业绩评估等现代风险管理方法，遵循风险与收益相匹配的原则，合理地促进优势业务的发展，进行科学的业绩评估，从而产生良好的激励效果。

针对金融机构经营管理的特殊性，从其内部控制和外部监管的角度，要更加关注风险可能造成的损失。因此，金融机构的风险管理就重在分析不同风险状况或条件下可能遭受的损失规模，以及损失发生的可能性。尽管风险与损失有密切联系，但根据风险的含义以及产业实践，风险虽然通常采用损失的可能性以及潜在的损失规模来计量，但绝不等同于损失本身。实质上，损失是一个事后概念，反映的是风险事件发生后所造成的实际结果；而风险却是一个明确的事前概念，反映的是损失发生前的事物发展状态，可以采用概率和统计方法计算出可能的损失规模和发生的可能性。因此，风险和损失是不能同时并存的事物发展的两种状态，将风险误解为损失的危害在于将损失发生之前的事前风险管理和损失发生之后的损失处置和管理相混淆，从而削弱风险管理的积极主动性和有效性，无法真正做到在经营管理过程中将风险关口前移，主动防范和规避风险。

在实践中，通常将金融风险可能造成的损失分为预期损失（Expected Loss ，EL）、非预期损失（Unexpected Loss ，UL）和灾难性损失（Stress Loss ，SL）三大类。预期损失是指商业银行业务发展中基于历史数据分析可以预见的损失，通常为一定历史时期内损失的平均值（有时也采用中间值）；非预期损失是指利用统计分析方法（在一定置信区间和持有期内）计算出的对预期损失的偏离，是难以预见的较大损失；灾难性损失是指超出预期损失之外的可能威胁到安全性和流动性的重大损失。金融机构中的商业银行通常采取提取损失准备金和冲减利润的方式来应对和吸收预期损失；利用资本金来应对非预期损失；对于规模巨大的灾难性损失，如地震、火灾等，可以通过购买商业保险来转移风险；对于因衍生产品交易等过度投机行为而造成的灾难性损失，则应当采取严格限制高风险业务/行为的做法加以规避。

（三）金融风险的特点

金融风险的特点是其本质外化的表现，主要有以下几点。

1. 不确定性。在市场经济中，人们所面对的市场变化是无限的，而人们的认识能力却是有限的，由此产生的不确定性是市场风险的本质体现。金融风险就是由不确定性引起的产生金融损失的可能性。金融风险的不确定性要求经济主体，特别是金融机构必须树立风险的动态观、全局观，并时刻根据经济环境、经济主体行为变化的特点，把握风险的变化与发展，以采取相应措施予以防范。

2. 普遍性。由于资金融通具有偿还性的特点，资金融出方要在将来的某一时间收回其资金，并获得报酬；资金融入方要同时偿还本金，并付出利息。但是，由于将来存在许多不确定因素，因而资金融出方可能无法按时、按预期的报酬收回本金和利息；资金融入方也可能无法按时、按预定期限的成本偿付资金。这种可能性在资金融通过程中是普遍存在的。这一特性要求各级政府部门、各金融机构、各企业和每个人都要时时处处树立金融风险意识。

3. 扩散性。现代金融业的发展，使各金融机构紧密相连、互为依存。金融以信用为基础。金融机构作为融资中介，实质上是由一个多边信用共同建立起来的信用网络。信用关系的原始借贷通过这一中介网络后，不再具有一一对应的关系，而是相互交织，相互联动，任何一个环节出现的风险损失都有可能通过这个网络对其他环节产生影响；任何一个链条断裂，都有可能酿成较大的金融危机。这就是所谓的“多米诺骨牌效应”。这一特性要求政府和金融监管当局特别注重区域性、行业性的系统金融风险。

4. 隐蔽性和突发性。由于金融机构具有一定的创造信用的能力，因而可以在较长的时间里通过不断创造新的信用来掩盖已经出现的损失和问题。而这些风险因素被不断地积累，最终就会以突发的形式表现出来。因此，我们在日常工作中要采用科学的指标和方法，加强对金融风险的观测、判断、分析和预测，及时发现问题并加以解决。

5. 可控性。尽管金融风险具有客观性和不确定性，但风险作为经济主体行为的后果，也可以去认识和把握，并采取积极的防范措施去控制。这一特性要求金融机构必须树立正确的风险管理观念，并有的放矢地采取有效措施防范和化解金融风险。

6. 双重性。尽管我们在研究金融风险时，更多地强调它损失的可能，但在金融活动中，在风险存在的条件下，获取额外收益的机会也是客观存在的。这种正效应是人们所渴望、追求的，属于风险收益的范畴，它激励人们勇于承担风险，富于竞争和创新精神，以促进金融的深化。金融风险的两重性特征，势必使经济主体产生一种约束机制和激励机制，更好地有效配置资源。

二、商业银行风险的类别

对商业银行风险的分类可采用不同的标准，相应地，分类的结果也各不相同。

按风险发生的范围，商业银行风险通常可分为系统性风险和非系统性风险。系统性风险是指由来自银行体系之外的不确定因素，如宏观经济走势、市场资金供求状况、政治局势等所导致的风险，它对整个银行业都产生影响，不可能消除。非系统性风险是指由来自银行体系之内的行为人主观决策以及获取信息的不充分性所引起的风险，带有明显的个性特征，可以通过设定合理的规则来降低和分散风险。

按风险的主体构成可分为资产风险、负债风险和中间业务风险；按风险的来源可分为外部风险和内部风险；按风险产生的原因可分为客观风险和主观风险；按风险的性质可分为静态风险和动态风险；按风险的形态可分为有形风险和无形风险；按风险事故可以将风险划分为经济风险、政治风险、社会风险、自然风险和技术风险；按损失结果可以将风险划分为纯粹风险和投机风险；按是否能够量化可以将风险划分为可量化风险和不可量化风险；等等。

结合商业银行经营的业务特征，按诱发风险的原因，巴塞尔委员会将商业银行面临的风险划分为信用风险、市场风险、操作风险、流动性风险、国别风险、声誉风险、法律风险以及战略风险八大类，这也是本书主要介绍的商业银行风险。

（一）信用风险

信用风险（Credit Risk）是指债务人或交易对手未能履行合同所规定的义务或信用质量发生变化，影响金融产品价值，从而给债权人或金融产品持有人造成经济损失的风险。信用风险是商业银行最为复杂的风险种类，也是商业银行在业务经营中面临的最主要的风险。

对大多数商业银行来说，贷款是最大、最明显的信用风险来源，但事实上，信用风险既存在于传统的贷款、债券投资等表内业务中，也存在于信用担保、贷款承诺等表外业务中，还存在于衍生产品交易中。商业银行正面临越来越多的除贷款之外的其他金融工具中所包含的信用风险。信用风险对基础金融产品和衍生产品的影响不同，对基础金融产品而言，信用风险造成的损失最多是其债务的全部账面价值；而对衍生产品而言，对手违约造成的损失一般小于衍生产品的名义价值，但由于衍生产品的名义价值通常十分巨大，因此潜在的风险不容忽视。

信用风险被认为是最为复杂的风险种类，通常包括违约风险、结算风险等主要形式。信用风险在很大程度上由个案因素所决定，观察数据少且不易获取，因此具有明显的非系统性风险特征。

（二）市场风险

市场风险（Market Risk）是指由于金融资产价格和商品价格的波动而导致商业银行表内、表外头寸遭受损失的风险。市场风险包括利率风险、股票风险、汇率风险和商品风险四种，其中利率风险尤为重要。由于商业银行的资产主要是金融资产，利率的波动会直接导致其资产价值的变化，影响银行的稳健经营，因此随着我国利率市场化逐步深入，利率风险管理已经成为我国商业银行市场风险管理的重要内容。

市场风险相对于信用风险而言，具有数据优势和易于计量的特点，可以采用多种技术手段加以控制。同时，市场风险发生时往往涉及地区性和系统性的金融动荡或严重损失，因此，具有明显的系统性风险特征，难以通过资产多样化来分散和回避。国际性商业银行通常分散投资于多国金融/资本市场，以降低所承担的系统性风险。

（三）操作风险

操作风险（Operational Risk）是指由不完善或有问题的内部程序、员工、信息科技系统以及外部事件造成损失的风险。操作风险可以分为由人员、系统、流程和外部事件所引发的四类风险，并由此分为七种表现形式：内部欺诈，外部欺诈，聘用员工做法和工作场所安全性，客户、产品及业务做法，实物资产损坏，业务中断和系统失灵，交割及流程管理。这七种损失事件还可进一步细化为具体业务活动和操作，使商业银行管理者能够从引起操作风险的具体因素着手，采取有效的管理措施。

操作风险具有普遍性，与市场风险主要存在于交易类业务和信用风险主要存在于授信业务不同，操作风险普遍存在于商业银行业务和管理的各个方面。操作风险具有非营利性，它并不能为商业银行带来盈利，商业银行之所以承担它是因为其不可避免，对它的管理策略是在管理成本一定的情况下尽可能降低风险。此外，操作风险还可能引发市场风险和信用风险。例如，交易过程中，结算系统发生故障导致结算失败，不但可能造成交易成本上升，而且可能引发信用风险。因此，在管理操作风险的同时，不能忽视各类风险之间的内在联系。

（四）流动性风险

流动性风险（Liquidity Risk）是指商业银行无法及时获得或者无法以合理成本获得充足资金，以偿付到期债务或承担其他支付义务、满足资产增长或其他业务发展需要的风险。

流动性风险可以分为融资流动性风险和市场流动性风险。融资流动性风险是指商业银行在不影响日常经营和财务状况的情况下，无法及时有效满足资金需求的风险。市场流动性风险是指由于市场深度不足或市场动荡，商业银行无法以合理价格出售资产以获得资金的风险。

流动性风险与信用风险、市场风险和操作风险相比，形成的原因更加复杂和广泛，通常被视为一种综合性风险。流动性风险的产生除了因为商业银行的流动性计划可能不完善之外，信用、市场、操作等风险领域的管理缺陷同样会导致商业银行的流动性不足，甚至引发风险扩散，造成整个金融系统出现流动性困难。所以，流动性风险管理除了应当做好流动性安排之外，还应当有效管理其他各类主要风险。从这个角度来说，流动性风险水平体现了商业银行的整体经营状况。

（五）国别风险

国别风险（Country Risk）是指由于某一国家或地区经济、政治、社会变化及事件而导致该国家或地区借款人或债务人没有能力或拒绝偿付银行业金融机构债务，或使银行业金融机构在该国家或地区遭受其他损失的风险。

国别风险存在于授信、国际资本市场业务、设立境外机构、代理行往来和由境外服务提供商提供的外包服务等经营活动中。主要类型包括转移风险、主权风险、传染风险、货币风险、宏观经济风险、政治风险、间接国别风险七类，其中，转移风险是国别风险的主要类型之一。银行业金融机构对国别风险事件往往难以施加影响或控制，因此加强国别风险管理更为重要。

（六）声誉风险

声誉风险（Reputation Risk）是指由于商业银行经营、管理及其他行为或外部事件而导致利益相关方对商业银行负面评价的风险。商业银行通常将声誉风险看作对其经济价值最大的威胁，因为商业银行的业务性质要求它能够维持存款人、贷款人和整个市场的信心，一旦失去这种信心，商业银行的业务及其所能创造的经济价值都将不复存在。

商业银行所面临的风险和不确定因素，无论是正面的还是负面的，都必须通过整体的、系统化的方法来管理，因为几乎所有风险都可能影响商业银行的声誉。所以，管理声誉风险的最好办法就是：强化全面风险管理意识，改善公司治理，并预先做好应对声誉危机的准备；确保其他主要风险被正确识别、优先排序，并得到有效管理。

（七）法律风险

法律风险（Legal Risk）是指商业银行因日常经营和业务活动无法满足或违反法律规定而导致商业银行不能履行合同、发生争议/诉讼或其他法律纠纷，从而可能给商业银行造成经济损失的风险。按照《巴塞尔协议Ⅱ》的规定，法律风险是一种特殊类型的操作风险，它包括但不限于因监管措施和解决民商事争议而支付的罚款、罚金或者惩罚性赔偿所导致的风险敞口。

从狭义上讲，法律风险主要关注商业银行所签署的各类合同、承诺等法律文件的有效性和可执行力。从广义上讲，与法律风险密切相关的还有违规风险和监管风险。

（八）战略风险

战略风险（Strategic Risk）是指商业银行在追求短期商业目的和长期发展目标的系统化管理过程中，由于不适当的未来发展规划和战略决策而可能威胁商业银行未来发展的潜在风险。这种风险来自四个方面：商业银行战略目标缺乏整体兼容性；为实现这些目标而制定的经营战略存在缺陷；为实现目标所需要的资源匮乏；整个战略实施过程的质量难以保证。

同声誉风险相似，战略风险也与其他主要风险密切联系且相互作用，是一个多维的风险空间和体系。如果缺乏结构化的风险识别和分析方法，深入理解并有效控制战略风险是相当困难的。

在商业银行风险管理实践中，上述八大类风险通常交错产生且相互作用。商业银行应当在有效管理单一风险的基础上，重视和加强对跨风险种类的风险管理，以真正实现全面风险管理。

【案例1-1】

亚洲金融危机

亚洲金融危机是发生于1997年的一次世界性金融风波。1997年7月2日，亚洲金融风暴席卷泰国。不久，这场风暴波及马来西亚、新加坡、日本、韩国、中国等地。泰国、印度尼西亚、韩国等国的货币大幅贬值，同时造成亚洲大部分主要股市大幅下跌；这次危机冲击了亚洲外贸企业，造成亚洲许多大型企业倒闭，工人失业，社会经济萧条。亚洲金融危机打破了亚洲经济急速发展的景象。亚洲一些经济大国的经济开始萧条，一些国家的政局也开始混乱。泰国、印度尼西亚和韩国是受此金融风暴波及最严重的国家。新加坡、马来西亚、菲律宾和中国香港地区也被波及，中国和中国台湾地区则几乎不受影响。

【案例1－2】

美国次贷危机

2007年底，美国爆发了次贷危机。长期以来，有些美资商业银行员工违规向信用分数较低、收入证明缺失、负债较重的人提供贷款，由于房地产市场回落，客户负担逐步到了极限，违约客户大量出现，不再偿还贷款，形成坏账，次贷危机就产生了。危机使信用衍生产品市场大跌，众多机构的投资受损，并进一步致使银行间资金吃紧。危机殃及了许多全球知名的商业银行、投资银行和对冲基金，使长期以来它们在公众心目中稳健经营的形象大打折扣。

三、商业银行风险管理的内涵与意义

（一）商业银行风险管理的内涵

商业银行风险管理是指商业银行在经营管理的过程中，通过对风险的识别、计量、监测并采取有效的对策来应对经营中出现的风险，从而以最低的成本将风险可能导致的损失减少到最低限度，保证经营资本的安全，实现经营目标。商业银行风险管理是银行经营管理的核心，是银行风险控制的更高阶段，它包括对风险的识别、计量、监测和控制四个部分，是全程的、全员的、动态的风险控制，是建立在丰富的业务数据、科学的管理模型以及高素质的专家队伍基础上的风险控制。无论是从外延还是从内涵看，风险控制都只是风险管理的一个组成部分和初级阶段，风险管理则是动态的、全程的、计量的、立体的风险控制。

1. 风险是可控的

风险是不可能完全消除的，因为导致风险产生的不确定性和信息不对称问题普遍存在。但这并不意味着商业银行在风险面前无能为力。商业银行可以通过一些风险管理措施来防范、化解、控制或者规避风险。

2. 风险管理是一项系统工程

风险管理包括风险识别、风险计量、风险监测和风险控制四个环节，每个环节都是不可缺少的。

3. 风险管理的最终目的在于降低损失，确保银行的安全运行

风险管理不仅要通过研究风险发生的规律，计算风险给银行造成的损失，选择降低损失的方案，而且还要不断地修改完善风险控制方案，不断地评价风险管理的效果，以确保风险管理水平持续提高。

4. 风险管理不仅仅是风险管理部门的事情

现实中，很多人往往认为风险管理就是风险管理部门一个部门的事情。做得好与不好，跟其他部门没有丝毫关系。这是一种错误且具有很大危害的观点。风险管理是内生于银行业务发展的，是银行持续运营的必然要求。风险管理的目的在于业务的更好开展，是为业务部门服务的；而业务发展也需要风险管理的支撑，忽视风险的发展不是科学的发展。

5. 风险管理的核心在于选择最优的风险管理方案

根据风险管理的目的我们可以得出结论，风险管理的核心在于选择最优的风险管理方案，将银行的风险降到最低。首先，方案必须易于操作，不能超过银行目前的风险管理配套资源，包括人力、技术等；其次，成本是银行可以承担的，成本收益分析是可行的；最后，必须是有效的，能够真正控制风险。

6. 风险管理是有成本的

作为一项管理工作，风险管理也是有成本的。因此，判断一项风险管理是否可行的首要标准就在于成本收益比是否可行。如果一项风险管理可以将银行的风险降到很低，但却以牺牲大量的业务为前提，同时要消耗大量的人力、物力、财力，那么这项风险管理极有可能是不经济的。

7. 风险管理与业务发展并非一对天敌

现实中，很多人往往将风险管理与业务发展对立起来，似乎两者与生俱来就是天敌，实际却刚好相反。好的风险管理可以为业务发展提供支撑，业务发展则可带动风险管理进一步提升。两者之间存在一个最佳的平衡点。

（二）商业银行风险管理的意义

商业银行在金融体系中居于主导地位，在社会经济活动中扮演重要角色并发挥重要作用。自商业银行诞生之初，风险就与之相伴。从某种意义上讲，商业银行就是“经营风险”的金融机构，以“经营风险”为其盈利的根本手段。银行的工作主要就是从事风险管理，简单来说，这就是银行的业务。商业银行是否愿意承担风险，是否能够妥善控制和管理风险，将决定商业银行经营的成败。无论是20世纪90年代的一系列金融灾难事件，还是2007年由美国次级住房抵押贷款债券市场引发的全球金融海啸，均不断警告世人，作为金融体系的核心支柱，商业银行的稳健经营、健康发展对于促进各国经济发展与繁荣具有至关重要的战略意义。

1. 风险管理是商业银行生存和发展的灵魂

现代商业银行是经营风险的特殊企业。银行的盈利必须通过承担风险才能获得，存贷利差的获得必须要承担贷款资金收不回和存款资金到期必须支付的风险。现代金融理论认为：银行就是一部“风险机器”。它承担风险，转化风险，并且还将风险植入新的金融产品和服务中，形成新的风险。风险对于银行来说是一把“双刃剑”。它既是银行获利的手段，又是蚀利的原因。管理不当，风险就会侵蚀银行的利润，股东投资就得不到预期回报，严重时风险还会进一步侵蚀银行的资本，极端情况下，银行将会破产倒闭，股东血本无归。正是从这个意义上讲，风险管理是商业银行的基本职能，是商业银行生存与发展的灵魂。

2. 风险管理是商业银行经营成败的关键

纵观国际银行业发展史，风险管理是商业银行经营成败的关键因素。在国内外商业银行的发展进程中，因风险管理不当、资产质量低下而导致倒闭、被政府接管的不乏其例。如近年来，国外有英国巴林银行事件、日本长期信用银行破产，国内有海南发展银行和广东国际信托投资公司被关闭，以及中国光大国际信托投资公司和中国经济技术开发信托投资公司被撤销等。这些反面案例警示我们，风险管理是商业银行的生命线，是关乎商业银行经营成败的根本因素。

3. 风险管理是金融监管的核心

银行业属于高风险行业，它的稳健发展不仅要求商业银行奉行审慎经营原则，而且要求监管当局必须将风险管理放在监管工作的首位。在商业银行经营过程中，有两个因素决定其风险承担能力：一是资本金规模，因为资本金可以吸收商业银行业务所造成的风险损失；二是商业银行的风险管理水平，虽然资本金水平决定了商业银行的风险承担能力，但所承担的风险究竟能给商业银行带来盈利还是损失，取决于商业银行对风险的管理水平。20 世纪 90 年代以来，无论是商业银行自身还是监管当局，都把风险管理放到越来越重要的位置。目前，各国监管当局和国际监管组织在风险管理方面已达成共识，把风险管理作为金融监管的核心。

【知识链接 1－1】

20 世纪各国银行危机概览

国家	问题状况及相应措施
阿尔巴尼亚 （1992—1996 年）	新增贷款（1992 年 7 月后发放）中的 31% 成为不良贷款，由于很难筹措同业借款，部分银行面临流动性问题
阿根廷 （1980—1982 年） （1989—1990 年） （1995 年 1—9 月）	1980 年，贷款的 9% 成为不良贷款，到 1985 年上升为 30%，共关闭了 168 家金融机构；不良资产的比重为 27%，而在国有银行中，不良资产高达 37%，已倒闭的银行拥有整个金融体系总资产的 40%； 1995 年 9 月，205 家金融机构中有 45 家关闭或合并
孟加拉国 （1980—1996 年）	1987 年，4 家主要银行（其资产占所有银行资产的 70%）的贷款中有 20% 成为不良贷款
巴西 （1994—1996 年）	占所有银行存款总量 15.4% 的 29 家银行受到政府干预，被置于特别监控之下，或接受资助以合并
喀麦隆 （1989—1993 年）	1989 年，60% ~70% 的贷款成为不良贷款
捷克 （1991—1996 年）	1994—1995 年，贷款的 33% 成为不良贷款。1993 年以来已有数家银行关闭
丹麦 （1987—1992 年）	1990—1992 年，累计贷款损失占总贷款的 9%。60 家面临困难的银行中有 40 家已经合并
芬兰 （1991—1994 年）	不良贷款和信贷损失在信贷总量中的比例于 1992 年高峰期达到 13%。1991 年 9 月出现流动性危机

续表

国家	问题状况及相应措施
法国（1991—1995 年）	1994 年，不良贷款占贷款总量的 8.9%。里昂信贷银行所发放的贷款中 15% 成为不良贷款，部分其他银行也遭遇巨大损失
几内亚（1980—1985 年）	国有银行体系瓦解，贷款的 20% 成为不良贷款
印度（1991—1996 年）	27 家公共事业服务银行的国内不良贷款约占贷款总量的 9.5%
墨西哥（1982 年）（1994—1996 年）	政府接管了陷入困境的银行业； 不良贷款占全部贷款的比例从 1994 年底的 9% 上升到 1995 年底的 12%。政府于 1994 年 9 月干预两家银行，1995 年干预剩下的 35 家银行中的 4 家。另外，两家银行由存款保险机构监管。扶持银行体系的几个项目总耗资约为 GDP 的 6.5%
挪威（1987—1993 年）	商业银行贷款的 6% 成为不良贷款。巨额损失和资不抵债导致 1991 年底的危机。政府成为 3 家最大银行的主要所有者，这 3 家银行约占全部商业银行资产份额的 85%
坦桑尼亚（1988—1996 年）	占银行业资产 95% 以上的国有商业银行资不抵债。1994 年底，60% ~80% 的贷款成为不良贷款，最大的一家银行损失相当于存款的 70%
英国（1991—1996 年）	无行业性困难，但有几起引人注目的银行破产事件，如国际信贷商业银行破产（1991 年）和巴林银行破产（1995 年）
美国（1980—1992 年）	1 142 家储蓄贷款协会及 1 395 家银行破产，1987 年商业银行贷款的 4.1% 成为不良贷款

资料来源：卡尔约翰·林杰瑞恩．银行稳健经营与宏观经济政策［M］．北京：中国金融出版社，1997.

四、商业银行风险管理理论的发展历程

对风险管理的研究最早起源于第二次世界大战后的德国。经过半个多世纪的发展，风险管理已在全世界范围内获得广泛重视。随着金融体系变革和金融产品的不断创新，风险管理理论和技术的迅速发展，以及相关监管措施的进一步完善，尤其是随着 1988 年的《巴塞尔协议Ⅰ》和 2006 年的《巴塞尔协议Ⅱ》提出了一系列风险计量的规范标准，而 2012 年的《巴塞尔协议Ⅲ》又确立了银行资本监管的新标杆和新高度，商业银行风险管理的模式发生了本质变化。纵观国际金融体系的变迁和金融实践的发展过程，商业银行的风险管理模式大体经历了四个发展阶段。

（一）资产风险管理模式阶段

20 世纪 60 年代以前，商业银行的风险管理主要偏重于资产业务的风险管理，强调保持商业银行资产的流动性。这主要是与当时商业银行以资产业务（如贷款等）为主，经营中最直接、最经常性的风险来自资产业务有关。一笔大额信贷资产的失误，常常导

致一家商业银行出现流动性困难，甚至停业倒闭。因此，商业银行极为重视对资产业务的风险管理，通过加强资产分散化、抵押、资信评估、项目调查、严格审批制度、减少信用放款等各种措施和手段来防范、减少资产业务损失的发生，确立稳健经营的基本原则，以提高商业银行的安全性。

（二）负债风险管理模式阶段

20 世纪 60 年代，西方各国经济发展进入了高速增长的繁荣时期，社会对商业银行的资金需求极为旺盛，商业银行面临资金相对不足的极大压力。为了扩大资金来源，满足商业银行流动性需求，同时避开金融监管的限制，西方商业银行变被动负债为积极性的主动负债，创新了许多金融工具，如 CDs、回购协议、同业拆借等，利用发达的金融市场，扩大商业银行的资金来源，进一步增加资金运用，刺激经济的发展。商业银行被动负债方式向主动负债方式的转变，导致了银行业的一场革命。但同时，负债规模的扩大也加大了商业银行经营的风险，使商业银行的经营环境更加恶劣。在这种背景下，商业银行风险管理的重点转向负债风险管理。在该时期，现代金融理论的发展也为风险管理提供了有力的支持。例如，1990 年诺贝尔经济学奖得主哈里·马科维茨于 20 世纪 50 年代提出的不确定条件下的证券组合理论是现代风险分散化思想的重要基石，已经成为分散化投资或在风险与收益之间寻求最佳平衡点的重要方法；而威廉·夏普在 1964 年的论文中提出了资本资产定价模型（CAPM），揭示了在一定条件下资产的风险溢价、系统风险和非系统风险的定量关系，为金融资产的风险管理提供了重要的参考指标。这一阶段的金融理论被称为华尔街的第一次数学革命。

（三）资产负债风险管理模式阶段

20 世纪 70 年代，随着布雷顿森林体系的瓦解，固定汇率制度向浮动汇率制度的转变导致汇率变动不断加大。始于 1973 年的石油危机导致西方国家通货膨胀加剧，利率的波动也开始变得更为剧烈，利率和汇率的双重影响使得商业银行的资产和负债价值的波动更为显著。此时，单一的资产风险管理模式显得稳健有余而进取不足，单一的负债风险管理模式则进取有余而稳健不足，两者均不能保证商业银行安全性、流动性和盈利性的均衡。正是在这种情况下，资产负债风险管理理论应运而生，重点强调对资产业务、负债业务风险的协调管理，通过匹配资产负债期限结构、经营目标互相代替和资产分散，实现总量平衡和风险控制。同期，利率、汇率、商品期货/期权等金融衍生工具大量涌现，为金融机构提供了更多的资产负债风险管理工具。1973 年，费雪·布莱克、麦隆·舒尔斯、罗伯特·默顿成功推导出欧式期权定价的一般模型，为当时的金融衍生产品定价及广泛应用铺平了道路，开辟了风险管理的全新领域，被称为华尔街的第二次数学革命。

（四）全面风险管理模式阶段

20 世纪 80 年代以后，随着银行业竞争加剧，存贷利差变窄，金融衍生工具广泛使用，商业银行开始意识到可以从事更多的风险中介业务，非利息收入所占的比重因此迅速增加。在捕捉更多业务机会的同时，金融自由化、全球化浪潮和金融创新的迅猛发展，使商业银行面临的风险日益多样化、复杂化。进入 20 世纪 90 年代中后期，亚洲金融危机、巴林银行倒闭等一系列商业银行危机都进一步昭示，损失不再是由单一风险造成，而是由信用风险、市场风险、操作风险等多种风险因素交织而成，这就要求商业银行风险管理必须把握整体的视角进行综合性的管理，商业银行由此进入了全面风险管理时代。

全面风险管理是指商业银行董事会、高级管理层和所有员工各自履行相应职责，有效控制涵盖全行各个业务层次的全部风险，进而为本行各项目标的实现提供合理保证的过程。具体内涵包括全球的风险管理体系、全面的风险管理范围、全程的风险管理过程、全新的风险管理方法以及全员的风险管理文化等先进的风险管理理念和方法。全面风险管理已经成为现代商业银行谋求发展和保持竞争优势的重要基石。

1. 全球的风险管理体系。全球的风险管理体系意味着要根据商业银行全球化经营的趋势，根据不同机构所面对的市场，建立起完备的风险管理体系。由于各个国家或地区的政治、经济、社会因素都不同，因此商业银行的风险管理体系应当是全球化的，要根据业务中心和利润中心建立相适应的区域风险管理中心，与国内的风险管理体系相互衔接和配合，有效识别各国、各地区的风险。

2. 全面的风险管理范围。所谓全面风险管理是指对商业银行所有层次的业务单位、全部种类的风险进行通盘管理。全面风险管理是商业银行业务多元化后产生的一种现实需求，优点是可以大大提高风险—收益分析的质量。商业银行的风险管理部门有责任对商业银行的所有风险进行系统化的管理，在风险管理方面不应该存在任何死角。风险管理部门要通过风险管理规划、制定风险管理政策等方式，在商业银行系统内实现风险管理理念的统一、目标的统一和标准的统一，从而实现风险管理的全面化、系统化。

3. 全程的风险管理过程。全程的风险管理过程要求对各种不同性质的业务从发起到终结实现全过程的风险管理监控。商业银行的业务特点决定了每个业务环节都具有潜在的风险，因此风险管理应当贯穿于业务发展的每一个过程。任何一个环节缺少风险管理都有可能造成损失，甚至导致整个业务活动的失败。

4. 全新的风险管理方法。目前，商业银行风险管理的重点已经从原有的信用风险管理，扩大到信用风险、市场风险、操作风险、流动性风险等多种风险的一体化综合管理；信用风险管理的重点从关注单笔交易、单项资产和单个客户，扩大到既重视单笔交易和单个客户的风险管理，又高度关注累计信用敞口的总体风险控制。为了避免各类风险在地区、产品、行业和客户群上过度集中，商业银行可以采取统一授信管理、资产组合管理、资产证券化以及信用衍生产品等一系列全新的风险管理技术和方法，防范和转移各类风险。同时，商业银行风险管理越来越重视定量分析，通过内部模型来识别、计量和监测风险，使风险管理越来越具有客观性和科学性。

5. 全员的风险管理文化。风险存在于商业银行业务的每一个环节，这种内在的风险特性决定了风险管理必须体现为每一个员工的习惯行为，所有人员都应该具有风险管理的意识和自觉性。为了有效识别、计量和监测风险，商业银行通常设有专门的风险管理部门，但风险管理绝不仅仅是风险管理部门的职责，无论是董事会、高级管理层，还是业务部门，乃至运营部门，每个人在从事岗位工作时，都必须深刻理解可能潜在的风险因素，并主动地加以预防。

五、商业银行风险管理流程

商业银行风险管理流程可以概括为风险识别、风险计量、风险监测和风险控制四个主要步骤。一般来说，银行的风险管理部门承担了风险识别、风险计量、风险监测的重要职责，而各级风险管理委员会承担风险控制及管理决策的最终责任。

（一）风险识别

风险识别就是商业银行结合自身发展战略、经营状况和风险变化趋势，识别出可能影响其战略目标实现或经营活动的潜在事项的过程，其目的在于帮助银行了解自身所面临的风险及风险的严重程度，为下一步的风险计量和防控打好基础。

风险识别是商业银行风险管理最重要的一步，它为以后的风险估计与度量和风险控制确定了风险范围和管理方向，如不能正确地识别风险因素，就根本谈不上有效的管理。适时、准确地识别风险是风险管理最基本的要求。良好的风险识别应遵循全面性和前瞻性原则。

风险识别包括感知风险和分析风险两个环节。感知风险是通过系统化的方法发现商业银行所面临的风险种类、性质；分析风险是深入理解各种风险内在的风险因素。

制作风险清单是商业银行识别风险最基本、最常用的方法。它是指采用类似于备忘录的形式，将商业银行所面临的风险逐一列举，并联系经营活动对这些风险进行深入理解和分析。此外，常用的风险识别方法还有资产财务状况分析法、情景分析法、分解分析法和失误树分析方法。

（二）风险计量

风险计量是在风险识别的基础上，对风险发生的可能性、风险将导致的后果及严重程度进行充分的分析和评估，从而确定风险水平的过程。风险计量是全面风险管理、资本监管和经济资本配置得以有效实施的基础。商业银行应当根据不同的业务性质、规模和复杂程度，对不同类别的风险选择适当的计量方法，尽可能准确计算可以量化的风险，评估难以量化的风险。

准确的风险计量结果是建立在卓越的风险模型基础上的，而开发一系列准确的、能够在未来一定时间限度内满足商业银行风险管理需要的数量模型，任务相当艰巨。开发风险管理模型的难度不在于所应用的数学和统计知识有多么深奥，重要的是模型开发所采用的数据源是否具有高度的真实性、准确性和充分性，以确保最终开发的模型可以真实反映银行的风险状况。

（三）风险监测

风险监测包含风险管理的两项重要内容：一是监测各种可量化的关键风险指标以及不可量化的风险因素的变化和发展趋势，确保在风险进一步恶化之前将其提交相关部门，以便相关部门密切关注并采取恰当的控制措施；二是报告商业银行所有风险的定性/定量评估结果，并随时关注所采取的风险管理/控制措施的实施质量/效果。风险报告是将风险信息传递到内外部部门和机构，使其了解商业银行客体风险和风险管理状况的工具。

建立功能强大、动态、交互式的风险监测和报告系统，对于提高银行风险管理效率和质量具有非常重要的作用，也直接体现了银行的风险管理水平和研究开发能力。

（四）风险控制

风险控制是指商业银行对已经识别和计量的风险，采取分散、对冲、转移、规避和补偿等措施，进行有效管理和控制的过程，是银行风险管理的核心工作。风险控制应当实现以下目标：

一是风险管理战略和策略符合经营目标的要求；

二是所采取的具体措施符合风险管理战略和策略的要求，并在成本—收益基础上保持有效性；

三是通过对风险诱因的分析，发现管理中存在的问题，以完善风险管理程序。

风险控制可分为事前控制和事后控制。事前控制是指在商业银行介入某项业务活动之前制定一定的标准或方案，避免商业银行介入风险超过自身承受能力的业务领域或提前采取一定的风险补偿措施。常用的事前控制方法有限额管理、风险定价和制订应急预案等。风险事后控制是商业银行在对风险持续监控的基础上，根据所承担的风险水平和风险变化趋势，采用一系列风险转移或缓释工具来降低风险水平，从而将风险控制在目标范围内。常用的事后控制方法有风险缓释或风险转移，风险资本的重新分配和提高风险资本水平。

以上是风险管理流程的4个重要步骤，需要说明的是，风险管理流程并不是严格的顺序流程，各个步骤之间是相互影响、前后呼应的。风险监测和报告贯穿于整个风险管理流程。影响风险水平的因素可能随时变化，从而需要随时根据风险监控的结果调整风险控制措施。而风险控制措施可以起到降低风险的作用，同时也可能引入新的风险，因此，风险事后控制可以看作一个风险管理流程的结束，同时也是新的风险管理流程的开始。所以，风险管理流程是一个循环往复的过程。

六、商业银行风险管理的主要策略

从经营风险的角度考虑，商业银行应当基于自身风险偏好来选择其应承担或经营的风险，并制定恰当的风险管理策略以有效控制和管理所承担的风险，确保商业银行稳健运行，不断提高竞争力。商业银行通常运用的风险管理策略可以大致概括为风险预防策略、风险规避策略、风险分散策略、风险转移策略、风险对冲策略、风险补偿策略和主动的风险控制策略。

（一）风险预防策略

商业银行可以设置以下几层风险预防线来防控风险。

1. 充足的自有资本金。资本金是商业银行用于弥补因各种确定和不确定因素而产生的损失的补偿性资金，也是商业银行经营和扩大规模的先决条件，同时，它对保护存款人利益、稳定公众心理起到极大的作用。资本金是商业银行抵御风险的最终防线。所以，从风险预防的角度来考虑，银行的开业资本必须具备相当的规模。

2. 适当的准备金。商业银行的经营特点决定了银行的自有资本很小，单靠自有资本来防范风险往往力不从心，因此，商业银行抵御风险的主要措施是在资产份额中保持一定的货币资产，主要包括现金、存放中央银行的法定准备金和超额准备金等一级准备和短期政府债券、短期贷款、可转让定期贷款等二级准备。除此之外，还有能够依靠自身能力弥补损失而不影响银行正常运行的准备手段，即专项准备金。常见的专项准备金有贷款坏账准备金与资本损蚀准备金，前者专门用于补偿贷款本金的损失，后者则用来补偿因灾害、失窃、贬值等原因而引起的资本损失。

（二）风险规避策略

风险规避是指商业银行拒绝或退出某一业务或市场，以避免承担该业务或市场所具有的风险。简单地说就是：不做业务，不承担风险。

在现代商业银行风险管理实践中，风险规避主要通过经济资本配置来实现。先将商业银行全部业务所面临的风险进行量化，然后依据董事会所确定的风险战略和风险偏好确定经济资本分配，最终表现为信用限额和交易限额等各种业务限额。对于不擅长因而不愿承担的风险，商业银行设立非常有限的风险容忍度，对该类风险配置非常有限的经济资本，迫使业务部门降低对该业务的风险暴露，甚至完全退出该业务领域。

风险规避策略的实施成本主要在于风险分析和经济资本配置方面的支出。此外，没有风险就没有收益，在规避风险的同时自然也失去了在这一业务领域获得收益的机会和可能。风险规避策略的局限性在于它是一种消极的风险管理策略，不宜成为商业银行发展的主导风险管理策略。

（三）风险分散策略

对于难以规避的风险采取分散策略是商业银行普遍使用的方法。风险分散策略的目的在于选择多种多样、彼此相关系数小的资产进行搭配组合，以降低整个资产组合的风险度，确保银行资产的安全性、流动性和盈利性。“不要将所有的鸡蛋放在一个篮子里”的古老投资格言形象地说明了这一方法。风险分散策略的具体方法包括数量分散化、授信对象分散化、资产占用用途分散化、资产币别分散化等。

长期的实践证明，通过多样化投资来分散风险的风险管理策略是行之有效的，但其前提条件是要有足够多的相互独立的投资形式。同时，需要认识到，风险分散策略是有成本的，其成本主要是分散投资过程中的交易费用。但与集中承担风险可能造成的损失相比，这种成本支出显然是值得考虑的。

（四）风险转移策略

风险转移是指通过购买某种金融产品或采取其他合法的经济措施将风险转移给其他经济主体的一种风险管理办法。如果风险分散后仍有很大的风险存在，那么商业银行就应该利用合法的交易方式和业务手段进行风险转移。

风险转移可分为保险转移和非保险转移。保险转移是指为商业银行投保，以缴纳保险费为代价，将风险转移给承保人。当被保险人发生风险损失时，承保人按照保险合同的约定责任给予被保险人经济补偿。出口信贷保险是金融风险保险中较有代表性的品种。非保险转移是指利用其他方式等将风险合法地转移给其他经济主体，如通过贷款利率政策和抵押放款方式将风险转嫁给别人；采取担保贷款的方式将风险转嫁给担保方；提前或推迟结汇；调整合同契约条件等。

此外，在金融市场中，某些衍生产品（如期权合约）可看作特殊形式的保单，为投资者提供了转移利率、汇率、股票和商品价格风险的工具。

（五）风险对冲策略

风险对冲是指通过投资或购买与标的资产收益波动负相关的某种资产或衍生产品，来冲销标的资产潜在的风险损失的一种风险管理策略。

风险对冲对管理市场风险（利率风险、汇率风险、股票风险和商品风险）非常有效。由于近年来信用衍生产品的不断创新和发展，风险对冲也被广泛用来管理信用风险。

商业银行的风险对冲可以分为自我对冲和市场对冲两种情况。自我对冲是指商业银行利用资产负债表或某些具有收益负相关性质的业务组合本身所具有的对冲特性进行风险对冲。市场对冲是指对于无法通过资产负债表和相关业务调整进行自我对冲的风险，通过衍生产品市场进行对冲。

（六）风险补偿策略

风险补偿是指商业银行在所从事的业务活动造成实质性损失之前，对所承担的风险进行价格补偿的策略性选择。

对于那些无法通过风险分散、对冲或转移进行管理，又无法规避、不得不承担的风险，投资者可以采取在交易价格上附加风险溢价，即通过提高风险回报的方式，获得承担风险的价格补偿。商业银行可以预先在金融资产定价中充分考虑各种风险因素，通过价格调整来获得合理的风险回报。当然，对商业银行而言，风险管理的一个重要方面就是对风险合理定价：定价过低将使自身所承担的风险难以获得足够的补偿；定价过高又会使自身的业务失去竞争力，从而面临业务萎缩并阻碍长期发展。

（七）主动的风险控制策略——资产证券化

“如果你有一个稳定的现金流，就将它证券化。”这是流传于美国华尔街的一句名言。资产证券化起源于20世纪60年代末美国的住宅抵押贷款市场，是化解风险或者分担风险的有效途径之一，它通过提高银行资产的流动性来释放金融风险，被誉为银行风险的“减震器”。通过资产证券化，银行能够尽快收回贷款资金，提高资产的流动性，同时把风险转让出去，降低经营风险。此外，通过资产证券化，银行在金融市场上发行多档次可流通有价证券，可将原来集中的风险分散到有价证券市场，降低贷款的非系统性风险。

第二节　商业银行资本管理

一、商业银行资本概述

（一）商业银行资本的定义

商业银行是经营风险的金融机构。商业银行资本是商业银行开展经营管理的前提和基础，是防范银行损失的最后一道防线，是商业银行赖以生存的基础。随着《巴塞尔协议Ⅲ》的出台，资本覆盖风险、资本要求回报的基本理念牢固树立，商业银行资本管理已成为现代商业银行衡量和协调收益与风险的有效工具，商业银行经济资本管理也逐渐成为商业银行核心管理模式。关于商业银行资本有以下各种不同的阐述。

1. 注册资本（Registered Capital）。注册资本是商业银行设立时，在银行章程中注明的向政府主管机关登记注册的资金。注册资本是公开声明的财产总额，可以使公众了解银行以后可能达到的经营规模。注册资本必须等于或大于法定的最低资本额度。各国中央银行对本国商业银行的开立都有最低的法定要求，低于该额度是不能营业的。

【知识链接1－2】

我国商业银行最低注册资本要求

一般地，各国金融法规都明文规定，要求新设银行的资本达到最低注册资本限额。在我国，《中华人民共和国商业银行法》第十三条规定："设立全国性商业银行的注册资本最低限额为十亿元人民币。设立城市商业银行的注册资本最低限额为一亿元人民币，设立农村商业银行的注册资本最低限额为五千万元人民币。注册资本应当是实缴资本。"《中华人民共和国外资银行管理条例》规定，外商独资银行、中外合资银行的注册资本最低限额为10亿元人民币或者等值的自由兑换货币，注册资本应当是实缴资本。

资料来源：《中华人民共和国商业银行法》和《中华人民共和国外资银行管理条例》。

2. 账面资本（Book Capital）。账面资本又称所有者权益，是基于一般会计准则（GAAP）的会计学概念，是商业银行持股人的永久性资本投入，即出资人在商业银行资产中享有的经济利益，代表了商业银行的全部净价值，其金额为资产负债表上资产减去负债后的余额。主要包括普通股本金、未偿付利润、资本储备等。银行在日常经营管理中直接观察到的资本就是账面资本。或者说，账面资本是银行当前拥有的资本，是银行可以用来抵御风险的资本。而损失的发生往往意味着账面资本的减少。

3. 监管资本（Regulatory Capital）。监管资本是一个法律概念，是指商业银行持有的符合监管部门要求的资本。监管资本的目的在于确保银行保有足够的资本金，从而拥有足够的抗风险能力。通常情况下，银行监管机构会规定资本充足率的最低限额，并将资本划分为不同的等级。我国自2004年3月1日起施行《商业银行资本充足率管理办法》以来，对国内商业银行的监管资本进行了具体的规定。根据2013年1月1日起施行的《商业银行资本管理办法（试行）》中的相关规定，商业银行总资本包括核心一级资本、其他一级资本和二级资本。核心一级资本包括实收资本或普通股、资本公积、盈余公积、一般风险准备、未分配利润、少数股东资本可计入部分。其他一级资本包括其他一级资本工具及其溢价、少数股东资本可计入部分。二级资本包括二级资本工具及其溢价、超额贷款损失准备、少数股东资本可计入部分。监管当局所规定的监管资本是一个不会变动（一定时期内）的"死标准"，而商业银行的监管资本则是指按照监管当局对资本的认定标准计算出来的资本数额。这一数额可能等于银行的账面资本，也可能与账面资本不一致。事实上，大多数银行持有的资本数额都比监管当局规定的资本限额要高。

4. 经济资本（Economic Capital）。经济资本也被称作风险资本（Risk Capital）或在险资本（Capital at Risk），是一个经济学概念。它是随着银行风险管理技术的演进而逐步形成的。严格意义上讲，经济资本不是一个财务概念，不能在资产负债表上直接反映出来。它是人们为了风险管理的需要而创造的一个虚拟资本概念。

按照一般的说法，经济资本就是银行弥补未预期到的损失而需要的资本金。虽然它不能直接从银行财务报表上看出，但是可以利用一定的风险管理技术计算出来。经济资本的主要功能是吸收既定置信水平下未预期到的损失。对于商业银行和存款人来讲，经济资本才是真正重要的，因为这才是银行现有风险实际需要的资本水平。在计算经济资本时，常需要设置一个置信水平，如果置信水平为100%，则意味着银行不管遭受何种程度的损失都不会发生违约现象，因为其经济资本已全部覆盖所有可能出现的损失。如果置信水平为99%，则意味着仍有1%的概率出现实际损失超过经济资本的情况。随着风险量化技术的不断发展，经济资本已成为银行风险管理的重要工具。然而，国内商业银行尚未完全引入经济资本概念，甚至还存在诸多误解。

（二）商业银行资本的作用

商业银行与其他行业相比是以负债经营为特色的，其资本所占比重较低，融资杠杆率很高，因此承担巨大的风险。正因为如此，商业银行资本所肩负的责任和发挥的作用比一般企业更为重要，主要体现在以下几个方面。

1. 资本为商业银行提供融资。商业银行资本是商业银行发放贷款（尤其是长期贷款）和进行其他投资的资金来源之一，它和商业银行负债一样肩负着为资产提供融资的使命。

2. 吸收和消化损失。资本金是承担风险和吸收损失的第一资金来源。一旦商业银行遭受损失，首先消耗的是商业银行的资本金。因此，资本金又被称为保护债权人、使债权人免遭风险损失的“缓冲器”。

3. 限制商业银行过度业务扩张和风险承担。商业银行在高风险高收益、利润最大化目标的驱使下，难以真正实现自我约束。监管当局通过要求银行所持有的资本不得低于最低资本充足率要求，以降低银行倒闭的风险。

4. 维持市场信心。市场信心是影响高负债经营的商业银行稳定性的直接因素，对商业银行信心的丧失将直接导致商业银行危机甚至市场崩溃。在市场经济条件下，商业银行资本金作为保护存款者的“缓冲器”在维持市场信心方面发挥关键作用，这也是巴塞尔委员会实施商业银行资本金国际统一标准的重要理由和目标。

5. 为商业银行风险管理提供最根本的驱动力。资本是风险的第一承担者，因而也是风险管理最根本的动力来源。现代商业银行的风险管理体系中，风险管理作为自上而下的过程，是由代表资本的董事会推动并承担最终责任的。

二、监管资本与资本充足率要求

（一）监管资本的构成

监管资本是监管当局规定的商业银行必须持有的与其业务总体风险水平相匹配的资本，一般是指商业银行自身拥有的或者能长期支配使用的资金，其强调的是抵御风险、保障银行持续稳健经营的能力，并不要求其所有权所属。

2012 年，银监会发布了《商业银行资本管理办法（试行）》，按照《巴塞尔协议Ⅲ》关于监管资本定义的新规定，审慎确定监管资本的构成，维护资本工具的质量，提升各类资本工具的损失吸收能力。根据《商业银行资本管理办法（试行）》，监管资本包括一级资本和二级资本，其中一级资本又包括核心一级资本和其他一级资本。同时，在计算资本充足率时，还需要从监管资本中扣除一些项目，称为扣除项。

1. 核心一级资本。核心一级资本是指在银行持续经营条件下无条件用来吸收损失的资本工具，具有永久性、清偿顺序排在所有其他融资工具之后的特征。核心一级资本包括实收资本或普通股、资本公积、盈余公积、一般风险准备、未分配利润、少数股东资本可计入部分。

2. 其他一级资本。其他一级资本是指非累计性的、永久性的、不带有利率调升及其他赎回条款，本金和收益都应在银行持续经营条件下参与吸收损失的资本工具。其他一级资本包括其他一级资本工具及其溢价（如优先股及其溢价）、少数股东资本可计入部分。

3. 二级资本。二级资本是指在破产清算条件下可以用于吸收损失的资本工具，二级资本的受偿顺序列在普通股之前、一般债权人之后，不带赎回机制，不允许设定利率调升条款，收益不具有信用敏感性特征，必须含有减计或转股条款。二级资本包括二级资本工具及其溢价、超额贷款损失准备、少数股东资本可计入部分。

4. 资本扣减项。资本扣减项是指在计算资本充足率时，商业银行应从资本中扣减的项目。其中，我国商业银行在计算资本充足率时，应从核心一级资本中全额扣除的项目包括商誉、其他无形资产（土地使用权除外）、由经营亏损引起的净递延税资产、贷款损失准备缺口、资产证券化销售利得、确定受益类的养老金资产净额、直接或间接持有本银行的股票、对资产负债表中未按公允价值计量的项目进行套期形成的现金流储备（若为正值，应予以扣除；若为负值，应予以加回）、商业银行自身信用风险变化导致其负债公允价值变化所带来的未实现损益。

（二）资本充足率计算和监管要求

资本充足率是指商业银行持有的符合规定的资本与风险加权资产之间的比率，这里的资本就是监管资本，是在商业银行实收资本的基础上再加上其他资本工具计算而来。以监管资本为基础计算的资本充足率，是监管当局限制银行过度承担风险、保证金融市场稳定运行的重要工具。

根据中国银监会 2012 年颁布的《商业银行资本管理办法（试行）》，商业银行应当按照以下公式计算资本充足率：

$$资本充足率 = \frac{总资本 - 对应资本扣减项}{风险加权资产} \times 100\%$$

$$一级资本充足率 = \frac{一级资本 - 对应资本扣减项}{风险加权资产} \times 100\%$$

$$核心一级资本充足率 = \frac{核心一级资本 - 对应资本扣减项}{风险加权资产} \times 100\%$$

其中，商业银行总资本包括核心一级资本、其他一级资本和二级资本；商业银行风险加权资产包括信用风险加权资产、市场风险加权资产和操作风险加权资产。

在《商业银行资本管理办法（试行）》颁布之前，我国的商业银行资本监管规制仅明确了商业银行的最低资本要求，即资本充足率不得低于8%，核心资本充足率不得低于4%。《商业银行资本管理办法（试行）》将商业银行资本充足率监管要求分为四个层次：第一层次为最低资本要求，即核心一级资本充足率不得低于5%，一级资本充足率不得低于6%，资本充足率不得低于8%；第二层次为储备资本要求为风险加权资产的2.5%，逆周期资本要求为风险加权资产的0～2.5%；第三层次为国内系统重要性银行附加资本要求为风险加权资产的1%；第四层次为根据单家银行风险状况提出的第二支柱资本要求。2021年12月1日起施行的《系统重要性银行附加监管规定（试行）》对系统重要性银行附加资本要求又有了新的规定：系统重要性银行在满足最低资本要求、储备资本和逆周期资本要求的基础上，还应满足一定的附加资本要求，由核心一级资本满足。系统重要性银行分为五组，第一组到第五组的银行分别适用0.25%、0.5%、0.75%、1%和1.5%的附加资本要求。若银行同时被认定为我国系统重要性银行和全球系统重要性银行，附加资本要求不叠加，采用二者孰高原则确定。

三、商业银行经济资本管理

（一）经济资本的内涵

经济资本是指商业银行在一定的置信水平下，为了应对未来一定期限内资产的非预期损失而应该持有的资本金。经济资本的重要意义在于强调资本的有偿占有，即占有资本来防范风险是需要付出成本的。

经济资本是一种完全取决于商业银行实际风险水平的资本，商业银行的整体风险水平高，要求的经济资本就多；反之，要求的经济资本就少。商业银行将有限的经济资本，根据不同部门、业务单位和产品、项目的风险收益特性，在机构整体范围内进行分配，有助于商业银行从风险的被动接受者转变为主动的管理者。

（二）经济资本的计量

经济资本在数量上等同于非预期损失，应覆盖商业银行的全部风险。信用风险是银行经营最主要的风险，市场风险和操作风险也是商业银行面临和关注的主要风险，因此对经济资本的计量主要是对这三类风险的计量。

1. 信用风险与经济资本。信用风险的计量主要考虑违约概率（PD）、违约损失率（LGD）、风险敞口（EAD）和期限（M）等风险因子。此外，还应考虑信用资产的相关性以及风险集中度。流行的信用风险计量模型主要有Credit Metrics模型、Credit Monitor

模型、Credit Risk+模型、Credit Portfolio View 模型，以及《巴塞尔协议Ⅱ》规定的 IRB（内部评级法）模型等。

2. 市场风险与经济资本。VaR（风险价值）是计量市场风险最常用的技术，它是指在一定的持有期和给定的置信水平下，因利率、汇率等市场要素发生变化而可能对某项资金头寸、资产组合或机构造成的潜在最大损失。常用的 VaR 模型技术主要有方差—协方差法、历史模拟法和蒙特卡罗法等。缺口分析、久期分析、外汇敞口分析、敏感性分析、情景分析等也是常用的市场风险计量技术手段。

3. 操作风险与经济资本。相对于信用风险和市场风险，操作风险的量化更为困难，主要原因一是现有的数据不足，二是模型构建存在技术困难，三是在计量操作风险时极易因难以与其他风险区分而重复计算。对操作风险一般采取简单的系数法，即根据历史年度发生的损失数据，将商业银行的业务按照操作风险的程度分配不同的风险权重，再分别乘以该类业务的余额来计算操作风险。

（三）经风险调整的业绩评估方法（RAPM）

经风险调整的业绩评估方法（Risk-Adjusted Performance Measurement，RAPM）是将一组资产、交易或业务的收益与投入资本相比较的方法。RAPM 模型是从统计角度衡量未来的价值变动，而不仅仅以固定的风险权重衡量潜在的价值变化。目前最常见的 RAPM 模型分别是 RORAA（风险调整后资产回报率）、RAROA（资产的风险调整后回报率）、RORAC（风险调整资本回报率）和 RAROC（经风险调整的资本回报率）。前两者以资产为基础，源于传统的资产回报率；后两者以经济资本为基础，源于传统的资本回报率，而后两者的区别在于是否对收益进行风险调整。

1. RORAA。RORAA 即风险调整后资产回报率，是一种资产回报率，但其分母方各资产的风险权重随着相对风险的大小进行调整。因此，对一家公司的贷款的调整因子要比对十国集团政府的贷款的调整因子大。

2. ROROA。ROROA 即资产的风险调整后回报率，也是以资产回报率为基础，但风险调整是直接从回报中扣除风险。因此，如果在任意一年内，对公司的一笔贷款有 1% 的概率违约，则必须从产生的回报中减掉 1% 的贷款额。

3. RORAC。RORAC 即风险调整资本回报率，以资本回报率为基础，将分母中的监管资本替换为内部测量的风险资本或经济资本。经济资本既包括不以资产为基础的风险，也包括表外产品以及外汇交易头寸的风险。

4. RAROC。RAROC 即经风险调整的资本回报率，其与风险调整资本回报率的区别是风险回报中扣除了预期损失。分子中的预期损失是指统计意义上的预期信用损失，一般不视为风险。

实践中，RORAC 和 RAROC 这两个模型最常用，基本上替代了 RORAA 模型和 RAROA 模型，这也反映了资本回报率和权益收益率取代资产回报率成为银行主要业绩评价指标的趋势。基于资产的测量方式的问题在于，没有考虑到现在许多未反映在资产负债表上的银行业务。用资本就可以解决这一问题，因为资本可以定义为所有非预期损失的“缓冲器”，包括那些没有反映在资产负债表上的损失。RAROC 通过调整分子（回报）来兼顾各类风险，RORAC 则通过调整分母（资本）来平衡风险因素。

由于 RAROC 在 RORAC 的基础上将预期损失量化为当期成本，对盈利进行扣减，使得 RAROC 更能反映出风险所带来的对收益的影响，因此在业界更多地采用 RAROC 为核心指标进行绩效和定价等管理。

（四）经风险调整的资本回报率（RAROC）

基于对 RAROC 指标的计量结果，最常见的应用主要集中在绩效考核、贷款定价、资本分配三个方面。

1. 绩效考核。从绩效考核的角度来看，RAROC 风险管理技术克服了传统绩效考核目标中盈利目标与风险成本在不同时期的相对错位问题，实现了经营目标与业绩考核的统一。商业银行通过 RAROC 指标的应用，既考察了业务单元的盈利能力，又充分考虑了该盈利能力背后所承担的风险水平。在合理计算经济资本的基础上，引入 RAROC 方法，制订业务部门和个人的业绩考核方案；以风险调整后收益为决策依据，改革绩效考核机制，建立科学的激励机制，强化经济资本的风险约束机制和回报约束机制，引导各分支机构效益、质量和规模协调发展，实现精细化管理、集约化经营的模式，促进银行整体经营管理水平的提高。

2. 贷款定价。从产品和债项定价的角度来看，RAROC 兼顾了经营、资金和风险的成本，从而可以给出一个更合理全面的价格定位。RAROC 定价模式以贷款的资金成本、经营成本、赋税成本、风险成本和经济资本成本等要素进行定价测算，在贷款风险定价模型中引入风险调整函数，将贷款的预期损失量作为当期成本，并于定价时充分覆盖，衡量贷款风险并给出适当的价格补偿，是基于 RAROC 框架发展而成的一套完整定价体系。

3. 资本分配。从风险管理的角度来看，借助 RAROC 风险管理技术，商业银行可以为各业务条线和经营机构分配资本，并同时使资本分配结构最优化。资本配置有两个层面的含义：其一是在整个银行资产组合的基础上，计算抵御整个银行非预期损失的经济资本总量；其二是在经济资本总量一定的前提下，在银行的各业务线和产品线之间进行经济资本配置。也就是说，在配置经济资本时，不仅要计算整个银行的资本总量，还要根据不同的子组合，计算分配到各业务单位、各种产品和交易上的经济资本。

【知识链接 1－3】

经济资本与监管资本

经济资本与监管资本都应当能够反映商业银行的真实风险水平，两者之间既有区别又有联系。

经济资本是商业银行为满足内部风险管理的需要，基于历史数据并采用统计分析方法（一定的置信水平和持有期）计算出来的，是一种虚拟的资本，在经济资本配置过程中并不发生实质性的资本分配；监管资本是外部监管当局要求商业银行根据自身业务及风险特征，按照统一的风险资本计量方法计算得出的，是商业银行必须在账面上实际持有的最低资本。

虽然经济资本和监管资本在计算方法和管理目的上存在差异，但出于银行业不断重视和加强风险管理的需要，监管资本呈现逐渐向经济资本靠拢的趋势。监管当局希望能够提高监管资本对商业银行风险的敏感度，重视发挥商业银行在风险计量过程中的作用，把监管资本的计算建立在商业银行实际风险水平之上。

商业银行账面（或会计）资本的数量应当不小于经济资本的数量。账面（或会计）资本是商业银行可以利用的资本，虽然不与风险直接挂钩，但是风险造成的任何损失都会反映在账面上。商业银行应当确保一旦发生非预期损失或灾难性损失时，所持有的账面资本能够保障其安全渡过难关。

第三节　商业银行风险管理实例
——关于国外银行全面风险管理体系建立的实践分析①

全面风险管理是商业银行追求的风险管理目标，这种风险管理方法旨在全面衡量、控制和管理商业银行经营中不同业务的风险，并利用风险分散化的技术手段，全面整合风险，使银行拥有合理的资本储备。与全面风险管理相对应的是经典的风险集合管理，就是将银行的风险分类管理，如果在整合风险类型的基础上，进行经济资本的计算，其标准的程序是：经济资本（全部）＝经济资本（市场风险）＋经济资本（信用风险）＋经济资本（操作风险）＋经济资本（商业风险）。

全面风险管理体系追求的目标是既要建立风险防范的组织体系，又要有衡量银行的各方面风险及其分散化影响的量化方法。如果将各种风险看成是一个独立投资组合的一部分，那么银行在实行全面风险管理体系后，就能享受分散风险带来的好处，而不必为每一种风险分别购买保险，这样也就降低了银行的资本储备，使银行能更合理地使用自己的资金，并在竞争市场上获得竞争优势。

下面我们以花旗银行、德意志银行和摩根大通银行三个国外商业银行作为研究对象，对国外银行全面风险管理体系进行分析，并为我国商业银行全面风险管理体系的建立，提供有益的思路和参考方法。

一、花旗银行

（一）管理体系

花旗银行风险管理体系的基本结构是由一名副总裁直接负责全行范围内的风险管

① 资料来源：滕海川．国外银行全面风险管理体系建立的实践分析［J］．生产力研究，2007（4）．

理，领导风险管理委员会，作为银行最高的风险管理机构。

花旗银行将风险管理职能作为一个重要的职能独立于其他的经营部门之外，不受日常经营部门的影响，其风险管理框架尽可能广泛覆盖各个经营领域，并考虑到了全球经营业务的分散性。花旗银行独立的风险管理者负责建立和实施风险管理策略及其部门内部的风险管理执行，同时也要保证其执行与花旗银行整体的风险管理标准相一致。

（二）风险管理基本程序和方法

花旗银行在风险管理中采取一种“风险窗口”的管理方式，其中主要包括宏观经济状况分析和行业分析、风险敞口的评估和风险的处理3个部分。花旗银行在风险管理上非常重视将风险的管理程序提前，进行事前的风险管理，在分析历史数据的基础上，对不同地区、不同行业的未来走势作出预测，从而制定相应的业务发展策略和风险管理策略，保证银行业务的正常开展。

1. 信用风险。花旗银行将信用风险分为消费者信用风险和公司信用风险两大类。风险管理的程序着重于公司层面的标准，以保证风险管理的统一性和全面性。

花旗银行在消费者信用风险管理方面实行组合管理的原则。由于消费者信贷占据花旗银行整体信贷资产的很大部分，达到69%的份额，这些信贷资产产生于成千上万的客户，无论是地域还是行业，都具有很强的分散性，因此要充分考虑组合内风险因素的相关性和分散性。

公司信用风险管理方面，花旗银行非常强调将业务经营与风险管理的程序进行结合，同时保证风险管理的独立性，并存在一个单独的中心，控制风险的相关性、风险头寸暴露程度以及限额的制定和管理等。同时对整体的公司信用风险进行组合管理，提高对风险整体的认识。

2. 市场风险。花旗银行对市场风险的管理和信用风险管理一样，都是在企业层面展开，进行策略的制定和执行，并且保证风险管理自上至下的一致性。每一个业务部门都必须建立一个独立的市场风险管理机构，建立市场风险管理框架，包括风险限额管理、风险测量、风险控制等方面。

花旗银行将市场风险分为非交易组合风险和交易组合风险两大类，并且采用不同的风险测量手段进行管理。非交易组合风险的风险测量主要通过EAR和因素敏感性分析技术进行。表1－1说明了美元收益率曲线上行或下移100bp对花旗银行税前收益的影响。在未来一年里，如果美元收益率上升100bp，花旗银行的税前收益将减少8.22亿美元，而下降100bp则税前收益上升9.69亿美元。

表1－1　　　　花旗银行EAR表　　　　单位：百万美元

时间	美元收益率	
	上升100bp	下降100bp
未来一年	－822.00	969.00

资料来源：花旗银行2002年年报。

对于交易组合风险的管理，花旗银行主要通过因素敏感性分析、VAR、压力测试来进行。每一个交易组合也都有其相应的市场风险管理框架体系，其中包含限额管理、测量和控制。

二、德意志银行

（一）管理体系

在德意志银行的风险管理体系中，存在一个专门的委员会风险小组对银行的风险管理策略的制定和执行负全部责任，并且负责制定银行整体的风险管理框架。委员会风险小组实际上就是德意志银行的风险管理委员会，并且由 CRO（Chief Risk Officer，首席风险官）领导——在风险管理委员会中，不同的风险归一个统一的风险部门进行管理，而不像以前分别由不同的风险管理部门进行管理，这样使德意志银行在全面风险管理方面更加得心应手。在德意志银行的风险管理框架中，委员会风险小组具体地将银行风险管理职能分为五个部分，分别由不同的部门负责实施。这五个部分分别是：风险测量和报告、限额制定、风险识别、头寸管理和质量监督。

（二）风险管理基本程序和方法

在德意志银行的风险管理过程中，非常强调量化模型和研究的重要性，风险管理层正是根据量化的风险因素，对银行各个不同部门和风险种类进行风险额度的分配和管理。

1. 风险分散化管理。德意志银行在风险量化度量中，不仅重视对各个风险单独类别的量化研究，更注重对银行整体风险的研究，考虑各类风险之间的相关性和独立性。在德意志银行，管理层以经济资本来度量业务风险因素的大小，同时考虑到不同风险的分散化作用。

经济资本是测量在一定程度的置信条件、一定时期内可能遭受的损失。在德意志银行，置信程度为99.98%。其中，VaR 作为一种比较成熟的技术，是德意志银行用来衡量经济资本、测量风险因素的一种手段。

2. 信用风险管理。在信用风险管理方面，德意志银行由委员会风险小组最终确定银行的风险偏好，负责管理策略的执行，并且将信用风险与其他各种风险统一管理。在量化信用风险方面，德意志银行采用标准风险成本法和经济资本的方法进行度量。所谓标准风险成本是一种风险补偿率，是根据 1 年的历史数据而预测的由于违约而导致的损失。1999 年，德意志银行信用风险暴露的标准风险成本为 10 亿欧元，这是由于信用风险补偿，银行预计能够从信用风险资产中所产生的预期收益与同期无风险资产收益比较得到的结果。另外，德意志银行通过经济资本的方法，将银行所面临的操作风险、国家风险、衍生工具风险等都进行了详细的度量，最终将各个风险进行综合分析，从而得出银行整体的风险状况。1999 年 12 月 31 日，德意志银行整体风险的经济资本为 151.6 亿欧元。

三、摩根大通银行

（一）管理体系

摩根大通银行将银行所面临的风险分为流动性风险、信用风险、市场风险、法律风险等具体种类，并且在其各个经营部门中，分别设有独立的风险管理委员会，对各个业务部门经营所面临的风险进行管理。各个风险管理委员会将风险管理报告向上提交给高层的经营管理部门和人员。

摩根大通银行的高层风险管理机构又具体分为两个风险管理组织：资产负债风险管理和投资银行风险管理。这两个风险管理组织分别负责传统的银行资产负债业务和投资银行业务的风险管理。

各个部门的风险管理委员会，在银行首席风险官的统一指导下完成各自的风险管理工作，首席风险官在整个银行的范围内独立执行银行风险管理和控制职能，并且直接向银行的董事会负责，向银行的最高管理层报告银行一定时期的整体风险状况和应该采取的风险控制策略。

（二）风险管理基本程序和方法

1. 风险分散化管理。摩根大通银行在风险管理上最主要的手段是风险分散化和控制。摩根大通银行通过其广泛的经营范围，对银行自身经营过程中所面临的风险进行分散化，并且对各种风险进行相应的组合管理，统一控制，统一分配风险额度，以达到全面控制银行风险的目的。正是由于实行了风险分散化的管理方法，摩根大通银行的经济资本需求在单个风险累加的基础上有显著的降低，使银行的资源配置更加合理。

从有关数据可以看到，摩根大通银行通过风险分散化获得了近20%的收益。摩根大通银行总的经济资本需求是通过模型确定的，而这种预测是在风险分散化的基础上进行的。摩根大通银行把通过风险分散化调整的资本需求与普通股权益进行比较，以此来估计资本的利用效率。摩根大通银行的风险管理政策就是维持一个能支持企业规模增长的适当资本水平，并能为风险损失提供保护。

2. 风险度量技术。摩根大通银行通过动态测量内部和外部对日常经营业务和银行头寸产生影响的因素，识别银行可能面临的风险因素，并且由经营部门和风险管理部门共同参与制定适当的风险管理策略。

在度量风险因素方面，摩根大通银行综合采用多种风险测量技术的方法，其中包括预期损失、非预期损失、VaR和压力测试等多种手段，并且定期对银行风险测量模型的假设参数进行检查，保证其正确反映银行的状况，减少模型风险的产生。同时，摩根大通银行建立了相应的风险监测控制机制，覆盖银行日常所有的经营领域和业务。摩根大通银行的风险报告体系涵盖了银行所有的经营业务，向管理层提供日、周、月的相应风险报告。

四、对国外商业银行全面风险管理体系的分析

综合上面谈到的花旗、德意志、摩根大通等国外主要商业银行在全面风险管理方面的策略和方法，有以下三个方面的认识。

第一，国际大银行在风险的量化度量方面比较成熟，能够较为准确地对信用风险、市场风险、操作风险等进行度量，从而为银行的风险管理以及经营决策提供帮助和依据。在量化度量方面，国外商业银行在市场风险、信用风险和操作风险等方面，都在引

入 VaR 的衡量方法，并利用 VaR 结果直观地反映银行可能面对的风险损失，而且在置信度的选择上，已经达到很高的要求，德意志银行的置信度选择在 99.98%，已经超过巴塞尔委员会要求的 99.9% 置信度，更高于可接受的行业标准 95% 的水平。这说明在风险管理水平上，国外较先进的银行对自身的要求很高，这种风险防范的高要求将确保银行的稳健经营和对风险损失的防范能力。

在利用 VaR 进行风险量化分析时，各银行主要采取三种方法：参数预测法、历史模拟法和蒙特卡罗法。参数预测法能很容易计算并得到较精确的结果，但是它的假设前提是正态分布，而且对于非线性组合将很难计算。历史模拟法的优点是没有分布假设而且很容易理解，但需要较长时期的历史数据而且只能用一个样本路径。蒙特卡罗法的优点是在分布上约束很少，而且在精确度上能更好地控制，但是具有很强的时效性，同时具有模型风险。

第二，国外商业银行采用整合风险的管理方法，考虑各类不同的风险以及同类风险之间的相关性和分散性，使其能够更准确地把握银行整体的风险特征。对银行各类风险的相关性进行分析，并利用风险分散性来确定合理的经济需求已经是国外商业银行全面风险管理最核心的内容。这也是现代全面风险管理体系中最前沿的问题。在具体的模型技术应用上，主要有两种方法，一种是通过系函数方程和确定预期缺口来对经济资本需求进行整合，另一种是利用蒙特卡罗法整合信用风险和市场风险。

第三，国外商业银行在采用全面风险管理的管理框架时注重将风险管理决策层设在组织最高位置。在管理体系中，一般都设计了相对比较独立的最高风险管理机构，如风险管理委员会，并且直接向银行的最高层负责，使银行管理层能够更加客观地了解银行的风险状况。同时将银行的风险管理与日常经营业务结合起来，建立风险文化，强化风险意识，真正做到全面风险管理。

【练习题】

一、重要名词

金融风险　风险　商业银行风险　预期损失　非预期损失　灾难性损失　信用风险　战略风险　全面风险管理　市场风险　操作风险　流动性风险　国别风险　声誉风险　法律风险　经济资本　监管资本　账面资本

二、单项选择

1. 关于风险的概念，理解不正确的是（　　）。

A. 风险是一个事前概念

B. 风险是未来结果的不确定性或损失的不确定性

C. 风险是一个事前和事后的概念

D. 风险反映的是损失发生前的事物发展状态

2. 下列关于流动性风险的说法，正确的是（　　）。

A. 流动性风险是指债务人或交易对手未能履行合同所规定的义务或信用质量发生

变化，影响金融产品价值，从而给债权人或金融产品持有人造成经济损失的风险

B. 流动性风险包括融资流动性风险和市场流动性风险

C. 流动性风险通常被认为是一种非综合性风险

D. 流动性风险管理除应当做好流动性安排之外，无须考虑其他各类主要风险

3. 下列关于风险的说法，正确的是（　　）。

A. 对大多数银行来说，存款是最大、最明显的信用风险来源

B. 风险只存在于传统的表内业务中，不存在于表外业务中

C. 对于衍生产品而言，对手违约造成的损失一般小于衍生产品的名义价值，因此其潜在风险可以忽略不计

D. 从投资组合的角度出发，交易对手的信用级别下降可能会给投资组合带来损失

4. 20 世纪 70 年代，商业银行进入（　　）。

A. 资产负债风险管理模式阶段　　B. 资产风险管理模式阶段

C. 全面风险管理模式阶段　　D. 负债风险管理模式阶段

5. 金融风险可能造成的损失不包括（　　）。

A. 系统损失　　B. 预期损失　　C. 非预期损失　　D. 灾难性损失

6. 商业银行通常用资本金来应对（　　）。

A. 系统损失　　B. 预期损失　　C. 非预期损失　　D. 灾难性损失

7. 以下公式中，正确的是（　　）。

A. RAROC =（收益 - 预期损失）/经济资本

B. RAROC =（收益 - 非预期损失）/经济资本

C. RAROC =（收益 - 预期损失）/收益

D. RAROC =（收益 - 非预期损失）/收益

8. 欧式期权定价模型出现的阶段是（　　）。

A. 全面风险管理模式阶段　　B. 资产风险管理模式阶段

C. 资产负债风险管理模式阶段　　D. 负债风险管理模式阶段

9. 下列关于资本的说法，正确的是（　　）。

A. 经济资本也就是账面资本

B. 会计资本是监管部门规定的商业银行应持有的同其所承担的业务总体风险水平相匹配的资本

C. 经济资本是商业银行在一定的置信水平下，为了应对未来一定期限内资产的非预期损失而应该持有的资本金

D. 监管资本是一种完全取决于商业银行实际风险水平的资本

10. 下列关于信用风险的说法，正确的是（　　）。

A. 信用风险只有当违约实际发生时才会产生

B. 对商业银行来说，贷款是唯一的信用风险来源

C. 信用风险包括违约风险、结算风险等主要形式

D. 交易对手信用评级的下降不属于信用风险

11. 下列关于操作风险的说法，不正确的是（　　）。

A. 操作风险普遍存在于商业银行业务和管理的各个方面

B. 操作风险具有非营利性，它并不能为商业银行带来盈利

C. 对操作风险的管理策略是在管理成本一定的情况下尽可能地降低操作风险

D. 操作风险具有相对独立性，不会引发市场风险和信用风险

12. 甲、乙两家企业均为某商业银行的客户，甲的信用评级低于乙，在其他条件相同的情况下，商业银行为甲设定的贷款利率高于为乙设定的贷款利率，这种风险管理的方法属于（　　）。

A. 风险补偿　　B. 风险转移　　C. 风险分散　　D. 风险对冲

13. 商业银行的信贷业务不应集中于同一业务、同一性质甚至同一国家的借款者，应是多方面开展，这是基于（　　）。

A. 风险对冲　　B. 风险分散　　C. 风险转移　　D. 风险控制

14. 法律风险与操作风险之间的关系是（　　）。

A. 操作风险和法律风险产生的原因相同

B. 外部合规风险与法律风险是相同的

C. 法律风险和操作风险相互独立

D. 法律风险是操作风险的一种特殊类型

15. 对商业银行来说，市场风险中最重要的是（　　）。

A. 利率风险　　B. 股票风险　　C. 商品风险　　D. 汇率风险

16. 下列关于监管资本的说法，正确的是（　　）。

A. 监管资本包括一级资本和其他资本

B. 一级资本包括核心一级资本和其他一级资本

C. 未分配利润属于其他一级资本

D. 一般风险准备不属于核心一级资本

17. 风险识别的主要方法不包括（　　）。

A. 失误树分析法　　B. 制作风险清单

C. 专家预测法　　D. 分解分析法

18. 在以下商业银行风险管理的主要策略中，最消极的风险管理策略是（　　）。

A. 风险分散　　B. 风险对冲　　C. 风险转移　　D. 风险规避

19. 商业银行风险管理模式的演变过程是（　　）。

A. 负债风险管理模式阶段→资产风险管理模式阶段→资产负债风险管理模式阶段→全面风险管理模式阶段

B. 资产风险管理模式阶段→全面风险管理模式阶段→资产负债风险管理模式阶段→负债风险管理模式阶段

C. 负债风险管理模式阶段→资产风险管理模式阶段→全面风险管理模式阶段→资产负债风险管理模式阶段

D. 资产风险管理模式阶段→负债风险管理模式阶段→资产负债风险管理模式阶

段→全面风险管理模式阶段

20. 在商业银行的经营过程中，（　　）决定其风险承担能力。

A. 资产规模和商业银行的风险管理水平

B. 资本金规模和商业银行的盈利水平

C. 资产规模和商业银行的盈利水平

D. 资本金规模和商业银行的风险管理水平

21. 在商业银行中，起维护市场信心、充当保护存款者的“缓冲器”作用的是(　　)。

A. 银行现金流　　B. 银行资本金　　C. 银行负债　　D. 银行准备金

22. （　　）是指由不完善或有问题的内部程序、人员及系统或外部事件造成损失的风险。

A. 市场风险　　B. 操作风险　　C. 流动性风险　　D. 国家风险

23. 一家商业银行在交易过程中，结算系统发生故障导致结算失败，以下叙述错误的是（　　）。

A. 这属于结算风险的一种　　B. 这是操作风险的表现

C. 这会造成交易成本上升　　D. 可能引发信用风险

24. （　　）是指由于经营决策错误、决策执行不当或对行业变化束手无策而对银行的收益或资本形成现实和长远的影响。

A. 流动性风险　　B. 战略风险　　C. 操作风险　　D. 法律风险

25. 巴塞尔委员会将商业银行的风险划分为信用风险、市场风险、操作风险、流动性风险、国家风险、声誉风险、法律风险、战略风险的依据是（　　）。

A. 按风险事故　　B. 按损失结果

C. 按风险发生的范围　　D. 按诱发风险的原因

三、多项选择

1. 金融风险可能造成的损失包括（　　）。

A. 系统损失　　B. 预期损失　　C. 非预期损失　　D. 灾难性损失

E. 经营损失

2. 市场风险包括（　　）。

A. 利率风险　　B. 流动性风险　　C. 股票风险　　D. 汇率风险

E. 商品风险

3. 提出欧式期权定价模型的是（　　）。

A. 费雪·布莱克　　B. 威廉·夏普

C. 哈里·马科维茨　　D. 麦隆·舒尔斯

E. 罗伯特·默顿

4. 商业银行风险管理的主要策略包括（　　）。

A. 风险分散　　B. 风险对冲　　C. 风险转移　　D. 风险规避

E. 风险补偿

5. 下列属于资本的作用的是（　　）。

A. 为商业银行提供融资

B. 吸收和消化损失

C. 限制商业银行过度业务扩张和风险承担

D. 维持市场风险

E. 为商业银行管理，尤其是风险管理提供最根本的驱动力

6. 巴塞尔委员会将商业银行面临的风险划分为八大类，其中包括（　　）。

A. 系统风险　　B. 信用风险　　C. 操作风险　　D. 战略风险

E. 声誉风险

7. 信用风险的主要形式包括（　　）。

A. 结算风险　　B. 流动性风险　　C. 非系统风险　　D. 违约风险

E. 国家风险

8. 下列关于经风险调整的业绩评估方法的说法，正确的有（　　）。

A. 在经风险调整的业绩评估方法中，目前被广泛接受和普遍使用的是经风险调整的资本收益率（RAROC）

B. 在单笔业务层面上，RAROC可用于衡量一笔业务的风险与收益是否匹配，为商业银行是否开展该笔业务以及如何定价提供依据

C. 在资产组合层面上，商业银行在考量单笔业务的风险和资产组合效应之后，可依据RAROC衡量资产组合的风险与收益是否匹配

D. 经风险调整的业绩评估方法是以监管资本配置为基础的

E. 使用经风险调整的业绩评估方法，有利于在银行内部建立正确的激励机制，从根本上改变银行忽视风险、盲目追求利润的经营方式

9. 下列可能给商业银行带来声誉风险的有（　　）。

A. 关于银行高比例不良资产的媒体报道

B. 银行对长期合作且信用良好的贷款客户大幅削减信贷额度

C. 市场流传次贷危机使得银行蒙受巨额亏损的消息

D. 银行工作人员长期对待客户态度粗暴

E. 银行向风险承受能力低的客户推荐高风险的理财产品

10. 战略风险来自（　　）。

A. 商业银行战略目标缺乏整体兼容性

B. 商业银行经营目标不能按时实现

C. 为实现战略目标而制定的经营战略存在缺陷

D. 为实现目标所需要的资源匮乏

E. 整个战略实施过程的质量难以保证

11. 在商业银行的风险管理活动中，属于风险管理流程的环节是（　　）。

A. 风险监测　　B. 风险承担能力确定

C. 风险计量　　D. 风险额度分配　　E. 风险控制

12. 某国家的一家银行为避免此国的金融动荡给银行带来损失，可采用的风险管理方法有（　　）。
A. 积极开展国际业务来分散面临的风险
B. 通过相应的衍生产品市场来进行风险对冲
C. 通过资产负债的匹配来进行自我风险对冲
D. 更多地发放有担保的贷款为银行保险
E. 提高低信用级别客户贷款的利率来进行风险补偿

13. 商业银行因承担下列风险，获得风险补偿而盈利的是（　　）。
A. 违约风险　　B. 操作风险　　C. 市场风险　　D. 流动性风险
E. 结算风险

14. 存在信用风险的表内业务包括（　　）。
A. 贷款　　B. 债券投资　　C. 信用担保　　D. 贷款承诺
E. 衍生产品交易

15. 常用的风险事后控制方法有（　　）。
A. 风险缓释或风险转移　　B. 风险资本的重新分配
C. 提高风险资本水平　　D. 限额管理
E. 风险定价

16. 全面风险管理模式的特点包括（　　）。
A. 全球的风险管理体系　　B. 全新的风险管理范围
C. 全程的风险管理过程　　D. 全面的风险管理方法
E. 全员的风险管理文化

17. 国别风险的主要类型包括（　　）。
A. 转移风险　　B. 传染风险　　C. 主权风险　　D. 环境风险
E. 投资风险

18. 操作风险具体分为七种表现形式，其中包括（　　）。
A. 聘用员工做法和工作场所安全性　　B. 业务中断和系统失灵
C. 客户、产品及业务做法　　D. 实物资产损坏
E. 外部欺诈

19. 基于对 RAROC 指标的计量结果，最常见的应用主要集中在（　　）方面。
A. 绩效考核　　B. 贷款定价　　C. 资本分配　　D. 风险控制
E. 风险监测

20. 商业银行风险管理的内涵包括（　　）。
A. 风险是可控的
B. 风险管理是一项系统工程
C. 风险管理的最终目的在于降低损失，确保银行安全运行
D. 风险管理不仅仅是风险管理部门的事情
E. 风险管理的核心在于选择最优的风险管理方案

四、判断题

1. 在商业银行经营过程中，有两个因素决定其风险承担能力：一是资本金规模，二是资产变现能力。（　）

2. 商业银行面临的风险按是否能量化可以分为系统性风险和非系统性风险。（　）

3. 信用风险是指由于人为错误、技术缺陷或不利的外部事件造成损失的风险。（　）

4. 操作风险具有盈利性。（　）

5. 对流动性风险的识别和分析，必须兼顾商业银行的资产和负债两方面。（　）

6. 商业银行规模越大，抵抗风险的能力越强，商业银行可能面临的风险因素也就越少。（　）

7. 对大多数商业银行来说，贷款是最大、最明显的信用风险来源。（　）

8. 经济资本与商业银行实际风险水平没有任何关系。（　）

9. 风险补偿主要是指在损失发生以后对风险承担的价格补偿。（　）

10. 违约风险仅针对企业，不针对个人。（　）

11. 信用风险与市场风险相比具有数据优势和易于计量的特点。（　）

12. 金融风险具有普遍性和不确定性。（　）

13. 负债风险管理模式阶段被称为华尔街的第二次数学革命。（　）

14. 风险转移可分为保险转移和非保险转移。（　）

15. 商业银行风险管理四个流程顺序不能发生变化，必须严格执行。（　）

16. 失误树分析法是商业银行识别风险最基本、最常用的方法。（　）

17. 准确的风险计量结果是建立在卓越的风险模型基础上的。（　）

18. 建立功能强大、动态、交互式的风险监测和报告系统，对于提高银行风险管理效率和质量具有非常重要的作用，也直接体现了银行的风险管理水平和研究开发能力。（　）

19. 常用的事前控制方法有风险缓释、风险定价和制订应急预案等。（　）

20. 监管资本是监管当局规定的商业银行必须持有的与其业务总体风险水平相匹配的资本。（　）

五、简答题

1. 金融风险有哪些特点？

2. 商业银行风险的主要种类有哪些？

3. 商业银行风险管理可以采取的策略有哪些？

4. 如何理解全面风险管理模式？

5. 商业银行资本有哪些作用？

6. 试述我国商业银行监管资本的构成及资本充足率的相关规定。

六、案例分析题

1. 1999 年 1 月 13 日，拉丁美洲第一经济大国——巴西宣布对本国货币巴西雷亚尔实行贬值，并任命费朗西斯科·洛佩斯为中央银行新行长。此举致使拉美各国以及世界其他地区的股市发生动荡，货币危机发展成为一场全面的金融危机，举世震惊。巴西金融危机就此爆发。巴西此次发生金融危机绝非偶然。事实上，从1999年10月起，受亚洲金融危机的影响和1998年8月俄罗斯金融危机的冲击，巴西的股市和汇市多次发生动荡，金融动荡引起巴西资金大量外流，大量的资金外流又打击了巴西经济，并导致巴西外汇储备急剧减少，货币贬值压力越来越大。当有关巴西中央银行行长易人及货币贬值的传闻成为事实后，饱受巴西金融动荡（在当地被称为“桑巴效应”）惊吓的投资者纷纷逃离拉美新市场，致使拉美各国以及世界其他地区的股市发生动荡。

试分析上述案例中出现了什么风险，该怎样去防范。

2. 1985年，王某承包了罐头厂（该厂是镇经委的下属企业），1986年4月14日至1987年4月3日，该厂向县农业银行贷款8笔，总金额为7.2万元，用于购买原材料。其中，有5笔共5万元的借款由镇人民政府以作为国家文物保护单位的某寺庙做抵押担保。另一笔5 000元贷款由秦某以私人房屋做抵押担保，但秦某在借期6个月的借款协议上填写了“只担保3个月，过期不负责”字样。其余2笔贷款由王某以私人房屋做抵押担保。承包人王某由于经营管理不善，造成亏损，该罐头厂于1987年8月11日宣告倒闭。罐头厂除归还贷款本息2 000元外，余欠贷款本金7万元，利息1.25万元，共计8.25万元。县农业银行多次催收无效，于1987年12月15日向法院提起诉讼。

王某声称：以私人房屋做抵押时未经其妻同意，而房屋属夫妻共有。抵押担保人秦某称：本人只担保3个月，鉴于已超过3个月，担保人已无责任。抵押担保人镇人民政府称：用国家文物保护单位做抵押的担保合同无效，不应承担责任。人民法院在充分调查的基础上，判决王某与银行签订的借款合同有效，抵押担保人应承担各自的担保责任。

试分析案例中体现了商业银行经营过程中的哪些风险，银行工作人员存在哪些失误。

第二章

商业银行风险管理基本架构

【章前引例】

在摩根大通银行董事会中，有5个重要的委员会：审计委员会、薪酬委员会、提名委员会、公共负责委员会和风险管理委员会。其中，风险管理委员会的职责是评估CEO和高级管理层在市场风险、信用风险、利率风险、投资风险、流动性风险、信誉风险等方面的管理工作；总体监控公司的资产管理活动。具体监管职责包括：

（1）评估制定风险管理框架和原则，指导风险管理流程；

（2）监控风险暴露；

（3）定期更新各部门和工作流程的风险报告；

（4）监督评估管理层对管理制度和条例的执行情况；

（5）定期评估公司的资本配置；

（6）监督内控，定期报告。

在摩根大通银行每年的管理层讨论与分析（MD&A）中，详细叙述了银行风险管理的架构及流程。银行每一条业务线都有自己的风险经理控制本部门的风险，制定实施本部门的风险策略、政策等，并与其他部门合作。

除了专门的风险管理部门，公司还有4个职能部门承担相关责任，分别是国债部、首席投资部、法律部和投诉部。

风险管理的总负责人是公司的首席风险官，他是公司运营委员会的一员，通过公司风险管理委员会直接向首席执行官和董事会报告。风险管理委员会不同的委员分管不同的风险，风险管理服务部主要负责风险政策、风险披露和风险培训；风险技术与操作部主要负责风险监控和度量的基础设施建设；首席投资官负责度量、控制和披露公司流动性风险、利率风险和汇率风险；法律部和投诉部主要负责法律风险和股东利益风险处理。

【本章学习目标】

1. 掌握健全的商业银行公司治理结构所包含的主要内容和应遵循的基本原则。

2. 理解风险管理文化的重要意义和主要内容。
3. 掌握董事会及其专门委员会在风险管理中的主要职责和职能。
4. 掌握高级管理层在风险管理中的主要职责和职能。
5. 掌握风险管理部门的设置形式及其在风险管理中的主要职责和职能。
6. 掌握风险管理的各流程及各种方法的作用和实现途径。

第一节　商业银行风险管理环境

一、商业银行公司治理

（一）定义和内涵

商业银行公司治理是指控制、管理商业银行的一种机制或制度安排，是商业银行内部组织结构和权力分配体系的具体表现形式。其核心是在所有权、经营权分离的情况下，为妥善解决委托—代理关系而提出的董事会、高级管理层组织体系和监督制衡机制。

（二）商业银行公司治理的特征

商业银行公司治理结构的要旨在于明确划分股东、董事会和经理人员各自的权利、责任和利益，形成三者之间的制衡关系。国外现代商业银行的公司治理结构是现代法人产权制度下的产物，其基本特征如下。

1. 内部机构权责分明，相互制衡。银行内部组织结构由决策机构、监督机构和执行机构组成，按照“三权分立，相互制衡”的运行机制分别行使银行的决策权、执行权和监督权。商业银行的决策机构一般包括股东大会、董事会及其下设的各种委员会。

2. 委托与代理，纵向授权。在商业银行中，银行各层之间是通过一种委托与代理关系来维持的。股东大会作为委托人将其财产委托董事会代理，并委托监事会进行监督。作为代理人，董事会又将银行财产委托给经理层的行长代理，从总行到分支行再到基本操作层之间，还存在若干中间层次。这样自上至下以授权的方式在银行的各层之间分配权力。

3. 激励与约束机制并存。国外商业银行的委托人通过奖金、股权和退休金等激励机制来促使代理人采取适当的行为，最大限度地实现委托人所预期达到的目标；同时，还通过资本市场、大股东监督和经理人员的聘任、解聘等约束机制对代理者的行为加以制约。

（三）西方商业银行的公司治理模式

由于所处的宏观和微观市场经营环境不同，西方发达国家的商业银行在其经营管理过程中形成了比较典型的公司治理模式和相应的内部控制组织结构，具体包括以下几种。

1. 市场主导型公司治理模式下的商业银行内部控制组织结构。这种模式又称外部监控型商业银行公司治理模式，通常是以资本市场高度发达、银行股权高度分散和股权的自由转让为基础，其公司治理机制主要通过资本市场上的收购、兼并、重组等银行法人控制权转移来达到对银行管理层的有效激励约束，如图 2 - 1 所示。

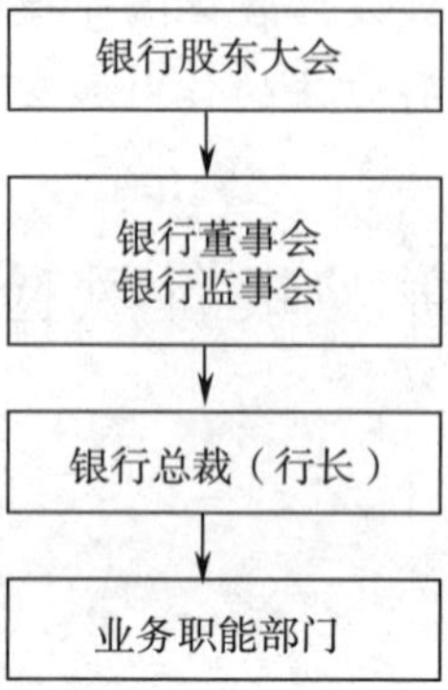

图 2 - 1　市场主导型商业银行组织结构

2. 出资主导型公司治理模式下的商业银行内部控制组织结构。这种模式又称内部监控型商业银行公司治理模式，其公司治理机制强调法人持股机构等大股东在公司治理中的作用。在德国、日本的商业银行中，法人持股率高，企业交叉或循环持股，银行的监督和约束主要来自交叉持股的公司和其他金融机构的"用手投票"机制。银行的公司治理结构主要由股东大会、监事会、董事会和高级管理层组成，其内部治理实行的是"两会制"（监事会、董事会）。所不同的是，德国商业银行监事会的权力要远远大于日本商业银行监事会的权力，不仅像日本的商业银行那样可代表股东大会对董事会和高级管理层进行监督，还具有决定银行重大经营方针，解聘董事会成员和高级管理人员的权力。

（四）巴塞尔委员会的公司治理准则

1. 董事会成员应称职，清楚理解其在公司治理中的角色，有能力对商业银行的各项事务作出正确的判断。

2. 董事会应核准商业银行的战略目标和价值准则，并监督其在全行的传达贯彻。特别值得注意的是，价值准则应当禁止外部交易和内部往来活动中的所有腐败和贿赂行为。

3. 有效的董事会应清楚界定自身和高级管理层的权力及主要责任，并在全行实行问责制。

4. 董事会应确保对高级管理层是否执行董事会政策实施适当的监督。高级管理层是商业银行公司治理的关键部门，为防止内部人控制，董事会必须对其实行有效监督。

5. 董事会和高级管理层应有效发挥内部审计部门、外部审计单位及内部控制部门的作用。在公司治理过程中，审计是至关重要的，审计的有效性能保证董事会及高级管理层职能的实现。

6. 董事会应确保薪酬政策及其做法与商业银行的公司文化、长期目标和战略、控制环境相一致。

7. 商业银行应保持公司治理的透明度。这是商业银行正常运转的积极表现，否则，商业银行将很难把握董事会和高级管理层是否应对其行为和表现负责。

8. 董事会和高级管理层应了解商业银行的运营架构，包括在低透明度国家或在透明度不高的架构下开展业务（了解商业银行的架构）。

二、商业银行内部控制

（一）定义和内涵

商业银行内部控制是商业银行为实现经营目标，通过制定和实施一系列制度、程序和方法，对风险进行事前防范、事中控制、事后监督和纠正的动态过程和机制。

完善商业银行内部控制机制，不仅可以保障风险管理体系的健全，改善公司治理结构，而且还可以促进风险管理策略的有效实施，同时，风险管理水平的提升也会极大地提高内部控制的质量和效率。

（二）商业银行内部控制的目标和原则

1. 基本目标。商业银行内部控制的基本目标是通过风险管理来实现价值持续增加的经营目标。内部控制的目标具有层次性，包括战略控制目标、一般控制目标和业务控制目标（见图2-2）。

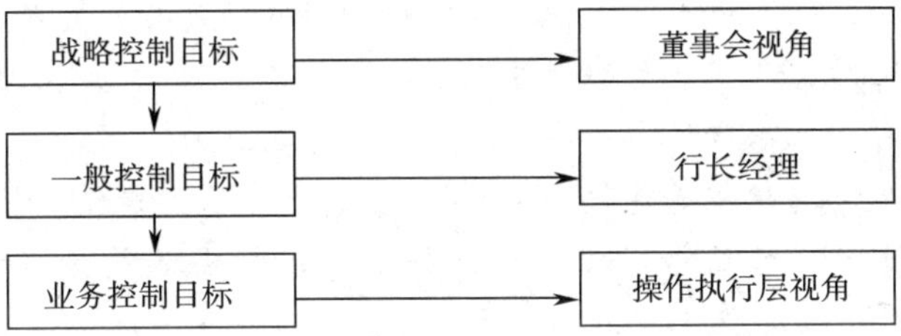

图2-2　内部控制目标的层次

（1）战略控制目标。投资者建立企业的重要目的，在于创造尽可能多的财富。这种财富首先表现为企业的价值，即企业本身值多少钱。股份制商业银行股东的财富由其所拥有的股票数量和股票市场价格两方面决定，商业银行内部控制的战略控制目标是商业银行的价值最大化（或股东财富最大化）。因此商业银行的价值最大化意味着：特定条件下的利润最大化；特定条件下的风险最小化；特定条件下的持续经营时间最长化。

（2）一般控制目标。一般控制目标受战略控制目标的制约，它包括法律法规的遵循性，即确保国家法律规定和商业银行内部规章制度的贯彻执行；经营活动的效率和效果，即确保商业银行发展战略和经营目标的全面实施和充分实现；风险的可控性，即确保风险管理体系的有效性；信息的可靠性，即确保业务记录、财务信息和其他管理信息的及时、真实和完整。

（3）业务控制目标。内部控制的战略控制目标和一般控制目标要渗透到商业银行的各项业务活动中，形成业务控制目标。如存款业务、贷款业务、资金业务、中间业务和其他业务，以及会计和计算机信息系统等都必须从商业银行价值最大化和一般控制目标出发，确保各类业务的业务控制目标。例如，信贷业务的控制目标是确保信贷资产的安全性和效益性，以及商业银行的流动性；会计系统的控制目标则是提供及时、真实、完整和相关的财务信息等。

2. 主要原则。商业银行的内部控制必须贯彻全面、审慎、有效、独立的原则。

（1）内部控制应当渗透到商业银行的各项业务过程和各个操作环节，覆盖所有部门和岗位，并由全体人员参与。

（2）内部控制应当以防范风险、审慎经营为出发点，尤其是设立新的机构或开办新的业务。

（3）内部控制应当具有高度权威性，任何人不得拥有不受控制约束的权力。

（4）内部控制的监督、评价部门应当独立于内部控制的建设、执行部门，并有直接向董事会、监事会和高级管理层报告的渠道。

【知识链接 2－1】

11.8 亿元贷款诈骗案揭盖：暴露出银行内部控制问题

2013 年 7 月至 2015 年 2 月，中煤龙源公司法人王某友，伙同中国银行嘉峪关分行原行长邓某明等人以三方买入返售业务模式，使用伪造的贷款资料，从兴业银行广州分行骗得贷款 8 亿元；之后，又伙同舒某进等人，使用伪造的贷款资料，以商业承兑汇票贴现形式，骗得包商银行北京分行商业承兑汇票贴现贷款 2.91 亿元；伙同邓某明等人，从平安银行天津分行空港支行骗得贷款 8 500 万元。诈骗金额共计 11.76 亿元。

2015 年 7 月 21 日，包商银行北京分行将中国银行嘉峪关分行诉至法庭。同年 9 月 23 日，该案因涉及经济犯罪嫌疑被中止诉讼。2019 年 5 月，包商银行因出现严重信用风险，被人民银行及银保监会联合接管。2020 年 2 月，包商银行正式宣布破产。3 个月后，徽商银行发布声明，表示将承接原包商银行四家分行及该行内蒙古自治区外各分支机构经徽商银行确认的相关业务。同年 8 月，徽商银行北京分行承接起原包商银行北京分行的权利与义务，申请变更为该案原告方，继续提起诉讼。

根据相关金融法规，使用商业汇票必须具有真实的交易关系，严禁承兑、贴现不具有真实贸易背景的商业汇票。法院表示，原包商银行北京分行的员工潘某等人应当知道作为中国银行二级分行的嘉峪关分行无权出具商业承兑汇票保兑保函，但仍未仔细确认授信资料的真实性，且放任审贷会通过并签字同意贴现放款。

原包商银行北京分行工作人员潘某等人未依相关规定进行审核，最终造成了巨额贷款不能偿还的结果，其行为已经构成违法发放贷款罪。因此，法院指出，中国银行嘉峪关分行对于原包商银行北京分行因犯罪分子遭受的损失没有过错，不应承担相应责任。最终，法院决定驳回徽商银行北京分行的诉讼请求。

资料来源：http：//finance. sina. com. cn/jinrong/yh/2021 － 06 － 17/doc － ikqciyzk0214571. shtml。

【案例 2 -1】

美国安然公司（Enron）为什么会出事儿

在 2000 年，安然是美国最大的石油和天然气企业之一，当年的营业收入超过 1 000亿美元，雇用员工 2 万人，是美国《财富》500 强中的第 7 大企业。

但就在 2001 年末，安然宣布第三季度亏损 6.4 亿美元，美国证券交易委员会对其进行调查，发现安然以表外（投资合伙）形式，隐瞒了 5 亿美元的债务，还发现该公司自 1997 年以来虚报利润 5.8 亿美元。

与此同时，安然的股价暴跌，由 2001 年初的 80 美元/股跌至 80 美分/股。同年 12 月，安然申请破产保护令，但在之前 10 个月内，公司却因为股票价格超过预期目标而向董事及高级管理人员发放了 3.2 亿美元的红利。

安然事件发生后，美国监管机构在对其进行分析调查时发现：安然的董事会及审计委员会均采取不干预（Hands - off）监控模式，没有对安然的管理层实施有效的监督，包括没有查问他们所采用的“投资合伙”这一创新的会计方法。事件发生之后，部分董事表示不太了解安然的财务状况，也不太了解他们的期货及期权业务。

安然重视短期的业绩指标，管理层的薪酬与股票表现挂钩，这诱发了管理层利用创新的会计方法作假，以赢取丰厚的奖金和红利。虽然安然引用了非常先进的风险量化方法监控期货风险，但是营运风险的内部控制形同虚设，管理高层常常藐视或推翻公司制定的内控制度。这是最终导致安然倒闭的重要因素。

资料来源：http：//www. frmspace. com/news/view. asp？id =35343。

【案例 2 -2】

法国兴业银行巨亏 71 亿美元

一、案情

2008 年 1 月 18 日，法国兴业银行收到了一封来自另一家大银行的电子邮件，要求确认此前约定的一笔交易，但法国兴业银行和这家银行根本没有交易往来。因此，法国兴业银行进行了一次内部清查，结果发现，这是一笔虚假交易。伪造邮件的是法国兴业银行交易员凯维埃尔。更深入的调查显示，法国兴业银行因凯维埃尔的行为损失了 49 亿欧元，约合 71 亿美元。

凯维埃尔从事的什么业务导致如此巨额的损失？答案是欧洲股指期货交易，一种衍生金融工具产品。早在 2005 年 6 月，他利用自己高超的计算机技术，绕过法国兴业银行的五道安全限制，开始了违规的欧洲股指期货交易，“我在安联保险上建仓，赌股市会下跌。不久伦敦地铁发生爆炸，股市真的大跌。我就像中了头彩……盈利 50 万欧元”。2007 年，凯维埃尔再赌市场下跌，因此大量做空，他又赌赢了，到 2007 年

12月31日，他的账面盈余达到了14亿欧元，而当年法国兴业银行的总盈利不过是55亿欧元。从2008年开始，凯维埃尔认为欧洲股指将上涨，于是开始买涨。然而，欧洲乃至全球股市都在暴跌，凯维埃尔的巨额盈利转眼变成了巨大损失。

二、分析

法国兴业银行的巨额亏损不是个别案例，其与衍生产品的风险投机息息相关，下面我们来分析其中的风险和产生的原因。

1. 风险巨大，破坏性强。由于衍生金融工具牵涉的金额巨大，一旦出现亏损就将引起较大的震动。巴林银行因衍生金融工具投机而导致9.27亿英镑的亏损，最终导致这一拥有233年历史、总投资59亿英镑的老牌银行破产。法国兴业银行事件中，损失达到71亿美元，这起规模巨大的金融案件震惊了世界。

2. 爆发突然，难以预料。因违规进行衍生金融工具交易而受损、倒闭的投资机构，其资产似乎在一夜之间就化为乌有，爆发的突然性往往出乎人们的预料。巴林银行在1994年底税前利润仍为1.5亿美元，而仅仅不到3个月后，它就因衍生金融工具上的巨额损失而破产。在中航油（新加坡）公司破产的6个月前，其CEO还公开宣称公司运行良好，风险极低，在申请破产的1个月前，中航油（新加坡）公司还被新加坡证券委员会授予“最具透明度的企业”称号。

3. 原因复杂，不易监管。衍生金融工具风险的产生既有金融自由化、金融市场全球化等宏观因素，也有管理层疏于监督、金融企业内部控制不充分等微观因素，形成原因比较复杂，即使是非常严格的监管制度，也不能完全避免风险。像法国兴业银行这个创建于拿破仑时代的银行，内部风险控制不可谓不严，但凯维埃尔还是获得了非法使用巨额资金的权限，违规操作近一年才被发现。这警示我们，再严密的规章制度，再安全的电脑软件，都可能存在漏洞。对银行系统的风险控制，绝不可掉以轻心，特别是市场繁荣之际，应警惕因盈利而放松正常监管。

三、启示

衍生金融工具的风险很大程度上表现为交易人员的道德风险，但归根结底，风险主要来源于金融企业内部控制制度的缺乏和失灵。在国家从宏观层面完善企业会计准则和增强金融企业实力的同时，企业内部也应完善财务控制制度，消除企业内部的个别风险。

1. 健全内部控制机制。在一定程度上，防范操作风险最有效的办法就是制定尽可能详尽的业务规章制度和操作流程，使内控制度建设与业务发展同步，并提高制度执行力。内部控制制度是控制风险的第一道屏障，要求每一个衍生金融交易人员均应满足风险管理和内部控制的基本要求，必须有来自董事会和高级管理层的充分监督，应成立由实际操作部门高级管理层和董事会组成的自律机构，保证相关的法规、原则和内部管理制度得到贯彻执行；要有严密的内控机制，按照相互制约的原则，对业务操作人员、交易管理人员和风险控制人员进行明确分工，要为交易员或货币、商品种类设立金额限制、停损点及各种风险暴露限额等，针对特定交易项目与交易对手设置合理的“集中限额”以分散风险；交易操作不得以私人名义进行，每笔交易的确认与交割须有风险管理人员参与控制，并有完整准确的记录；要有严格的内部稽核制度，对风险管理程序和内部控制制度的执行情况以及各有关部门工作的有效性要进行经常性的检查和评价，安排能胜任的人员专门对衍生金融交易业务进行定期稽核，确保各项风险控制措施落到实处；等等。

2. 完善金融企业的法人治理结构。金融交易人员的行为风险可以通过内部控制制度防范，但再严格的内控对于企业高层管理人员也可能无能为力，管理层凌驾于内控之上的现象是造成金融企业风险的深层原因。我国国有商业银行所有者虚位的现象严重，对管理层的监督和约束机制还相对较弱。对于金融企业主要领导者的监督应借助于完善的法人治理结构。首先是建立多元的投资结构，形成科学合理的决策机制；其次是强化董事会、监事会的职责，使董事会在风险管理方面扮演更加重要的角色；最后是强化内部审计人员的职责，建立内部审计人员直接向股东会负责的制度。

资料来源：网易财经网站。

第二节　商业银行风险管理组织架构的常见模式

一、风险管理组织架构的基石

（一）董事会及其专门委员会

董事会是商业银行的最高风险管理/决策机构，承担商业银行管理的最终责任，确保商业银行有效识别、计算、监测和控制各项业务所承担的各种风险。

根据巴塞尔委员会的有关规定，董事会负责审批并定期审查银行信用风险战略，重要的信用风险战略应反映银行的风险承受限度和承担各种风险的预期收益水平。

为履行其责任，银行董事会应审批有关利率风险管理的战略与政策，并确保高级管理层采取必要的措施以监督与控制这些风险。董事会应定期被告知银行的利率风险头寸，以便了解风险监控的情况。

董事会负责审批银行的整体经营战略和重大政策，并定期进行检查；董事会应当了解银行的主要风险，确定可以接受的风险水平并保证高级管理层采取必要措施认定、计量、监督并控制风险；董事会负责审批组织架构；保证高级管理部门对内部控制制度的有效性进行监督。董事会最终负责保证银行已经建立并实施了充分而有效的内部控制制度。

董事会必须制定指导银行经营活动的战略目标，设立经营的根本方针，为自身、高级管理层和雇员确立价值准则。董事会必须确定高级管理层切实执行了政策，禁止有损于公司治理质量的行为或关系。

【案例2-3】

36枚“萝卜章”骗贷5.17亿元，恒丰、齐商、建行、农行等6家银行中招

自2011年以来，季某利用旗下控制的山东长金昊煤业有限公司、济宁顺天经贸有限公司等20余家公司，通过伪造虚假财务报表、私刻印章、伪造购销合同等方式，指挥其结算科经理曹某和其下属员工颜某、吴某、徐某、刘某、郭某1、郭某2从威海商业银行济宁分行、齐商银行济宁高新区支行、齐商银行济宁分行、恒丰银行济宁分行、建设银行济宁分行、农业银行济宁明珠支行、济宁农商行共贷款约5.17亿元。

文书披露，季某骗取的约5.17亿元贷款，最终流入了其直接或间接控制的公司，主要用于购买房产、归还贷款本息、发放工人工资等支出。

根据文书梳理，2011年到2019年，季某等人共从银行骗取贷款16次。

具体来看，2013年、2015年和2016年，恒丰银行济宁分行先后被骗贷3次。季某安排曹某，曹某安排刘某和徐某以山东长金昊煤业有限公司、济宁世代农资有限公司和济宁昌来国际贸易有限公司的名义，通过伪造财务资料等贷款材料，骗取恒丰银行济宁银行的信任。截至案发，尚欠贷款本金共约1.50亿元。

同样的事情也发生在了齐商银行。2014年12月，季某告知曹某办理贷款，随后曹某告知下属员工颜某和吴某通过伪造山东聚鲁商贸有限责任公司的资产负债表、印章等8项文件，并用季某名下的济宁顺天经贸有限公司、济宁市富宁商贸有限公司作为担保从齐商银行济宁分行获得贷款。两年后，在2016年，季某又用同一种方式从齐商银行济宁分行获得贷款。截至案发，尚欠贷款本金共约1.29亿元。

除此之外，季某团队用同样的方法成功套路包括建设银行济宁分行、农业银行济宁明珠支行在内的6家银行。截至案发，尚欠6家银行贷款本金共约5.1亿元。

资料来源：中华网财经频道。

（二）监事会

监事会对股东大会负责，从事商业银行内部尽职监督、财务监督、内部控制监督等监察工作。

监事会负责对商业银行遵守法律规定的情况以及董事会、管理层履行职责的情况进行监督，要求董事会、管理层纠正损害银行利益的行为。

（三）高级管理层

高级管理层的主要职责是负责执行风险管理政策，制定风险管理的程序和操作规程，及时了解风险水平及其管理状况，并确保商业银行具备足够的人力、物力和恰当的组织结构、管理信息系统以及技术水平，来有效地识别、计量、监测和控制各项业务所承担的各种风险。

高级管理层负责执行董事会批准的各项战略与政策；负责建立、认定、计量、监督及控制银行风险的程序；负责建立责任明晰、授权明确、具有清楚的报告关系的组织架

构；确保各项职责得到有效履行；负责制定适当的内部控制政策，并对内部控制制度的充分性、有效性进行监督。

高级管理层负责为各层次的管理人员界定职责，但必须认识到管理人员以银行的经营业绩向董事会负责。

二、商业银行风险管理组织架构的常见模式

在不同的风险管理制度安排下，商业银行的风险管理组织构架呈现出不同的模式（见表2－1）。

（一）风险管理部集权模式

风险管理部集权模式就是商业银行的总行设置专门的风险管理部，由该部门负责全行所有的风险管理工作。在这一模式下，从风险管理战略的制定、风险管理政策的出台到风险管理工具的选择，再到具体的日常的风险监测、风险检查都是由风险管理部一个部门负责的。风险管理职责高度集中于该部门。

（二）事业部模式

银行发展到一定规模后，出于成本效益和效率的考虑，往往会采取事业部的组织架构设置。整个银行按照业务种类划分为不同的事业部，如个人金融部、公司金融部等，每个事业部都是一个单独的业务运营单位、风险管理单位和利润中心。事业部具有很大程度的独立性。事业部模式下的风险管理组织架构设置就是银行总行不单独设置风险管理部，而是由每一个事业部在内部设置风险管理机构，负责事业部范围内的风险管理工作。分支机构的风险管理职责根据业务条线由相应条线事业部的风险管理机构负责。

（三）矩阵式模式

矩阵式模式是对前两种模式的综合，从而在一定程度上避免了两种模式的不足。按照矩形组织架构划分标准不同，该模式又可以分为以事业部为利润中心的矩阵式模式和以区域分支机构为利润中心的矩阵式模式两种。

该模式的特点是，根据不同的情况，银行在其内部或按照事业部，或按照区域分支机构设置利润中心，每个利润中心内部设置风险管理小组，风险管理小组由总行风险管理部直接领导，向其负责；与此同时，该小组在日常工作开展过程中还要接受事业部或区域分支机构的指导，并向其汇报工作。这样就在银行内部形成一个二维的风险管理组织架构，报告线路为双线报告。

（四）网络式模式

网络式模式是21世纪才发展起来的新型组织结构模式，主要是为了适应市场环境的剧烈变化、产品创新速度的加快以及客户需求的多样化等新情况。在该模式中，银行的分工是按照职员所拥有的专业技能进行的，这些专业人员既可以单独开展工作，也可以临时或在一段时期内组成专门的项目小组开展工作。专门的项目小组需要整合的资源既可以不限于银行内部的专业人员，也可以根据实际需要引入外部的专业力量，从而具有较强的灵活性。具体到风险管理方面，那些具有较高风险管理技能的人员被分派到不

同部门、不同分支机构单独开展工作，如果有需要他们可以随时组成风险管理小组对某些重大问题或突发事件进行集中处理。

表 2-1　　不同组织架构模式对比

模式	风险管理部集权模式	事业部模式	矩阵式模式	网络式模式
劳动分工	根据投入	根据产出	根据投入和产出	根据专业知识
协调机制	通过分层监督、计划和过程控制	通过事业部总经理和总行职员	双线报告和负责制度	跨部门工作小组
决策权分配	高度集中	战略决策和具体的决策相分离	共享	高度分散
组织边界	核心或外围	内部或外部市场	多个界面	渗透和多变的
非正式结构的重要性	很低	较低	较高	很高
治理结构	职能部门内部	事业部之间和事业部内部	根据矩阵的几个方面	不断变动的联合体
权威的基础	职位、专业专长	管理层职权和资源	谈判的技巧和资源	知识和资源

【案例 2-4】

200 余年历史的英国巴林银行为何破产

巴林银行（Barings Bank）在 20 世纪 90 年代之前是英国最大的银行之一，有超过 200 年的历史。

1992—1994 年，巴林银行新加坡分行总经理里森（Nick Lesson）从事日本大阪及新加坡证券交易所之间的日经指数期货套期对冲和债券买卖活动，累计亏损超过 10 亿美元，导致巴林银行于 1995 年 2 月破产，最终被荷兰国际集团（ING）收购。

造成巴林银行灾难性厄运的原因是，巴林银行缺乏职责划分的机制，里森身兼巴林银行新加坡分行的交易员和结算员，这使他有机会伪造存款和其他文件，使期货交易带来的损失瞒天过海，最终造成了不可收拾的局面。

另外一个致命问题是，巴林银行的高层对财务报告不重视。巴林银行董事长彼得·巴林（Peter Barings）曾在 1994 年说：若以为审视更多资产负债表的数据就可以增加对一个集团的了解，那真是幼稚无知。但如果有人在 1995 年 2 月之前认真看一下巴林银行任何一天的资产负债表（里面都有明显的记录），就可以看出里森的问题。遗憾的是，巴林银行高层对财务报表的不重视，使之付出了高昂的代价。

新加坡政府在巴林银行调查报告结论中有这样一段话："如果巴林集团在 1995 年 2 月之前能够及时采取行动，那么他们还有可能避免崩溃。截至 1995 年 1 月底，即使已发生重大损失，这些损失毕竟也只是最终损失的 1/4。如果说巴林银行的管理层直到破产之前还对这件事情一无所知，我们只能说他们一直在逃避事实。"

里森在自传中也说："有一群人本来可以揭穿并阻止我的把戏，但他们没有这么做。我不知道他们在监督上的疏忽与罪犯级的疏忽之间的界限何在，也不清楚他们是否对我负有什么责任。"

资料来源：http：//finance. sina. com. cn/leadership/jygl/20050303/18531401271. shtml。

第三节　国内外商业银行风险管理架构实例

一、澳大利亚

图2－3列出了澳大利亚联邦银行（Commonwealth Bank of Australia）的授信风险管理框架。

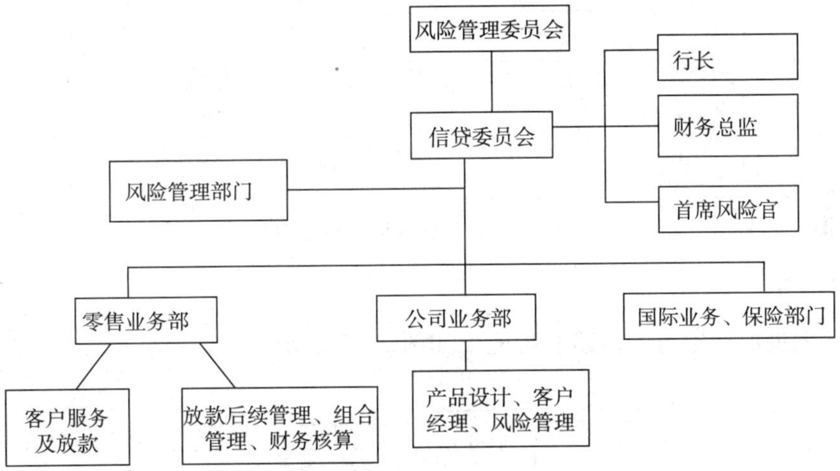

图2－3　澳大利亚联邦银行的授信风险管理框架

风险管理委员会为董事会下属机构，主要负责制定总的风险战略和监管全行的风险，由董事会成员组成；信贷委员会由行长、财务总监、首席风险官3人组成，主要负责大额授信审批；风险管理部门负责制定授信管理政策、授信方案，监管授信运作情况，处置不良资产。

二、日本

日本的银行认为公司治理体制的构筑是风险管理的关键，良好的公司治理结构，其一要确保内部牵制功能，其二要有强有力的外部监管。三菱东京日联银行（BTMU）的业务经营主要受外部监督、会议和委员会、决策权限以及牵制体制的制衡。外部监督主要包括外部董事、监察委员会等；会议和委员会则包括董事会、经营会议、战略委员会、风险管理委员会、投融资委员会、授信委员会等；决策权限包括业务执行权限的集中化与明确化；牵制体制包括组织的分离、内部监察、公司风险管理。BTMU的风险管理框架见图2－4。

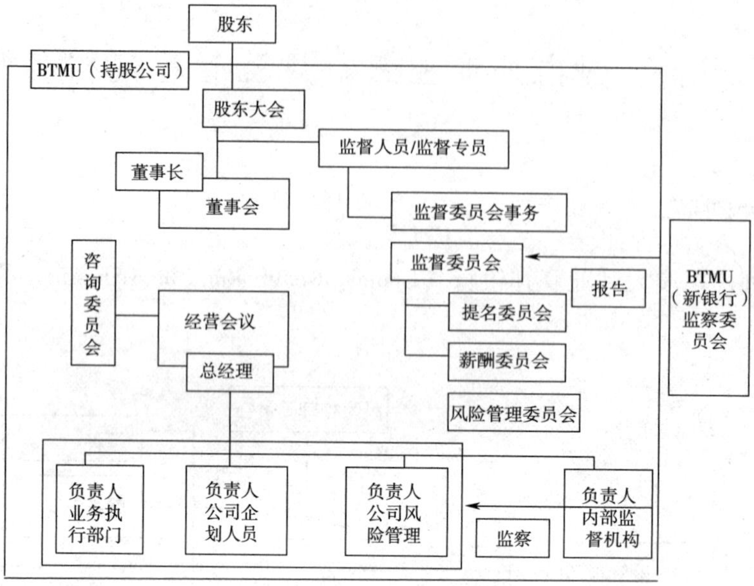

图 2－4　BTMU 的风险管理框架

三、中国

中国某大型商业银行的风险管理框架如图 2－5 所示。

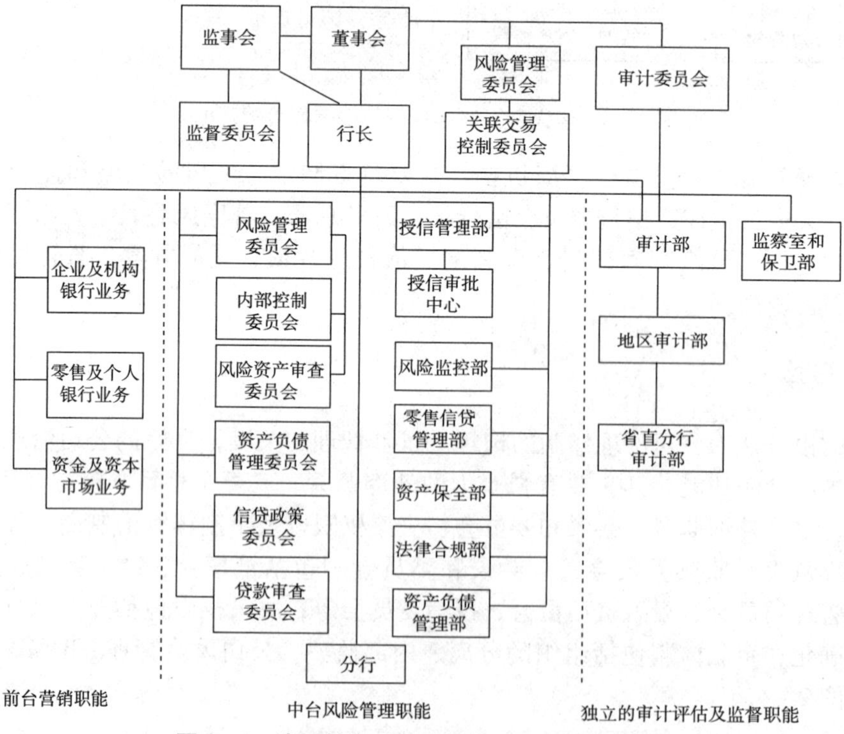

图 2－5　我国某大型商业银行的风险管理框架

【练习题】

一、重要名词

商业银行公司治理　商业银行内部控制　商业银行董事会　商业银行监事会　商业银行高级管理层

二、单项选择

1. 商业银行的市场风险管理组织框架中，(　　)。

A. 包括董事会、高级管理层和相关部门三个层级

B. 董事会负责制定、定期审查和监督执行市场风险管理的政策、程序以及具体的操作规程

C. 高级管理层承担对市场风险管理实施监控的最终责任

D. 承担风险的业务经营部门可以同时是负责市场风险管理的部门

2. 下列关于商业银行风险管理部门的说法，不正确的是(　　)。

A. 集中型风险管理部门更适合于规模庞大，资金、技术、人力资源雄厚的大中型商业银行

B. 集中型风险管理部门包括风险监控、数量分析、价格确认、模型创建和相应的信息系统/技术支持等风险管理核心要素

C. 分散型风险管理部门自身需包含完善的风险管理功能

D. 分散型风险管理部门难以绝对控制商业银行的敏感信息

3. 下列关于各风险管理组织中各机构主要职责的说法，正确的是(　　)。

A. 董事会负责执行风险管理政策，制定风险管理的程序和操作规程

B. 高级管理层是商业银行的最高风险管理和决策机构，承担商业银行风险管理的最终责任

C. 风险管理委员会根据风险管理部门提供的信息，作出经营或战略方面的决策并付诸实施

D. 风险管理部门从事内部尽职监督、财务监督、内部控制监督等监察工作

4. 下列关于风险管理部门的说法，正确的是(　　)。

A. 必须具备高度独立性

B. 具有完全的风险管理策略执行权

C. 风险管理部门又称风险管理委员会

D. 核心职能是作出经营或战略方面的决策并付诸实施

5. 商业银行公司治理的核心是(　　)。

A. 在股份制结构下保证各类股东的权利分配体系

B. 在所有权和经营权分离的情况下，保证股东利益最大化

C. 在所有权和经营权分离的情况下，通过信息披露制度完善股东对公司管理层的监督

D. 在所有权和经营权分离的情况下，为解决委托代理关系而建立董事会、高级管理层组织体系和制衡机制

6. 我国商业银行监管当局借鉴国际先进经验，提出了商业银行公司治理的要求，以下不属于该要求的是（　　）。

A. 完善股东大会、董事会、监事会、高级管理层的议事制度和决策程序

B. 明确股东、董事、监事和高级管理人员的权利、义务

C. 董事会应确保薪酬政策及其做法与商业银行的公司文化、长期目标和战略、控制环境相一致

D. 建立完善的信息报告和信息披露制度

7. 在商业银行的下列活动中，不属于风险管理流程的是（　　）。

A. 风险识别　　B. 风险承担能力确定　　C. 风险计量　　D. 风险控制

8. 我国商业银行内部控制中存在的问题不包括（　　）。

A. 商业银行所有权和经营权的分离还有待完善

B. 内部控制的组织架构还未形成

C. 内部控制的管理水平、监督评价的有效性和及时性还有待提高

D. 内部控制过于严格，以致一定程度上约束了商业银行业务的扩大

9. 商业银行的最高风险管理和决策机构是（　　）。

A. 股东大会　　B. 董事会　　C. 监事会　　D. 高层管理者

10. 关于商业银行内部控制的主要原则，下面的论述中正确的是（　　）。

A. 内部控制应当渗透到商业银行的各项业务过程和各个操作环节，并须由全体人员参与

B. 商业银行的经营管理应当体现“效益优先、内控辅之”的要求

C. 内部控制须有高度的权威性，除董事会和高层管理者外任何人不得拥有不受内部控制的权力

D. 内部控制的监督、评价部门必须与内部控制的建设、执行部门密切联系

11. 最高风险管理委员会负责制定的风险管理相关政策和指导原则需要提交（　　）批准。

A. 董事会　　B. 监事会　　C. 股东大会　　D. 高级管理层

12. 商业银行内部控制体系是风险管理的一个重要环节，负责建立、实施及制定相关政策的主体部门是（　　）。

A. 董事会　　B. 股东大会

C. 董事会和高级管理层　　D. 董事会、监事会和高级管理层

13. 风险计量是商业银行实施全面风险管理、有效配置监管资本和经济资本的基础，国际先进银行为加强内部风险管理和提高市场竞争力开发了多种针对不同风险种类的量化方法。下列（　　）负责建立识别、计量、监测并控制风险的程序和措施。

A. 董事会　　B. 监事会　　C. 股东大会　　D. 高级管理层

三、多项选择

1. 良好的公司治理目标包括（　　）。

A. 完善股东大会、董事会、监事会及其下设的议事和决策机构，建立议事规则和

决策程序

B. 明确董事会和董事、监事会和监事、高级管理层和高级经理人员在组织管理中的责任

C. 建立独立董事制度，对董事会讨论事项发表客观公正的意见

D. 建立外部监事制度，对董事会、董事、高级管理层及其成员进行监督

E. 增加董事会的权力及其对公司具体经营的管理

2. 巴塞尔委员会认为商业银行公司治理应遵循八大原则，其中包括（　　）。

A. 商业银行应保持公司治理的透明度

B. 董事会和高级管理层应有效发挥内部审计部门、外部审计单位及内部控制部门的作用

C. 董事会应核准商业银行的战略目标和价值准则，并监督其在全行的传达贯彻

D. 董事会应确保对高级管理层是否执行董事会政策实施适当的监督

E. 有效的董事会应清楚地界定自身和高级管理层的权力及主要责任，并在全行实行问责制

3. 商业银行风险管理部门的主要职责有（　　）。

A. 监控各类金融产品和所有业务部门的风险限额

B. 在限额违规的情况下及时向风险管理委员会报告

C. 负责核准复杂金融产品的定价模型

D. 协助财务控制人员进行复杂金融产品价格评估

E. 全面掌握商业银行的整体风险状况，为管理决策提供辅助作用

4. 以下属于商业银行内部风险控制部门的有（　　）。

A. 财务控制部门　　B. 内部审计部门

C. 法律合规部门　　D. 风险管理委员会

E. 风险管理部

5. 商业银行内部控制的主要目标包括（　　）。

A. 确保国家法律规定和商业银行内部规章制度的贯彻执行

B. 建立健全以监事会为核心的监督机制

C. 确保商业银行发展战略和经营目标的全面实施及充分实现

D. 确保风险管理体系的有效性

E. 确保业务记录、财务信息和其他管理信息的及时、真实和完整

6. 商业银行风险管理部门的职责包括（　　）。

A. 监控各类金融产品和所有业务部门的风险限额

B. 根据收集的风险信息，作出经营或战略方面的决策

C. 核准复杂金融产品的定价模型，协助财务控制人员进行价格评估

D. 全面掌握商业银行的整体风险状况

7. 公司董事会作为风险管理的一个组织机构，其职责和要求主要体现在（　　）。

A. 董事会是商业银行的最高风险管理机构

B. 董事会负责识别、计量、监测和控制各种风险

C. 董事会是我国商业银行特有的机构

D. 风险管理总监应当是董事会成员

E. 董事会负责确定商业银行可以承受的总体风险水平

8. 下列关于商业银行公司治理的说法中正确的是（　　）。

A. 商业银行公司治理是指控制、管理商业银行的一种机制或制度安排

B. 其核心是所有权和经营权的两权分离

C. 商业银行公司治理是商业银行内部组织结构和权利分配体系的具体表现形式

D. 良好的商业银行公司治理能够激励董事会和管理层追求符合商业银行和股东利益的目标

E. 良好的商业银行公司治理便于有效的监督

9. 在商业银行的风险管理活动中，下列环节属于风险管理流程的有（　　）。

A. 风险监测　　B. 风险承担能力确定

C. 风险计量　　D. 风险额度分配

E. 风险控制

四、判断题

1. 商业银行最高风险管理委员会委员须全部由该商业银行内部人员担任。（　　）

2. 银行董事会通常指派专门委员会负责拟定具体的风险管理政策和指导原则。（　　）

3. 商业银行法律/合规部门不需接受内部审计部门的审计。（　　）

4. 商业银行风险管理信息系统中的组合结果数据不应包括限额的调整等在风险管理过程中所产生的操作数据。（　　）

5. 商业银行内部控制的监督、评价部门必须与内部控制的建设、执行部门密切联系，共同分析出现的新情况和新问题，以便内控体系作用的充分发挥。（　　）

6. 风险管理是商业银行的核心竞争力，是创造资本增值和股东回报的重要手段，因此商业银行风险管理的目标是控制乃至最终消除风险。（　　）

7. 实施风险管理是有成本的，风险管理体系并不是越复杂越好。（　　）

8. 风险管理委员会是与股东大会、董事会、监事会并列的机构。（　　）

五、问答题

1. 商业银行公司治理的原则和做法有哪些？

2. 商业银行内部控制的目标和要素是什么？

3. 怎样培植风险文化？

4. 董事会及其专门委员会的职责有哪些？

5. 监事会的职责有哪些？

6. 高级管理层的职责有哪些？

7. 商业银行风险管理部门的结构及职责有哪些？

8. 其他风险控制部门的职责有哪些？

第三章

市场风险管理

【章前引例】

案例简介：

A 股艰难。受疫情反复、外部流动性紧缩以及地缘政治风险冲击，A 股三大股指全线收跌，沪指、深成指与创业板指 2022 年内分别下跌 15.13%、25.85% 和 29.37%。2022 年初至 3 月末，大盘延续上年回调态势，一路震荡下行，于 3 月中旬在疫情反复与俄乌冲突夹击中形成踩踏行情。小幅回升不足一月，沪指再度于 4 月末出现非理性杀跌，4 月 25 日、26 日接连击穿 3 000 点、2 900 点关键心理点位；随后在新能源板块带领下强劲反弹至 6 月底。自 7 月起，大盘再度走弱，并于 10 月底伴随北向资金巨额流出第三度探底，跌破 3 000 点整数位。2022 年最后两个月，沪指温和反弹，区间涨幅达 6.77%。

美联储加息。2022 年，美国通胀水平持续高企，创下四十年来最高水平。为应对四十年来最强通胀，美联储年内六度加息合计 425bp，将美国联邦基准利率自 0 附近升至 4.25% ~4.50% 区间。缩表方面，美联储目前缩表总量已达 3 500 亿美元。美联储加息缩表致美元流动性收紧，推升美国国债真实利率，对美股形成打击并传递至全球资本市场。2022 年，道琼斯指数下跌 9.5%，标普 500 指数下跌 20.6%，纳斯达克指数下跌 34.7%，为 2008 年国际金融危机以来最差表现。

房地产市场变化。房地产行业股权融资政策自 2010 年起开始收紧，2013 年、2016 年持续加码，涉房企业上市、再融资和重大资产重组事项基本停滞。年内，房地产行业遭遇“停供断贷”事件，保交楼压力压顶。11 月 28 日，证监会通报在房地产企业股权融资方面调整优化 5 项措施，包括恢复上市房企和涉房上市公司再融资等，房地产行业供给侧从“第一支箭”银行信贷支持、“第二支箭”债券融资帮扶到“第三支箭”股权融资松绑层层突破，推动行业信用端困难纾解和流动性整体优化。中金公司认为，行业将延续“政策落地—信用恢复—预期扭转—销售回升”的复苏态势，2023 年基本面指标或整体表现稳健。

人民币汇率波动。2022 年，受美元指数的波动以及疫情防控政策优化的影响，人民币汇率先跌后涨。12 月 5 日，在岸人民币对美元的汇率在开盘后跳空低开突破了 7.0 关口，盘中一度升破 6.95，系 9 月破 7 以来首次收复 7.0 关口；年内，人民币兑美元贬值约 10%。2022 年 1 月至 10 月，美联储多番激进加息推动美元走强，美元指数于 9 月下险形式，源于银行资产、负债和表外业务到期期限（就固定利率而言）或重新定价期限（就浮动利率而言）之间所存在的差异。这种重新定价的不对称性使银行的收益或内在经济价值会随着利率的变动而发生变化。例如，一家银行从某一客户那里吸收存期为1年、年利率为5%的存款，用于贷给另一客户，期限为2年、年利率为6%。根据正常的收益率可知，该借短贷长的业务银行在第一年可获得1%（6%－5%）的利息率，而第二年的利息收益则随1年期存款到期后的再融资利率是否变化而呈不确定的情况：如果新的存款成本仍维持在5%，则第二年将依旧有1个百分点的利润率；而当新的存款成本上升至7%时，银行第二年将会有1个百分点的利息损失。因此，当银行的重新举债成本高于资产报酬率时，就会面临再融资风险。如图3－1和图3－2所示。

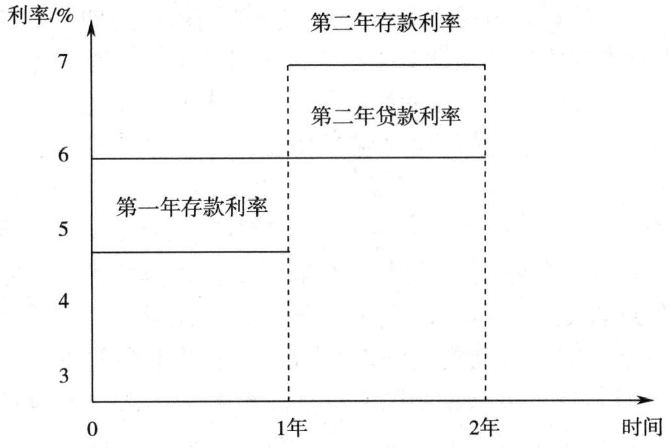

图3－1　借短贷长的风险

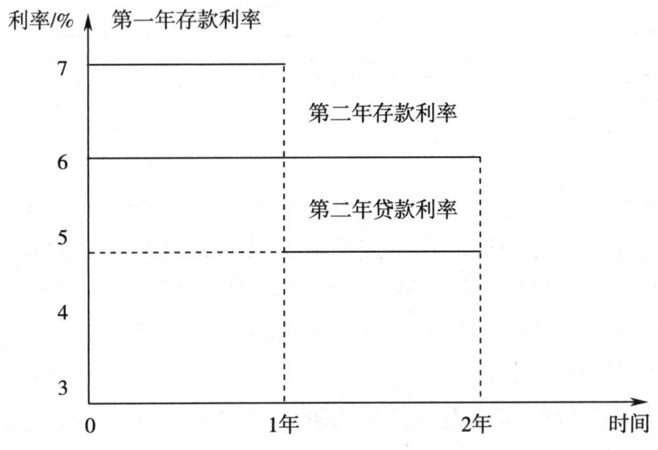

图3－2　借长贷短的风险

2. 收益率曲线风险。收益率曲线是由不同期限，但具有相同风险、流动性和税收的收益率连接而形成的曲线，横轴为各到期期限，纵轴为对应的收益率，用于描述收益率与到期期限之间的关系。

收益率曲线通常表现为四种形态。一是正向收益率曲线，它意味着在某一时点上，投资期限越长，收益率越高，这是收益率曲线最为常见的形态。二是反向收益率曲线，它表明在某一时点上，投资期限越长，收益率越低。三是水平收益率曲线，表明收益率的高低与投资期限的长短无关。四是波动收益率曲线，表明收益率随着投资期限的不同，呈现出波浪变动，也就意味着社会经济未来有可能出现波动。

收益率曲线具有下列特性：一是代表性，二是操作性，三是解释性，四是分析性。

通过对金融产品交易历史数据的分析，找出其收益率与到期期限之间的数量关系，形成合理有效的收益率曲线，就可以用来分析和预测当前不同期限的收益率水平。投资者还可以根据收益率曲线不同的预期变化趋势，采取相应的投资策略。

重新定价的不对称性会使收益率曲线的斜率、形态发生变化，即收益率曲线的非平行移动，对银行的收益或内在经济价值产生不利的影响，从而形成收益率曲线风险，也称为利率期限结构变化风险。例如，某商业银行在 2004 年 11 月 30 日这一天决定使用 90 天的定期存款为每年调整一次利率的浮动利率贷款提供资金。可以看出，该银行有意识地将缺口头寸维持在负债敏感范围内。如果该银行以高于 90 天期的国库券收益率（5.8%）120 个基点设定 90 天的定期存款利率，并按高于 1 年期的国库券收益率（7.20%）260 个基点设定可浮动贷款利率，则该银行的净利差收入为 280 个基点。但是，到了 2005 年 7 月 8 日，90 天期的国库券收益率为 8.2%，1 年期的国库券收益率为 7.8%，收益率曲线的斜率由原来的正数变为负数。如果该银行原定的存贷款利率与国库券收益率之间的关系保持不变，则该银行的净利差收入就会降至 100 个基点，具体计算如表 3－1 所示。

表 3－1　　收益率曲线风险　　单位：%

项目	正的收益率曲线	负的收益率曲线
可浮动的贷款利率	9.80	10.40
90 天的定期存款利率	7.00	9.40
净利差	2.80	1.00

3. 基准风险。基准风险也称为利率定价基础风险，也是一种重要的利率风险。在利息收入和利息支出所依据的基准利率变动不一致的情况下，虽然资产、负债和表外业务的重新定价特征相似，但是因其现金流和收益的利差发生了变化，也会对银行的收益或内在经济价值产生不利的影响。

4. 期权性风险。期权性风险是一种越来越重要的利率风险，源于银行资产、负债和表外业务中所隐含的期权。例如，某商业银行以年利率为 3% 的 90 天期可浮动利率定期存款取得的资金，作为年利率为 5% 的 90 天期固定利率贷款的资金来源，在市场利率不变和客户没有提前还款或取款的情况下，该银行的净利差收入为 200 个基点。假如存款利率在 30 天之后提高了 100 个基点，这笔交易会使银行的净利差收入在余下的 60 天里降为 100 个基点。如果按 90 天的平均值计算，银行的净利差收入已经从最初预计的 200 个基点减少到 133 个基点，具体计算如表 3 -2 所示。

表 3 -2　　利率变化时的期权性风险　　单位：%

项目	开始 30 天资产负债收益情况	第二个 30 天资产负债收益情况	第三个 30 天资产负债收益情况
客户按时取存款情况			
90 天期固定利率贷款	5.00	5.00	5.00
90 天期定期存款	3.00	3.00	3.00
净利差	2.00	2.00	2.00
客户提前取存款情况			
90 天期固定利率贷款	5.00	5.00	5.00
90 天期定期存款	3.00	4.00	4.00
净利差	2.00	1.00	1.00

（二）汇率风险

汇率风险是指由于汇率的不利变动而导致银行业务发生损失的风险。汇率风险一般因为银行从事以下活动而产生：一是商业银行为客户提供外汇交易服务或进行自营外汇交易活动（外汇交易不仅包括外汇即期交易，还包括外汇远期、期货、互换和期权等金融合约的买卖）；二是商业银行从事的银行账户中的外币业务活动（如外币存款、贷款、债券投资、跨境投资等）。

1. 外汇交易风险。银行的外汇交易风险主要来自两个方面：一是为客户提供外汇交易服务时未能立即进行对冲的外汇敞口头寸；二是银行对外币走势有某种预期而持有的外汇敞口头寸。

2. 外汇结构性风险。

【例 3 -1】资产负债币种差异形成的外汇结构性风险

假设某商业银行以美元为单位进行外币资产管理，当期外币资产和负债如表 3 -3 所示。

表 3 -3　　某商业银行当期外币资产和负债

资产	负债
1 年期 1 亿美元贷款 1 年期相当于 1 亿美元的英镑贷款	1 年期 2 亿美元定期存款

根据表 3 -3 可知，该银行资产和负债的存续期完全匹配（资产存续期 = 负债存续期 =1 年），但资产和负债的币种存在差异。

如果 1 年期美元定期存款利率为 2%，1 年期无风险美元贷款收益率为 3%，该银行将全部存款用于发放美元贷款，到期时可获得 1% 的正利差收益。但由于市场 1 年期无风险英镑贷款收益率为 5%，该银行决定将其 1 亿美元存款用于英镑贷款。贷款发放当日的汇率为1英镑=2.0美元，贷款金额为5 000万英镑。

（1）如果汇率在1年内不发生任何变化，即1英镑=2.0美元，则该银行到期时从英镑贷款中获得的以美元为计价单位的收益率为5%，全部贷款资产的加权收益率为50%×3%+50%×5%=4%，即全部贷款到期后获得2%的正利差收益（4%-2%）。

（2）如果到期汇率变为1英镑=1.8美元，且该笔贷款不存在任何利率风险或信用风险，则该银行到期时从英镑贷款中获得的以美元为计价单位的收益率为[50×（1+5%）×1.8-100]/100=-5.5%，即英镑贬值造成的损失超过了英镑所产生的较高收益率。

（3）如果到期汇率变为1英镑=2.2美元，且该笔贷款不存在任何利率风险或信用风险，则该银行到期时从英镑贷款中获得的以美元为计价单位的收益率为[50×（1+5%）×2.2-100]/100=15.5%，即英镑贷款同时获得较高的贷款利息及英镑在贷款期间的升值收益。

鉴于银行的资产负债管理人员事先无法准确预知贷款到期时英镑对美元的汇率状况，因此上述相当于1亿美元的英镑贷款对银行来说就形成了外汇结构性风险。

（三）股票价格风险

股票价格风险是指由于股票价格发生不利变动而给商业银行带来损失的风险。单个股票市场的风险可以用反映该市场整体股价变动的综合市场风险因素来表示。股票价格风险并非仅存在于股票投资中，也存在于其他与股票有关的权益类工具中，典型的有可转换债券、认股权证及各种股票衍生品，因此股票价格风险也称权益证券风险。通常所说的权益证券包括股票、可转换债券、认股权证、股指期货、股票期货、股票期权、股票互换等。

（四）商品价格风险

商品价格风险是指商业银行所持有的各类商品的价格发生不利变动而给商业银行带来损失的风险。这里所述的商品主要是指可以在场内自由交易的商品，以商品期货的形式为主。具体包括农产品（如玉米、大豆、棉花、小麦等）、家畜和肉类（如牛、猪等）、能源产品（如石油、天然气、电力等）、金属（如铝、铜、镍、锌等）。值得注意的是，商品价格风险中所述的商品不包括黄金。原因是黄金曾长时间在国际结算体系中发挥国际货币职能（充当外汇资产），尽管在布雷顿森林体系崩溃后，黄金不再法定地充当国际货币，但在实践中黄金仍然是各国外汇储备资产的一种重要组成形式。根据现行的国际和国内监管规则，黄金价格波动被纳入商业银行的汇率风险范畴。

二、资产分类及主要交易产品的风险管理

（一）即期

即期交易可在世界各地的签约方之间进行。由于时区不同，需要向后推迟若干时间，以执行付款指令及记录必需的会计账目。这就是惯例规定交付及付款最迟于现货交易后两天执行的原因。交割日（或称起息日）也是外汇交易合同的到期日，在该日交易双方互相交割货币。

（二）远期

远期产品通常包括远期外汇交易和远期利率合约。

远期外汇交易是由交易双方约定在未来某个特定的日期，依交易时所约定的币种、汇率和金额进行交割的外汇交易。远期外汇交易是最常用的规避汇率风险、固定外汇成本的方法。

远期利率合约为另一种主要的远期交易产品，是指交易双方同意在合约签订日，提前确定未来一段时间（协定利率的期限）的贷款利率或投资利率的一种合约，协定利率的期限通常是一个月至一年。远期利率合约是一项表外业务。

（三）期货

期货是在交易所里进行交易的标准化的远期合约。1972 年，美国芝加哥商品交易所的国际货币市场首次进行国际货币的期货交易。1975 年，芝加哥商品交易所开展了房地产抵押证券的期货交易，标志着金融期货交易的开始。

已经开发出的金融期货合约主要有三大类：一是利率期货，二是货币期货，三是股票指数期货。

期货市场本身具有两个基本的经济功能：一方面，期货交易具有规避市场风险的功能；另一方面，期货交易有助于发现公平价格。

远期和期货都是指在确定的未来时间按确定的价格购买或出售某项资产的协议。两者的区别在于：第一，远期合约是非标准化的，货币、金额和期限都可灵活商定，而期货合约是标准化的；第二，远期合约一般通过金融机构或经济商柜台交易，合约持有者面临交易对手的违约风险，而期货合约一般在交易所交易，由交易所承担违约风险；第三，远期合约的流动性较差，合约一般要持有到期，而期货合约的流动性较好，合约可以在到期前随时平仓。

（四）互换

互换是指交易双方约定在将来某一时期内相互交换一系列现金流的合约，较为常见的有利率互换和货币互换。利率互换主要有以下作用：一是规避利率波动的风险，二是交易双方利用自身在不同种类利率上的比较优势有效地降低各自的融资成本。

货币互换是指交易双方基于不同的货币进行互换交易。

（五）期权

期权是指期权买方在签订期权合约时，通过支付期权卖方一笔权利金，取得一项可在选择权合约的存续期内或到期日当日，以约定的执行价格与期权卖方进行约定数量标的交割的权利。期权交易的标的可以是外汇、债券、股票、商品等。期权的基本类型如表 3－4 所示。

表 3－4　　期权的基本类型

划分标准	期权类型	期权属性
按照交易权利	买方期权（Call Option，看涨期权）	期权的买方与卖方约定在期权的存续期内或到期日当日，期权的买方拥有以约定的价格向期权的卖方买入约定数量的标的资产的权利
	卖方期权（Put Option，看跌期权）	期权的买方与卖方约定在期权的存续期内或到期日当日，期权的买方拥有以约定的价格向期权的卖方卖出约定数量的标的资产的权利

续表

划分标准	期权类型	期权属性
按履约方式	美式期权（American Style）	自期权成交之日起至到期日之前，期权的买方可随时要求期权的卖方履行期权合约
	欧式期权（European Style）	自期权成交之日起至到期日之前，不得要求期权的卖方履行期权合约，仅能够在期权到期日当天要求期权的卖方履行期权合约
按执行价格	价内期权（In－the－money，ITM）	如果期权的执行价格优于当前标的资产的即期市场价格，该期权就是价内期权
	价外期权（Out－of－the－money，OTM）	如果期权的执行价格次于当前标的资产的即期市场价格，该期权就是价外期权
	平价期权（At－the－money，ATM）	如果期权的执行价格几乎等于当前标的资产的即期市场价格，该期权就是平价期权

期权费由期权的内在价值和时间价值两部分组成：

（1）内在价值是指在期权的存续期间，将期权履约执行所能获得的收益或利润。

（2）时间价值是指期权价值高于其内在价值的部分。

影响期权价值的主要因素如下：一是标的资产的市场价格和期权的执行价格，二是期权的到期期限，三是波动率，四是货币利率。

第二节　市场风险计量方法

一、缺口分析

市场利率的变动会使银行利率敏感性的资产负债业务所带来的利息收入和利息支出发生变化，从而影响银行当期损益即净利息收入的增减变动。我们通常引入资金缺口来进行管理。

利率敏感性资金也称浮动利率资金或可变利率资金，是指在一定期间内到期或根据协议按照市场利率定期重新定价的资产或负债，即利率敏感性资产（Interest Rate Sensitive Assets，IRSA）和利率敏感性负债（Interest Rate Sensitive Liabilities，IRSL）。如同业拆借、短期贷款、短期投资、浮动利率的定期贷款等属于利率敏感性资产（IRSA），活期存款、短期存款、短期借款等属于利率敏感性负债（IRSL）。

在银行的实际业务中，利率敏感性资产和利率敏感性负债的规模通常很难正好相等，二者之间的差额就是资金缺口，也叫重新定价缺口，是指在一定时期内（通常是1年以内）将要到期需要重新确定利率的资产和负债之间的差额，资金缺口有三种情况：利率敏感性资产 > 利率敏感性负债，为资金正缺口；利率敏感性资产 < 利率敏感性负债，则为资金负缺口；利率敏感性资产 = 利率敏感性负债，为资金零缺口。

缺口分析是衡量利率变动对银行当期收益的影响的一种方法。具体而言，就是将银行的所有生息资产和付息负债按照重新定价的期限划分到不同的时间段（如1个月以下，1~3个月，3个月至1年，1~5年，5年以上等）。在每个时间段内，将利率敏感性资产减去利率敏感性负债，即得到该时间段内的重新定价缺口。以该缺口乘以假定的利率变动，即得出这一利率变动对净利息收入变动的大致影响。

如果资产负债的市场利率变动幅度相同，那么

$$净利息收入变动(\Delta NI) = 利率变动 \times 资金缺口$$

如果资产负债的市场利率变动幅度不同，则

$$净利息收入变动(\Delta NI) = IRSA \times \Delta_{iA} + IRSL \times \Delta_{iL}$$

资金缺口是衡量金融机构净利息收入对市场利率敏感程度的重要指标。资金正缺口条件下，如果利率上升，利率敏感性资产的利息收入增加，利率敏感性负债的利息支出也增加，但利息收入增加的幅度大于利息支出增加的幅度，从而使银行净利息收入增加；反之，利率下降，银行净利息收入减少。资金负缺口条件下，如果利率上升，银行净利息收入是下降的，反之，利息上升，银行净利息收入是增加的。资金零缺口条件下，无论利率上升还是下降，利息收入和利息支出的变动幅度一致，银行净利息收入是不变的。

缺口分析是对利率变动进行敏感性分析的方法之一，是银行业较早采用的利率风险计量方法。缺口分析也存在一定的局限性。第一，缺口分析忽略了同一时段内不同头寸的到期时间或利率重新定价期限的差异。第二，缺口分析只考虑了由于重新定价期限的不同而带来的利率风险，未考虑基准风险。同时，忽略了与期权有关的头寸在收入敏感性方面的差异。第三，非利息收入和费用是银行当期收益的重要来源，但大多数缺口分析未能反映利率变动对非利息收入和费用的影响。第四，缺口分析主要衡量利率变动对银行当期收益的影响，未考虑利率变动对银行经济价值的影响，所以只能反映利率变动的短期影响。

【知识链接3-1】

市场风险计量的相关概念

1. 名义价值。名义价值是指金融资产根据历史成本所反映的账面价值。

2. 市场价值。国际评估准则委员会制定和努力推广的《国际评估准则》（*International Valuation Standards*，IVs）对市场价值的定义是自愿买方与自愿卖方，在评估基准日进行正常的市场营销之后所达成的公平交易中，某项资产应当进行交易的价值估计数额，当事人双方应各自精明、谨慎行事，不受任何强迫压制。按照《国际评估准则》中的解释，上述定义中的“估计数额”是指在公正的市场交易中，以货币形式表示的为资产所支付的价格。市场价值应当是评估基准日内在符合市场价值定义的条件下，市场上能够合理形成的最可能价格。

旬升破114，创下20年来高点。中美经济和通胀周期错位推动双方货币环境松紧程度迥异，进而导致人民币兑美元大幅贬值。2022年下半年，国内疫情再度呈现散发态势，房企现金流压力加剧市场风险，社融信贷数据低迷，对人民币汇率支撑不足。随着11月疫情防控优化二十条措施、地产“第三支箭”等政策出台，经济复苏预期增强，叠加美联储加息进入末程，人民币汇率得到支撑。

以上的股票市场价格、市场利率、房地产市场价格以及汇率等因素的波动变化，是否对商业银行有影响？给商业银行带来什么风险？如何识别、计量和控制这些风险是本章要重点讲述的内容。

【本章学习目标】

1. 掌握市场风险的主要特征及如何识别利率风险、汇率风险、股票风险和商品价格风险等主要的市场风险。

2. 掌握远期、期货、互换以及期权等衍生产品及其风险特征，正确理解各种衍生产品与市场风险之间的关系。

3. 掌握资产分类的基本原理、监管标准与会计标准，了解我国商业银行资产分类现状。

4. 掌握与市场风险计量有关的基本概念及其实际应用和市场风险计量方法。

5. 掌握市场风险管理的方法以及相关的管理政策和控制流程；理解衍生产品在对冲市场风险中的作用。

6. 了解市场风险监测报告的内容、种类。

第一节　市场风险识别

一、市场风险分类

市场风险是指因市场价格（利率、汇率、股票价格和商品价格）的不利变动而使银行的表内和表外业务发生损失的风险。市场风险存在于银行的交易和非交易中。市场风险又分为利率风险、汇率风险、股票价格风险和商品价格风险四类。

（一）利率风险

利率风险是指市场利率变动的不确定性给商业银行造成损失的可能性。大部分金融工具都是以利率为定价基础的，汇率、股票和商品的价格皆离不开利率，而影响利率变动的因素主要有通货膨胀预期、货币政策、经济周期、国际利率水平、资本市场状况以及其他因素。目前我国利率市场化进程加快，国内利率波动幅度明显增大，利率风险对我国商业银行的影响日益显著。利率风险按照来源不同，分为重新定价风险、收益率曲线风险、基准风险和期权性风险。

1. 重新定价风险。重新定价风险也称为期限错配风险，是最主要和最常见的利率风

3. 公允价值。公允价值为交易双方在公平交易中可接受的资产或债券价值。公允价值的计量方式有4种：一是直接使用可获得的市场价格；二是如不能获得市场价格，则应使用公认的模型估算市场价格；三是实际支付价格（无依据证明其不具有代表性）；四是允许使用企业特定的数据，该数据应能被合理估算，并且与市场预期不冲突。在大多数情况下，市场价值可以代表公允价值。

4. 市值重估。市值重估是指对交易账户头寸重新估算其市场价值。商业银行应当每日至少对交易账户头寸按市值重估一次价值。

（1）盯市（Mark - to - market），即按市场价格计值；（2）盯模（Mark - to - model），即按模型计值，当按市场价格计值存在困难时，金融机构可以按照数理模型确定的价值计量。

二、久期分析

利率变动会影响商业银行浮动利率的资产负债，进而影响银行当期损益，我们通过资金缺口模型来化解利率风险。但利率变动后银行固定利率的资产负债也会面临利率风险，使银行净资产收益发生变动，缺口分析就不能解决该问题了，一个普遍的规律是，资产的到期期限越长，其价格的波动程度越大，因此期限应成为衡量利率风险的标尺。银行资产负债的名义期限、实际剩余期限等都只考虑了最后一笔现金流的时间，或仅假定到期一次还本付息，而没有考虑在此之前的所有的现金流入。而久期通过对存续期内所有现金流到期时间的加权来反映资产的平均寿命，可作为衡量利率风险的有效指标。

1. 麦考利久期的含义

麦考利久期也称持续期，最早是由美国经济学家弗雷德里克·麦考利（Frederick Macaulay）在1938年提出来的（简记为D）。它是用来对债券进行具体的数值分析，以衡量债券价格对利率（或收益率）变动的敏感程度的一个指标。

麦考利久期使用加权平均数的形式计算债券的平均到期时间。它是债券在未来产生现金流的时间的加权平均，其权重是各期现金值在债券价格中所占的比重。其经济含义体现在：久期反映了固定金融工具现金流的加权平均时间，也可理解为金融工具各期现金流抵补最初投入的加权平均时间，测定了金融机构要收回贷款投资初始投资所需要的时间。久期等于金融工具各期现金流发生的相应时间乘以各期现金流现值与该金融工具现值和的商，用公示表示就是：

$$D = \frac{\sum_{t=1}^{n} \frac{t \times P_t}{(1+i)^t}}{\sum_{t=1}^{n} \frac{P_t}{(1+i)^t}} = \frac{\sum_{t=1}^{n} t \times PV_t}{\sum_{t=1}^{n} PV_t} = \frac{\sum_{t=1}^{n} \frac{t \times P_t}{(1+i)^t}}{P}$$

这里D为久期；t为现金流发生的时间；PV为现值；PV_t为第t期的现金流的现值；$\sum PV_t$表示所有现金流的现值之和；n为现金流发生的次数；P_t表示第t期的现金流；i为

债券的到期收益率。

这个数值表面上看是该债券收益的一种平均到期时间，而它又是债券价格对收益率变化敏感性的比例系数。

【例 3－2】假设面额为 100 美元的 5 年期债券，每年支付一次利息，年票面利率为 10%，即每年的固定利息支付为 10 美元，那么该债券的久期为多少年（复利现值系数见表 3－5）？

表 3－5　　复利现值系数表

期数	1	2	3	4	5
10%	0.9091	0.8264	0.7513	0.6830	0.6209

在这里我们应注意久期计算的三个步骤：第一步，找到现金流；第二步，将找到的现金流折成现值；第三步，代入公式求出久期数值。

$$D=(0.9091\times10\times1+0.8264\times10\times2+0.7513\times10\times3+0.6830\times10\times4+0.6209\times110\times5)/100\approx416.973/100\approx4.17\text{ 年}$$

麦考利久期公式虽然可以通过久期度量债券的相对利率风险，但却无法直接说明当利率发生变动时，债券价格将发生多大程度的变化。运用现值计算公式和持续期计算公式，可以得出持续期与债券价格变动的直接联系。固定收益产品价格的变化可以用下面的公式表示：

$$\mathrm{d}P/\mathrm{d}y=-D\cdot P/(1+y)$$

也可近似写成：

$$\Delta P=-P\cdot D\cdot\Delta y/(1+y)$$

式中，P 为固定收益产品的当前价格；ΔP 为价格的微小变动幅度（通常小于 1%）；y 为市场利率；Δy 为市场利率的微小变动幅度；D 为麦考利久期（通常以年为单位）。

【例 3－3】假设某 10 年期债券当前的市场价格为 102 元，债券久期为 9.5 年，当前的市场利率为 3%。如果市场利率提高 0.25%，则该债券的价格变化为 $\Delta P=-102\times9.5\times0.0025/(1+0.03)=-2.352$，即该债券的价格将降低为 2.352 元。

久期分析就是对各时段的缺口赋予相应的敏感性权重，得到加权缺口，然后对所有时段的加权缺口进行汇总，以此估算某一给定的小幅（通常小于 1%）利率变动可能会对银行经济价值产生的影响（用经济价值变动的百分比表示）。

【例 3－4】假设某银行发放一笔期限 1 年、年利率 12% 的贷款 1 000 元，贷款合同规定借款人半年偿还半数贷款，年底清偿余下的贷款。该笔贷款的现金流如图 3－3 所示。

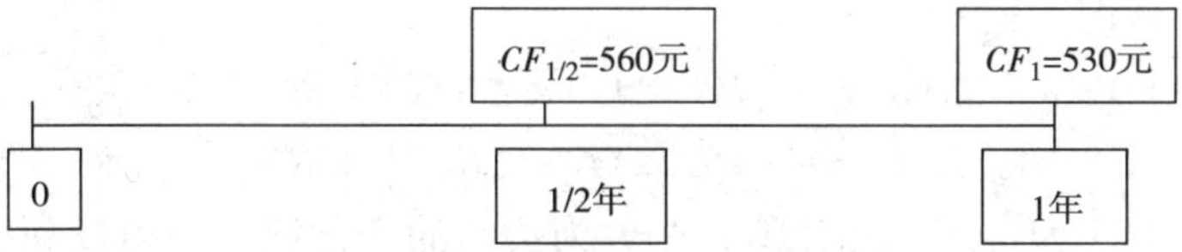

图 3－3　1 年期贷款应收到的现金流

半年期和一年期的现金流分别为：$CF_{1/2}=500+1\ 000\times12\%\times1/2=560$（元），$CF_1=500+500\times12\%\times1/2=530$（元）。由计算可知，该银行在年中收回本利之和560元，年末收回余下的本利和530元，一共收回现金流1 090元。在年利率12%的条件下，对两次现金流进行贴现，有：

$$PV_{1/2}=560/(1+0.06)=528.30(元),PV_1=530/(1+0.06)^2=471.70(元)$$

$$PV_{1/2}+PV_1=1\ 000(元)$$

图3－4概括了1年期贷款产生的现金流的现值。

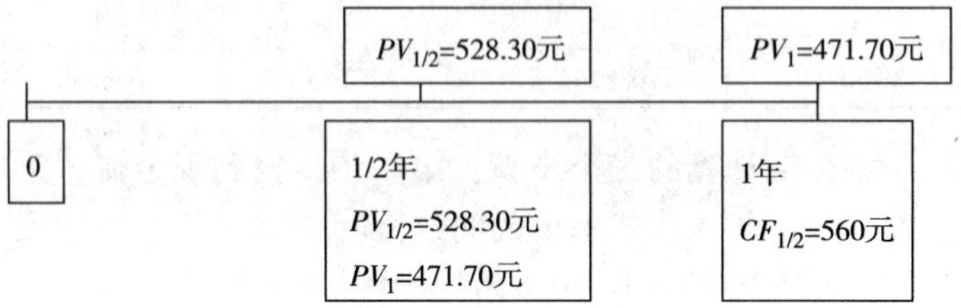

图3－4　1年期贷款现金流的现值

久期是以现金流量的现值为权数，计算出的资产或负债中每次现金流量距到期日的加权平均时间。久期注重每个时点上现金流的重要性，并以此计算出每次现金流动的加权平均期限。由计算可知，该笔贷款52.83%的现金在年中收回，$W_{1/2}=0.5283$为权数，47.17%的现金在年末收回，$W_1=0.4717$为权数，所以，该笔贷款的久期为：

$$D=W_{1/2}\times1/2+W_1\times1=0.5283\times1/2+0.4717\times1=0.7359(年)$$

该笔贷款的到期期限为1年，但从现金流量角度出发计算出的久期仅为0.7359年，后者小于前者是因为现值中有52.38%在半年中就由现金流入补偿了。

2. 修正的久期

根据公式$\mathrm{d}P/\mathrm{d}y=-D\cdot P/(1+y)$，引入修正的久期概念，即定义修正的久期$D^*$为

$$D^*=\frac{D}{(1+i)}$$

可以写成以下形式：

$$\frac{\mathrm{d}P}{P}=-D^*\mathrm{d}i$$

根据修正久期的公式，债券价格变化的百分比恰好等于修正久期与债券到期收益率变化的乘积，这三者之间构成非常简洁的数量关系。事实上，修正的久期更加简明地测度了债券在利率变化时的风险暴露程度。

3. 久期缺口分析

$$\Delta VA=-[DA\times VA\times\Delta R/(1+R)]$$

$$\Delta VL=-[DL\times VL\times\Delta R/(1+R)]$$

上述两式中ΔVA为资产的变化值，ΔVL为负债的变化值，当市场利率R变动时，银行资产价值和负债价值的变动方向与市场利率的变动方向相反，而且银行资产与负债的

久期越长，资产价值与负债价值变动的幅度越大，即利率风险越大。

银行可以使用久期缺口来测量其资产负债的利率风险。久期缺口是资产加权平均久期与负债加权平均久期和资产负债率乘积的差额。即

久期缺口 = 资产加权平均久期 -（总负债／总资产）× 负债加权平均久期

当久期缺口为正值时，资产加权平均久期大于负债加权平均久期与资产负债率的乘积。此时，如果市场利率下降，则资产与负债的价值都会增加，但资产价值增加的幅度比负债价值增加的幅度大，银行最终的市场价值将增加；如果市场利率上升，则资产与负债的价值都将减少，而由于资产价值减少的幅度比负债价值减少的幅度大，银行最终的市场价值将下跌。

当久期缺口为负值时，市场利率上升，银行净值将增加；市场利率下降，银行净值将减少。

只有久期缺口为零时，利率变动对银行净值的影响才会消失，这时的利率风险也为零。

总之，久期缺口的绝对值越大，银行对利率的变化就越敏感，银行的利率风险暴露量也就越大，因而，银行最终面临的利率风险也越高。

久期能动态地反映出市场风险的变化，其原因是久期是以当前市场利率为折现率计算的折现值。因此，久期会随着市场利率的波动而变动，从而可以衡量银行的利率风险。

利用久期缺口管理商业银行利率风险的主要步骤如下。

第一步，计算出每笔资产和负债的久期。

第二步，以每笔资产和负债占总资产和总负债的比重作为权数，计算出银行总资产和总负债的加权平均久期。

第三步，计算久期缺口，计算公式为：

久期缺口 = 资产平均久期 -（总资产／总负债）× 负债平均久期

第四步，分析银行的利率风险，分析思路如下：

（1）如果久期缺口为正，银行资产的平均久期大于负债的平均久期与负债资产比之积，则利率处于上升趋势时，银行总的市场价值将趋于下降，所以对银行不利；而如果利率处于下降趋势，就会对银行有利。

（2）如果久期缺口为负，银行资产的平均久期小于负债的平均久期与负债资产比之积，则利率处于下降趋势时，银行总的市场价值将趋于上升，所以对银行有利；而如果利率处于上升趋势，就会对银行不利。

【例 3-5】某商业银行的资产负债表如表 3-6 所示，所有表中金额都以当前市场价格计算，假定所有的利息都是按年收付，没有提前支付和提早提款，没有不良贷款。

第一步，计算各项资产与负债的久期。

第二步，计算资产和负债的加权平均久期。

资产加权平均久期 = (1 500/2 000) × 2.85 + (300/2 000) × 5.88 = 3.02

负债加权平均久期 = (1 000/1 800) × 1.20 + (800/1 800) × 3.20 = 2.08

第三步，计算久期缺口。

$$久期缺口 = 3.02 - (1\ 800/2\ 000) \times 2.08 = 1.14$$

第四步，对计算结果进行分析。

这个结果的含义是：由于该银行的久期缺口大于0，当市场利率上升1%时，资产和负债的市值都会下降，但是由于资产的加权平均久期比负债的大，因此资产市值下降的幅度也较负债市值下降的幅度大，久期缺口可以衡量这种变化的大小。假设市场利率忽略不计，则最终的银行净资产变动为2 000×（-1.14×1%）=-22 800（元），即该银行的净现值下降了2.28万元。反之，如果市场利率下降，则结论刚好相反，该银行的净现值会上升。

表3-6　　某商业银行的资产负债表　　单位：千元，%，年

资产	当前市值	利率	资产久期	负债和资本	当前市值	利率	负债久期
现金	200			定期存款	1 000	8	1.20
商业贷款	1 500	15	2.85	可转让定期存单	800	10	3.20
国债	300	12	5.88	总负债	1 800		
				股东权益	200		
总计	2 000			总计			

与缺口分析相比较，久期分析是一种更为先进的利率风险计量方法。缺口分析侧重于计量利率变动对银行短期收益的影响，而久期分析则能计量利率风险对银行经济价值的影响。久期分析仍然存在一定的局限性。第一，如果在计算敏感性权重时对每一时段使用平均久期，即采用标准久期分析法，久期分析仍然只能反映重新定价风险，不能反映基准风险，以及因利率和支付时间的不同而导致的头寸的实际利率敏感性差异，也不能很好地反映期权性风险。第二，对于利率的大幅变动（大于1%），由于头寸价格的变化与利率的变动无法近似为线性关系，因此，久期分析的结果就不再准确。

4. 凸度的含义

如果说修正的久期反映了利率与债券价格之间的近似线性关系，主要度量债券的价格，即收益曲线的斜率，那么凸度则通过对该曲线弯曲程度的衡量，度量出这种线性近似所产生的误差，从而更加精确地反映出利率与债券价格之间的变化关系。债券的凸度是描绘持续期怎样随收益率变化的二阶结果。从数学上讲，凸度（C）是债券价格方程对收益率的二阶导数再除以价格得到：

$$C = \frac{\mathrm{d}D^*}{\mathrm{d}i} = \frac{1}{P} \times \frac{\mathrm{d}^2P}{\mathrm{d}i^2} = \frac{1}{P} \times \frac{1}{(1+i)^2}\sum_{t=1}^{T}\frac{t(t+1)C_t}{(1+i)^t}$$

为了深入分析凸度的含义，可以把债券回报率或与债券价格相关的变化率用泰勒（Taylor）的两项扩展式来逼近：

$$\frac{\mathrm{d}P}{P} \approx \frac{1}{P} \times \frac{\mathrm{d}P}{\mathrm{d}i}\mathrm{d}i + \frac{1}{2P} \times \frac{\mathrm{d}^2P}{\mathrm{d}i^2}(\mathrm{d}i)^2 = -D^*\mathrm{d}i + \frac{C(\mathrm{d}i)^2}{2}$$

当收益变动很小时，凸度项可以忽略，上述公式改写为：

$$\frac{dP}{P} \approx -\left[D^{*} - \frac{C(di)}{2}\right]di$$

无期权债券的凸度是正的，这就表明：当利率下跌时，凸度使久期变长，债券价格将以加速度上升；当利率上升时，凸度使久期变短，债券价格将以减速度下降。真正的价格—收益曲线在久期线之上，这样，无论在利率上升还是下降的环境中对投资者都有好处。

三、外汇敞口分析

外汇敞口分析是衡量汇率变动对银行当期收益的影响的一种方法。外汇敞口主要来源于银行表内外业务中的货币错配。当在某一个时段内，银行某一币种的多头头寸与空头头寸不一致时，所产生的差额就形成了外汇敞口。在进行外汇敞口分析时，银行应当分析单一币种的外汇敞口以及各币种敞口折成报告货币并加总轧差后形成的外汇总敞口。外汇敞口分析也存在一定的局限性，主要是忽略了各币种汇率变动的相关性，难以揭示由各币种汇率变动的相关性所带来的汇率风险。

敞口就是风险暴露，即银行所持有的各类风险性资产余额。

1. 单币种敞口头寸是指每种货币的即期净敞口头寸、远期净敞口头寸以及调整后的期权头寸之和，反映单一货币的外汇风险。

（1）即期净敞口头寸。即期净敞口头寸是指计入资产负债表内的业务所形成的敞口头寸，等于表内的即期资产减去即期负债。

（2）远期净敞口头寸。远期净敞口头寸主要是指买卖远期合约而形成的敞口头寸，其数量等于买入的远期合约头寸减去卖出的远期合约头寸。

（3）期权敞口头寸。持有期权的敞口头寸等于银行因持有期权而可能需要买入或卖出的每种外汇的总额。

（4）其他敞口头寸，如以外币计值的担保业务和类似的承诺等，如果可能被动使用，又是不可撤销的，就应当记入外汇敞口头寸。

加总上述4项要素，便得到单一货币敞口头寸。如果某种外汇的敞口头寸为正值，则说明机构在该币种上处于多头；如果某种外汇的敞口头寸为负值，则说明机构在该币种上处于空头。

2. 总敞口头寸

一是累计总敞口头寸法。累计总敞口头寸等于所有外币的多头与空头的总和。这种计量方法比较保守。

二是净总敞口头寸法。净总敞口头寸等于所有外币多头总额与空头总额之差。这种计量方法较为激进。

三是短边法。首先，分别加总每种外汇的多头和空头（分别称为净多头头寸之和与净空头头寸之和）；其次，比较两个总数；最后，把较大的一个总数作为银行的总敞口头寸。短边法的优点在于既考虑到多头与空头同时存在风险，又考虑到它们之间的抵补效应。

【例 3 -6】外汇总敞口头寸的计算

假设商业银行的外汇敞口头寸如下：日元多头 50，欧元多头 100，英镑多头 150，瑞士法郎空头 20，美元空头 180。分别采用以上三种方法计算外汇总敞口头寸：

累计总敞口头寸为：50 + 100 + 150 + 20 + 180 = 500

净总敞口头寸为：（50 + 100 + 150） - （20 + 180） = 100

短边法下，先计算出净多头头寸之和为：50 + 100 + 150 = 300，净空头头寸之和为：20 + 180 = 200，因为前者绝对值较大，因此根据短边法计算的外汇总敞口头寸为 300。

四、VaR 方法

（一）基本原理

风险价值是指在一定的持有期和给定的置信水平下，利率、汇率等市场风险要素发生变化时可能对某项资金头寸、资产组合或机构造成的潜在的最大损失，可以表示为

$$Prob(\Delta P > VaR) = 1 - C$$

式中，ΔP 表示投资组合在持有期 Δt 内的损失；VaR 为在置信水平 C 下处于风险中的价值。

假设一个投资组合的初始价值为 W_0，在 Δt 这一期间内，其收益率为 R，期末价值为

$$W = W_0(1 + R)$$

式中，R 的期望值为 μ，标准差为 σ。在给定的置信水平 C 下，投资组合的最小价值为

$$W^* = W_0(1 + R^*)$$

VaR 可以分为相对损失和绝对损失：相对于均值的损失为相对损失，相对于期初价值的损失为绝对损失。相对损失为

$$VaR_R = E(E) - W^* = E[W_0(1 + R)] - W_0(1 + R^*) = - W_0(R^* - \mu)$$

绝对损失为

$$VaR_A = W_0 - W^* = - W_0R^*$$

可以看出，求 VaR 实际就是求投资组合在一定置信水平下的最小价值 W^* 或最小收益率 R^*。

考虑投资组合未来回报行为的随机过程，假定其未来回报的概率密度函数为 $f(w)$，VaR 也可以通过此概率密度函数求出。在给定的置信水平 α 下，W^* 可以通过求解下式得到：

$$\alpha = \int_{w^*}^{\infty} f(w)\,\mathrm{d}w$$

从而：

$$1 - \alpha = \int_{-\infty}^{-w^*} f(w)\,\mathrm{d}w = p(w \leqslant w^*) = p$$

无论分布是离散的还是连续的，肥尾还是瘦尾，这种表示方式对于任何分布都是有效的。

市场风险内部模型的技术方法、假设前提和参数设置可以有多种选择，在进行内部风险管理时，银行通常根据本行的发展战略、风险管理目标和业务复杂程度自行设定。只有对于市场风险监管资本的计算，巴塞尔委员会和大多数监管当局才作出了一些统一规定，目的是使不同银行所计算的市场风险监管资本具有一致性和可比性，同时从审慎监管的角度出发，对一些参数（如持有期）作出了相对保守的规定。巴塞尔委员会在1996年的《资本协议市场风险补充规定》中对市场风险内部模型主要提出了以下定量要求：置信水平采用99%的单尾置信区间；持有期为10个营业日；市场风险要素价格的历史观测期至少为1年；至少每3个月更新一次数据。但是，在模型技术方面，巴塞尔委员会和各国监管当局均未作出硬性要求，允许银行自行选择3种常用模型技术中的任何一种。即使是对VaR模型参数设置作出的定量规定，也仅限于在计算市场风险监管资本时遵循，商业银行实施内部风险管理时完全可以选用不同的参数值。如巴塞尔委员会要求计算监管资本应采用99%的置信水平，而不少银行在内部管理中却选用95%、97.5%的置信水平。此外，考虑到市场风险内部模型本身存在的一些缺陷，巴塞尔委员会要求在计算市场风险监管资本时，必须将计算出来的风险价值乘以一个乘数因子（Multiplication Factor），使所得出的资本数额足以抵御市场发生不利变化可能对银行造成的损失。乘数因子一般由各国监管当局根据其对银行风险管理体系质量的评估自行确定，巴塞尔委员会规定该值不得低于3。

风险价值通常是由银行的内部市场风险计量模型来估算。目前，常用的风险价值模型技术主要有3种：方差—协方差法、历史模拟法和蒙特卡罗法。现在，风险价值已成为计量市场风险的主要指标，也是银行采用内部模型计算市场风险资本要求的主要依据。

市场风险内部模型法已成为市场风险的主要计量方法。与缺口分析、久期分析等传统的市场风险计量方法相比，市场风险内部模型法的主要优点是可以将不同业务、不同类别的市场风险用一个确切的数值来表示，是一种能在不同业务和风险类别之间进行比较和汇总的市场风险计量方法，而且将隐性风险显性化之后，有利于进行风险的监测、管理和控制。同时，由于风险价值具有高度的概括性，简明易懂，因此，适宜董事会和高级管理层了解本行市场风险的总体水平。

市场风险内部模型法也存在一定的局限性：第一，市场风险内部模型计算的风险水平，不能反映资产组合的构成及其对价格波动的敏感性，对风险管理的具体作用有限，需要辅之以敏感性分析、情景分析等非统计类方法；第二，市场风险内部模型法未涵盖价格剧烈波动等可能会对银行造成重大损失的突发性小概率事件，需要采用压力测试对其进行补充；第三，大多数市场风险内部模型只能计算交易业务中的市场风险，不能计量非交易业务中的市场风险。因此，采用内部模型的商业银行应当恰当理解和运用市场风险内部模型的计算结果，并充分认识到内部模型的局限性，运用压力测试和其他非统计类计量方法对内部模型方法进行补充。

（二）计算 VaR 值的基本方法

计算 VaR 值有方差—协方差法、历史模拟法和蒙特卡罗法三种基本方法（见表 3-7）。

1. 方差—协方差法。方差—协方差法又称德尔塔正态法。其优点是原理简单，计算快捷。缺点表现在 3 个方面。一是不能预测突发事件的风险，原因是方差—协方差法是基于历史数据来估计未来，其成立的假设条件是未来和过去存在分布的一致性，而突发事件打破了这种分布的一致性，其风险无法从历史序列模型中得到揭示。二是方差—协方差法的正态假设条件受到质疑，由于"肥尾"现象广泛存在，许多金融资产的收益率分布并不符合正态分布，这样，基于正态近似的模型往往会低估实际的风险值。三是方差—协方差法只反映了风险因子对整个组合的一阶线性影响，无法充分度量非线性金融工具（如期权）的风险。

J. P. 摩根公司的 Risk Metrics 模型就是该类模型，它假定投资工具的收益服从多元条件正态，头寸价值的相对变化是潜在收益的线性函数。如果在 95% 的置信度下，VaR 值就等于 1.65 倍投资组合的标准差，在 99% 的置信度下，VaR 值就等于 2.33 倍投资组合的标准差。

假定一投资组合包含 n 个头寸，每个头寸都含一个现金流，并且其方差、协方差可以求得，那么：

$$VaR\sum = K(\alpha)\sigma_P = K(\alpha)\sqrt{\sum_{i=1}^{n}\sum_{j=1}^{n}x_i x_j \rho_{ij}\sigma_i\sigma_j}$$

式中，σ_P 表示整个投资组合收益的标准差；σ_i、σ_j 分别表示风险因子 i 和 j 的标准差；ρ_{ij} 表示风险因子 i 和 j 的相关系数；x_i、x_j 表示整个投资组合对风险因子 i 和 j 的敏感度，有时被称为 Delta。

2. 历史模拟法。历史模拟法是运用当前资产组合中各证券的权重和各证券的历史数据重新构造资产组合的历史序列，从而得到重新构造资产组合收益率的时间序列。

在这种方法下，VaR 值直接取自投资组合收益的历史分布，而投资组合收益的历史分布又来自将组合中每一金融工具的盯市价值（Market to Market Value）表示为风险因子收益的函数。因此，风险因子收益的历史资料是该 VaR 模型的主要资料来源。

其主要计算步骤如下所示。

第一步，映像，即先识别出基础的市场因子，收集市场因子适当时期的历史资料（典型的是 3～5 年的日数据），并用市场因子表示出证券组合中各个金融工具的盯市价值。

第二步，根据市场因子过去 $N+1$ 个时期价格水平的实际变化得到 N 个变化水平。假定未来的价格变化与过去完全相似，即过去 $N+1$ 个时期价格的 N 个变化在未来都可能出现，这样结合市场因子的当前价格水平可以直接估计（模拟）市场因子在未来一个时期 N 种可能的价格水平：

$$P_{i,\tau}^{*} = P_{i,0} + \Delta P_{i,\tau}$$

式中，$P_{i,\tau}^{*}$ 为市场因子 i 在未来某一时期的价格水平，$P_{i,0}$ 为初始时期的价格水平，$\Delta P_{i,\tau}$ 为未来某一个时期的价格变化值。

第三步，利用证券价格定价公式，根据模拟出的市场因子的未来 N 种可能价格水平，求出证券组合的N种未来盯市价值，并与当前市场因子的证券组合价值比较，得到证券组合的N个潜在损益，即损益分布：

$$\Delta P_{i,\tau} = P_{i,\tau} - P_{i,\tau-1}$$

资产组合的价值：

$$\pi^*_{pi,\tau} = V^*_{p,\tau} - V_{p,0}$$

式中，$V_{p,\tau} = \sum_{i=1}^{N} x_i, \tau P_{i,\tau}$

第四步，根据损益分布，通过分位数求出给定置信度下的VaR。具体来说，计算结果从大到小排序，取其第99个百分位数即为99%置信度下其间的风险价值。根据时间法则，可以计算出10天甚至更长时间的风险价值。

历史模拟法克服了方差—协方差法的一些缺陷，如考虑了“肥尾”现象、能度量非线性金融工具的风险等，而且历史模拟法是通过历史数据构造收益率分布，不依赖特定的定价模型，这样，也不存在模型风险。

但历史模拟法仍存在不少缺陷：首先，风险包含着时间的变化，单纯依靠历史数据进行风险度量，将低估突发性的收益率波动；其次，风险度量的结果受制于历史周期的长度；再次，历史模拟法以大量的历史数据为基础，对数据的依赖性强；最后，历史模拟法在度量较为庞大且结构复杂的资产组合风险时，工作量十分繁重。

3. 蒙特卡罗法。蒙特卡罗法主要是利用计算机随机模拟出风险因素的随机价格走势，并以此来近似地揭示该风险因素的市场特性。这个随机模拟的过程实际就是重构投资组合价值分布的过程。具体地，它要求每个风险因素对应一个未来可能分布，如正态分布、对数正态分布、t分布等，然后利用历史的数据来确定这些分布的参数。再利用这些参数和分布，随机产生成千上万种风险因素的未来可能值（或称为场景），在这些场景下重新确定投资组合的价值。最后利用这些随机产生的组合收益，构造出组合的经验分布，并确定在一定置信水平下的VaR值。

具体的步骤如下所示。

第一步，确定风险因子所服从的随机过程及随机参数。其中方差和相关系数等可以从历史数据或期权数据中得到。第二步，根据随机模型，依次产生相应的伪随机数ε_1，ε_2，…，ε_n，计算得到风险因子模拟价格S_{t+1}，S_{t+2}，…，S_{t+n}。第三步，根据第二步中得到的模拟价格计算投资组合在目标时刻的价格。第四步，重复第二步和第三步，如果重复10 000次，得到10 000个投资组合的模拟价格，根据这一系列价格估计目标时刻的组合分布，并利用该分布计算出VaR值。

蒙特卡罗法的优点包括：它是一种全值估计方法，可以处理非线性、大幅波动及“肥尾”问题；产生大量路径模拟情景，比历史模拟法更精确和可靠；可以通过设置削减因子，使模拟结果对近期市场的变化更快地作出反应。其缺点包括：对于基础风险因素仍然有一定的假设，存在一定的模型风险；计算量很大，且准确性的提高速度较慢，如果一个因素的准确性要提高10倍，就必须将模拟数增加100倍以上；如果产生的数据序列是伪随机数，可能导致错误结果。

表 3－7　　计算 VaR 值的三种基本方法比较

模型	优点	缺点
方差—协方差法	（1）原理简单 （2）计算快捷	（1）不能预测突发事件的风险，因为是基于历史数据来估计未来，其成立的假设条件是未来和过去存在分布的一致性，而突发事件打破了这种分布的一致性，其风险无法从历史序列模型中得到揭示； （2）正态假设条件受到普遍质疑，由于“肥尾”现象广泛存在，许多金融资产的收益率分布并不符合正态分布，基于正态近似的模型往往会低估实际的风险值； （3）只反映了风险因子对整个组合的一阶线性影响，无法准确计量非线性金融工具（如期权）的风险
历史模拟法	（1）克服了方差—协方差法的部分缺点，考虑到“肥尾”现象，且能计量非线性金融工具的风险； （2）通过历史数据构造收益率分布，不依赖特定的定价模型，因此不存在模型风险	（1）风险包含着时间的变化，单纯依靠历史数据进行风险计量，将低估突发性的收益率波动； （2）风险计量的结果受制于历史周期的长度； （3）以大量的历史数据为基础，对数据的依赖性强； （4）在度量较为庞大且结构复杂的资产组合风险时，工作量十分繁重
蒙特卡罗法	（1）是一种全值估计方法，可以处理非线性、大幅波动及“肥尾”问题； （2）产生大量路径模拟情景，比历史模拟法更精确和可靠； （3）通过设置削减因子（Decay Factor），使模拟结果对近期市场的变化更快地作出反应	（1）对于基础风险因素仍然有一定的假设，存在一定的模型风险； （2）计算量很大，且准确性的提高速度较慢，例如，如需将计算准确性提高 10 倍，就必须将模拟次数增加 100 倍以上； （3）如果产生的数据序列是伪随机数，可能导致错误结果

五、敏感性分析

敏感性分析是指在保持其他条件不变的情况下，研究单个市场风险要素（利率、汇率、股票价格和商品价格）的变化可能会对金融工具或资产组合的收益或经济价值产生的影响。

敏感性分析计算简单且便于理解，在市场分析中得到了广泛应用。但是，敏感性分析也存在一定的局限性，主要表现在对于较复杂的金融工具或资产组合，无法计量其收益或经济价值相对市场风险要素的非线性变化。

六、情景分析

与敏感性分析对单一因素进行分析不同，情景分析是一种多因素分析方法，结合设定的各种可能情景的发生概率，研究多种因素同时作用时可能产生的影响。

七、压力测试

压力测试（Stress Testing）的目的是评估银行在极端不利情况下的损失承受能力，主要采用敏感性分析和情景分析方法进行模拟和估计。

银行不仅应采用各种市场风险计量方法对在一般市场情况下所承受的市场风险进行分析，还应当通过压力测试来估算突发的小概率事件等极端不利情况可能对其造成的潜在损失，如在利率、汇率、股票价格等市场风险要素发生剧烈变动、国内生产总值大幅下降、发生意外的政治和经济事件或者几种情形同时发生的情况下，银行可能遭受的损失。

压力测试要求包括如下几个方面。

商业银行压力测试所用的压力情景应涵盖可能使其交易组合产生重大损失、对其交易组合造成重大不利影响，或会引致风险事前或事后管理相当困难的各种潜在风险因素。这些风险因素应包括各种主要风险类别中的低概率事件，并反映事件对具有线性和非线性价格特征的头寸的影响。

商业银行应具备按日进行压力测试的能力。同时，应定期评估压力情景下的风险状况，尤其应对压力测试所揭示的主要风险点和脆弱环节予以特别关注，若压力测试显示商业银行受某种特定情景的负面影响显著，应通过降低风险暴露或分配更多资本等方式进行管理。

商业银行应制订市场风险压力测试方案，压力测试方案应重点关注如下几个方面：集中度风险、压力市场条件下的市场流动性不足、单一走势市场、事件风险、非线性产品及内部模型可能无法适当反映的其他风险。

压力测试方案应得到商业银行董事会及高级管理层的批准，并进行定期评估和修订。高级管理层应定期审查压力测试结果，在评估资本充足程度时予以考虑，并在管理层和董事会制定的政策和限额中予以体现。

压力测试应同时具有定量和定性标准，同时考虑由市场动荡引起的市场风险和流动性风险。定量标准应明确商业银行可能会面对的压力情况；定性标准应强调压力测试的目标是评估商业银行资本吸纳潜在大额亏损的能力，以及寻求可以采取的降低风险和节约资本的措施。

商业银行应选用最适合其业务规模及复杂程度的压力测试技术，包括敏感性测试和情景测试等。

商业银行可以根据其组合的持仓规模、结构特点和复杂程度，确定压力情景的具体内容，并涵盖不同的严峻程度。

商业银行应制定完备流程以确保进行全面的市场风险压力测试。相关流程应至少包括以下内容：分析交易组合特性及其业务所处的外部市场环境，以确定应在压力情况下进行测试的主要风险因素；设计适当的交易组合压力测试，包括可能的压力事件及情况的具体说明；以文件形式记录压力测试所用的假设及得出有关假设的方法；定期进行压力测试，分析压力测试结果以确定易受影响的环节及潜在风险；向商业银行高级管理层及有关管理人员报告压力测试结果；确定在压力情况下应采取的适当补救措施，以应对压力测试发现的潜在风险；向董事会报告有关压力测试结果及拟采取的补救措施。

在运用敏感性分析方法进行压力测试时，需要回答的问题包括汇率冲击对银行净外汇头寸的影响，利率冲击对银行经济价值或收益产生的影响等。在运用情景分析方法进行压力测试时，应当选择可能对市场风险产生最大影响的情景，包括历史上发生过重大损失的情景（如1997年的亚洲金融危机）和假设情景。假设情景又包括模型假设和参数不再适用的情形、市场价格发生剧烈变动的情形、市场流动性严重不足的情形，以及外部环境发生重大变化、可能导致重大损失或风险难以控制的情景。这些情景或者由监管当局规定，或者由商业银行根据自己的资产组合特点来设计。在设计压力情景时，既要考虑市场风险要素变动等微观因素，又要考虑一国经济结构和宏观经济政策变化等宏观因素。常见的两种情景分析法见表3－8。

商业银行应根据交易组合特性及外部市场环境的变化，定期审核压力测试方案，评估压力测试所使用的基本假设是否仍然有效。审核应至少包括以下内容：压力测试方案涵盖的风险因素；压力测试是否融入日常风险管理；压力测试程序的核准过程，包括其后作出重大修改的授权；进行压力测试所用持仓数据的准确性及完整性；进行压力测试所用数据来源的一致性、及时性和可靠性；压力测试程序文档记录的充分性。

表3－8　　两种情景分析法的比较

情景分析法	投资组合净值模型法（NPVM）	多情景现金流检验法（MSCFT）
主导机构	美国财政部储蓄机构监管办公室（OTS）	美国保险监督官协会（NAIC）
性质	存量法	流量法
内容	对机构的现有资产、表外项目和负债在不同利率情境下定价或盯市，以解释潜在利率变动对净值或净投资组合市场价值的影响	预测和考察在不同利率情景下，由公司现有或预期的未来资产和负债所产生的年度或季度净现金流
方法	集中于资产负债分析，并在不同利率情景下，提出了资产的当前价值是大于还是等于负债的当前市值的问题	从资产负债开始，考虑其未来变动，接着考虑在不同利率背景下，资产的预期现金流是否足以支付负债的预期现金流
实施程序	由OTS职员进行，OTS只需指定评估方法和一套应用于各储蓄机构的统一假定	必须由指定的精算师对特定公司现金流入的再投资和未来资金、负债结构作出假定

八、事后检验

事后检验（Back Testing）是指将市场风险计量方法或模型的估算结果与实际发生的损益进行比较，以检验计量方法或模型的准确性、可靠性，并据此对计量方法或模型进行调整和改进的一种方法。若估算结果与实际结果近似，则表明该风险计量方法或模型的准确性和可靠性较高；若两者差距较大，则表明该风险计量方法或模型的准确性和可靠性较低，或者是事后检验的假设前提存在问题；介于这两种情况之间的检验结果，则暗示该风险计量方法或模型存在问题，但结论不确定。目前，事后检验作为检验市场风险计量方法或模型的一种手段还处在发展过程中。不同银行采用的事后检验方法以及对事后检验结果的解释标准均有所不同。

巴塞尔委员会2017年发布的《巴塞尔协议Ⅲ》要求采用内部模型计算市场风险资本的银行对模型进行事后检验，以检验并提高模型的准确性和可靠性。监管当局应根据事后检验的结果决定是否通过设定附加因子（Plus Factor）来提高市场风险的监管资本要求。附加因子设定在最低乘数因子（巴塞尔委员会规定为3）之上，取值在0~1。如果监管当局对模型的事后检验结果比较满意，模型也满足了监管当局规定的其他定量和定性标准，就可以将附加因子设为0，否则可以设为0~1的一个数，即通过增大所计算VaR值的乘数因子，对内部模型存在缺陷的银行提出更高的监管资本要求。

第三节　市场风险控制

一、利率风险控制

（一）远期利率协议

远期利率协议（Forward Rate Agreements，FRA）是一种关于利率的远期合约，客户与银行或银行与银行之间商定将来一定时间点（计算起息日）开始的一定期限的协议利率，并规定以何种利率为参照利率，在将来利息起算日，按规定的协议利率、期限和本金额，由买卖双方的一方向另一方支付协议利率与参照利率利息差的贴现额。

远期利率协议是用来防范将来利率变动风险的一种金融工具，其特点是预先锁定将来的利率。在远期利率协议市场中，远期利率协议的买方是为了防范利率上升引起筹资成本上升的风险，希望在现在就锁定将来的筹资成本。用远期利率协议防范将来利率变动的风险，实质上是用远期利率协议市场的盈亏抵补现货资金市场的风险，因此，远期利率协议具有预先决定筹资成本或预先决定投资报酬率的功能。

【例3-7】欧洲商业银行A，根据其资金周转情况，预期在未来3个月内需要借款100万美元，时间为6个月。假定A银行能够以Libor的水平筹措资金，现在的Libor是8%左右。A银行担心未来3个月内市场利率会上升，为了避免遭受这种利率风险，在今天A银行就可以购买一份远期利率协议，期限为6个月，时间自现在开始3个月内有效，简称3×9远期利率协议。这时另一家银行B，可能对这样的协议以8.25%的利率报价，从而使A银行以8.25%的利率将借款成本锁定。

现在再假定市场利率在3个月后上升到9%。假设没有远期利率协议，A银行将不得不以市场利率借款，即9%借款。借款6个月后，A银行不得不多支付3 750美元。即1 000 000×（9%-8.25%）×6/12=3 750美元。

如果按照远期利率协议的交易规则，A银行将收到3 750美元以补偿6个月100万美元借款的额外利息支付（9%-8.25%=0.75%），这个清算额正好冲销了较高的借款成本。

因此A银行通过远期利率协议的交易锁定了其借款成本，降低了利率变动的风险。

（二）利率互换

利率互换（Interest Rate Swap）是指交易双方约定在未来的一定期限内，根据约定数量的同种货币的名义本金交换利息额的金融合约。例如，一家银行有长期固定利率资产，用浮动利率负债融资。另一家银行有短期浮动利率资产，用长期固定利率负债融资。两家银行都面临着利率变化的风险，但风险暴露的方向正好相反。当市场利率下降时，第一家银行将获益，第二家银行将受损；当市场利率上升时，第一家银行将受损，第二家银行将获益。对于这样的两家银行来说，就可以进行利率互换，以使双方避免损失。第一家银行用固定利率负债替换浮动利率负债，第二家银行用浮动利率负债替换固定利率负债，这样就可以降低利率风险。

【例3-8】银行A与银行B于2002年3月1日签订了一个3年期的利率互换合约，A银行同意向B银行支付5%的固定利率的利息（每半年支付一次），名义本金为100万美元，B银行同意向A银行支付6个月Libor的浮动利息，名义本金为100万美元。这笔交易如图3-5所示。

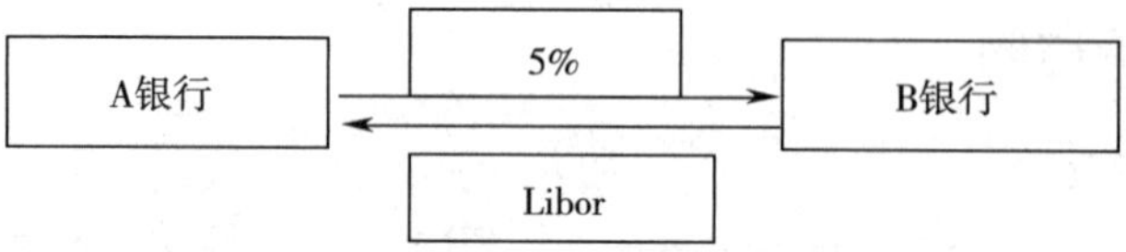

图3-5 A、B银行的利率互换

第一次现金流交换发生在利率互换合约签订后的6个月，即2002年9月1日，A银行将向B银行支付1 000 000×5%×0.5=25 000美元，B银行向A银行支付1 000 000美元乘以Libor的现金流。注意，由于Libor是合约签订时确定的，在合约签订后6个月支付，故这里的Libor应该是6个月前的Libor。因此，本次Libor应是2002年3月1日时的Libor，这里设为4.2%，则B银行向A银行支付1 000 000×4.2%×0.5%=21 000美元。该利率互换合约中A银行的现金流量见表3-9。

表3-9　　利率互换合约中A银行的净现金流量　　单位：%，万美元

日期	Libor	收到的浮动利率现金流	支付的固定利率现金流	净现金流
2002-03-01	4.2			
2002-09-01	4.8	+2.10	-2.5	-0.40
2003-03-01	5.3	+2.40	-2.5	-0.10
2003-09-01	5.5	+2.65	-2.5	+0.15
2004-03-01	5.6	+2.75	-2.5	+0.25
2004-09-01	5.9	+2.80	-2.5	+0.30
2005-03-01	6.4	+2.95	-2.5	+0.45

A银行的净现金流量为：-0.40+（-0.10）+0.15+0.25+0.30+0.45=0.65（万美元），即在整个利率互换合约有效期内，A银行收到的净现金流量为0.65万美元。

同样，A银行也可同B银行签订以浮动利率交换固定利率的利率互换合约，每期现金流的计算原理与上面的计算类似。

（三）利率期货

利率期货就是利用期货合约减少或消除利率变化对商业银行的不利影响。例如，一家银行资产负债具有正的利率敏感性缺口时，如果市场利率上升，则银行会因净利息收入增加而受益；如果市场利率下降，会因净利息收入减少而遭受损失。为了减少这种市场利率下降所带来的损失，银行可以在现货金融交易市场上进行交易来减少利率敏感性资产，使利率敏感性缺口趋于零，也就是通过调整资产负债表内项目来减少这种损失。还有另外的办法，就是银行通过购买一个或多个未来交割的利率期货合约来进行多头套期。这样，如果市场利率下降，净利息收入的下降就会被在期货市场上多头套期的收益所抵销；但如果市场利率上升，净利息收入的增加也会被期货交易中的损失所抵销。当一家银行资产负债呈现负的利率敏感性缺口时，如果市场利率上升，会因净利息收入减少而遭受损失。为了减少这种市场利率上升所带来的损失，银行可以通过出售一个或多个未来交割的利率期货合约来进行空头套期调整其利率敏感性头寸。

【例3-9】某银行的资产负债表简况见表3-10，假设该银行的资产都是一次性还款的贷款，贷款利率均为12%，负债是利率为10%的90天大额定期存单。

表3-10　　某银行资产负债表　　单位：天，美元

期限	资产	负债
90	500	3 299.18
180	600	
270	1 000	
360	1 400	

首先计算各类资产负债的久期，见表3-11。

表3-11　　银行资产负债久期的计算　　单位：美元

资产的构成	资产的市场价值（12%）	资产的平均久期	负债的构成	负债的市场价值（10%）	负债的平均久期
90天	486.03	0.25	90天	3 221.51	0.25
180天	566.94	0.5			
270天	918.54	0.75			
360天	1 250.00	1			
合计	3 221.51			3 221.51	

银行资产的久期：$D_A = 486.03 \times 0.25/3\ 221.51 + 566.94 \times 0.5/3\ 221.51 + 918.54 \times 0.75/3\ 221.51 + 1\ 250 \times 1/3\ 221.51 = 0.73$

银行负债的久期：$D_L = 0.25$

可见该银行具有一个正的久期缺口，可以通过一个空头套期保值来减少或消除这种正缺口。假设该银行用 90 天的美国短期国债期货合约来进行空头套期保值，国债期货的价格为 97.21 美元（面值 100 美元美国短期国债期货的价格），根据期货合约数量的计算公式可以计算出应该出售期货合约的数量：

$$N = -(0.73 \times 3\,221.51 - 0.25 \times 3\,221.51)/(97.21 \times 0.25) = -63.63 \approx -64$$

套期保值后，该银行的久期缺口为

$$VD = (0.73 - 0.25 \times 3\,221.51/3\,221.51) \times 3\,221.51 + (-64) \times 0.25 \times 97.21 = -0.94(\text{美元})$$

可见，套期保值后该银行的久期缺口接近于零。

银行通过期货交易进行套期保值，应当注意：一是银行要能准确地预测市场利率的变化趋势是上升还是下降，从而决定是做空头交易还是做多头交易；二是要选择合适的期货合约，期货合约中的金融工具应选择保值的资产或负债。

二、汇率风险的控制

目前主要从外汇交易的角度和会计核算的角度来进行汇率风险的控制。

（一）外汇交易风险的控制

外汇交易风险的控制通常采用各种限额控制方法，限额包括交易限额、风险限额和止损限额等。

交易限额是指对总交易头寸或净交易头寸设定的限额。

风险限额是指对采用一定的计量方法所获得的市场风险规模设置限额，例如对采用模型法计量得出的风险价值设定的风险价值限额，对期权性头寸设定的期权性头寸限额等。

止损限额是指所允许的最大损失额。

（二）外汇会计折算风险的控制

外汇会计折算风险实际上是一种由外汇账面折算所带来的风险，即外汇折算成本币记账，由于汇率的不利变化所表现出来的风险。这类风险可以采用风险对冲的方法进行控制，通过在金融市场上各种金融衍生品交易的操作，利用外汇合约的盈亏来冲销外汇会计折算的盈亏。

【例 3 – 10】假设商业银行以美元为单位进行外币资产管理。当日该银行向其客户发放了 1 000 万英镑的短期贷款，预计 3 个月后收回，贷款发放当日汇率为 1 英镑 = 2.0 美元。商业银行的研究部门预测，3 个月后美元可能会升值到 1 英镑 = 1.8 美元。基于此分析预测，商业银行可以采取的最简单、最直接的风险对冲交易是，在贷款发放当日，在外汇期货市场卖出价值 1 000 万英镑的期货合约，汇率为 1 英镑 = 1.9 美元。

当商业银行到期收回贷款时，如果美元汇率确如预测一样升值到 1 英镑 = 1.8 美元甚至更高，则通过期货交易可以减少汇率风险造成的损失；如果到期美元汇率不升反降，则可以利用因英镑升值而获取的美元账面收益抵补卖出英镑期货合约造成的损失，将汇率风险控制在一定范围之内。

三、股票价格风险的控制

股票价格风险的控制可以通过一系列金融衍生品的交易进行风险对冲，商业银行可以通过金融衍生产品等金融工具，在一定程度上实现控制市场风险的目的，即当原风险敞口出现亏损时，新风险敞口能够盈利，并且尽量使盈利能够全部抵补亏损。

【例 3－11】假如你在 10 元价位买了一只股票，这只股票未来有可能涨到 15 元，也有可能跌到 7 元。你对于收益的期望倒不是太高，更主要的是希望如果股票下跌也不要亏掉 30% 那么多。你要怎么做才可以降低股票下跌时的风险？

方案如下：你在买入股票的同时买入这只股票的认沽期权——期权是一种在未来可以实施的权利（而非义务），例如这里的认沽期权可能是“在一个月后以 9 元的价格出售该股票”的权利；如果到一个月以后股价低于 9 元，你仍然可以用 9 元的价格出售，期权的发行者必须照单全收；当然如果股价高于 9 元，你就不会行使这个权利（到市场上卖个更高的价格岂不更好）。由于给了你这种可选择的权利，期权的发行者会向你收取一定的费用，这就是期权费。

原本你的股票可能给你带来 50% 的收益或者 30% 的损失。当你同时买入执行价为 9 元的认沽期权以后，损益情况就发生了变化：可能的收益变成了（15 元－期权费）/10 元，而可能的损失则变成了（10 元－9 元＋期权费）/10 元，潜在的收益和损失都变小了。通过买入认沽期权，你付出了一部分潜在收益，换来了对风险的规避。

四、银行账户与交易账户

银行的表内外资产可分为银行账户（Banking Book）和交易账户（Trading Book）资产两大类。巴塞尔委员会 2004 年发布的《巴塞尔协议Ⅱ》对其 1996 年《资本协议市场风险补充规定》中的交易账户定义进行了修改，修改后的定义为：交易账户记录的是银行为交易目的或规避交易账户其他项目的风险而持有的可以自由交易的金融工具和商品头寸。记入交易账户的头寸必须在交易方面不受任何条款限制，或者能够完全规避自身风险。而且，银行应当对交易账户头寸经常进行准确估值，并积极管理该项投资组合。为交易目的而持有的头寸是指，在短期内有目的地持有以便转手出售、从实际或预期的短期价格波动中获利或者锁定套利（Lock in Arbitrage Profits）的头寸，如自营头寸、代客买卖头寸和做市交易（Market Making）形成的头寸。记入交易账户的头寸应当满足以下基本要求：一是具有经高级管理层批准的书面的头寸/金融工具和投资组合的交易策略（包括持有期限）；二是具有明确的头寸管理政策和程序；三是具有明确的监控头寸与银行交易策略是否一致的政策和程序，包括监控交易规模和交易账户的头寸余额。是否具有交易目的在交易之初就已确定，此后一般不能随意更改。与交易账户相对应，银行的其他业务归入银行账户，最典型的是存贷款业务。交易账户中的项目通常按市场价格计价（Mark－to－Market），当缺乏可参考的市场价格时，可以按模型定价（Mark－to－Model）。按模型定价是指将从市场获得的其他相关数据输入模型，计算或推算出交易头寸的价值。银行账户中的项目则通常按历史成本计价。

商业银行应当制定关于账户划分的内部政策和程序，内容应包括：对交易业务的界定，应列入交易账户的金融工具，对交易和非交易岗位及其职责的严格划分，金融工具或投资组合的交易策略，交易头寸的管理政策和程序，监控交易头寸与交易策略是否一致的程序等。同时，银行应保留完整的交易和账户划分记录，以便进行查询，并接受内部、外部审计和监管当局的监督检查。同时，商业银行应当根据银行账户和交易账户的性质和特点，采取相应的市场风险识别、计量、监测和控制方法。

另外，划分银行账户和交易账户，也是准确计算市场风险监管资本的基础。巴塞尔委员会于1996年1月颁布的《资本协议市场风险补充规定》以及大多数国家据此制定的资本协议将市场风险纳入了资本要求的范围，但未涵盖全部的市场风险，所包括的是交易账户中的利率和股票价格风险以及银行账户和交易账户中的汇率风险和商品价格风险。因此，若账户划分不当，会影响市场风险资本要求的准确程度；若银行在两个账户之间随意调节头寸，则会为其根据需要调整所计算的资本充足率提供监管套利机会。目前，实行市场风险监管资本要求的国家/地区的银行监管当局都制定了银行账户、交易账户划分的基本原则，并要求商业银行据此制定内部的政策和程序，详细规定账户划分标准和程序。监管当局则定期对银行的账户划分情况进行检查，检查重点是其内部账户划分的政策、程序是否符合监管当局的要求，是否遵守了内部的账户划分政策和程序，是否为减少监管资本要求而人为地在两个账户之间调节头寸等。

五、市场风险资本计量方法

2012年6月，中国银监会颁布《商业银行资本管理办法（试行）》，将市场风险资本计算纳入统一的资本监管框架之中，提出了市场风险标准法计量规则和市场风险内部模型法监管要求。

（一）市场风险标准法计量规则

利率风险包括交易账户中的债券（固定利率和浮动利率债券、中央银行票据、可转让存单、不可转换优先股及按照债券交易规则进行交易的可转换债券）、利率及债券衍生工具头寸的风险。利率风险的资本要求包括特定市场风险的资本要求（见表3-12）和一般市场风险的资本要求两部分。

表3-12　特定市场风险资本计提比率对应表

类别	发行主体外部评级	特定市场风险资本计提比率
政府证券	AA-级以上（含AA-级）	0
	A+级至BBB-级（含BBB-级）	0.25%（剩余期限不超过6个月）
		1.00%（剩余期限为6~24个月）
		1.60%（剩余期限为24个月以上）
	BB+级至B-级（含B-级）	8.00%
	B-级以下	12.00%
	未评级	8.00%

续表

类别	发行主体外部评级	特定市场风险资本计提比率
合格证券	BB+级以上（不含BB+级）	0.25%（剩余期限不超过6个月）
		1.00%（剩余期限为6~24个月）
		1.60%（剩余期限为24个月以上）
其他	外部评级为BB+级以下（含）的证券以及未评级证券的资本计提比率为证券主体所适用的信用风险权重除以12.5。	

政府证券包含各国中央政府和中央银行发行的各类债券和短期融资工具。我国中央政府、中国人民银行及政策性银行发行的债券的资本计提比率均为0。

合格证券包括：

（1）多边开发银行、国际清算银行和国际货币基金组织发行的债券；

（2）我国公共部门实体和商业银行发行的债券；

（3）被至少两家合格外部评级机构评为投资级别（BB+级以上）的发行主体发行的债券。

对于其他发行主体发行的债券，其资本计提比率为证券发行主体所对应的信用风险权重除以12.5。

（二）一般市场风险

一般市场风险的资本要求包含以下三部分：

（1）每个时段内加权多头和空头头寸可相互对冲的部分所对应的垂直资本要求；

（2）不同时段间加权多头和空头头寸可相互对冲的部分所对应的横向资本要求；

（3）整个交易账户的加权净多头或净空头头寸所对应的资本要求。

商业银行可以采用到期日法或久期法计算利率风险的一般市场风险资本要求。

商业银行采用到期日法计算一般市场风险资本要求，应先对各头寸划分时区和时段，时段的划分和匹配的风险权重见表3－13，时区的划分和匹配的风险权重见表3－14。到期日法具体计算步骤如下。

表3－13　　　　时段和权重

票面利率不小于3%	票面利率小于3%	风险权重	假定收益率变化（%）
不长于1个月	不长于1个月	0	1.00
1~3个月	1~3个月	0.20%	1.00
3~6个月	3~6个月	0.40%	1.00
6~12个月	6~12个月	0.70%	1.00
1~2年	1.0~1.9年	1.25%	0.90
2~3年	1.9~2.8年	1.75%	0.80
3~4年	2.8~3.6年	2.25%	0.75
4~5年	3.6~4.3年	2.75%	0.75

续表

票面利率不小于3%	票面利率小于3%	风险权重	假定收益率变化（%）
5～7年	4.3～5.7年	3.25%	0.70
7～10年	5.7～7.3年	3.75%	0.65
10～15年	7.3～9.3年	4.50%	0.60
15～20年	9.3～10.6年	5.25%	0.60
20年以上	10.6～12年	6.00%	0.60
	12～20年	8.00%	0.60
	20年以上	12.50%	0.60

表3－14　　时区和权重

<table>
<tr><th>时区</th><th>时段</th><th>同一区内</th><th>相邻区之间</th><th>1区和3区之间</th></tr>
<tr><td rowspan="4">1区</td><td>0～1个月</td><td rowspan="4">40%</td><td rowspan="13">40%</td><td rowspan="13">100%</td></tr>
<tr><td>1～3个月</td></tr>
<tr><td>3～6个月</td></tr>
<tr><td>6～12个月</td></tr>
<tr><td rowspan="3">2区</td><td>1～2年</td><td rowspan="3">30%</td></tr>
<tr><td>2～3年</td></tr>
<tr><td>3～4年</td></tr>
<tr><td rowspan="6">3区</td><td>4～5年</td><td rowspan="6">30%</td></tr>
<tr><td>5～7年</td></tr>
<tr><td>7～10年</td></tr>
<tr><td>10～15年</td></tr>
<tr><td>15～20年</td></tr>
<tr><td>20年以上</td></tr>
</table>

（1）各时段的头寸乘以相应的风险权重计算各时段的加权头寸。

（2）各时段的加权多头、空头头寸可相互对冲的部分乘以10%得出垂直资本要求。

（3）各时段的加权多头头寸和加权空头头寸进行抵销得出各时段的加权头寸净额；将各时区内各时段的加权头寸净额之间的可相互对冲的部分乘以表3－14所列的同一区内的权重得出各时区内的横向资本要求。

（4）各时区内各时段的加权头寸净额进行抵销，得出各时区加权头寸净额；每两个时区加权头寸净额之间可相互对冲的部分乘以表3－14所列的相邻区之间以及1区和3区之间的权重得出时区间的横向资本要求。

（5）各时区加权头寸净额进行抵销，得出整个交易账户的加权净多头或净空头头寸所对应的资本要求。

经银保监会核准，商业银行可以使用久期法计量一般市场风险资本要求。一旦选择使用久期法，应持续使用该方法，如变更方法需经银保监会认可。久期法具体计算步骤如下。

（1）在表3－15中找出每笔头寸期限对应的收益率变化，逐笔计算该收益率变化下的价格敏感性。

（2）将价格敏感性对应到表3－15的15级久期时段中。

（3）每个时段中的多头和空头头寸分别计提5%的垂直资本要求，以覆盖基差风险。

（4）按照到期日法的要求，计算横向资本要求。

（5）按照到期日法的规定，将各区加权头寸净额进行抵销，得出整个交易账户的加权净多头或净空头所对应的资本要求。

表3－15　　久期法计算表

时区及时段	假定收益率变化（%）	时区及时段	假定收益率变化（%）
1区		3区	
0～1个月	1.00	3.6～4.3年	0.75
1～3个月	1.00	4.3～5.7年	0.7
3～6个月	1.00	5.7～7.3年	0.65
6～12个月	1.00	7.3～9.3年	0.6
		9.3～10.6年	0.6
2区		10.6～12年	0.6
1～1.9年	0.90	12～20年	0.6
1.9～2.8年	0.80	20年以上	0.6
2.8～3.6年	0.75		

（三）利率及债券衍生工具

利率衍生工具包括受利率变化影响的衍生金融工具，如利率期货、远期利率协议、利率互换及交叉货币互换合约、利率期权及远期外汇头寸。

债券衍生工具包括债券的远期、期货和债券期权。

衍生工具应转换为基础工具，并按基础工具的特定市场风险和一般市场风险的方法计算资本要求。利率和货币互换、远期利率协议、远期外汇合约、利率期货及利率指数期货不必计算特定市场风险的资本要求；如果期货合约的基础工具是债券或代表债券组合的指数，则应根据发行主体的信用风险计算特定市场风险资本要求。

（四）外汇风险的资本要求

外汇风险的资本要求等于净风险暴露头寸总额乘以8%。

净风险暴露头寸总额等于以下两项之和：（1）外币资产组合（不包括黄金）的净多头头寸之和（净头寸为多头的所有币种的净头寸之和）与净空头头寸之和（净头寸为空头的所有币种的净头寸之和的绝对值）中的较大者；（2）黄金的净头寸。

外汇衍生工具应转换为基础工具，并按基础工具的方法计算市场风险资本要求。

（五）股票价格风险的资本要求

1. 特定市场风险和一般市场风险

特定市场风险的资本要求等于各不同市场中各类股票多头头寸绝对值及空头头寸绝

对值之和乘以8%后所得各项数值之和。一般市场风险对应的资本要求，等于各不同市场中各类多头及空头头寸抵销后股票净头寸的绝对值乘以8%后所得各项数值之和。

2. 股票衍生工具

股票衍生工具包括股票和股票指数的远期、期货及互换合约。

衍生工具应转换为基础工具，并按基础工具的特定市场风险和一般市场风险的方法计算资本要求。

（六）商品价格风险的资本要求

商品价格风险对应的资本要求等于以下两项之和：（1）各项商品净头寸的绝对值之和乘以15%；（2）各项商品总头寸（多头头寸加上空头头寸的绝对值）之和乘以3%。

商品衍生工具应转换为名义商品，并按上述方法计算资本要求。

（七）承销业务的资本要求

商业银行采取包销方式承销债券等工具时，应使用下述方法计提相应的市场风险资本。

1. 商业银行确定需计提市场风险资本的承销业务风险暴露额的公式：

需计提市场风险资本的承销业务风险暴露额 = 每日日终承销余额 × 转换系数

2. 自确定承销债券的金额和价格之日起，转换系数为50%；自缴款日起，将转换系数调为100%，直至债券全部出售。

3. 每日计算得出的需计提市场风险资本要求承销业务风险暴露作为交易账户头寸，根据所承销债券的类型和发行主体，计算相应的市场风险资本要求，包括一般市场风险和特定市场风险。

（八）交易账户信用衍生产品

商业银行应将交易账户信用衍生产品转换为相关信用参考实体的本金头寸，并使用其当前市值计算利率风险的市场风险资本要求（见表3－16）。

表3－16　　交易账户信用衍生产品转换规则

项目		多头/信用保护卖方	空头/信用保护买方
信用违约互换	一般市场风险	如有任何费用或利息的支付，则视为持有无特定市场风险债券多头	如有任何费用或利息的支付，则视为卖出无特定市场风险债券空头
	特定市场风险	视为持有信用参考实体多头，如为合格证券的情况，则视为持有互换风险暴露	视为持有信用参考实体空头，如为合格证券的情况，则视为卖出互换空头
总收益互换	一般市场风险	如有任何费用或利息的支付，则视为持有信用参考实体多头，以及卖出无特定市场风险债券空头	如有任何费用或利息的支付，则视为卖出信用参考实体空头，以及持有无特定市场风险债券多头
	特定市场风险	视为持有信用参考实体多头	视为卖出信用参考实体空头

续表

项目		多头/ 信用保护卖方	空头/ 信用保护买方
信用联系票据	一般市场风险	视为持有票据发行方多头	视为卖出票据发行方空头
	特定市场风险	视为持有票据发行方以及信用参考实体多头，如为合格证券的情况，则视为持有票据发行方多头	视为卖出信用参考实体空头，如为合格证券的情况，则视为卖出票据发行方空头
首次违约信用互换	一般市场风险	如有任何费用或利息的支付，则视为持有无特定市场风险债券多头	如有任何费用或利息的支付，则视为卖出无特定市场风险债券空头
	特定市场风险	视为持有所有参考实体多头，特定市场风险资本要求以可能的最大支出作为上限，如为合格证券的情况，则视为持有信用衍生品多头	视为卖出特定市场风险资本要求最高的信用参考实体空头（针对风险暴露），或视为卖出特定市场风险资本要求最低的信用参考实体空头（针对对冲头寸）
第二次违约信用互换	一般市场风险	如有任何费用或利息的支付，则视为持有无特定市场风险债券多头	如有任何费用或利息的支付，则视为卖出无特定市场风险债券空头
	特定市场风险	视为持有所有参考实体多头，但不包括特定市场风险资本要求最低的信用参考实体多头，特定市场风险资本要求以可能的最大支出作为上限，如为合格证券的情况，则视为持有信用衍生品多头	视为卖出特定市场风险资本要求最高的信用参考实体空头（针对风险暴露），当存在首次违约保护的情况时，视为卖出第二个特定市场风险资本要求最低的信用参考实体空头，或在特定市场风险资本要求最低的信用参考实体已发生违约的情况下，视为卖出信用参考实体空头（针对对冲头寸）

（九）市场风险内部模型法监管要求

1. 内部模型法计量特定市场风险资本的要求。商业银行可以采用内部模型法计量利率风险和股票风险的特定市场风险资本要求。除符合关于内部模型法最低定性和定量要求外，采用内部模型法计量特定市场风险资本要求时，内部模型应包含能反映所有引起价格风险的重要因素，并且可对市场状况和交易组合变化作出反应，并符合可解释交易组合的历史价格变化等要求；否则，商业银行应使用标准法计量特定市场风险资本要求。

2. 内部模型法计量新增风险资本的要求。新增风险是指未被风险价值模型计量的与利率类及股票类产品相关的违约风险和评级迁移风险。商业银行采用内部模型法计算新增风险，应覆盖利率类新增风险；经银保监会认可，可覆盖股票类新增风险。新增风险资本计算的持有期为 1 年，置信区间为 99.9%。新增风险的资本要求为以下两项中的较大值：（1）过去十二周的新增风险均值；（2）最近一次计算得到的新增风险价值。

商业银行应至少每周计算一次新增风险的资本要求。商业银行计量新增风险的模型应满足在1年持有期内恒定风险水平的假设条件，并根据集中度、风险对冲策略和期权特征加以调整；同时也应反映可能影响多个证券发行人的市场性事件。

商业银行的新增风险模型应充分考虑产品或组合的流动性期限。流动性期限是指在压力市场条件下，以不影响市场价格为前提，平仓或完全对冲新增风险所需的期限。

轧差计算仅适用于同一产品的多空头寸，产品的基差风险、优先级结构、评级、期限和轧差误差都须予以合理计量。

3. 返回检验的要求。商业银行应比较每日的损益数据与内部模型产生的风险价值数据，进行返回检验，依据最近1年内突破次数确定市场风险资本计算的附加因子，并按季度将返回检验结果及附加因子调整情况报告银保监会。

符合以下情况的，商业银行可向银保监会申请不根据实际突破次数调整附加因子：

（1）商业银行如能合理说明其使用的模型基本稳健，以及突破事件只属暂时性质，则银保监会可以决定不将该突破事件计入突破次数。

（2）当金融市场发生实质性的制度转变时，市场数据的波动与相关系数的重大变化可能引发短时间内的大量突破事件。在这种情况下，银保监会可要求商业银行尽快把制度转变的因素纳入其内部模型，这一过程中可暂不调高附加因子。

按照过去250个交易日的返回检验突破次数，其结果可分为绿区、黄区和红区三个区域。

绿区：包括0~4次突破事件。绿区代表返回检验结果并未显示商业银行的内部模型存在问题。

黄区：包括5~9次突破事件。黄区代表返回检验结果显示商业银行的内部模型可能存在问题，但有关结论尚不确定，因此，模型准确或不准确均有可能。通常情况下，随着出现突破事件次数由5次增加至9次，模型不准确的可能性会逐步增大。

红区：包括10次或以上突破事件。红区代表返回检验结果显示商业银行的内部模型存在问题的可能性极大。

市场风险返回检验突破次数、分区及资本附加因子的对应关系见表3－17。

表3－17　　突破次数与附加因子的关系

分区	过去250个交易日的返回检验突破次数	资本附加因子
绿区	少于5次	0.00
黄区	5次	0.40
	6次	0.50
	7次	0.65
	8次	0.75
	9次	0.85
红区	10次或以上	1.00

第四节 市场风险管理实例

一、中信泰富巨亏案例简析①

或许当大洋彼岸的贝尔斯登、雷曼兄弟等五大投行接踵倒下时，国内券商依然可以置身事外。然而，当中信泰富因衍生品交易巨亏一夜之间轰然倒下时，我们不经意地发现自己已悄然处于金融海啸的旋涡之中。

（一）中信泰富豪赌澳元

2008 年 10 月 20 日，中信泰富公告称“为对冲澳元升值风险，锁定公司在澳大利亚铁矿项目上的开支成本，与香港的银行签订了 4 份杠杆式外汇买卖合约，其中 3 份涉及澳元，最大交易金额为 94.4 亿澳元。因澳元大幅贬值而跌破锁定汇价，已致使其亏损 155 亿港元”。这一损失再次刷新了外汇衍生品市场最大亏损金额，消息一出，中信泰富股价当日暴跌 55%。中信泰富签订的 4 份杠杆式外汇买卖合约中，最主要的是每月结算澳元合约，锁定澳元汇率水平为 1 澳元兑换 0.87 美元，合约金额为 90.5 亿澳元。该合约同时规定了上限敲出条款，对于中信泰富而言，最大可能盈利为 5 150 万美元。而以 2008 年 10 月 22 日 1 澳元兑换约 0.67 美元计算，中信泰富已亏损 18.1 亿美元。

（二）中信泰富事件成因分析

1. 祸起金融创新。中信泰富在澳大利亚投资的铁矿项目实际只需 16 亿澳元，但签下的澳元结构性产品合约金额高达 94.4 亿澳元，远远超出了需要套保的金额。同时，这些衍生品合约收益属于“小盈利，大损失”，合约条款比较复杂，市场定价需要极高的专业计算能力和经验判断。如果真是套期保值的话，只要买最简单的期货产品就可以了，根本无须签订如此复杂的合约。

2. 迷失自身定位。中信泰富作为老牌的实业集团，2007 年的盈利为 108.43 亿港元，净资产规模为 647 亿港元，业务主要集中在特种钢铁、物业和航空三个方面。签下高达 94.4 亿澳元（约 530 亿港元）的衍生品合约显然背离了自身的主业，在资本市场的诱惑下迷失了自身的定位。

3. 轻视决策风险。中信泰富以 647 亿港元的净资产，签下了高达 94.4 亿澳元（约 530 亿港元）的衍生品合约，经营层解释说不知情，属于财务主管的个人行为。无论事实是否如此，中信泰富的这一决策都存在重大风险隐患，缺乏严格的风险评估。重大决策前没有进行压力测试，以考虑极端情况下对公司净资产以及持续经营能力的影响，并据此作为评估公司业务风险承受能力和是否承做业务的重要依据。如果中信泰富进行了压力测试（澳元对美元跌至 1:0.5），就会发现这一笔交易足以让其净资产损失 260 亿港元，有了这样的测算准备，相信中信泰富在合约签订时会更加审慎。

① 资料来源：中国金融风险经理网站。

4. 内控机制缺失。中信泰富主席荣智健表示，公司在 2008 年 9 月 7 日察觉到外汇合约的潜在风险，而以当时 1 澳元兑换 0.80 美元的汇率，合约亏损额约为 6.6 亿美元。如果中信泰富当时能认识到自身的投机行为（而非套保），有能力对潜在的风险进行定价，并在澳元跌至结算价附近时果断采取止损措施与银行终止合约，相应损失额会远小于后来的约 19 亿美元。但中信泰富不具备对复杂金融创新产品——结构性产品的风险定价能力，正是由于缺乏风险定价能力和内部风险评估及控制机制，中信泰富错失了最后的自保机会，造成难以承受的巨额亏损。

5. 信息披露混乱。中信泰富案例中信息披露的真实性也成为公众质疑的焦点。中信泰富主席荣智健称其在 2008 年 9 月 7 日已察觉外汇合约带来的潜在风险，但公司在 2008 年 9 月 9 日仍发布了“财务或交易状况概无出现任何重大不利变动”的通函。

二、冰岛的“国家破产”①

（一）案情

冰岛，一个美丽富饶的北欧温泉岛国，被联合国选为全球最适宜居住的国家。由于受到 2008 年国际金融危机的影响，一度面临“国家破产”的危险。

2005 年，冰岛人均国内生产总值达到 54 975 美元，位居世界第三。除了人均国内生产总值高之外，冰岛还曾是世界上第二长寿的国家，人类发展指数排世界第一，被誉为“世上最幸福国家”。而如今，冰岛市值排名前 3 位的银行已全部被政府接管，数据显示，这 3 家银行的债务总额为 610 亿美元，大约相当于冰岛 GDP 的 12 倍。冰岛货币克朗 2008 年以来贬值已超过一半，冰岛政府向国际货币基金组织（IMF）、俄罗斯等申请援助，以应对金融危机。很多冰岛人甚至产生了移民的想法。

（二）原因

1. 直接原因：此次席卷全球的危机。金融危机在某种程度上是一个偿债能力的危机，冰岛的资本不足够偿还这种债务。一开始是流动性危机，中央银行帮助解决流动性问题，但中央银行的责任没有得到很好地履行。冰岛这样一个小国家有自己的货币，流动性问题是致命性的。

2. 根本原因：政府没有进行有效的金融监管，反而鼓励银行的投机行为。冰岛和欧洲的其他国家一样，对自己的金融体系进行了私有化，放松了管制。私有化之后带来了投资的繁荣、资产价格的上升，以及资产价值的泡沫。国际上的贷款人愿意把资金无限制地贷到冰岛，大量资金进入房市和股市，导致房价和股票市场价格上升。银行体系在房市和股市进行投机，使其从一个简单的存款机构变成了一个全球的国际金融的中介机构，银行体系没有得到很好的监管，银行监管机构也就是中央银行，没有能力完全地了解银行所面临的风险。雷曼兄弟破产之后，银行无法得到保险保障，没有任何生存的机会，致使投资者的信心消失了。

① 资料来源：新浪新闻中心网站。

（三）启示

1. 发展金融业必须有坚实的实体经济做后盾。冰岛政府把筹码过多地押在虚拟经济上，使风险被扩大到无法控制的地步。简言之，冰岛选择的经济发展模式，就是利用高利率和低管制的开放金融环境吸引海外资本，然后投入高收益的金融项目，进而在全球资本流动增值链中获利。这种依托国际信贷市场的杠杆式发展，收益高但风险也大。全球化带来了全球资本的流动，一个国家可以搏杀于全球资本市场，参与金融利益的分成，并攀上全球金融生态链的高端，但前提是有足够强大的实体经济做支撑。从经济规模上看，冰岛似乎并不具备这种实力，不止如此，冰岛还把发展经济的筹码过多地押在了虚拟经济上，忽视了实体经济的发展。

2. 国家不能放松对金融行业的监管。冰岛之所以出现危机，是因为金融业扩充过度，银行和大商家纷纷涉足高风险投资。但政府对此不仅坐视不理，反而鼓励它们大举放贷，国民又常年习惯靠借贷消费，由泡沫形成的经济繁荣毕竟是脆弱的。对于这种严重失衡的状况，冰岛政府和中央银行视若无睹，政府反而鼓励银行发放更多贷款和承担更高的风险。而金融评级机构早在两年前便对冰岛银行业的情况表示关注，但冰岛当局毫无动作，2008 年 8 月冰岛的银行监管者还宣称其银行体系稳固，可以抵御很大的金融冲击。言犹在耳，但冰岛最大的 3 家银行在不到一个半月后全都出了问题。

【练习题】

一、重要名词

市场风险　利率风险　重新定价风险　收益率曲线风险　基准风险　期权性风险　汇率风险　外汇交易风险　外汇结构性风险　股票价格风险　商品价格风险　缺口分析　外汇敞口分析　风险价值　监测报告

二、单项选择

1. 期货交易者可以通过在期货市场上进行（　　）交易来达到降低价格波动风险的目的。

A. 套期保值　　B. 投资组合　　C. 投机　　D. 无风险套利

2. 有关市场风险，下面说法错误的是（　　）。

A. 商品价格的不利变动所带来的风险属于市场风险

B. 市场风险既可能存在于银行的表内业务，也可能存在于表外业务

C. 银行的非交易业务不会发生市场风险

D. 市场风险通常可以分为利率风险、汇率风险、股票价格风险和商品价格风险

3. （　　）方法就是在假定市场因子的变化服从多元正态分布的情形下，利用正态分布的统计特征简化计算 VaR 的一种方法。

A. 历史模拟法　　B. 方差—协方差法　　C. 标准法　　D. 蒙特卡罗法

4. A 银行用 2 年期美元存款作为 2 年期欧元贷款的融资来源，存款按照伦敦同业拆借市场利率每年定价一次，而贷款按照美国国库券利率每年定价一次；该笔欧元贷款为

可提前偿还的贷款。A 银行所面临的市场风险不包括（　　）。

A. 汇率风险　　B. 基准风险　　C. 期权性风险　　D. 重新定价风险

5. 假如一家银行的外汇敞口头寸如下：日元多头150，欧元多头200，英镑多头250，法郎空头120，美元空头280。用累计总敞口头寸法计算的外汇总敞口头寸为(　　)。

A. 200　　B. 400　　C. 600　　D. 1 000

6. 通常金融工具的到期日或距下一次重新定价日的时间越长，并且在到期日之前支付的金额越小，则久期的绝对值越（　　）。

A. 不变　　B. 长　　C. 短　　D. 无法判断

7. 关于久期缺口，以下的叙述中正确的是（　　）。

A. 久期缺口的数值越小，银行对利率的变化就越不敏感

B. 当久期缺口为正值时，如果市场利率上升，则银行最终的市场价值将增加

C. 当久期缺口为负值时，如果市场利率下降，则银行最终的市场价值将减少

D. 久期缺口是负债加权平均久期与资产加权平均久期和资产负债率乘积的差额

8. 风险价值是指在一定的持有期和给定的（　　）下，利率、汇率等市场风险要素发生变化时可能对某项资金头寸、资产组合或机构造成的潜在最大损失。

A. 损失概率　　B. 敏感水平　　C. 统计分布　　D. 置信水平

9. 在正常的市场条件下，市场风险报告通常（　　）向高级管理层报告一次。

A. 每天　　B. 每周　　C. 每月　　D. 每季度

10. 假设中国某商业银行 A 将在 3 个月后向泰国商业银行 B 支付 3 500 万泰铢的外汇，当前外汇市场美元对泰铢的汇率为 1 美元 =35 泰铢。A 银行预期泰铢对美元的汇率将上升，因此 A 银行选择在新加坡外汇交易市场支付 5 万美元购买总额为 3 500 万泰铢的买入期权，其执行价格为 1 美元 =35 泰铢。如果 3 个月后泰铢不升反降，即期汇率变为 1 美元 =56 泰铢，则 A 银行的净收益或净损失为（　　）。

A. 净收益 5 万美元　　B. 净损失 5 万美元

C. 净收益 32. 5 万美元　　D. 净收益 37. 5 万美元

11. 以下关于 VaR 值计量方法的论述，不正确的是（　　）。

A. 方差—协方差法不能预测突发事件的风险

B. 方差—协方差法易低估实际的风险值

C. 历史模拟法可度量非线性金融工具的风险

D. 蒙特卡罗法不需依赖历史数据

12. 假定某商业银行资产组合的收益为 100 万元，所对应的税率为 25%，资本预期收益率为 10%，为了覆盖该资产组合可能产生的损失，商业银行为该资产组合配置的经济资本为 20 万元，则该资产组合的经济增加值为（　　）万元。

A. 55　　B. 73　　C. 75　　D. 100

13. 在商业银行风险管理中，黄金价格的波动一般被纳入（　　）进行管理。

A. 利率风险　　B. 商品价格风险　　C. 汇率风险　　D. 操作风险

14. 在持有期为 2 天、置信水平为 98% 的情况下，若所计算的风险价值为 2 万元，

则表明该银行的资产组合（　　）。

A. 在 2 天中的收益有 98% 的可能性不会超过 2 万元

B. 在 2 天中的收益有 98% 的可能性会超过 2 万元

C. 在 2 天中的损失有 98% 的可能性不会超过 2 万元

D. 在 2 天中的损失有 98% 的可能性会超过 2 万元

15. 下列关于计算 VaR 的方差—协方差法的说法，不正确的是（　　）。

A. 不能预测突发事件的风险

B. 成立的假设条件是未来和过去存在分布的一致性

C. 反映了风险因子对整个组合的一阶线性影响

D. 充分度量了非线性金融工具的风险

16.（　　）也称期限错配风险，是最主要和最常见的利率风险形式。

A. 重新定价风险　　B. 收益率曲线风险

C. 基准风险　　D. 期权性风险

17. 商品价格风险是指商业银行所持有的各类商品的价格发生不利变动而给商业银行带来损失的风险。这里的商品不包括（　　）。

A. 大豆　　B. 石油　　C. 铜　　D. 黄金

18. 在计算单一币种敞口头寸时，所包含的项目不包括（　　）。

A. 即期净敞口头寸　　B. 远期净敞口头寸

C. 期权敞口头寸　　D. 总敞口头寸

19. 下列关于远期利率合约的说法，不正确的是（　　）。

A. 远期利率可由即期利率曲线推断

B. 远期利率合约是一项表内资产业务

C. 债务人通过购买远期利率合约，锁定了未来的债务成本，规避了利率可能上升带来的风险

D. 债权人通过卖出远期利率合约，保证了未来的投资收益，规避了利率可能下降带来的风险

20. 利率互换是两个交易对手相互交换的一组资金流量，（　　）。

A. 涉及本金的交换和利息支付方式的交换

B. 涉及本金的交换，不涉及利息支付方式的交换

C. 不涉及本金的交换，涉及利息支付方式的交换

D. 不涉及本金的交换，也不涉及利息支付方式的交换

21.（　　）是指金融资产根据历史成本所反映的账面价值。

A. 名义价值　　B. 市场价值　　C. 公允价值　　D. 市值重估价值

22. 在市场风险管理过程中，由于利率、汇率等市场价格因素的频繁波动，（　　）一般不具有实质性意义。

A. 名义价值　　B. 市场价值　　C. 公允价值　　D. 市值重估价值

23. 下列关于即期净敞口头寸的说法，不正确的是（　　）。

A. 指计入资产负债表内的业务所形成的敞口头寸

B. 等于表内的即期负债减去即期资产

C. 不包括变化较小的结构性资产或负债

D. 不包括未到交割日的现货合约

24. 影响金融工具久期的因素不包括（　　）。

A. 金融工具的到期日　　B. 距下一次重新定价日的时间长短

C. 到期日之前支付金额的大小　　D. 金融工具的发行日期

25. 下列有关利率风险的说法，正确的是（　　）。

A. 若银行以短期存款作为长期固定利率贷款的融资来源，当利率下降时，银行的未来收益将减少

B. 存款人根据利率变动重新安排存款，借款人根据利率变动重新安排贷款，银行收益不受影响

C. 银行利用 5 年期政府债券的空头头寸为 10 年期政府债券的多头头寸进行保值，就不会存在收益率曲线风险

D. 当利率敏感性负债与利率敏感性资产的重新定价期限完全相同时，银行同样可能面临基准风险

26. 下列情形中，重新定价风险最大的是（　　）。

A. 以短期存款作为短期流动资金贷款的融资来源

B. 以短期存款作为长期固定利率贷款的融资来源

C. 以短期存款作为长期浮动利率贷款的融资来源

D. 以长期固定利率存款作为长期固定利率贷款的融资来源

27. 如果银行以短期存款作为长期固定利率贷款的融资来源，当利率上升时，贷款的利息收入是固定的，但存款的利息支出会随着利率的上升而增加，从而使银行的未来收益减少和经济价值降低，这是银行面临的（　　）风险。

A. 重新定价　　B. 收益率曲线　　C. 基准　　D. 期权性

28. 利用 5 年期政府债券的空头头寸为 10 年期政府债券的多头头寸进行保值，当收益率曲线变陡时，虽然上述安排已经对收益率曲线的平行移动进行了对冲，但是该 10 年期政府债券多头头寸的经济价值还是会下降，这是银行面临的（　　）风险。

A. 重新定价　　B. 收益率曲线　　C. 基准　　D. 期权性

29. 如债券或存款的提前兑付、贷款的提前偿还等选择性条款，这是银行面临的（　　）风险。

A. 重新定价　　B. 收益率曲线　　C. 基准　　D. 期权性

30. 交易的一方同意以固定利率支付给交易对手利息，反过来，交易对手同意以某一特定利率基准（如 Libor）的浮动利率支付给对方利息，是（　　）交易。

A. 利率互换　　B. 货币互换　　C. 即期　　D. 远期

31. 关于缺口分析，以下说法不正确的是（　　）。

A. 是衡量利率变动对银行当期收益影响的一种方法

B. 不考虑表外业务

C. 当某一时段内的资产大于负债时，就产生了正缺口

D. 可以得出利率变动对净利息收入变动的大致影响

32. 当某一时段内的负债大于资产就产生了（　　）。

A. 负缺口　　B. 正缺口　　C. 零缺口　　D. 资产敏感型缺口

33. 银行资产为 1 000 万美元，在持有期为 1 天、置信水平为 99% 的情况下，若所计算的风险价值为 1 万美元，则表明（　　）。

A. 该银行的资产组合在 1 天中的损失有 99% 的可能性不会超过 1 万美元

B. 该银行的资产组合在 1 天中的损失有 1% 的可能性不会超过 1 万美元

C. 该银行的资产组合在 1 天中的损失有 99% 的可能性会超过 1 万美元

D. 该银行的资产组合在 1 天中的损失有 1% 的可能性不会超过 1 000 万美元

34. 巴塞尔委员会对市场风险内部模型提出了要求，以下说法正确的是（　　）。

A. 置信水平采用 95% 的单尾置信区间

B. 持有期为 1 个营业日

C. 市场风险要素价格的历史观测期至少为 1 年

D. 至少每 6 个月更新一次数据

35. 计算 VaR 值的基本方法中哪种方法会出现肥尾现象（　　）。

A. 压力测试　　B. 方差—协方差法　　C. 历史模拟法　　D. 蒙特卡罗法

36. 计算 VaR 值的基本方法中哪种方法计算量很大（　　）。

A. 压力测试　　B. 方差—协方差法　　C. 历史模拟法　　D. 蒙特卡罗法

37. （　　）分析计算简单且便于理解，在市场风险分析中得到了广泛应用。

A. 敏感性　　B. 情景　　C. 压力测试　　D. VaR 值

38. （　　）在市场风险分析过程中，要注意考虑各种头寸的相关关系和相互作用。

A. 敏感性　　B. 情景　　C. 压力测试　　D. VaR 值

39. （　　）估算突发的小概率事件等极端不利的情况可能对其造成的潜在损失。

A. 敏感性　　B. 情景　　C. 压力测试　　D. VaR 值

40. （　　）是将市场风险计量方法或模型的估算结果与实际发生的损益进行比较，以检验计量方法或模型的准确性、可靠性，并据此对计量方法或模型进行调整和改进的一种方法。

A. 敏感性　　B. 情景　　C. 压力测试　　D. 事后检验

41. 计量市场风险监管资本的公式为（　　）。

A. 附加因子 × VaR　　B. 最低乘数因子 3 × VaR

C. （附加因子 + 最低乘数因子 3）× VaR　　D. （附加因子 + 最低乘数因子 3）

42. 下列关于公允价值的说法，不正确的是（　　）。

A. 公允价值是交易双方在公平交易中可接受的资产或债权价值

B. 公允价值的计量可以直接使用可获得的市场价格

C. 若企业数据与市场预期相冲突，则不应该用于计量公允价值

D. 若没有证据表明资产交易市场存在时，公允价值不存在

43. 下列关于市值重估的说法，不正确的是（　　）。

A. 商业银行应当对交易账户头寸按市值每日至少重估一次价值

B. 商业银行应尽可能地按照模型确定的价值计值

C. 按模型计值是指以某一个市场变量作为计值基础，推算出或计算出交易头寸的价值

D. 商业银行进行市值重估时可以采用盯市和盯模的方法

三、多项选择

1. 下列关于久期缺口的理解，正确的有（　　）。

A. 当久期缺口为正值时，如果市场利率下降，银行净值将增加

B. 当久期缺口为负值时，如果市场利率下降，银行净值将减少

C. 当久期缺口为零时，银行净值不受利率风险的影响

D. 久期缺口的绝对值越小，银行对利率的变化越敏感

E. 久期缺口的绝对值越小，银行的利率风险暴露量越大

2. 市场风险是我国商业银行所要面临的主要风险之一，它包括（　　）。

A. 利率风险　　B. 汇率风险　　C. 信用风险　　D. 商品价格风险

E. 流动性风险

3. 以下关于缺口分析的陈述正确的是（　　）。

A. 当某一时段内的负债大于资产时，就产生了负缺口，即负债敏感型缺口

B. 当某一时段内的负债大于资产时，就产生了负缺口，即资产敏感型缺口

C. 当某一时段内的资产大于负债时，就产生了正缺口，即资产敏感型缺口

D. 当某一时段内的资产大于负债时，就产生了正缺口，即负债敏感型缺口

E. 当某一时段内的负债大于资产时，就产生了正缺口，即负债敏感型缺口

4. 利率风险是指由于利率的不利变动而使银行的表内和表外业务发生损失的风险，按照风险来源的不同，它可以分为（　　）。

A. 重新定价风险　　B. 收益率曲线风险

C. 基准风险　　D. 股票价格风险

E. 流动性风险

5. 市场风险计量是市场风险管理中的核心内容，与其有关的以下说法，正确的是（　　）。

A. 久期分析是衡量利率变动对银行经济价值影响的一种方法

B. 缺口分析是衡量利率变动对银行经济价值影响的一种方法

C. 久期分析是衡量利率变动对银行当期收益影响的一种方法

D. 敏感性分析是指在保持其他条件不变的前提下，研究单个市场风险要素的变化可能会对金融工具或资产组合的收益或经济价值产生的影响

E. 缺口分析是衡量利率变动对银行当期收益影响的一种方法

6. 商品价格风险的商品包括（　　）。

A. 可以在二级市场上交易的某些实物产品
B. 矿产品
C. 贵金属
D. 黄金

7. 交易账户中的项目通常按（　　）计价。
A. 市场价格　　B. 模型　　C. 历史成本　　D. 交易成本

8. 我国商业银行交易账户的内容包括（　　）。
A. 商业银行从事自营而短期持有并旨在日后出售的头寸
B. 为执行客户买卖委托及做市而持有的头寸
C. 为规避交易账户其他项目的风险而持有的头寸
D. 计划从买卖的实际或预期价差、其他价格及利率变动中获利的金融工具头寸

9. 商业银行在进行市值重估时通常采用以下方法中的（　　）。
A. 盯市　　B. 按照市场价格计值
C. 盯模　　D. 按照模型计值

10. VaR 的计算涉及选取的因素有（　　）。
A. 置信水平　　B. 持有金额　　C. 风险水平　　D. 持有期

11. 计算 VaR 值的基本方法有（　　）。
A. 压力测试　　B. 方差—协方差法　　C. 历史模拟法　　D. 蒙特卡罗法

12. 计算 VaR 值的基本方法中，哪种方法考虑了“肥尾”现象（　　）。
A. 压力测试　　B. 方差—协方差法　　C. 历史模拟法　　D. 蒙特卡罗法

13. （　　）考虑了“肥尾”现象，能度量非线性金融工具的风险。
A. 压力测试　　B. 方差—协方差法　　C. 历史模拟法　　D. 蒙特卡罗法

14. （　　）采用的都是利率敏感性分析方法。
A. 缺口分析　　B. 久期分析　　C. 压力测试　　D. 情景分析

15. 市场风险压力测试的内容包括（　　）。
A. 利率、汇率、股票价格等市场风险要素发生变动
B. 国内生产总值下降
C. 发生意外的政治事件
D. 发生意外的经济事件

四、判断题

1. 由于利率、汇率等市场价格因素的频繁变动，实际价值不具有实质性意义。（　　）

2. 商业银行交易账户的项目通常按历史成本定价。（　　）

3. 大多数市场风险内部模型不仅能计量交易业务中的市场风险，而且能计量非交易业务中的市场风险。（　　）

4. 商品价格风险定义中的商品包括农产品、矿产品（包括石油）和贵金属（包括黄金）。（　　）

5. 如果某机构美元的敞口头寸为正值，则说明该机构在美元上处于空头。（ ）

6. 由于黄金是一种贵金属，因此黄金价格波动带来的市场风险属于商品风险。（ ）

7. 巴塞尔委员会采用的计算银行总敞口头寸的短边法要求将空头总额与多头总额中较小的一个视为银行的总敞口头寸。（ ）

8. 一般来讲，风险价值随置信水平和持有期的增大而增加。（ ）

9. 交易账户记录的是银行为了交易或规避交易账户其他项目的风险而持有的可以自由交易的金融工具和商品头寸。（ ）

10. 交易账户的项目通常按历史成本计价。（ ）

11. 在评估基准日，自愿的买卖双方在知情、谨慎、非强迫的情况下通过公平交易资产所获得的资产的预期价值是市场价值。（ ）

12. 历史价值为交易双方在公平交易中可接受的资产或债权价值。（ ）

13. 与市场价值相比，公允价值的定义更广、更概括，在大多数情况下，市场价值可以代表公允价值。（ ）

14. 商业银行应当对交易账户头寸按市值每日至少重估一次价值。（ ）

15. 当久期缺口为正值时，如果市场利率下降，则资产与负债的价值都会减少。（ ）

16. 当久期缺口为正值时，如果市场利率下降，资产价值增加的幅度比负债价值增加的幅度小。（ ）

17. 久期缺口的绝对值越大，银行对利率的变化就越敏感，银行的利率风险暴露量也就越大，因而，银行最终面临的利率风险也越高。（ ）

18. 正向收益率曲线意味着在某一时点上，投资期限越长，收益率越高。（ ）

19. 现代金融领域中的投资组合选择理论及其应用基本上都是在马科维茨的投资组合理论的框架下展开的，区别之处仅是收益和风险的描述方法不同而已。（ ）

20. 风险价值是指在一定的持有期和给定的置信水平下，利率、汇率等市场风险要素变化时可能对某项资金头寸、资产组合或机构造成的潜在的最大损失。（ ）

五、问答题

1. 市场风险的主要特征有哪些？
2. 如何识别利率风险、汇率风险、股票风险和商品价格风险等主要的市场风险？
3. 简述银行股权价值、利率和久期缺口之间的关系。
4. 市场风险管理的方法以及相关的管理政策和控制流程是什么？

第四章

信用风险管理（上）

【章前引例】

信息化时代，商业银行广泛采用线上化、自动化风控方式作为信用风险管理的主要模式，而大数据、人工智能等技术的深入应用，更是为信用风险管理提供了有力抓手。

商业银行业务线上化程度日益加深。根据中国互联网信息中心发布的《中国互联网发展状况统计报告》，中国网民规模从2013年末的6.18亿增长到2020年末的9.89亿，互联网普及率相应地从45.8%增长到70.4%。日常购物、生活服务、金融交易等领域的脱媒现象愈加普遍，银行业务线上化更是加速发展。根据中国银行业协会的相关统计，2020年行业平均电子渠道分流率为90.88%。客户来银行办理业务的频率越来越低，以行为接触为基础进行客户意愿和客户信誉预判等传统风险研判方式对个人客户、小微企业客户、供应链客户已基本无法适用。

商业银行数据应用价值越来越大。金融业是数据价值密集型行业，越来越多的数据在大量业务场景中广泛应用并创造价值。一方面，社会群体和个人在生产生活等方面的数字化程度在加深，数据总量呈爆发式增长，数据可信度不断提高，例如，银行在具体的服务场景触达客户后，可以迅速掌握并实时分析客户交易、行为和地址等数据，构建维度丰富的客户画像，提升客户分析判断能力。另一方面，数字技术和应用水平不断提高，算力大幅提升，算法持续演进，建模技术日益成熟，且数据存储和运维成本稳步下降，有力地推动了大数据风控的发展。

作为经营风险的机构，商业银行为实现持续发展，必须不断强化风控，提升认知客户能力与风险控制能力。在数字经济时代，一方面，商业银行面临全新的经济形势；另一方面，随着数字化影响的加深，数字风控技术得到快速发展与应用，商业银行可以提升自身基于数字技术的风险防控效能。而且，市场竞争使客户更加重视体验。互联网巨头、金融科技公司等将与客户的交流体验放在首位，整体提高了客户对体验的要求。因此，银行在产品设计与风险管理过程中，要更加重视客户体验的及时性与交互性，将信用风险管理有机嵌入产品创设和业务流程重要环节，实现全流程、无感化的风控。例如许多银行推出的秒贷产品，通过实现风控的即时分析、即时判断、即时授信与即时送达，全面提升客户体验。

资料来源：和讯财经。

【本章学习目标】

1. 掌握不同行业、不同客户（单一法人客户、集团法人客户、个人客户）及贷款组合的信用风险识别。
2. 掌握客户信用评级、债项评级、国家风险主权评级的方法。
3. 掌握《巴塞尔协议Ⅲ》的标准法和内部评级法。
4. 掌握信用风险监测的方法。
5. 掌握信用风险控制的具体方法。
6. 了解资产证券化与信用衍生产品的基本原理。

信用风险是指债务人或交易对手未能履行合同所规定的义务或信用质量发生变化，影响金融产品价值，从而给债权人或金融产品持有人造成经济损失的风险。就我国商业银行的发展现状而言，信用风险仍然是商业银行所面临的最大、最主要的风险种类。

第一节　信用风险识别

一、行业风险识别

（一）石油化工行业风险识别

1. 石油产业链分析。如图 4－1 所示。

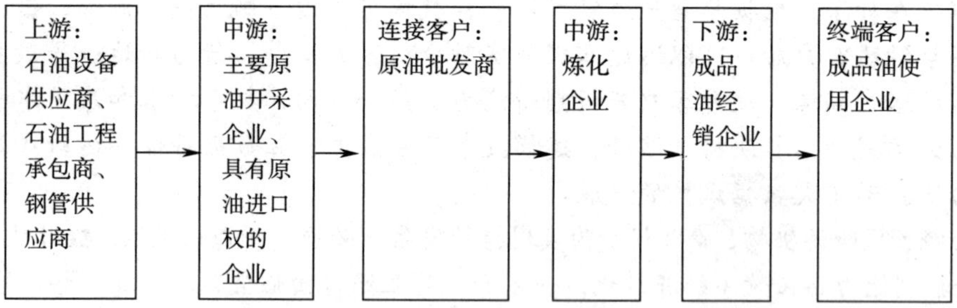

图 4－1　石油产业链

2. 实例：某燃料物资经营有限公司融资。

（1）企业基本情况：某燃料物资经营有限公司是一家民营企业，注册资本为 500 万元人民币，资产总额为 1.4 亿元，全年销售收入为 6.3 亿元。经营范围主要是购销、代销、经营海洋石油、燃料油等。

（2）经营模式：上游客户中国海洋石油总公司是我国三大石油集团之一，负责海洋石油的开发利用，产品质量稳定，履约能力较强。

（3）下游客户介绍：大新石化股份有限公司是世界500强在华投资企业，是特大石化经营企业。公司总资产达38.06亿元，年均实现销售收入25亿元。

（4）融资分析：该公司融资的主要原因是资金不足。该公司经营风险很小，整体利润不低。该公司原油销售业务的所有风险及费用全部转移给了大新石化股份有限公司，由于中国海洋石油总公司下属的某公司较为强势，该公司一般先开银行承兑汇票，买方付息代理贴现后将全款汇入中国海洋石油总公司下属某公司账户。该公司应收账款、应付账款周转很快，另外该公司对原油不进行仓储保管，采购后直接销售给锦州石化，因此公司没有库存，存货周转很快，该公司的经营特点决定了其有较强的营运能力。具体融资流程见图4－2。

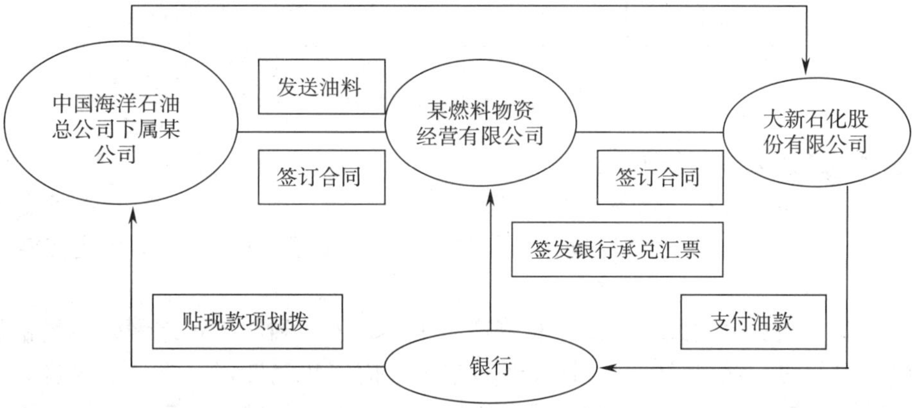

图4－2 石油贸易商融资流程

（二）房地产行业风险识别

1. 房地产产业链分析。如图4－3所示。

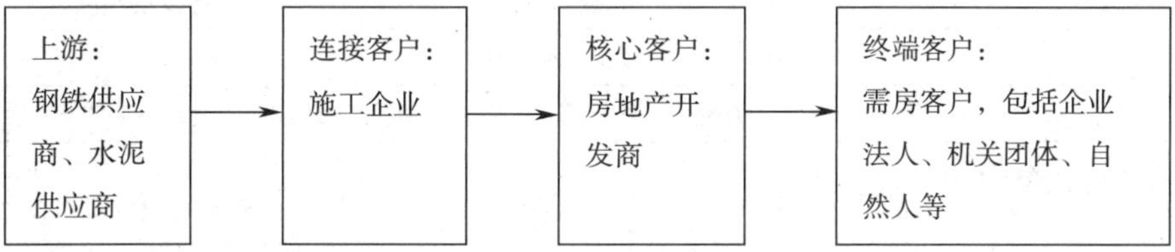

图4－3 房地产产业链

2. 实例：法人商用房按揭贷款。

（1）企业基本情况：公司注册资本为2 000万元，年销售收入为1.26亿元，主营业务利润为3 264万元，净利润为1 322万元，属中型规模企业。该公司有几十年历史，被业界认可。公司一直租房办公，租房费用较大。企业竞争力非常突出。

（2）融资分析：该企业自置办公用房可省去租金，并获得房产升值利润。购买项目地理位置优越，开发商提供阶段性担保。该公司资产负债比率低于行业水平，经营活动产生的现金流入与企业销售收入状况相匹配。该地区房地产价格一直处于上升趋势，该房产贬值的可能性很小。具体授信方案是银行为其提供贷款 1 200 万元，期限为 3 年，执行基准利率。银行的风险控制措施是：①要求借款人以公司法人名义投房屋财产综合险，保险第一受益人为银行；②要求开发商做阶段性担保，并交纳 5% 的保证金；③分户产权落实后，做抵押登记；④做强制执行公证。

（三）汽车行业风险识别

1. 汽车行业产业链分析。如图 4－4 所示。

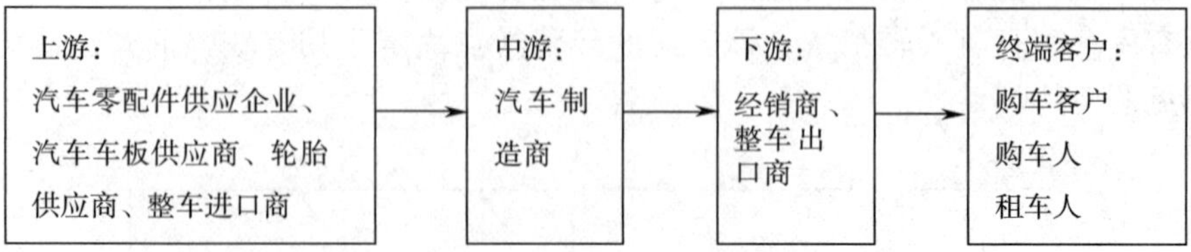

图 4－4　汽车行业产业链

2. 实例：兰州某客车公司融资。

（1）企业基本情况：兰州某客车公司注册资本为 4.8 亿元，总资产为 45 亿元，年销售额超 52 亿元。近年来公司保持快速发展势头，是国家和交通运输部定点骨干生产企业之一。

（2）融资分析：公司经营稳定，总资产、销售收入、利润逐年递增，市场销售份额一直稳居国内前列。管理层稳定、管理经验丰富，信用状况良好，财务情况良好。该公司的销售模式是走经销商方式，约占销售的 60%，需要银行向经销商提供银行承兑汇票支持；部分大型客户的直供约占销售的 40%，需要银行提供长期分期按揭贷款支持。具体授信方案见表 4－1。

表 4－1　兰州某客车公司授信方案

额度类型	公开授信额度		授信方式	综合授信额度		
授信额度（万元）	10 000		授信期限（月）	12		
授信品种	币种	金额（万元）	保证金比例	期限（月）	利/费率	是否循环
经销商银行承兑汇票回购担保额度	人民币	7 000	0.00	12	按照总行规定执行	是
买方法人按揭贷款回购担保额度	人民币	3 000	0.00	12	按照总行规定执行	是
贷款性质	新增	本次授信敞口（万元）	10 000	授信总敞口（万元）	10 000	
担保方式及内容	经销商承担回购担保额度：该公司的经销商在银行开具的银行承兑汇票提供回购担保 买方法人按揭贷款回购担保额度：为该公司的终端买家提供分期贷款支持					

（四）家电行业风险识别

1. 行业认识。以空调为代表的白色家电经过多年市场竞争已经形成比较稳定的市场竞争格局，格力、海尔等行业领先企业已经进入良性发展阶段，具有较强的盈利能力；而以彩电为代表的黑色家电却由于核心技术受制于人，本土彩电企业市场份额呈现集体下降趋势，且利润空间进一步降低，很多企业处于微利甚至亏损状态，发展前景尚不明朗。

2. 实例：新生电器有限公司贷款。

（1）企业基本情况：公司注册资本为 12 亿元，年销售额超过 300 亿元，是本地规模较大的家电销售企业。公司一直是国内家电制造企业的主要销售渠道商。公司经营模式为连锁化经营，经营业务实行总部统一管理、统一订货、统一分销、统一形象，最大限度地降低经营成本。

（2）融资分析：该公司资产流动性较强、现金类资产比率较高，具有较好的短期变现能力及现金支付能力。公司主要资金使用是向各厂商支付货款，方式为银行承兑汇票。公司现金流较大，银行可通过合理使用银行承兑汇票来有效吸收客户的存款。公司持有一处近 20 万平方米的项目，可以以此作为抵押，银行提供授信支持。具体授信方案见表 4－2 和表 4－3。

表 4－2　新生电器有限公司授信方案

额度类型		公开授信额度		授信方式	综合授信额度
授信额度（万元）		3 500		期限（月）	12
授信品种	币种	金额（万元）	保证金比例	利/费率	是否循环
银行承兑汇票	人民币	3 500	0.00	12	是

表 4－3　新生电器有限公司循环票据宝融资方案

供应授信资源描述	授信工具	银行承兑汇票	期限	1 年	金额	3 500 万元
保证金比例	30%	敞口	2 450 万元	担保方式	房产抵押	
授信根据	循环票据宝					
授信方案	授信额度为人民币 3 500 万元，品种为银行承兑汇票，保证金比例为 30%，单笔银行承兑汇票期限为 4 个月，填满保证金敞口期限为 15 天					
承贷企业	新生电器有限公司					
银行收益	银行承兑汇票手续费：3 500 万元银行承兑汇票额度，4 个月内可以签发 8 次，赚取 14 万元手续费 存款收益：30% 的保证金，再加上销售回款存款，银行平均存款在 1.5 亿元左右					
融资合理性分析	新生电器有限公司现金周转天数约为 14 天，15 天填满敞口，符合该公司的经营特点。3 500万元银行承兑汇票额度，一年约可以满足该公司 7 亿元的销售额，相对上年增长 20% 左右，增长金额合理，融资需要符合商业规律					
风险描述	整个供应链融资方案风险控制建立在北京房产及新生电器有限公司强大的销售能力的基础上，公司实力较强，履约风险较小					
前提条件	授信额度为 3 500 万元，品种为银行承兑汇票，保证金比例为 30%，单笔银行承兑汇票期限为 4 个月，填满保证金敞口期限为 15 天					

二、客户风险识别

按照业务特点和风险特征的不同，商业银行的客户可以划分为法人客户与个人客户。法人客户根据其机构性质可以分为企业法人客户和机构法人客户，企业法人客户是指具有独立法人地位的工商实体企业；机构法人客户是指金融同业类客户，主要包括银行类同业、信托公司、保险公司、证券公司、基金公司等。

企业法人客户根据其组织形式不同可划分为单一法人客户和集团法人客户。

（一）单一法人客户信用风险识别

1. 单一法人客户的基本信息分析。商业银行在对单一法人客户进行信用风险识别和分析时，必须对客户的基本情况和其与商业银行业务相关的信息进行全面了解，以判断客户的类型（是企业法人客户还是机构法人客户）、基本经营情况（业务范围、盈利情况）、信用状况（有无违约记录）等。

【案例4－1】

A电器总厂贷款风险分类报告案例

一、客户基本情况

A电器总厂成立于2000年9月，注册资金为450万元。主营汽车电热塞、起动机等汽车配件。该企业前身为镇办集体企业，因盲目、超实力投入，一度陷入财务困境，连年亏损。2000年转制后，逐步走出困境，财务状况趋于正常（见表4－4）。该厂现有某行贷款60万元，银行承兑汇票贴现408万元，无不良信用记录。

二、财务分析

（一）偿债能力分析

对企业2000—2002年的财务报表进行分析，该企业的流动比率从101%上升到133%，速动比率从68%迅速上升到100%，接近行业标准值，表明企业短期偿债能力不断增强；资产负债率从79.7%下降为77%，虽然总体负债仍较高，但负债状况正在逐步改善。另外，企业账面上的长期借款为向股东借款，目前正考虑将其转增注册资金，追加手续完成后，企业资产负债率将降为47%，利息保障倍数将上升到24倍，偿债能力显著增强。

（二）盈利能力分析

企业销售利润率从2000年的－0.5%上升到2002年的1%，净资产利润率从－1.9%上升到5.6%，盈利能力不断增强，且有进一步优化的趋势。

（三）营运能力分析

2000—2002年，企业销售收入快速增长，2002年销售收入达到4 247万元，是2000年的1.7倍，而应收账款几乎保持不变，应收账款周转率从2.9次上升到3.5次，存款周转率从3.7次上升到7次，反映了企业营运能力也在不断提高。

三、现金流量分析

通过对2000—2002年企业现金流量的测算，发现企业现金流量呈现一增一减态势，即经营活动现金净流量逐年增加，筹资活动现金净流量逐年减少。2000—2002年，经营活动现金净流量分别为－91万元、216万元、304万元，筹资活动现金净流量分别为108万元、－237万元、－192万元，反映了这几年企业有足够的现金流并在不断地偿还到期债务。由于当初投资时起步较高，这几年无较大的固定资产投入，致使投资活动现金净流量接近于零。

四、贷款担保分析

至2002年末企业有银行贷款60万元，银行承兑汇票贴现408万元，其中60万元贷款以厂房抵押，抵押厂房建筑面积为9 581平方米，土地使用权为16 111平方米，权证齐全，抵押手续合规合法，抵押厂房地段良好，足值易变现；408万元银行承兑汇票贴现有真实商品交易，已经查询票据属实。第二还款来源有保障。

五、非财务因素分析

1. 该企业属于汽车类行业，整个汽车行业处于快速成长期，给生产汽车配件的企业带来了良好的机遇。企业依托其良好的产品质量、适中的价格，受到国内汽车厂家的青睐。

2. 企业法人代表素质较高，管理能力不断提高，聘请了大批专业技术人员，逐步向现代企业制度靠拢。同时，该企业诚实守信，还款意愿良好，无逾期欠息记录，已与某行建立较为良好的银企关系。有关贷款资料齐全，无法律风险。

六、分类结果及理由

该企业60万元抵押贷款及408万元银行承兑汇票贴现被认定为正常贷款。其主要理由为：该企业经营正常，管理良好，利润逐年增加，发展趋势良好。企业经营性现金流量充足，第一还款来源充足，第二还款来源有保障。目前没有足够理由怀疑贷款本息不能按时足额偿还。

七、加强信贷管理的意见

在对该企业的信贷管理中，一是加强对企业经营状况特别是资金往来情况的监控；二是督促并帮助企业及时办理追加注册资金手续；三是密切关注汽车行业及配套产业市场行情，如发现影响贷款本息偿还的不利因素，应及时按程序调整贷款分类形态，按时收回贷款。

表4－4　借款人2000—2002年财务资料　单位：万元，%

项目	2000年	2001年	2002年
销售收入	2 501	2 792	4 247
利润总额	－12	7	39
净现金流量	16	－22	80
应付款	940	963	1 192

续表

项目	2000 年	2001 年	2002 年
短期借款	642	337	120
长期借款	759	941	929
总资产	3 113	2 965	3 068
总负债	2 480	2 326	2 365
流动资产	1 744	1 748	1 905
流动负债	1 721	1 385	1 436
净资产	633	639	702
资产负债率	79. 70	78. 40	77
流动比率	101	126	133
应收账款周转率	2. 9	2. 2	3. 5
存货周转率	3. 7	3. 8	7
净资产利润率	-1. 90	1	5. 60
销售利润率	-0. 50	0. 30	1
或有负债	0	0	0

资料来源：夏汗平. 财务报表分析识别与信贷风险防范［M］. 北京：中国社会出版社，2009.

通过以上案例我们可以看出，单一法人客户的信用风险分析主要包括财务分析、非财务因素分析等内容，以下我们将具体分析。

2. 单一法人客户的财务分析。财务分析是通过对企业的经营成果、财务状况以及现金流量情况的分析，达到评价企业经营管理者的管理业绩、经营效率，进而识别企业信用风险的目的。主要内容包括财务报表分析、财务比率分析以及现金流量分析。

（1）财务报表分析。

①识别和评价财务报表风险。主要关注财务报表的编制方法及其质量能否充分反映客户实际和潜在的风险。

②识别和评价经营管理状况。

③识别和评价资产管理状况。

④识别和评价负债管理状况。

（2）财务比率分析。财务比率主要分为四大类：

①盈利能力比率，用来衡量管理层将销售收入转换成实际利润的效率，体现管理层控制费用并获得投资收益的能力。

②效率比率，又称营运能力比率，体现管理层管理和控制资产的能力。虽然从表面上看，各项周转率越高，盈利能力和偿债能力就越好，但在实践中并非如此。

③杠杆比率，用来衡量企业所有者利用自有资金获得融资的能力，也用于判断企业的偿债资格和能力。利息保障倍数是常用的杠杆比率之一，它的缺陷是仅仅考虑利息因

素，更理想的保障倍数应当是将企业的经营活动现金流量与本息支付合计数进行比较。

④流动比率，用来判断企业归还短期债务的能力，即分析企业当前的现金偿付能力和应付突发事件与困境的能力。

通常，流动比率较高或呈增长趋势表明企业偿债能力较好或得到改善。但流动比率不能反映资产的构成和质量，尤其不能反映存货方面可能存在的问题。速动比率在分子中扣除了存货，能够更好地反映短期流动性。但速动比率也有其局限性，没有将应收账款收回的可能性或时间预期考虑进来。

（3）现金流量分析。现金流量表分为三个部分：经营活动的现金流、投资活动的现金流、融资活动的现金流。

现金流量分析通常首先分析经营活动的现金流，其次分析投资活动的现金流，最后分析融资活动的现金流（见表4－5）。在分析企业现金流量时，应当全面考虑所有与信用风险相关的信息，通过完整的现金流入和流出的总量分析、结构分析和趋势分析，揭示出借款人的财务健康状况，以判断还款来源和还款的可能性。针对不同类型的贷款，对企业现金流量的分析侧重点也是不同的。对于短期贷款，应当考虑正常经营活动的现金流量是否能够及时而且足额地偿还贷款；对于中长期贷款，应当主要分析未来的经营活动是否能够产生足够的现金流量以偿还贷款本息，但在贷款初期，应当考察借款人是否有足够的融资能力和投资能力来获得所需的现金流量以偿还贷款利息。此外，由于企业发展可能处于开发期、成长期、成熟期或衰退期，进行现金流量分析时需要考虑不同发展时期的现金流特征。

表4－5　企业现金流的分类

类别	定义	现金流入	现金流出
经营活动	指企业除投资活动和筹资活动以外的所有交易和事项	销售商品或提供劳务、经营性租赁等所收到的现金	购买货物、接受劳务、制造产品、广告宣传、推销产品、缴纳税款等所支付的现金
投资活动	指企业长期资产的购建和不包括在现金等价物范围内的投资及其处置活动	收回投资；分得股利、利润或取得债券利息收入；处置固定资产、无形资产和其他长期资产所收到的现金等	购建固定资产、无形资产和其他长期资产所支付的现金；进行权益性或债权性投资等所支付的现金
融资活动	指导致企业资本及债务规模和构成发生变化的活动	吸收权益性投资所收到的现金；发行债券或借款所收到的现金	偿还债务或减少注册资本所支付的现金；发生筹资费用所支付的现金；分配股利、利润或偿付利息所支付的现金；融资租赁所支付的现金等

3. 单一法人客户的非财务因素分析。非财务因素分析是信用风险分析过程中的一个重要组成部分，与财务分析相互印证、互为补充。

（1）管理层风险分析。重点考核企业管理者的人品、诚信度、授信动机、经营能力及道德水准。

（2）行业风险分析。每个借款人都处于特定的行业中，每一特定行业因所处的发展阶段不同而具有独特的行业风险。行业风险分析的主要内容有行业特征及定位、行业成熟期分析、行业周期分析、行业的成本及盈利性分析、行业依赖性分析、行业竞争力及替代性分析、行业成功的关键因素分析、行业监管政策和有关环境分析。

（3）生产与经营风险分析。行业风险分析只能够帮助商业银行对行业整体的共性风险有所认识，但行业中的每个企业又都有其独特的自身特点。就国内企业而言，存在的最突出的问题是经营管理不善。

总体经营不善包括：产品风险；原料供应风险；生产风险；销售风险。

（4）宏观经济及自然环境分析。重点考核经济环境、法律环境、技术进步、环保意识增强、人口老龄化、自然灾害等外部因素的发展变化，这些因素均可能对借款人的还款能力产生不同程度的影响。

4. 单一法人客户的担保分析。担保方式主要有保证、抵押、质押、留置与定金。

（1）保证。在对贷款保证进行分析时，商业银行最关心的是保证的有效性。保证分为连带责任保证和一般保证两种。连带责任保证的债务人在主合同规定的债务履行期届满没有履行债务的，债权人可以要求债务人履行债务，也可以要求保证人在其保证范围内承担保证责任；一般保证的保证人在主合同纠纷未经审判或仲裁，并就债务人财产依法强制执行仍不能履行债务前，对债权人可以拒绝承担保证责任。

（2）抵押。抵押是指债务人或第三方不转移财产的占有，将该财产作为债权的担保。其中，债务人或第三方为抵押人，债权人为抵押权人，提供担保的财产为抵押物。

（3）质押。质押又称动产质押，是指债务人或第三方将其动产移交债权人占有，将该动产作为债权的担保。在动产质押中，债务人或第三方为出质人，债权人为质权人，移交的动产为质物。

（4）留置与定金。留置是指债权人按照合同约定占有债务人的动产，债务人不按照合同约定的期限履行债务的，债权人有权依照法律规定留置该财产，以该财产折价或者以拍卖、变卖该财产的价款优先受偿。留置担保的范围包括主债权及利息、违约金、损害赔偿金、留置物保管费用和实现留置权的费用。留置这一担保形式，主要应用于保管合同、运输合同、加工承揽合同等主合同。定金是指当事人可以约定一方向对方给付定金作为债权的担保。

【知识链接4－1】

《民法典》实施对商业银行担保物调查及管理的影响

一、物权项下新增了居住权

《民法典》第十四章规定，居住权人有权按照合同约定，对他人的住宅享有占有、使用的用益物权，以满足生活居住的需要，并规定了居住权应以书面形式订立合同并登记，不得转让、继承等。居住权的首次设立，将对银行抵押权产生一定影响，如果该类房屋已经设立了居住权，那么借款人未来逾期，银行需要拍卖处置该类房屋可能会遇到障碍，因为即使该类房屋能够过户，但如果居住权合同约定的居住时间还在持续，依然需要保障居住权人的权益。购房人一般也不会考虑购买此类房子用于自住，因此会影响该类房屋的拍卖以及成交价。

二、明确了租赁权的对抗范围

《民法典》第四百零五条规定，抵押权设立前，抵押财产已经出租并转移占有的，原租赁关系不受该抵押权的影响。这一规定较《物权法》第一百九十条有了较大修改。首先，《民法典》将“订立抵押合同前”改变为“抵押权设立前”，有利于更好地保护承租人的利益，因为抵押合同具有相对性，承租人作为第三人很难通过公开途径知晓，而抵押权的设立往往需要登记，承租人可以通过查询不动产登记等方式获知租赁物上是否已经设立抵押权。其次，《民法典》增加了抵押财产“转移占有”这个条件，这是一个非常重大的改变。商业银行在处理抵押债权执行的过程中，经常会碰到承租人提出执行异议以及执行异议之诉，承租人以抵押合同签订前或者抵押权设立前其已经签订了租赁合同为由来对抗抵押权人对抵押物的执行。特别是在抵押人与承租人恶意串通的情形下，抵押人（借款人）在向银行借款前预先签订租赁合同，然后向银行申请抵押贷款，后在抵押物被执行的过程中，承租人拿出租赁合同来对抗抵押权人对抵押物的执行程序。在物权法时代，对于商业银行来说，这是一个很难破解的难题，因为租赁合同同样具有相对性，商业银行在签订抵押合同或者设立抵押权时难以通过公开途径查询抵押物上是否已经存在着租赁关系，最多能够要求抵押人自己作出不存在租赁的承诺，但这种承诺对承租人是没有效力的。在第四百零五条规定下，可以通过保留抵押权设立时抵押物未被占有的证据，来排除执行过程中租赁权的有效对抗。

资料来源：韩添，谢璐舟．民法典新规对商业银行金融业务的影响及风险防控建议［J］．中国商论，2021（3）．

（二）集团法人客户信用风险识别

企业集团是指相互之间存在直接或间接控制关系，或其他重大影响关系的关联方组成的法人客户群。确定为同一集团法人客户内的关联方可称为成员单位。

1. 企业集团的特征。

（1）在股权或经营决策上，直接或间接控制其他企事业法人或被其他企事业法人控制。

（2）共同被第三方企事业法人控制。

（3）由主要投资者个人、关键管理人员或与其关系密切的家庭成员（包括三代以内直系亲属关系和两代以内旁系亲属关系）共同直接或间接控制。

（4）对关联方的财务和经营政策有重大影响。

（5）与自然人股东关系密切的家庭成员持有或控制的股份或表决权，应当与该自然人股东持有或控制的股份或表决权合并计算。

（6）能够实际控制后者的其他情况。

商业银行可以参照前述的单一法人客户分析方法，对集团法人客户的基本信息、经营状况、财务状况、非财务因素以及担保等整体状况进行逐项分析，以识别其潜在的信用风险。但集团法人客户的状况通常更为复杂。其中，对集团内关联交易的正确分析和判断至关重要。

关联交易是指发生在集团内关联方之间的有关转移权利或义务的事项安排。关联方是指在财务和经营决策中，与他方之间存在直接或间接控制关系或重大影响关系的企事业法人。国家控制的企业间不应当仅仅因为彼此同受国家控制而成为关联方。

分析企业集团内的关联交易时，首先应全面了解集团的股权结构，找到企业集团的最终控制人和所有关联方，然后对关联方之间的交易是否属于正常交易进行判断。

【知识链接4-2】

企业集团的类型及内部关联交易

1. 纵向一体化企业集团。这类集团内部的关联交易主要集中在上游企业为下游企业提供半成品作为原材料，以及下游企业将产成品提供给销售公司销售。以一个企业集团公司下属的各个独立法人之间的交易为例，如甲卖出半成品，得到1万元，乙买后经过加工销售获得2万元，在各独立法人分别计算销售收入时，它们均分别将1万元和2万元计入了自己的财务报表，但在集团公司统计总销售收入时应该剔除乙2万元中的1万元，只计算增加值，即集团只计入2万元而不是3万元总收入。因为集团合并报表时要抵销内部销售，所以在集团合并报表中只确认2万元销售收入。分析这类企业集团的关联交易，一方面可以将原材料的内部转移价格与原材料的市场价格进行比较，判断其是否通过转移价格操纵利润；另一方面可以根据上游企业应收账款和下游企业存货的多少，判断下游企业是否通过购入大量不必要的库存以使上游企业获得较好的账面利润或现金流，获得高额的银行贷款。

2. 横向多元化企业集团。其关联交易主要集中在集团内部企业之间存在的大量资产重组、并购、资金往来以及债务重组。例如，目前较为普遍的一种操作模式是，母公司先将现有资产进行评估，然后再以低于评估价格的价格转售给上市子公司；子公司通过配股、增发等手段进行再融资，并以所购资产的溢价作为投资收益。最终的结果是母公司成功地从上市子公司套取现金；子公司获取了额外的投资收益，虚增了资产及利润，最终改善了账面盈利能力，降低了负债比率，以获得高额的银行贷款。对于这类关联交易，应当重点考察交易对双方利润和现金流造成的直接影响，判断其是否属于正常交易。

2. 集团法人客户的信用风险特征。集团法人客户的信用风险通常是由于商业银行对集团法人客户多头授信、盲目/过度授信、不适当分配授信额度，或集团法人客户经营不善，或集团法人客户通过关联交易、资产重组等手段在内部关联方之间不按公允价格原则转移资产或利润等原因造成的。

（1）内部关联交易频繁。例如，当企业需要增加利润时，往往通过虚构与关联企业的经济往来提高账面的营业收入和利润；当需要降低或转移某企业的利润时，就由集团向该企业收取或分摊费用，或将一些闲置资产和低值投资高价出售给关联企业来抽空企业利润甚至净资产，从而导致贷款企业的盈利能力下降、财务风险上升，同时变相悬空银行债权。

（2）连环担保十分普遍。关联方通常采用连环担保的形式申请银行贷款，虽然符合相关法律的规定，但企业集团频繁的关联交易孕育着经营风险。信用风险通过贷款担保链条在企业集团内部循环传递、放大，贷款实质上处于担保不足或无担保状态。

（3）财务报表真实性差。例如，合并报表与承贷主体报表不分；制作合并报表时未剔除集团关联企业之间的投资款项、应收/应付款项；人为夸大承贷主体的资产、销售收入和利润等。

（4）系统性风险较高。为追求规模效应，一些企业集团利用其控股地位调动关联方资金，并利用集团规模优势取得大量银行贷款，过度负债，涉足自己不熟悉的行业或区域。巨额资本形成很长的资金链条在各关联方之间不断流转，一旦资金链条断裂即会引发系统性风险并造成严重的信用风险损失。

（5）风险识别和贷后监督难度较大。集团法人客户经营规模大、结构复杂，商业银行很难在短时间内对其经营状况作出准确的评价。

（三）个人客户信用风险识别

1. 个人客户的基本信息分析。个人信贷业务所面对的客户主要是自然人，其特点表现为单笔业务资金规模小但业务复杂而且数量巨大。个人客户分类如下：（1）老客户与新客户；（2）根据信贷产品种类，分为抵押房贷、车贷、信用卡消费及其他个人消费贷款等；（3）按客户年龄分类；（4）按客户的信用评分分类；（5）其他可用于个人客户分类的变量。

个人客户应提交的申请材料包括但不限于：（1）所申请贷款的借款申请书；（2）身份证明材料；（3）工作单位及收入证明材料；（4）所申请的贷款要求提供担保的，还应提交担保材料；（5）商业银行要求提供的其他材料。

商业银行应从以下方面调查、识别个人客户潜在的信用风险：（1）借款人资信情况的调查：利用外部征信系统调查了解借款人的资信状况，重点调查可能影响第一还款来源的因素；（2）借款人资产与负债情况的调查；（3）贷款用途及还款来源的调查，如确认借款人及其家庭的收入、其他可变现资产情况、借款人在本行或他行的负债和担保、其家庭收入的稳定性；（4）对担保方式的调查，如借款人是否以价值稳定、易变现的财产提供抵押和借款人是否能按商业银行要求为其所购商品办理财产保险、购买贷款信用保险等。

2. 个人信贷产品风险分析。个人信贷产品可以基本划分为个人住宅抵押贷款、个人零售贷款、循环零售贷款三大类。

（1）个人住宅抵押贷款的风险分析。

①经销商风险。经销商不具备销售资格或违反法律规定、经销商在商品合同下出现违约、经销商在进行高度负债经营时存在卷款外逃的风险。

②“假按揭”风险。“假按揭”的主要特征是，开发商利用积压房产套取银行信用，欺诈银行信贷资金。

③由于房产价值下跌而导致超额押值不足的风险。房地产行业发展周期以及宏观调控政策对房地产市场价格的影响，可能导致按揭贷款的借款人所购房产的价值变动，由于房价下跌，可能产生超额押值不足的风险。

④借款人的经济财务状况变动风险。由于工作岗位、身体状况等因素导致借款人经济状况出现不利变化，无法按期偿还按揭贷款，而借款人是以其住房作为抵押的，则商业银行的抵押权益在现行法律框架下难以实现，该笔贷款可能会成为不良贷款。

（2）个人零售贷款的风险分析。

①借款人的真实收入状况难以掌握，尤其是无固定职业者和自由职业者。

②借款人的偿债能力有可能不稳定，如职业不稳定的借款人、面临就业困难的大学生等。

③贷款购买的商品质量有问题或价格下跌导致消费者不愿履约。

④抵押权益实现困难。

商业银行还应当要求学校、家长或有担保能力的第三方参与对助学贷款、留学贷款的担保；对用于购买商品（如汽车）的贷款，商业银行应对经销商的信誉、实力、资格进行分析考察。由于个人贷款的抵押权实现困难，因此应当高度重视第一还款来源。

（3）循环零售贷款。

①贷款是循环的、无抵押的、未承诺的。

②子组合内对个人最高授信额度不超过10万欧元（或等值货币）。

③商业银行必须保证对循环零售贷款采用的风险权重函数仅用于相对于平均损失率而言损失率波动性低的零售贷款组合，特别是那些违约概率低的贷款组合。

④必须保留子组合的损失率数据，以便分析损失率波动情况。

⑤循环零售贷款的风险处理方式应与子组合保持一致。

三、贷款组合信用风险识别

与单笔贷款业务的信用风险识别有所不同，商业银行在识别和分析贷款组合信用风险时，应当更多地关注系统性风险因素可能造成的影响。

风险分散化，即将信贷资产分散于相关性较小或负相关的不同行业、地区、信用等级、业务领域，有助于降低商业银行资产组合的总体风险；与之相反，信贷资产过度集中于特定的行业、信用等级或业务领域，将大大增加商业银行的信用风险。

商业银行在识别和分析贷款组合信用风险时，应当更多地关注系统性风险因素可能造成的影响。

1. 宏观经济因素。当宏观经济因素发生不利变动时，有可能导致贷款组合中所有借款人的履约能力下降并造成信用风险损失。

2. 行业风险和区域风险。行业风险和区域风险均属于系统性风险的表现形式。

（1）行业风险。行业风险是指当某些行业出现产业结构调整或原材料价格上升或竞争加剧等不利变化时，贷款组合中处于这些行业的借款人可能因履约能力整体下降而给商业银行造成系统性的信用风险损失。

（2）区域风险。区域风险是特定区域内所有企业类客户履约情况和信用水平的综合体现。区域风险作为一种系统性风险难以通过贷款组合完全消除，因此其成为影响资产组合信用风险水平的一种重要风险因素。从实践来看，国外商业银行的内部评级体系一般都没有区域风险变量。

【案例 4－2】

雷曼兄弟破产

一、案情

2008 年 9 月 15 日，美国第四大投资银行雷曼兄弟按照美国公司破产法案的相关规定提交了破产申请，成为美国有史以来倒闭的最大的金融公司。

拥有 158 年历史的雷曼兄弟公司是华尔街第四大投资银行。2007 年，雷曼兄弟在世界 500 强企业中排名第 132 位，2007 年年报显示其净利润高达 42 亿美元，总资产近 7 000 亿美元。从 2008 年 9 月 9 日起，雷曼兄弟公司股票一周内股价暴跌 77%，公司市值从 112 亿美元大幅缩水至 25 亿美元。第一个季度中，雷曼兄弟卖掉了 1/5 的杠杆贷款，同时又用公司的资产做抵押，大量借贷现金为客户交易其他固定收益产品。第二个季度变卖了 1 470 亿美元的资产，并连续多次进行大规模裁员来压缩开支。然而雷曼兄弟的自救并没有把自己带出困境。华尔街的"信心危机"，金融投机者操纵市场，一些有收购意向的公司因为政府拒绝担保没有出手，以上诸多原因使雷曼兄弟最终还是没能逃离破产的厄运。

二、原因

（一）受次贷危机的影响

次贷问题及其所引发的支付危机背后最根本的原因是美国房价下跌引起的次级贷款对象的偿付能力下降。因此，其背后深层次的问题在于美国房市的调整。美联储在 IT 泡沫破灭之后大幅度降息，实行宽松的货币政策。全球经济的强劲增长和追逐高回报，促使了金融创新，出现了很多金融工具，提高了全球投资者对风险的偏好程度。2000 年以后，实际利率降低，全球流动性过剩，借贷很容易获得，这些都促使美国和全球出现房市的繁荣。而房地产市场的发展，导致美国消费者财富增加，增加了消费力，使得美国经济持续快速增长，又进一步促进了美国房价的上涨。2000—2006 年美国房价指数上涨了 130%，这是历次上升周期中涨幅最大的。在房价大涨和低利率环境下，借贷双方风险意识日趋薄弱，次级贷款在美国快速增长。同时，浮动利率房贷占比和各种优惠贷款比例不断提高，各种高风险放贷工具增长迅猛。

但从 2004 年年中开始，美国连续加息 17 次，2006 年起房地产价格止升回落，一年内全国平均房价下跌 3.5%，为自 20 世纪 30 年代大萧条以来首次，尤其是部分地区的房价下降超过了 20%。全球失衡达到了无法维系的程度是本轮房价下跌及经济步入下行周期的深层次原因。全球经常账户余额的绝对值占 GDP 的百分比自 2001 年持续增长，而美国居民储蓄率却持续下降。当美国居民债台高筑难以支撑房市泡沫的时候，房市调整就在所难免。这也导致次级和优级浮动利率按揭贷款的拖欠率明显上升，无力还贷的房贷人越来越多。而当这些按揭贷款被清收时，最终造成了信贷损失。

和过去所有房地产市场波动不同的主要是，此次次贷危机造成整个证券市场，尤其是衍生产品的重新定价。而衍生产品估值往往是由一些非常复杂的数学或者是数据性公式和模型做出来的，对风险偏好十分敏感，需要不断地调整，这样就给整个次级债市场带来很大的不确定性。投资者难以对产品价值及风险直接评估，从而十分依赖评级机构对其进行风险评估。然而评级机构面对越来越复杂的金融产品并未采取足够的审慎态度。定价的不确定性造成风险溢价急剧上升，并蔓延到货币和商业票据市场，使整个商业票据市场流动性迅速减少。由于金融市场中充斥着资产抵押证券，美联储的大幅注资依然难以彻底消除流动性抽紧的状况。到商业票据购买方不能继续提供资金的时候，流动性危机就形成了。更糟糕的是，由于这些次级债经常会被通过债务抵押债券的方式用于产生新的债券，尤其是与优先级债券相混合产生 CDO（担保债务凭证）。当以次级房贷为基础的次级债证券的市场价值急剧下降时，市场对整个以抵押物为支持的证券市场价值产生怀疑，优先级债券的市场价值也会大幅下跌。次级债证券市场的全球化导致整个次级债危机变成一个全球性问题。

这一轮由次级贷款问题演变成的信贷危机中，众多金融机构因资本金被侵蚀而面临清盘的窘境，这其中包括金融市场中雄极一时的巨无霸们。贝尔斯登、“两房”、雷曼兄弟、美林、美国国际集团（AIG）皆面临财务危机，以被政府接管、被收购或破产收场，而它们曾是美国前五大投行、全球最大的保险公司和大型政府资助机构。在支付危机爆发后，除了美林的股价还占 52 周最高股价的 1/5，其余各家机构的股价均较 52 周最高值下降 98%或以上。六家金融机构的总资产超过 4.8 万亿美元。贝尔斯登、雷曼兄弟和美林在次贷危机中分别减值 32 亿美元、138 亿美元及 522 亿美元，总计近 700 亿美元，而全球金融市场减值更高达 5 573 亿美元。因减值造成资本金不足，所以全球各主要银行和券商寻求新的投资者来注入新的资本，试图渡过难关。

（二）雷曼兄弟自身的原因

1. 进入不熟悉的业务，且发展太快，业务过于集中。作为一家顶级的投资银行，雷曼兄弟在很长一段时间内注重传统的投资银行业务（证券发行承销、兼并收购顾问等）。进入 20 世纪 90 年代后，随着固定收益产品、金融衍生品的流行和交易的飞速发展，雷曼兄弟也大力拓展了这些领域的业务，并取得了巨大的成功，被称为华尔街上的“债券之王”。

在 2000 年后房地产和信贷这些非传统的业务蓬勃发展之后，雷曼兄弟和其他华尔街上的银行一样，开始涉足此类业务。这本无可厚非，但雷曼兄弟的扩张速度太快（美林、贝尔斯登、摩根士丹利等也存在相同的问题）。雷曼兄弟一直是住宅抵押债券和商业地产债券的顶级承销商和账簿管理人。即使是在房地产市场下滑的 2007 年，雷曼兄弟的商业地产债券业务仍然增长了约 13%。这样一来，雷曼兄弟面临的系统性风险非常大。在市场情况好的年份，整个市场都在向上，市场流动性泛滥，投资者被乐观情绪所蒙蔽，巨大的系统性风险给雷曼兄弟带来了巨大的收益；可是当市场崩溃的时候，如此大的系统性风险必然带来巨大的负面影响。

另外，雷曼兄弟“债券之王”的称号固然是对它的褒奖，但同时也暗示了它的业务过于集中于固定收益部分。虽然雷曼兄弟也在其他业务领域（兼并收购、股票交易）有了进步，但缺乏其他竞争对手所具有的业务多元化。对比一下，同样处于困境的美林证券可以在短期内迅速将它所投资的彭博和黑岩公司的股权脱手而换得急需的现金，但雷曼兄弟就没有这样的应急手段。这一点上，雷曼兄弟和此前被收购的贝尔斯登颇为类似。

2. 自有资本太少，杠杆率太高。以雷曼兄弟为代表的投资银行与综合性银行（如花旗、摩根大通、美国银行等）不同。它们的自有资本太少，资本充足率太低。为了筹集资金来扩大业务，它们只好依赖债券市场和银行间同业拆借市场；在债券市场发债来满足中长期资金的需求，在银行间同业拆借市场通过抵押回购等方法来满足短期资金的需求（隔夜、7天、一个月等），然后将这些资金用于业务和投资，赚取收益，扣除要偿付的融资代价后，就是公司运营的回报。也就是说，公司用很少的自有资本和大量借贷的方法来维持运营的资金需求，这就是杠杆效应的基本原理。借贷越多，自有资本越少，杠杆率（总资产除以自有资本）就越大。杠杆效应的特点就是，在赚钱的时候，收益是随杠杆率放大的；当亏损的时候，损失也是按杠杆率放大的。杠杆效应是一柄“双刃剑”。近年来由于业务的扩大发展，华尔街上的各投行已将杠杆率提高到了危险的程度。

资料来源：新浪财经网站。

第二节 信用风险计量

一、客户信用评级

（一）专家判断法

专家判断法即专家系统（Expert System）判断法，是商业银行在长期经营信贷业务、承担信用风险过程中逐步发展并完善起来的传统信用分析方法。

1. 与借款人有关的因素：声誉（Reputation）、杠杆（Leverage）、收益波动性（Volatility of Earnings）。

2. 与市场有关的因素：经济周期（Economic Cycle）、宏观经济政策（Macro - Economy Policy）、利率水平（Level of Interest Rates）。

目前所使用的专家系统中，针对企业信用分析的5Cs系统应用最为广泛。5Cs系统中的5C是指品德（Character）、资本（Capital）、还款能力（Capacity）、抵押（Collateral）、经营环境（Condition）。

除5Cs系统外，使用较为广泛的专家系统还有针对企业信用分析的5Ps系统和针对商业银行等金融机构的骆驼（CAMEL）分析系统。

5Ps 包括个人因素（Personal Factor）、资金用途因素（Purpose Factor）、还款来源因素（Payment Factor）、保障因素（Protection Factor）、企业前景因素（Perspective Factor）。

骆驼（CAMEL）分析系统包括资本充足性（Capita Adequacy）、资产质量（Asset Quality）、管理水平（Management）、盈利水平（Earnings）、流动性（Liquidity）和市场风险敏感度（Sensitivity of Market Risk）。

专家系统的突出特点在于将信贷专家的经验和判断作为信用分析和决策的主要基础，这种主观性很强的方法或体系带来的一个突出问题是对信用风险的评估缺乏一致性。此外，尽管专家系统在银行业的长期发展和实践中已经形成了较为成熟的分析框架，但专家系统缺乏系统的理论支持，尤其是在关键要素的选择、权重的确定以及综合评定等方面更显薄弱。因此，专家系统更适合对借款人进行是和否的二维决策，难以实现对信用风险的准确计量。

（二）信用评分法

信用评分模型是一种传统的信用风险量化模型，利用可观察到的借款人特征变量计算出一个数值（得分）来代表债务人的信用风险，并将借款人归类于不同的风险等级。

信用评分模型出现于20世纪60年代，信用卡的推出促使信用评分技术取得了极大发展，并迅速扩展到其他业务领域。阿尔特曼（Altman，1968）提出了基于多元判别分析技术的Z评分模型；马丁（Martin，1977）、奥尔森（Ohlson，1980）和威金顿（Wiginton，1980）则首次运用Logit模型分析企业破产问题。

Z评分模型是由美国纽约大学斯特恩商学院的爱德华·阿尔特曼教授于1968年提出的，1977年，在对原有模型进行修正和扩展的基础上，阿尔特曼等人又建立了第二代模型——ZETA模型。Z评分模型已经成为西方国家信用风险度量的重要模型。

1. 1968年的Z评分模型。Z评分模型建立步骤如下：（1）选取最能反映借款人财务状况、还本付息能力的财务指标，比如流动性比率、资产收益率、债务偿付能力指标等。（2）从银行过去的信用资料中分类收取样本，一类为违约的样本，另一类是呆滞、呆账案例的样本。（3）根据各行业的实际情况，科学地设定每一比率的权重。权重主要是根据该比率对借款还本付息的影响度确定。（4）将每一比率乘以相应权重，然后相加，就可得到一个Z值。（5）对一系列所选样本的Z值进行分析，可得一个衡量信用风险度的Z值或Z值域。

阿尔特曼确立的Z值分辨函数模型是

$$Z = 0.012X_1 + 0.014X_2 + 0.033X_3 + 0.006X_4 + 0.999X_5$$

式中，$X_1 = \frac{\text{流动资金}}{\text{总资产}}$；$X_2 = \frac{\text{留存收益}}{\text{总资产}}$；$X_3 = \frac{\text{息前、税前收益}}{\text{总资产}}$；$X_4 = \frac{\text{股权市值}}{\text{总负债账面价值}}$；$X_5 = \frac{\text{销售收入}}{\text{总资产}}$。

从该模型的5个参数中我们可以发现，第5个指标对风险值的影响明显大于其他4

个指标，第 4 个指标对风险值的影响最小。

信用分析人员在运用该模型时，只要将信贷申请人的有关财务指标数据代入模型中，便可计算出 Z 得分。若该得分高于或大于某一预先确定的 Z 值或 Z 值域，就可以判定这家公司的财务状况良好或其风险水平可被银行接受；若该得分低于预先确定的 Z 值或 Z 值域，则意味着该公司可能无法按时还本付息，甚至可能会破产。Z 值越大，资信就越好；Z 值越小，风险就越大。

阿尔特曼经过统计分析和计算，最后确定了借款人违约的临界值 $Z_0=2.675$。如果 Z 值小于 2.67，借款人将被划入违约组；如果 Z 值大于 2.67，借款人将被划入非违约组。比如，对于 $X_1=-0.061$、$X_2=-0.626$、$X_3=-0.318$、$X_4=0.401$、$X_5=1.5$ 的借款人来讲，将 5 个指标值代入公式，便可得 $Z=1.481$。显然，这一数字小于 Z 值的临界值 2.675，所以该借款人存在较大的违约风险。

2. 1977 年的 ZETA 评分模型。1977 年，阿尔特曼、赫尔德门（Heldeman）和纳内亚南（Narayanan）对原始的 Z 评分模型进行了重大的修正和完善，推出了第二代信用评分模型——ZETA 信用风险模型（ZETA Credit Risk Model）。新模型的变量由原始模型的 5 个增加到 7 个，适用范围变得更宽了，对不良借款人的辨认精确度也更高了。该模型为

$$ZETA=aX_1+bX_2+cX_3+dX_4+eX_5+fX_6+gX_7$$

式中，a、b、c、d、e、f、g 是各变量的参数。①

$X_1=\frac{\text{息前、税前收益}}{\text{总资产}}$，即资产收益率；

X_2 为收益稳定性指标，是资产收益率的标准差 $\sigma=\sqrt{\sum_{i=1}^{n}\frac{(y_i-y)^2}{n}}$；

$X_3=\frac{\text{息前、税前收益}}{\text{总利息支付额}}$，即债务偿付能力指标；

$X_4=\frac{\text{流动资产}}{\text{总资产}}$，即累计盈利能力指标；

$X_5=\frac{\text{流动资产}}{\text{流动负债}}$，即流动性指标，或叫作流动比率；

$X_6=\frac{\text{普通股年平均市场价值}}{\text{长期资本总额}}$，该指标值大，说明资本实力强；

$X_7=\ln$ 总资产，即总资产的对数，是借款人资产规模性指标。

阿尔特曼等人计算确定的借款人违约的临界值（Cutoff Score）$ZETA_c=-0.458$。同样认为，若 ZETA 得分高于或大于某一预先确定的 ZETA 临界值，就可以判定这家公司的财务状况良好或其风险水平可被接受；若该得分低于预先确定的 ZETA 临界值，则意味着该公司可能无法按时还本付息，甚至可能破产。

① 作为商业秘密，作者在原文中并未公布。

（三）违约概率模型

1. Risk Calc 模型。Risk Calc 模型是在传统信用评分技术基础上发展起来的一种适用于非上市公司的违约概率模型。其核心是通过严格的步骤从客户信息中选择出最能预测违约的一组变量，经过适当变换后运用 Logit 或 Probit 回归技术预测客户的违约概率。

2. KMV 的 Credit Monitor 模型。利用期权定价理论对风险债券和贷款的信用风险进行度量。该模型使用了两个关系：其一，企业股权市值与企业资产市值之间的结构性关系；其二，企业资产市值波动程度和企业股权市值变动程度之间的关系。通过这两个关系，便可以求出企业资产市值及其波动程度。一旦所有涉及的变量值被算出，信用监测模型便可以测算出借款企业的预期违约频率（EDF）。企业股权市值与企业资产市值之间的结构性关系是由贷款与期权的关系决定的。借款企业股东的股权市值头寸被看作持有一份以企业资产市值为标的的买权。

如图 4－5 所示，期权的基础资产就是借款企业的资产，执行价格就是企业债务的价值（B），股东初始股权投资（S）可以看作期权费。企业资产的市场价值（A）受各种风险因素影响不断变化，如果 A 降低到小于 B（设为 A_1），企业会选择违约，债权银行只能得到 A_1，负有限责任的借款企业股东最多只会损失 S；如果 A 大于 B（设为 A_2），在全额偿还债务后，借款企业股东得到 A_2-B，随着企业资产价值的增大，股东收益也不断增加。

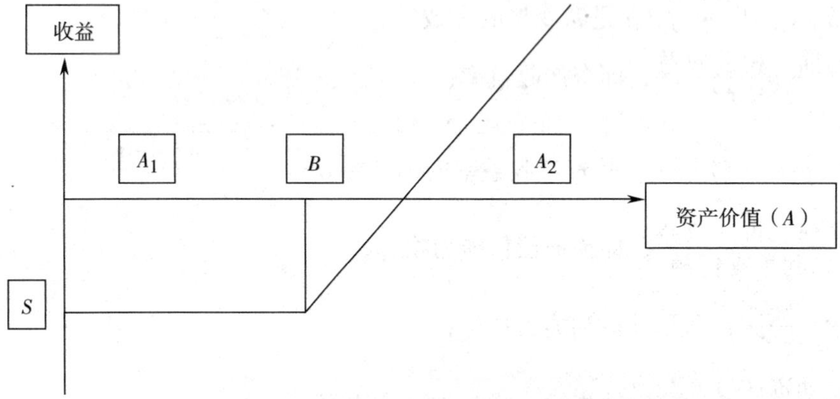

图 4－5　企业资产与股东收益之间的关系

模型假设：（1）满足 Black－Scholes－Merton 模型的基本假设，即公司股票价格是个随机过程，交易是无摩擦的等，并且公司价值变化过程服从伊藤过程。（2）当借款人的资产价值大于其债务价值时，借款人不会违约；而当借款人的资产价值小于其债务价值时，借款人就会违约。（3）借款人的资本结构只有所有者权益、短期债务、长期债务和可转化的优先股。

根据期权定价理论，要求出企业的违约概率，就必须知道企业资产的市场价值和资产价值的波动率，未来企业资产的市场价值分布如图 4－6 所示。KMV 模型根据借款公司的股票价格波动计算 EDF，通过 EDF 来计算违约损失额 LGD。计算步骤如下。

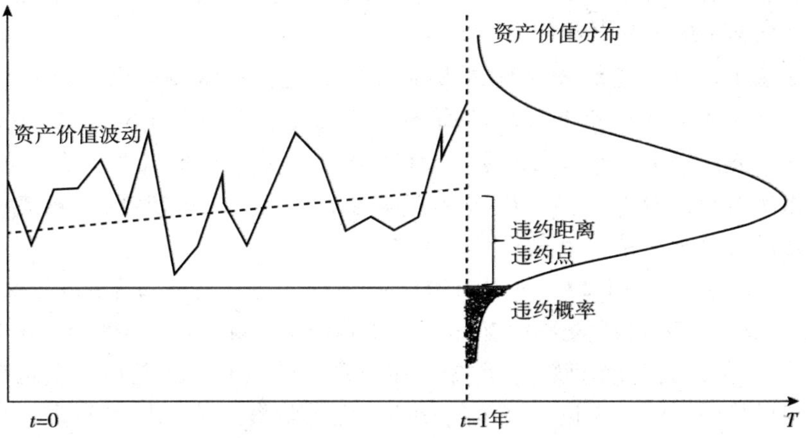

图 4－6　未来企业的资产价值分布

第一步，计算 EDF。理论上，只要知道企业资产的变动性就可得出其违约的概率（EDF），但实际操作中并不知道企业资产的市场价值在整年中的确定概率。为此，模型引入了距违约触发点的距离（DD）的概念。假设 A 企业在 t 年里，企业的资产市值为 $V(A)$，资产的变动性为 σ_A，DD 的公式如下：

$$DD = \frac{V(A) - DPT_A}{\sigma_A}（当 t = 1 时）$$

$$DD = \frac{V(A) - DPT_A}{\sqrt{\sigma_A t}}（当 t > 1 时）$$

式中，DPT 表示企业债务的面值。式中有两个未知变量：资产价值和资产变动性 σ_A。

按照默顿对布莱克—斯科尔斯模型 $V(A)$ 的修正公式，利用公司股票市场价格的历史观测值，采用迭代法，可以求出资产价值 $V(A)$ 和资产变动性 σ_A。根据资产价值的变动性，就可以求出 DD 值。根据 DD 值与 EDF 值的经验对应数据，求出企业在一定 DD 值下的 EDF 值。

第二步，计算违约损失额 LGD 和预期损失 EL。$LGD =（1 - 预期收回率）\times 贷款的面值$，预期收回率由各银行根据历史经验进行假设。

$$EL = EDF \times LGD$$

第三步，对单个信贷资产风险的计算。

$$EL_i = EDF \times LGD$$

$$UL_i = LGD \times [EDF \times (1 - EDF)]^{1/2}$$

第四步，对组合风险的计算。对组合风险的计算涉及的主要问题是资产相关性。

KMV 公司根据多年的经验，将所有行业分为 61 类，建立了庞大的资产相关性数据库，利用数据库就可以算出不同企业的资产相关性。

【例 4－1】KMV 模型的违约概率计算

估计某发行债券企业的资产当前市值为 1 000 万元，每年资产的期望净增长率是

20%，一年后资产的期望值是1 200万元，年度资产波动性为100万元，违约点为800万元，则违约距离 DD 是多少？

依据前述基于期权思想的股权价值 E 的估算公式，根据公司股价和负债的账面价值，估计公司（资产）价值 V 和其波动性 σV，设定违约点 $DPT=STD+0.5LTD$（其中，STD 代表短期债务，LTD 代表长期债务），根据公司（资产）价值 V、其波动性 σ_V 和违约点，计算出违约距离 $DD=(V-B)/\sigma_V$（其中，B 代表违约距离），确定违约距离与预期违约率之间的映射关系，用来预测违约率。

$DD=(V-B)/\sigma_V=(1\,200-800)/100=4$，假定在某一时间点具有违约距离为4的企业总共有5 000个，一年后实际违约的有20个，则预期违约频率 $EDF=20/5\,000=0.4\%$。

3. KPMG风险中性定价模型。风险中性定价理论的核心思想是假设金融市场中的每个参与者都是风险中立的，无论是高风险资产、低风险资产或无风险资产，只要资产的期望收益率是相等的，市场参与者对其的接受态度就是一致的，这样的市场环境被称为风险中性范式。即

$$P_1(1+K_1)+(1-P_1)\times(1+K_1)\times\theta=1+i_1$$

式中，P_1 为期限1年的风险资产的非违约概率，$(1-P_1)$ 为其违约概率；K_1 为风险资产的承诺利息；θ 为风险资产的回收率，等于1－违约损失率；i_1 为期限1年的无风险资产的收益率。

【例4－2】不同信用等级债务人的违约概率计算

假设商业银行对某企业客户的信用评级为BBB级，对某项目贷款的年利率为10%。根据历史经验，同类评级的企业违约后，贷款回收率为35%。若同期信用评级为AAA级的同类型企业项目贷款的年利率为5%（可认为是无风险资产的收益率），则根据KPMG风险中性定价模型，求该信用评级为BBB级的企业客户在1年内的违约概率。

根据 $P\times(1+10\%)+(1-P)\times(1+10\%)\times35\%=1+5\%$，可得 $P=93\%$，即该企业客户在1年内的违约概率为7%。

4. 死亡率模型。死亡率模型最早是由阿尔特曼（Altman）和其他学者开发的贷款和债券死亡率表而得名的，因为阿尔特曼所运用的思想和模型与保险精算师在确定寿险保险费政策时所运用的思想和模型是相似的。

该模型以贷款或债券组合以及它们在历史上的违约经历为基础，开发出一张表，用该表来对信用资产一年的或边际的死亡率（Marginal Mortality Rate，MMR）及信用资产多年的或累积的死亡率（Cumulative Mortality Rate，CRM）进行预测。将上面的两个死亡率与违约损失率（LGD）结合起来，就可以获得信用资产的预期损失估计值 。

【例4－3】债务人在不同期限下的违约概率计算

根据历史数据分析得知，商业银行某信用等级的债务人在获得贷款后的第一年、第二年、第三年出现违约的概率（即边际死亡率）分别为1%、2%、3%。则根据死亡率模型，该信用等级的债务人能够在3年到期后将本息全部归还的概率［贷款存活率(Survival Rate，SR)］为 $(1-1\%)\times(1-2\%)\times(1-3\%)=94.1\%$。

上述结果也意味着该信用等级的债务人在3年期间可能出现违约的概率（即累计死亡率）为1－94.1%＝5.9%。

常见的客户信用评级模型见表4－6。

表4－6　　客户信用评级模型

模型类别	模型名称	概要
信用评分模型	应用最广泛的信用评分模型有线性概率模型、Logit模型、Probit模型和线性辨别模型	
违约概率模型	Risk Calc模型	适用于非上市公司，其核心是通过严格的步骤从客户信息中选择出最能预测违约的一组变量，经过适当变换后运用Logit或Probit回归技术预测客户的违约概率。
	KMV的Credit Monitor模型	适用于上市公司，其核心在于把企业与银行的借贷关系视为期权买卖关系，借贷关系中的信用风险信息因此隐含在这种期权交易之中，从而通过应用期权定价理论求解出信用风险溢价和相应的违约率，即预期违约频率（EDF）。
	KPMG风险中性定价模型	核心思想是假设金融市场中的每个参与者都是风险中立的，无论是高风险资产、低风险资产或无风险资产，只要资产的期望收益是相等的，市场参与者对其的接受态度就是一致的，这样的市场环境被称为风险中性范式。根据风险中性定价原理，无风险资产的预期收益与不同等级风险资产的预期收益是相等的，即 $P_1(1+K_1)+(1-P_1)(1+K_1)\times\theta=1+i_1$ 式中， P_1为期限1年的风险资产的非违约概率； K_1为风险资产的承诺利息； θ为风险资产的回收率，等于1－违约损失率； i_1为期限1年的无风险资产的收益率。
	死亡率模型	根据风险资产的历史违约数据，计算在未来一定持有期内不同信用等级的客户/债项的违约概率（即死亡率）。通常分为边际死亡率（MMR）和累计死亡率（CMR） $CMR_n=1-(1-MMR_1)-(1-MMR_2)-\cdots-(1-MMR_n)$ 式中，MMR_i为边际死亡率；CMR_n为n年的累计死亡率。

二、债项评级

（一）债项评级的基本概念

1. 债项评级。债项评级是对交易本身的特定风险进行计量和评价，反映客户违约后的债项损失大小。特定风险因素包括抵押、优先性、产品类别、地区、行业等。债项评级既可以只反映债项本身的交易风险，也可以同时反映客户信用风险和债项交易风险。

2. 债项评级与客户评级的关系。客户评级与债项评级是反映信用风险水平的两个维度。一个债务人只能有一个客户评级，而同一债务人的不同交易可能会有不同的债项评级。

【例4-4】下列关于客户评级与债项评级的说法，不正确的是（　　）。

A. 债项评级是在假设客户已经违约的情况下，针对每笔债项本身的特点预测债项可能的损失率

B. 客户评级主要针对客户的每笔具体债项进行评级

C. 在某一时点，同一债务人的不同交易可能会有不同的债项评级

D. 同一债务人的不同交易可能会有相同的客户评级

答案：B

3. 损失。客户违约后给商业银行带来的债项损失包括两个层面：一是经济损失；二是会计损失。

4. 违约风险暴露（EAD）。违约风险暴露是指债务人违约时的预期表内表外项目暴露总和。如果客户已经违约，则违约风险暴露为其违约时的债务账面价值；如果客户尚未违约，则违约风险暴露对于表内项目而言为债务账面价值，对于表外项目而言为已提取金额+信用转换系数×已承诺未提取金额。

【例4-5】若客户尚未违约，在债项评级中表外项目的违约风险暴露为（　　）。

A. 表外项目已提取金额

B. 表外项目已承诺未提取金额

C. 表外项目已提取金额+信用转换系数×已承诺未提取金额

D. 表内项目已提取金额+信用转换系数×已承诺未提取金额

答案：C

（1）公司风险暴露。公司风险暴露是指银行对公司、合作企业和独资企业及其他非自然人的债权，但不包括对主权、金融机构和纳入零售风险暴露的企业客户的债权（见表4-7）。

表4-7　　公司风险暴露分类

债务人类型	风险特征
中小企业风险暴露	对年销售额（近3年销售额的算术平均值）不超过3亿元人民币的企业债务人的债权
专业贷款（细分为项目融资、物品融资、商品融资和产生收入的房地产贷款）	债务人通常是一个专门为实物资产融资或运作实物资产而设立的特殊目的的实体；债务人基本没有其他实质性资产或业务，除了从被融资资产中获得的收入外，没有独立偿还债务的能力；合同安排给予贷款人对融资形成的资产及其所产生的收入有相当程度的控制权
一般公司风险暴露	上述两者之外的其他公司风险暴露

（2）零售风险暴露。零售风险暴露需同时具有如下特征：债务人是一个或几个自然人；笔数多，单笔金额小；按照组合方式进行管理（见表4-8）。

表 4 -8　　零售风险暴露分类

债务人类型	风险特征
个人住房抵押贷款	以购买个人住房为目的并以所购房产为抵押的贷款
合格循环零售风险暴露	各类无担保的个人循环贷款，对单一客户最大信贷余额不超过 100 万元
其他零售风险暴露	①除上述两者之外的其他对自然人的债权；②同时满足如下特征的对企业的风险暴露：对单个债务人授信总额不超过 500 万元且其资产总额不超过 1 000 万元，或授信总额不超过 500 万元且其年销售额不超过 3 000 万元；在银行内部采用组合方式进行管理

（3）其他主要风险暴露。

主权风险暴露：对主权国家或经济实体区域及其中央银行、非中央政府公共部门实体（Public Sector Entities，PSE），以及多边开发银行、国际清算银行和国际货币基金组织等的债权。

金融机构风险暴露：对金融机构的债权，分为银行类金融机构风险暴露和非银行金融机构风险暴露。

股权风险暴露：银行直接或间接持有的股东权益（资产及收入方面直接与间接的所有权），包括但不限于普通股、优先股（特别股）、权证、可转换债券等金融工具。

（4）其他风险暴露。

购入应收账款：销售方将其现在或将来的基于其与买入方订立的商品、产品或劳务销售合同所产生的应收账款，根据契约关系以有追索权或无追索权方式转让给银行所形成的资产。购入应收账款可分为合格购入公司应收账款和合格购入零售应收账款。

资产证券化风险暴露：银行在参与资产证券化交易过程中形成的信用风险暴露。包括但不限于银行持有资产支持证券，提供信用增级、流动性支持，开展利率互换、货币互换或信用衍生工具以及进行分档次抵补的担保形成的风险暴露。

5. 违约损失率。违约损失率（Loss Given Default，LGD）是指给定借款人违约后贷款损失金额占违约风险暴露的比例，其估计公式为

$$违约损失率 = \frac{损失}{违约风险暴露}$$

（二）计量违约损失率的方法

1. 市场价值法。通过市场上类似资产的信用价差（Credit Spread）和违约概率推算违约损失率，其假设前提是市场能及时有效地反映债券发行企业的信用风险变化，主要适用于已经在市场上发行并且可交易的大型企业、政府、银行债券。

2. 回收现金法。根据违约历史清收情况，预测违约贷款在清收过程中的现金流，并计算出 LGD，即

$$LGD = 1 - 回收率 = 1 - \frac{(回收金额 - 回收成本)}{违约风险暴露}$$

【例 4 -6】采用回收现金流计算违约损失率时，若回收金额为 1.04 亿元，回收成本为 0.84 亿元，违约风险暴露为 1.2 亿元，则违约损失率为（　　）。

A. 13.33%　　B. 16.67%　　C. 30.00%　　D. 83.33%

答案：D

（三）贷款分类与债项评级

信贷资产风险分类通常是指信贷分析和管理人员或监管当局的检查人员，综合能够获得的全部信息并运用最佳判断，根据信贷资产的风险程度对信贷资产质量作出评价。

2007年，我国监管当局出台了《贷款风险分类指引》，把贷款分为正常、关注、次级、可能和损失5类（后3类合称为不良贷款）。

在分类过程中，商业银行必须至少做到以下6个方面：

1. 建立健全内部控制机制，完善信贷规章、制度和办法；
2. 建立有效的信贷组织管理体制；
3. 实行审贷分离；
4. 完善信贷档案管理制度，保证贷款档案的连续和完整；
5. 改进管理信息系统，保证管理层能够及时获得有关贷款状况的重要信息；
6. 督促借款人提供真实准确的财务信息。

贷款分类与债项评级是两个容易混淆的概念，二者既区别明显又相互联系。

【例4－7】某银行2007年初的正常类和关注类贷款余额分别为8 000亿元和3 000亿元。2007年末，正常类贷款中有400亿元转为关注类贷款，200亿元转为次级类贷款，200亿元转为可疑类贷款，100亿元转为损失类贷款。关注类贷款中有200亿元转为次级类贷款，100亿元转为可疑类贷款，100亿元转为损失类贷款。2007年，期初正常类贷款因回收减少了1 500亿元，期初关注类贷款因回收减少了600亿元。银行新增贷款中，有1 200亿元为正常类贷款，700亿元为关注类贷款。若2007年末银行的贷款总额为14 000亿元，则其中不良贷款有多少亿元？

不良贷款包括次级、可疑、损失三类。从期末贷款总额中减去期初的正常类和关注类（从中扣掉已经转为不良贷款的部分和其间回收的部分），再减去当年新增贷款中的正常类和关注类。

计算结果：

期初正常类贷款剩余：8 000－900－1 500＝5 600（亿元）

期初关注类贷款剩余：3 000－400－600＋400（正常类转为关注类）＝2 400（亿元）

当年新增的正常类和关注类：1 200＋700＝1 900（亿元）

14 000－（5 600＋2 400＋1 900）＝4 100（亿元）

三、组合信用风险计量

（一）违约相关性及其计量

相关性是描述两个联合事件之间的相互关系，而不仅仅是指两个事件概率的简单乘积。违约相关性的计量包括相关系数和连接函数两种方法。

1. 相关系数。线性相关是最常见的一种相关，可用统计学中最常见的简单相关系数来计量。

【例4-8】X、Y分别表示两种不同类型借款人的违约损失，其协方差为0.08，X的标准差为0.90，Y的标准差为0.70，则其相关系数为（　　）。

A. 0.630　　B. 0.072　　C. 0.127　　D. 0.056

答案：C

对于非线性相关，可通过秩相关系数（Spearman）和坎德尔系数（Kendall）进行计量。

上述相关性计量在数学上都具有良好的性质，目前在金融工程领域也得到了广泛的应用，但它们共同的缺点是只能刻画两个变量之间的相关程度，却无法通过各变量的边缘分布刻画出两个变量的联合分布。希望通过单笔债项的不同损失分布来计算组合的损失分布，可以采用连接函数。

2. 连接函数。连接函数是一个把单变量概率密度函数连接成联合分布函数的函数。

（二）信用风险组合模型

根据原理上的差异，信用风险组合模型可以分为两类。

1. 解析模型。即通过一些简化假设，对信贷资产组合给出一个"准确"的解。解析模型能够快速得到结果，但缺点是需要建立在对违约风险因素诸多苛刻的假定的基础上。

2. 仿真模型。即用大量仿真试验（情景模拟）所产生的经验分布来近似代替真实分布。仿真模型具有很大的灵活性，但是对信息系统的计算能力要求很高。

（1）Credit Metrics模型（信用计量模型）。Credit Metrics模型本质上是一个VaR模型，目的是计算出在一定的置信水平下，一个信用资产组合在持有期限内可能发生的最大损失。Credit Metrics模型的创新之处正是在于解决了计算非交易性资产组合VaR这一难题。

①信用风险取决于债务人的信用状况，而债务人的信用状况则用信用等级表示。

②信用工具（包括贷款、私募债券等）的市场价值取决于借款人的信用等级，即不同信用等级的信用工具有不同的市场价值，因此，信用等级的变化会带来信用工具价值的相应变化。

③Credit Metrics模型的一个基本特点就是从资产组合而并不是单一资产的角度来看待信用风险。

④由于Credit Metrics模型将单一的信用工具放入资产组合中衡量其对整个组合风险状况的作用，而不是孤立地衡量某一信用工具自身的风险，因而，该模型使用了信用工具边际风险贡献（Marginal Risk Contribution）这样的概念来反映单一信用工具对整个组合风险状况的作用。边际风险贡献是指因增加某一信用工具在组合中的持有量而增加的整个组合的风险。

【例4-9】Credit Metrics模型使用了（　　）这一概念来反映单一信用工具对整个组合风险状况的作用。

A. 秩相关系数　　B. 连接函数

C. 信用工具边际风险贡献　　　　D. 违约概率

答案：C

Credit Metrics 模型度量一种信贷资产 VaR 值的方法分为四个步骤。

第一步，确立转移矩阵。转移矩阵是指信贷和债券从一个信用等级转变为另一个信用等级的概率。穆迪和标准普尔等评级机构有关数据的积累见表 4－9。从表 4－9 可以看出，一家企业停留在原信用等级的可能性最大，转移到离原信用等级越远的信用等级的可能性越小。

表 4－9　　1 年期不同级别企业信用转移概率矩阵

原信用等级	1 年期末的信用等级							
	AAA 级	AA 级	A 级	BBB 级	BB 级	B 级	CCC 级	违约
AAA 级	90.81	8.33	0.68	0.06	0.12	0	0	0
AA 级	0.7	90.65	7.79	0.64	0.06	0.14	0.02	0
A 级	0.09	2.27	91.05	5.52	0.74	0.26	0.01	0.06
BBB 级	0.02	0.33	5.95	86.93	5.3	1.17	1.12	0.18
BB 级	0.03	0.14	0.67	7.73	80.53	8.84	1	1.06
B 级	0	0.11	0.24	0.43	6.48	83.46	4.07	5.2
CCC 级	0.22	0	0.22	1.3	2.38	11.24	64.86	19.79

资料来源：章彰．商业银行信用风险管理——兼论巴塞尔新资本协议［M］．北京：中国人民大学出版社，2002.

第二步，利用合同现金流贴现法计算贷款的当前市场价值。借款公司信用等级的上升和下降必然影响到风险贷款的信贷差价，因此，也影响到贷款的潜在市场价值。根据合同现金流贴现法，可以重新估价贷款的市场价值，其中利用到的贴现率见表 4－10。

表 4－10　　未来现金流贴现的贴现率

分类	第一年	第二年	第三年	第四年
AAA 级	3.60	4.17	4.73	5.12
AA 级	3.65	4.22	4.78	5.17
A 级	3.72	4.32	4.93	5.32
BBB 级	4.10	4.67	5.25	5.63
BB 级	5.55	6.02	6.78	7.27
B 级	6.05	7.02	8.03	8.52
CCC 级	15.05	15.02	14.03	13.52

资料来源：章彰．商业银行信用风险管理——兼论巴塞尔新资本协议［M］．北京：中国人民大学出版社，2002.

假如一项对信用等级 BBB 级企业的 5 年期贷款为 100 万元，合同利率为 6%，而在 1 年期末，其信用等级发生了变化，从 BBB 级下降到 BB 级，那么，其 1 年期末的风险贷款的现值和市场价值为

$$V_{BB} = 6 + \frac{6}{1 + r_1 + s_1} + \frac{6}{(1 + r_2 + s_2)^2} + \frac{6}{(1 + r_3 + s_3)^3} + \frac{106}{(1 + r_4 + s_4)^4}$$

$$= 6 + \frac{6}{1.0555} + \frac{6}{1.0602^2} + \frac{6}{1.0678^3} + \frac{6}{1.0727^4}$$

$$= 102.02(\text{万元})$$

式中，每年支付的利息为6万元，最后一年支付本金100万元和利息6万元；贴现率为 $r_i + s_i$，r_i 为1年期无风险利率，s_i 为由于贷款信用等级的变化而产生的贷款的1年期、2年期、3年期、4年期的贷款差价。

假如该公司1年期末仍然是BBB级，那么，该风险贷款的折现值为

$$V_{BB} = 6 + \frac{6}{1.0410} + \frac{6}{1.0467^2} + \frac{6}{1.0525^3} + \frac{6}{1.0563^4}$$

第三步，计算信用转移后资产组合价值的变化分布。如果对每一级别重复上述贴现值计算，就可以得到一年后不同级别债券的一系列现值，即可得市场价值分布情况，具体见表4－11。

表4－11　　一年后BBB级信贷价值变化及其价值分布

年末评级	评级转移到该等级的概率 p（%）	信贷的市场价值 v（万元）	价值变化 ΔV（万元）
AAA级	0.02	109.37	1.82
AA级	0.33	109.19	1.64
A级	5.95	108.66	1.11
BBB级	86.93	107.55	0
BB级	5.30	102.02	－5.53
B级	1.17	98.10	－9.45
CCC级	0.12	83.64	－23.91
违约	0.18	51.13	－56.42

资料来源：章彰．商业银行信用风险管理——兼论巴塞尔新资本协议［M］．北京：中国人民大学出版社，2002.

第四步，计算一定置信度下的在险价值VaR。从表4－10可以看出，价值变化 ΔV 分布的第一个分位数为－23.91，这也是99.82%置信度下的VaR值。

假设 ΔV 服从正态分布，那么99%置信度下的VaR值的计算过程如下。

设 ΔV 的均值为 μ，样本标准差为 σ。

$$\mu = \sum p_i \Delta v_i$$
$$= 0.02\% \times 1.82 + 0.33\% \times 1.64 + \cdots + 0.18\%(-56.42)$$
$$= -0.46$$

$$\sigma^2 = \sum p_i(\Delta v_i - \mu)^2$$
$$= 0.02\% \times (1.82 + 0.46)^2 + 0.33\% \times (1.64 + 0.46)^2 + \cdots + 0.18\% \times (-56.42 + 0.46)^2$$
$$= 8.95$$

$$\sigma = 2.99$$

正态分布 $N(\mu,\sigma^2)$ 的置信度（$1-\alpha=99\%$）的最大在险价值 VaR 值为

$$\alpha - 2.33 \times 2.99 = -6.9667(\text{万元})$$

式中，-2.33 为从正态分布数值表中查出的99%置信度下的积分上限值。

（2）Credit Portfolio View 模型。麦肯锡公司提出的 Credit Portfolio View 模型直接将转移概率与宏观因素的关系模型化，然后通过不断加入宏观因素冲击来模拟转移概率的变化，得出模型中的一系列参数值。Credit Portfolio View 模型可以看作 Credit Metrics 模型的一个补充，因为该模型虽然在违约计量上不使用历史数据，而是根据现实宏观经济因素通过蒙特卡罗模拟计算出来，但对于那些非违约的转移概率则还需要根据历史数据来计算，只不过将这些基于历史数据的转移概率进行了调整而已。该模型本身并不能计量出完整的等级转移矩阵。具体步骤如下。

设 Y_t 为由一定宏观因素所构成的经济状态，X_t 为系统宏观变量（包括 GDP 增长率、失业率等）的集合，v_t 为非系统宏观变量（指经济体系受到的随机冲击或创新）的集合。

Y_t 与 X_t、v_t 的关系可以表示为

$$Y_t = g(X_t, v_t)$$

转移概率 P_t 和宏观因素 Y_t 的关系可以表示为

$$P_t = f(Y_t)$$

由于 X_t 已知，v_t 可用蒙特卡罗法求出，P_t 的模拟值就可求出。按照该思路，对转移矩阵中所有的其他元素进行调整，估算出以宏观经济状态为条件的未来各期的转移概率模拟值，进而得到未来各期的有条件的模拟转移矩阵，计算出对经济周期敏感的未来各期的 VaR 值。

（3）Credit Risk + 模型。Credit Risk + 模型根据针对火灾险的财险精算原理，对贷款组合违约率进行分析，并假设在组合中，每笔贷款只有违约和不违约两种状态。Credit Risk + 模型认为，贷款组合中不同类型的贷款同时违约的概率是很小的且相互独立，因此，贷款组合的违约概率服从泊松分布。具体步骤如下。

第一步，将银行持有的全部贷款按照单笔贷款的风险暴露额划分为若干频段，并求出各频段的违约概率分布（假定贷款组合的违约概率近似于泊松分布）。

$$P(n) = \frac{\mu^u e^{-u}}{n!}(n = 0,1,2,\cdots,n)$$

式中，μ 表示单位时间内平均违约次数。

第二步，计算各频段的损失分布。该频段的预期损失 = 平均违约次数 × 每笔贷款的违约风险暴露。

第三步，将各频段的损失分布加总就可以得到组合损失分布。

【例 4-10】多种信用风险组合模型被广泛应用于国际银行业中，其中（　　）直接将转移概率与宏观因素的关系模型化，然后通过不断加入宏观因素冲击来模拟转移概率的变化，得出模型的一系列参数值。

A. Credit Metric 模型　　　　B. Credit Portfolio View 模型

C. Credit Risk + 模型　　　　　　　　　D. KMV 模型

答案：B

（三）组合损失的压力测试

根据巴塞尔委员会2005 年的定义，压力测试是一种风险管理技术，用于评估特定事件或特定金融变量的变化对金融机构财务状况的潜在影响。

作为商业银行日常风险管理手段的有效补充，压力测试早期主要用于市场风险管理，但随着时间的推移，业界也逐渐开始利用压力测试来补充信用风险模型的不足。

压力测试主要采用敏感性分析和情景分析方法。敏感性分析用来测试单个风险因素或一小组密切相关的风险因素的假定运动（如收益曲线的平移）对组合价值的影响；情景分析则模拟一组风险因素（如股权价格、汇率和利率）的多种情景对组合价值的影响。敏感性分析着重分析特定风险因素对组合或业务单元的影响，而情景分析评估所有风险因素变化的整体效应，更频繁地用于机构范围内的压力测试。

尽管压力测试并不困难，但过多的压力测试并不意味着抓住了风险管理的实质和要害，也不意味着高水平的风险管理。而且，由于每次压力测试只能说明事件的影响程度，却并不能说明事件发生的可能性，使管理者对众多的压力测试结果难以分清主次，因而对决策的帮助并不大。此外，压力测试只是对组合短期风险状况的一种衡量，因此属于一种战术性的风险管理方法。

四、《巴塞尔协议Ⅱ》的标准法与内部评级法

（一）标准法

1. 标准法下的信贷资产包括对主权国家的债权、对非中央政府公共部门实体的债权、对多边开发银行的债权、对银行的债权、对证券公司的债权、对公司的债权、零售资产的债权、对居民房产抵押的债权、对商业房地产抵押的债权、逾期贷款、高风险的债权、其他资产、表外项目 13 类。

2. 对主权国家、商业银行、公司的债权等非零售类信贷资产，根据债务人的外部评级结果分别确定权重。例如对公司债权的风险权重可以采用两种方式处理。第一，完全采用外部评级结果，评级结果对应风险权重，如 AAA 级至 AA－级的风险权重是 20%，A＋级至 A－级的是 50%，BBB＋级至 BB－级的是 100%，BB－级以下的是 150%，未评级的是 100%；第二，全部不采用外部评级结果，所有债权的风险权重为 100%。如果监管当局认为本国公司整体违约情况严重，可以适当提高风险权重。零售类资产根据是否有居民房产抵押分别给予 75%、35% 的权重，表外信贷资产采用信用风险转换系数转换为信用风险暴露。

3. 允许商业银行将抵押、担保、信用衍生工具等作为风险缓释工具，从而提高计算出的资本比率的风险敏感性，但缺点也很明显：过分依赖外部评级，对于缺乏外部评级的公司类债权统一给予 100% 的风险权重，缺乏敏感性；此外，也没有考虑到不同资产间的相关性。

信用风险缓释（Credit Risk Mitigation）中表明银行可以利用许多技术缓释信用风险。

风险暴露可以通过作为第一优先资产（First Priority Claims）的全部或部分现金和证券做抵押，贷款的风险暴露可使用第三方担保，银行也可通过购买信用衍生工具缓释各种形式的信用风险。此外，银行可以使用交易对象的存款对该交易对象的贷款做扣减。

抵押交易风险缓释后的风险暴露数据按下式计算：

$$E^* = \max\{0, [E \times (1 + He) - C \times (1 - Hc - Hfx)]\}$$

式中，E^*代表风险缓释后的风险暴露；E代表风险暴露的当前价值；He代表风险暴露的折扣系数；C代表所接受抵押品的当前价值；Hc代表抵押品的折扣系数；Hfx代表处理抵押品和风险暴露币种错配的折扣系数。

下面举一个例子简单示意标准法的计算方法，忽略部分折扣系数。

【例4-11】银行A分别向企业B、C、D、E发放了一笔100万元的贷款，对于银行A而言，这些贷款的风险加权资产是多少？银行要为这笔贷款分配多少经济资本？

（1）银行A向企业B发放了一笔100万元的贷款，企业B以50万元的厂房作为抵押，厂房折扣系数为10%，则$E=100$，$C=50$，$Hc=10\%$，假设$He=0$，$Hfx=0$，那么风险缓释后的风险暴露$E^*=\max\{0,[E\times(1+He)-C\times(1-Hc-Hfx)]\}=\max\{0,[100\times(1+0)-50\times(1-10\%)]\}=\max\{0,55\}=55$（万元）。

如果企业B在信用评级中被评为A+级，则其风险权重为50%，对于银行A而言，这笔贷款的风险加权资产（RWA）=风险缓释后的风险暴露（E^*）×风险权重=55×50%=27.5（万元）。《巴塞尔协议Ⅱ》确立的资本充足率系数是8%，则资本需求=风险加权资产×8%=27.5×8%=2.2（万元）。也就是说，为防范给企业B这笔贷款的信用风险，银行A至少需要2.2万元的资本准备。

（2）如果企业C没有提供风险缓释工具（没有抵押厂房），其他条件与企业B相同，银行要为这笔贷款分配多少经济资本呢？风险加权资产（RWA）=风险缓释后的风险暴露（E^*）×风险权重=100×50%=50（万元）；资本需求=风险加权资产×8%=50×8%=4（万元）。

（3）如果企业D同样没有提供风险缓释工具，但信用评级是B级，其他条件相同，银行要为这笔贷款分配多少经济资本呢？风险加权资产（RWA）=风险缓释后的风险暴露（E^*）×风险权重=100×150%=150（万元）；资本需求=风险加权资产×8%=150×8%=12（万元）。

（4）如果企业E同样没有提供风险缓释工具，但信用评级是AA级，其他条件相同，银行要为这笔贷款分配多少经济资本呢？风险加权资产（RWA）=风险缓释后的风险暴露（E^*）×风险权重=100×20%=20（万元）；资本需求=风险加权资产×8%=20×8%=1.6（万元）。

（5）银行A同时为上述B、C、D和E共四个企业提供贷款，按《巴塞尔协议Ⅱ》的标准法，共需准备多少经济资本？总资本要求是各单项资本要求的加总，则2.2万元+4万元+12万元+1.6万元=19.8万元。与《巴塞尔协议Ⅰ》相比，资本要求有什么变化？按《巴塞尔协议Ⅰ》，贷款总额=100+100+100+100=400（万元）；资本需求=（100+100+100+100）×8%=400×8%=32（万元）。按《巴塞尔协议Ⅱ》，资本需求下降了12.2万元，银行

A 的总体资本充足率只要达到 4.95%就可以满足要求。

从这个例子可以看到，按《巴塞尔协议Ⅱ》，同样是发放一笔 100 万元的贷款，所需的资本相差悬殊，差距可以达到几倍甚至几十倍，而这正是由信用项目的风险程度决定的。

在这个意义上，我们说《巴塞尔协议Ⅱ》中“资本需求的风险敏感性”大大提升了。按照《巴塞尔协议Ⅱ》的这一原则，拥有优质客户群体的银行可以更有效地扩张业务，而其他资产质量不良的银行则要被迫收缩业务，这一特征对于未来发达国家和发展中国家银行业的发展方式，以及各自在国际舞台上的竞争力有深刻的影响，优势银行在资本充足率原本就已经较高的情况下，以同样的资本数额可以扩张到数倍乃至数十倍于发展中国家银行的业务规模，这就有可能形成“胜者通吃”的市场格局。

（二）内部评级法

根据对商业银行内部评级体系依赖程度的不同，内部评级法又分为初级法和高级法两种：初级法要求商业银行运用自身客户评级估计每一等级客户的违约概率，其他风险要素采用监管当局的估计值。高级法要求商业银行运用自身二维评级体系自行估计违约概率、违约损失率、违约风险暴露和期限。初级法和高级法的区分只适用于非零售暴露，对于零售暴露，只要商业银行决定实施内部评级法，就必须自行估计 PD 和 LGD。

内部评级法（IRB）要求商业银行建立健全的内部评级体系，自行预测违约概率（PD）、违约损失率（LGD）、违约风险暴露（EAD）、期限（M）等信用风险因素，并根据一定的权重公式计算每笔债项的信用风险资本要求（K）。

1. 违约概率（PD）。违约概率是指未来一段时间内借款人发生违约的可能性，巴塞尔委员会将违约概率定义为债项所在信用等级一年内的平均违约率。各信用等级违约概率的确定必须是通过对历史数据进行统计分析和实证研究得到，而且为保守的和前瞻性的估计。违约概率模型的构建和测算是内部评级法的核心，同时也是许多技术问题的焦点。要测算违约概率，就要进一步分析违约概率的影响因素。通常，影响违约概率的因素主要有财务因素、经营因素等，并且不同的风险类别，其违约概率的影响因素不同。只要银行决定采用内部评级法，无论是初级法还是高级法，都必须自己计算各类客户的违约概率。

2. 违约损失率（LGD）。违约损失率是指预期违约的损失占风险暴露的百分比，违约损失率与关键的交易特征有关，如是否有抵押品。此处的损失是经济损失而非会计损失，包括折扣因素、融资成本以及在确定损失过程中汇总发生的直接或间接成本。违约损失率的测算在初级法和高级法中不同。在初级法中，违约损失率需根据监管当局规定的依据进行测算；在高级法中，由银行自身来确定每一风险暴露对应的违约损失率。

3. 期限（M）。在高级法以及有明确期限标准的初级法中，银行必须为每项风险暴露提供一个期限测量值，并与 PD、LGD 一起计算出该项风险暴露的风险权重及风险加权资产。

4. 违约风险暴露（EAD）。违约风险暴露是指由于债务人的违约所导致的可能承受风险的信贷业务的余额。所有违约风险暴露按扣除特别准备金后的净值计算。同处理 LGD 的方法一样，巴塞尔委员会提出采用初级和高级的 IRB 法，来估算表外项目的 EAD。初级法采用标准法提供的信用转换系数估算 EAD（未提款的承诺例外），其 EAD 为承诺名义金额的 75%。高级法则可采用内部测定的承诺项目的估计值。希望采取自定 EAD 估计值的银行需要表明，它们能够满足额外的一些最低标准。标准法中，根据监管标准或外部信贷评估机构的评估，借款人被赋予5类风险权重（0、20%、50%、100%、150%）。

在内部评级法中，银行对每一个借款人的资信情况进行评估，并将评估结果转换为对未来潜在损失量的估计值，以此构成确定最低资本要求的基础。因此，无论是初级法还是高级法，IRB方法通过使用风险权重的连续函数代替标准法下5个离散的风险档，风险权重的范围比标准法更加灵活多样，因而也更具有风险敏感性，使银行的风险状况与资本要求的内在联系更加紧密。

也就是说，对于PD、LGD以及某些情况下的M一起显示非常低风险的借款人风险暴露，其风险权重要低于使用标准法在同样情况下得出的风险权重，即资本要求减少；同样地，对于PD、LGD和M一起显示非常高风险的借款人风险暴露，其风险权重要高于使用标准法在同样情况下得出的风险权重，即资本要求增加。

信用风险监测是风险管理流程中的重要环节，是指信用风险管理者通过各种监控条件，动态捕捉信用风险指标的异常变动，判断其是否已经达到引起关注的水平或已经超过阈值。信用风险监测是一个动态、连续的过程。

第三节　信用风险识别实例——包商银行破产事件

北京市第一中级人民法院（以下简称北京一中院）于2021年2月7日作出（2020）京01破270号之一民事裁定书，裁定包商银行股份有限公司破产。截至2020年10月31日，包商银行净资产为-2 055.16亿元，资产总额为4.47亿元，负债总额为2 059.62亿元。裁定书显示，2020年11月17日，包商银行以无法清偿到期债务且资产不足以清偿全部债务为由申请破产清算，北京一中院于2020年11月23日裁定受理。该院查明，包商银行破产清算案第一次债权人会议于2021年1月12日召开，743家债权人全部参会。会议核查了管理人编制的债权表，并审议通过了《债务人财产管理方案》《关于第一次债权人会议召开后书面召开会议、表决及书面核查债权的议案》两项议案。该院于2021年2月4日作出（2020）京01破270号之一民事裁定书，确认存款保险基金管理有限责任公司等728家债权人的729笔无争议债权，确认债权金额合计为2 013.98亿元。

一、包商银行风险处置史

包商银行前身为1998年成立的包头市商业银行，2007年更名为包商银行，2008年至2011年获准在北京、深圳、成都、宁波设立4家区外分行，业务快速向区外扩张。李镇西自2002年起担任包商银行行长，2008年起担任党委书记、董事长，到2019年包商银行被接管时，担任“一把手”长达11年。

破产两年前，2019年5月24日，包商银行因出现严重信用风险，被人民银行、银保监会联合接管。接管组全面行使包商银行的经营管理权，并委托建设银行托管包商银行的业务。

《中国货币政策执行报告》显示，2019 年 6 月，为摸清包商银行的“家底”，接管组以市场化方式聘请中介机构，逐笔核查包商银行的对公、同业业务，深入开展资产负债清查、账务清理、价值重估和资本核实，全面掌握了包商银行的资产状况、财务状况和经营情况。

清产核资的结果，一方面印证了包商银行存在巨额的资不抵债缺口，接管时已出现严重的信用风险，若没有公共资金的介入，理论上一般债权人的受偿率将低于 60%；另一方面，也为接管组后续推进包商银行改革重组工作奠定了坚实的基础。

2019 年 10 月，包商银行改革重组工作正式启动。

为实现处置成本最小化，接管组最初希望引入战略投资者，在政府部门不提供公共资金分担损失的前提下，仅通过收购股权溢价款，抵补包商银行的资不抵债缺口。但由于包商银行的损失缺口巨大，在公共资金承担损失缺口之前，没有战略投资者愿意参与包商银行重组。

包商银行接管组组长周学东 2020 年 8 月撰文称，2017 年 5 月，专案组介入“明天系”案件后发现，包商银行自 2005 年以来仅大股东占款就累计高达 1 500 亿元，且每年的利息就多达百亿元，长期无法还本付息，资不抵债的严重程度超出想象。

2019 年 9 月，包商银行改革重组工作正式启动，但市场化重组因包商银行的损失缺口巨大、缺少投资者参与而无法进行。为确保包商银行改革重组期间金融服务不中断，接管组借鉴国际金融风险处置经验和做法，并根据《存款保险条例》等国内现行法律制度，最终决定采取新设银行收购承接的方式推进改革重组。

2020 年 4 月 30 日，蒙商银行正式成立并开业。同日，包商银行接管组发布公告，包商银行将相关业务、资产及负债，分别转让至蒙商银行和徽商银行（系 4 家区外分行）。存款保险基金根据《存款保险条例》第十八条授权，向蒙商银行、徽商银行提供资金支持，并分担包商银行的资产减值损失，促成蒙商银行、徽商银行收购承接，保持金融业务连续运行。

二、包商银行的风险根源于公司治理全面失灵

据多方反映，在接管前的相当一段时间里，包商银行内部是在李镇西一个人领导下运转的，即使李镇西自 2014 年起不再担任党委书记，改由监事长李献平兼任，但董事长“一个人说了算”的局面已经形成，牢不可破。李镇西统帅“三军”，是事实上的内部控制人和大股东代理人，董事会、党委、经营决策层皆直接听命于他。

在实际运作过程中，由于“明天系”的“一股独大”，包商银行股东大会没有发挥科学、民主决策的作用。包商银行机构股东有 79 户，持股比例为 97.05%。其中，明确归属明天集团的机构股东有 35 户，持股比例达 89.27%，远超 50% 的绝对控股比例。

由于股权过于集中，大股东很容易根据“一股一票”和“资本多数表决”原则“合法地”操纵股东大会，使股东大会成为大股东主导的决策机构，股东大会“形式化”或“走过场”，成了大股东干预和掏空包商银行的合法外衣，股东监督机制名存实亡。2005 年以来，明天集团通过大量的不正当关联交易、资金担保及资金占用等手段进行利

益输送，包商银行被逐渐“掏空”，造成严重的财务与经营风险，直接侵害其他股东及存款人的利益。清产核资结果显示，2005 年至 2019 年的 15 年里，“明天系”通过注册 209 家空壳公司，以 347 笔借款的方式套取信贷资金，形成的占款高达 1 560 亿元，且全部成了不良贷款。

三、包商银行事件反映的问题

包商银行问题暴露具有其特殊性，但同时也反映了部分中小银行发展的共性。这一事件之所以引起市场的强烈关注，主要源于近年以来在金融严监管趋势下，部分中小银行过去的发展模式蕴藏的风险逐步暴露，市场对其发展前景产生忧虑。从发展现状来看，2016 年以来，中小银行盈利能力逐步出现明显分化，资产质量压力陡增，且资本补充难度日益加大。从中小银行发展进程来看，又积聚四大风险：第一，公司治理欠缺，存在大股东资金占用问题。部分中小银行股东持股比例较为分散，股权结构复杂，易形成关联交易，公司治理方面又存在股东资质不合规、股权管理不到位等问题。第二，使用同业存单进行套利，追求规模弯道超车，大量资金流入实体，表外信用下沉。2015—2016 年，市场流动性充裕，中小银行通过大量发行同业存单，将资产端期限错配到同业理财、银行委外业务、非标准化产品、债券等扩大资产规模，而加长的资金链要求资产端加杠杆、加久期、降信用以提高收益率，导致大量资金投入实体，出现信用下沉。第三，存在信用风险，表内信用下沉伴随供给侧结构性改革。一方面，中小银行业务集中于当地中小企业，受区域经济发展情况影响明显；另一方面，中小银行的部分中小企业客户在供给侧结构性改革进程中面临淘汰、破产，积累信用风险。第四，存在流动性风险，期限错配程度较高，而流动性管理水平较低，高度依赖宽松的货币环境。

包商银行事件打破了同业刚兑预期，短期市场担忧流动性冲击，长期服务于金融供给侧结构性改革。在包商银行的接管处理中，对于个人客户及 5 000 万元以下的对公和同业客户本息实现全额保障，然而对于 5 000 万元以上本息，预计平均保障比例在 90% 左右，打破刚性兑付，引发市场对两大风险的担忧。一是流动性风险，刚兑预期打破后，部分资质较差的中小银行同业资金融入难度加大，一旦中小银行同业资金难以续接，银行则会率先在资产端抛售流动性较高的资产，利率债等资产抛售压力加大，同时流动性的紧张将进一步传导至非银机构及产品。二是信用收缩风险，当流动性风险恶化，资产抛售压力将会持续向流动性差的资产传导，银行信用创造及货币派生意愿均将受到影响，影响宽货币向宽信用传导效率。然而从监管的角度来看，在当前的金融市场环境下，监管部门高度重视防止为了防控风险而触发流动性风险，因此为应对此次接管也做好了充分的准备工作，降低流动性风险因素。这一事件更多是对银行业敲响警钟，银行作为信用主体并非永远可以刚兑，不同经营情况的银行在同业的资金融通应回归市场化定价，挤出无效供给，真正践行金融供给侧结构性改革内涵。

包商银行事件后，银行业的机构体系、业务布局和产品结构或将重新调整，负债成本进一步抬升，将倒逼中小银行重新思考战略定位及发展路径。在大中型银行已完成市场蛋糕切分的环境下，如何错位竞争，形成突围？未来存在两大路径。一是借力金融科技，充分利用网络技术、大数据、云计算和人工智能等手段，提升金融服务效率及风险识别能力，提升服务小微及民企客户的收益风险比。二是重视理财子公司带来的“弯道超车”机会，对中小银行而言，设立理财子公司虽然面临资本金等因素制约，但中小银行理财子公司与我国互联网巨头合作仍有很大想象空间。对于互联网企业来说，大型银行对于理财子公司掌握绝对控制权，而与中小银行合作可以谋求更多话语权。对于中小银行来说，设立理财子公司具有长远价值，从销售渠道、异地经营等各方面均可与母行形成协同优势。

【练习题】

一、重要名词

信用风险　企业集团　风险分散化　债项评级　违约风险暴露　违约损失率　国际风险主权评级　违约概率　限额　信用风险经济资本　信贷资产证券化

二、单项选择

1. 某银行2006年对A公司的一笔贷款收入为1 000万元，各项费用为200万元，预期损失为100万元，经济资本为16 000万元，则RAROC等于（　　）。

A. 4.38%　　B. 6.25%　　C. 5.00%　　D. 5.63%

2. 在法人客户评级模型中，（　　）通过应用期权定价理论求解出信用风险溢价和相应的违约率。

A. Altman Z计分模型　　B. Risk Caic模型

C. Credit Monitor模型　　D. 死亡率模型

3. 以下的信用风险组合模型中，（　　）模型通过资产信用等级的历史转换概率来计算资产最大损失额有关的因素。

A. Credit Metrics模型　　B. Credit Portfolio View模型

C. Credit Risk+模型　　D. KMV模型

4. 某一年期零息债券的年收益率为16.7%，假设债务人违约后，回收率为零，若1年期的无风险年收益率为5%，则根据KPMG风险中性定价模型得到上述债券在1年内的违约概率为（　　）。

A. 0.05　　B. 0.10　　C. 0.15　　D. 0.20

5. KMV模型的基本假设中，当公司的资产价值低于违约点时，公司就会违约，违约点是指（　　）。

A. 公司资产价值大于负债价值时的点

B. 公司资产价值小于负债价值时的点

C. 公司资产价值等于负债价值时的点

D. 公司资产价值围绕负债价值波动的点

6. 企业集团可能具有以下特征：由主要投资者个人/关键管理人员或与其关系密切的家庭成员（包括三代以内直系亲属关系和两代以内旁系亲属关系）共同直接或间接控制。这里的“主要投资者”是指（　　）。

A. 直接或间接控制一个企业10%或10%以上表决权的个人投资者
B. 直接或间接控制一个企业5%或5%以上表决权的个人投资者
C. 直接或间接控制一个企业3%或3%以上表决权的个人投资者
D. 直接或间接控制一个企业1%或1%以上表决权的个人投资者

7. 下列关于客户信用评级的说法，错误的是（　　）。
A. 评价主体是商业银行
B. 评价目标是客户违约风险
C. 评价结果是信用等级和违约概率
D. 评价内容是客户违约后特定债项损失大小

8. 在客户信用评价中，由个人因素、资金用途因素、还款来源因素、保障因素和企业前景因素等构成，针对企业信用分析的专家系统是（　　）。
A. 5Cs 系统　B. 5Ps 系统　C. CAMELs 系统　D. 4Cs 系统

9. 根据死亡率模型，假设某3年期辛迪加贷款，从第1年至第3年每年的边际死亡率依次为0.17%、0.60%、0.60%，则3年的累计死亡率为（　　）。
A. 0.17%　B. 0.77%　C. 1.36%　D. 2.32%

10. 对于全额抵押的债务，《巴塞尔协议Ⅱ》规定应在原违约风险暴露的违约损失率基础上乘以（　　），该系数即《巴塞尔协议Ⅱ》所称的“底线”系数。
A. 0.75　B. 0.5　C. 0.25　D. 0.15

11. 采用回收现金流法计算违约损失率时，若回收金额为1.04亿元，回收成本为0.84亿元，违约风险暴露为1.2亿元，则违约损失率为（　　）。
A. 13.33%　B. 16.67%　C. 30.00%　D. 83.33%

12. 假设违约损失率（LGD）为8%，商业银行估计预期损失（EL）为10%，则根据《巴塞尔协议Ⅱ》，违约风险暴露的资本要求（K）为（　　）。
A. 18%　B. 0　C. −2%　D. 2%

13. 目前，（　　）是我国商业银行面临的最大、最主要的风险种类。
A. 信用风险　B. 市场风险　C. 操作风险　D. 声誉风险

14. 下列关于组合资产模型监测商业银行组合风险的说法，正确的是（　　）。
A. 主要是对信贷资产组合的授信集中度和结果进行分析监测
B. 必须直接估计每个敞口之间的相关性
C. Credit Portfolio View 模型直接估计组合资产的未来价值概率分布
D. Credit Metrics 模型需要直接估计各敞口之间的相关性

15. 下列关于信用风险的说法，正确的是（　　）。
A. 对大多数银行来说，存款是最大、最明显的信用风险来源
B. 信用风险只存在于传统的贷款、债券投资等表内业务中，不存在于信用担保、贷款承诺等表外业务中
C. 衍生产品由于信用风险造成的损失不大，潜在风险可以忽略不计
D. 从投资组合角度出发，交易对手的信用级别下降可能会给投资组合带来损失

16. 在商业银行的经营过程中，（　　）决定其风险承担能力。
A. 资产规模和商业银行的风险管理水平
B. 资本金规模和商业银行的盈利水平
C. 资产规模和商业银行的盈利水平
D. 资本金规模和商业银行的风险管理水平
17. 大量存款人的挤兑行为可能会导致商业银行面临（　　）危机。
A. 流动性　　B. 操作　　C. 法律　　D. 战略
18. 下列关于结算风险的说法，不正确的是（　　）。
A. 结算风险是信用风险的一种
B. 结算风险在外汇交易中不常出现
C. 赫斯塔特银行的破产产生大量结算风险
D. 结算风险是指交易双方在结算过程中，一方支付了合同资金但另一方发生违约的风险
19. 下列降低风险的方法中，（　　）只能降低非系统性风险。
A. 风险分散　　B. 风险转移　　C. 保险转移　　D. 非保险转移
20. 在法人客户评级模型中，Risk Calc 模型（　　）。
A. 不适用于非上市公司
B. 运用 Logit 或 Probit 回归技术预测客户的违约概率
C. 核心在于把企业与银行的借贷关系视为期权买卖关系
D. 核心是假设金融市场中的每个参与者都是风险中立的

三、多项选择

1. KMV 模型的基本假设条件中未来资产价值变化条件是（　　）。
A. 在某个未来给定时期，假定公司资产价值以资产净预期增长率增长
B. 在某个时间点，公司资产价值服从正态分布
C. 在某个未来给定时期，假定公司资产价值变化不确定
D. 在某个时间点，公司资产价值服从随机变化
2. 信用风险的主要形式包括（　　）。
A. 结算风险　　B. 流动性风险　　C. 非系统风险　　D. 违约风险
E. 国家风险
3. 对小企业进行信用风险分析时，应关注（　　）等风险点。
A. 产品多样化　　B. 可能出现逃债现象
C. 自有资金匮乏　　D. 很少开具发票
E. 经不起原材料价格波动
4. Credit Metrics 模型可以用于以下（　　）资产的信用风险进行度量。
A. 非交易性金融资产　　B. 贷款
C. 私募债券　　D. 股票
5. 下列关于信用风险评级标准法下信用风险计量框架的表述，正确的有（　　）。

A. 有居民房产抵押的零售类资产给予35%的权重
B. 表外信贷资产采用信用风险转换系数转换为信用风险暴露
C. 商业银行只能用信用衍生工具进行信用风险缓释
D. 无居民房产抵押的零售类资产给予25%的权重
E. 商业银行的信贷资产包括表外债权

6. 商业银行信用风险评价的模型中，会出现肥尾问题的模型包括（　　）。
A. Z评分模型　　B. 综合评分模型
C. KMV模型　　D. Credit Metrics模型

7. 新发生不良贷款的外部原因包括（　　）。
A. 违反贷款授权授信规定　　B. 企业经营管理不善或破产倒闭
C. 企业逃废银行债务　　D. 企业违法违规
E. 地方政府行政干预

8. 2007年底，美国爆发了次级债危机。长期以来，有些美资商业银行员工违规向信用分数较低、收入证明缺失、负债较重的人提供贷款，由于房地产市场回落，客户负担逐步到了极限，大量违约客户出现，不再偿还贷款，形成坏账，次级债危机就产生了。危机使信用衍生产品市场大跌，众多机构的投资受损，并进一步致使银行间资金吃紧。危机殃及了许多全球知名的商业银行、投资银行和对冲基金，使长期以来它们在公众心目中稳健经营的形象大打折扣。上述信息包含了（　　）等风险。
A. 市场风险　　B. 信用风险　　C. 操作风险　　D. 流动性风险
E. 声誉风险

9. 商业银行除了要对客户的财务状况进行风险识别和分析外，还应当分析（　　）等非财务因素。
A. 管理者的品德与诚信度　　B. 行业的周期性
C. 企业现金流量　　D. 劳资关系
E. 产品研发

10. 下列关于行业财务风险分析指标的说法，正确的有（　　）。
A. 行业盈亏系数越低，说明行业风险越大
B. 行业产品产销率越高，说明行业产品供不应求
C. 行业销售利润率是衡量行业盈利能力最重要的指标
D. 行业资本积累率越低，说明行业发展潜力越好
E. 行业劳动生产率在一定程度上反映出行业间的相对技术水平

11. 相对于单一法人客户，集团法人客户的信用风险特征有（　　）。
A. 内部关联交易频繁　　B. 连环担保十分普遍
C. 财务报表真实性差　　D. 系统性风险较低
E. 风险识别和贷后监督管理难度较大

12. 下列属于可以质押的权利有（　　）。
A. 依法可以转让的商标专用权　　B. 专利权中的财产权

C. 汇票　　D. 债券

E. 上市公司的股票

13. 个人客户信用风险主要表现在（　　）。

A. 客户作为债务人在信贷业务中违约　B. 商业银行员工失职违规

C. 客户在表外业务中自行违约　D. 商业银行员工知识/技能匮乏

E. 客户作为保证人为其他债务人提供担保过程中的违约

四、判断题

1. 国家控制的企业间不应当仅仅因为彼此同受国家控制而成为关联方。（　　）

2. 在《巴塞尔协议Ⅱ》中，违约概率被具体定义为借款人贷款期违约概率与0.03%中的较高者。（　　）

3. 根据《巴塞尔协议Ⅱ》，在信用风险评级标准法下，商业银行不得通过信用衍生工具进行信用风险缓释。（　　）

4. 贷款实际计提准备是指商业银行根据贷款预计损失而实际计提的准备。（　　）

5. 在《巴塞尔协议Ⅱ》计量公式下，可以将所有债项的经济资本直接相加得到不同组合层面的经济资本。（　　）

6. 违约风险针对个人，不针对企业。（　　）

7. 操作风险可以分为由人员、系统、流程和内部事件所引发的四类风险。（　　）

8. 信用风险与市场风险相比具有数据优势和易于计量的特点。（　　）

9. 与市场风险相比，信用风险的观察数据虽然少，但是比较容易获取。（　　）

10. 《巴塞尔协议Ⅱ》提倡应用 VaR 方法计量信用风险。（　　）

11. 《巴塞尔协议Ⅱ》规定的国际活跃银行的核心资本充足率不得低于8%。（　　）

12. 信用风险是指债权人或交易对手未能履行合同所规定的义务或者信用质量发生变化，影响金融产品价值，从而给债务人或金融产品持有人造成经济损失的风险。（　　）

13. 违约风险仅针对企业，不针对个人。（　　）

14. 债项评级在本质上等同于贷款分类。（　　）

15. 商业银行对企业信用分析的5Cs 系统是指品德、资本、还款能力、抵押和经营环境。（　　）

16. 一个债务人只能拥有一个债项评级。（　　）

五、问答题

1. 单一法人客户信用风险识别方法是什么？

2. 集团法人客户信用风险识别方法是什么？

3. 个人客户信用风险识别方法是什么？

4. 贷款组合信用风险识别方法是什么？

5. 分别论述客户信用评级中专家判断法、信用评分法、违约概率模型的评级要点。

6. 组合信用风险计量方法是什么？

第五章

信用风险管理（下）

【章前引例】

2016 年 5 月，陕西潼关县联社发生了一起 2 000 万元质押贷款案件。结合案件情况，陕西、河南银监局迅速组织辖内银行业金融机构开展全面排查，发现多名外部不法人员横跨陕西、河南两省，以纯度不足的非标准黄金作为质押物，骗取 19 家银行业金融机构 190 亿元贷款。经过立案、调查、审理、审议、告知、陈述申辩意见复核等一系列法定程序，陕西、河南银监局依法查处了辖内银行业金融机构质押贷款案件，对两地涉及该案的 19 家银行业金融机构共计罚款 5 250 万元，并处罚 104 名责任人。

该案暴露出上述银行业金融机构内控管理存在诸多缺陷。一是贷款“三查”形同虚设。相关银行业金融机构贷前调查不尽职、贷款审查不严格、贷后管理缺位，部分基层机构在业务办理过程中有章不循、违规操作，严重违反审慎经营规则。二是押品管理严重失效。相关银行业金融机构对贷款质押物的检测及价值评估存在重大纰漏，给不法分子可乘之机。三是业务开展盲目激进。相关银行业金融机构过度追求业务发展规模和速度，不了解自己的客户，不能穿透业务风险，部分机构违规开展业务审批，重要岗位未形成有效制约，内控审计作用缺失。

资料来源：中国经济网。

【本章学习目标】

1. 掌握信用风险监测的方法。
2. 掌握信用风险控制的具体方法。
3. 了解资产证券化与信用衍生产品的基本原理。

第一节 信用风险监测

一、信用风险监测概述

信用风险监测是指风险管理人员通过各种监控技术，动态捕捉信用风险指标的异常变动，判断其是否已经达到关注的水平或已经超过阈值。如果达到关注的水平或者超过阈值，就应该及时地通过调整授信政策、优化资产组合结构、利用资产证券化等手段分散或转移信用风险，将信用风险损失降到最低。

（一）信用风险监测的对象

1. 单一客户的信用风险监测。客户信用风险是由企业的内生变量和外生变量共同决定的。从客户信用风险的外生变量来看，借款人的生产经营活动不是孤立的，而是与其主要股东、上下游客户、市场竞争者等“风险域”企业持续交互影响的。这要求对单一客户信用风险的监测从个体延伸到“风险域”企业。而企业的内生变量主要包括基本面指标和财务指标。

（1）基本面指标。

①品质类指标。包括企业的合规性、公司治理结构、经营组织框架、管理层素质和信用记录等。

②实力类指标。包括资金实力、技术及设备的先进性、人力资源、资质等级、运营管理、重大投资影响、对外担保因素影响等。

③环境指标。包括市场竞争环境、政策法规环境、外部重大事件、信用环境等。

（2）财务指标。包括企业偿债能力指标、盈利能力指标、营运能力指标和增长能力指标。

2. 组合风险监测。组合层面的风险监测把多种信贷资产作为投资组合进行整体监测。组合风险监测能够体现多样化带来的分散风险的效果，防止国别、行业、区域、产品等维度的风险集中度过高，实现资源的最优化配置。商业银行组合风险监测有两种主要方法。

（1）传统的组合监测方法。传统的组合监测方法主要是对信贷资产组合的授信集中度和结构进行分析监测。授信集中是指相对于商业银行资本金、总资产或总体风险水平而言，存在较大潜在风险的授信。结构分析包括行业、客户、产品、区域等的资产质量和收益（利润贡献度）等维度。商业银行可以依据风险管理专家的判断，给予各项指标一定权重，得出对单个资产组合风险判断的综合指标或指数。

（2）资产组合模型。商业银行在计量每个敞口的信用风险，即估计每个敞口的未来价值概率分布的基础上，就能够计量组合整体的未来价值概率分布，再估计各敞口之间的相关性，从而得到整体价值的概率分布。

（二）风险监测指标

风险监测指标体系通常包括潜在指标和显现指标两大类，前者主要用于对潜在因素或征兆信息的定量分析，后者则用于显现因素或现状信息的定量化。

1. 不良贷款率。

不良贷款率 =（次级类贷款 + 可疑类贷款 + 损失类贷款）/各项贷款 ×100%

2. 关注类贷款占比。

贷款关注率 = 关注类贷款余额 ÷ 期末贷款总额

关注类贷款在未来有一定的劣变可能，如果被作为银行资产质量的缓冲手段之一，则情况可能更为严重。关注类贷款余额增长、迁徙率提高，会对商业银行的不良贷款率和不良贷款余额管控工作造成压力。

3. 逾期贷款率。

逾期贷款率 = 逾期贷款余额/贷款总余额 ×100%

逾期贷款率反映贷款按期归还情况，从是否按期还款的角度反映贷款使用效益情况和信用风险程度，促使银行对逾期贷款尽快妥善处理。

4. 贷款风险迁徙。风险迁徙类指标衡量商业银行信用风险变化的程度，表示为资产质量从前期到本期变化的比率，属于动态指标。风险迁徙类指标是建立在贷款五级分类基础上的一种监测指标。贷款五级分类是国际金融业对银行贷款质量的公认标准，通过对借款人现金流量、财务实力、抵押品价值等因素的连续监测和分析，判断贷款的实际损失程度。贷款迁徙率包括正常贷款迁徙率（包括正常类贷款迁徙率、关注类贷款迁徙率）和不良贷款迁徙率（包括次级类贷款迁徙率、可疑类贷款迁徙率）。

贷款迁徙率 = 期初贷款向下迁徙金额/（期初贷款余额 − 期初贷款期间减少金额）×100%

（注：该指标计算本外币口径数据。期初贷款向下迁徙金额，是指期初贷款中资产质量变差贷款的总额。）

【例 5－1】假设商业银行当期期初共有 1 000 亿元贷款，其中正常类、关注类、次级类、可疑类、损失类贷款分别为 900 亿元、50 亿元、30 亿元、15 亿元、5 亿元。该年度银行正常收回存量贷款 150 亿元（全部为正常类贷款），清收处置不良贷款 25 亿元，其他不良贷款形态未发生变化，新发放贷款 225 亿元（截至当期期末全部为正常类贷款）。至当期期末，该银行正常类、关注类贷款分别为 950 亿元、40 亿元。则该银行当年度的正常类贷款迁徙率计算如下：该行期初正常类贷款余额为 900 + 50 = 950（亿元），期内减少额为 150 亿元，期末正常类贷款为 950 + 40 = 990（亿元），其中来自原正常类贷款的为 990 − 225 = 765（亿元），期内贷款迁徙为不良贷款的金额为 950 − 150 − 765 = 35（亿元），所以正常类贷款迁徙率为 35/（950 − 150）×100% = 4.38%。

5. 预期损失率。

预期损失率 =（预期损失/资产风险暴露）×100%

预期损失是指信用风险损失分布的数学期望，代表大量贷款或交易组合在整个经济周期内的平均损失，是商业银行预计将会发生的损失。

6. 贷款拨备覆盖率和贷款拨备率。

贷款拨备覆盖率 =（一般准备 + 专项准备 + 特别准备）/不良贷款额

贷款拨备率 =（一般准备 + 专项准备 + 特别准备）/各项贷款总额

一般准备金是商业银行按照贷款余额的一定比例提取的贷款损失准备金。专项准备金应该根据每笔贷款的借款人的还款能力、贷款本息的偿还情况、抵押品的市价、担保人的支持度等因素，分析风险程度和回收的可能性合理计提。2002 年银监会发布的《贷款损失准备金计提指引》中规定，专项准备金要根据贷款风险分类的结果，对不同类别的贷款按照建议的计提比例进行计提。特别准备金是针对贷款组合中的特定风险，按照一定比例提取的贷款损失准备金。特别准备金与一般准备金和专项准备金不同，它不是商业银行经常提取的准备金，只有遇到特殊情况才计提特别准备金。2011 年，银监会印发《商业银行贷款损失准备管理办法》，将一般准备、特别准备和专项准备合并为“贷款损失准备”。

7. 贷款损失准备充足率。

贷款损失准备充足率 = 贷款实际计提准备/贷款应提准备 × 100%

该指标计算本外币口径数据。贷款实际计提准备是指商业银行根据贷款损失而实际计提的准备。

【知识链接 5 －1】

关于调整商业银行贷款损失准备监管要求的通知

一、调整内容

拨备覆盖率监管要求由 150% 调整为 120% ～150%，贷款拨备率监管要求由 2.5% 调整为 1.5% ～2.5%。

二、调整方式及参考因素

调整区间范围内，按照“同质同类”“一行一策”原则，明确银行贷款损失准备监管要求。“同质同类”，是指各机构监管部门原则上应制定相应类别机构的差异化实施细则并及时印发实施。“一行一策”，是指各机构监管部门和银监局按照本通知和实施细则，进一步明确单家银行的贷款损失准备监管要求。

确定单家银行具体监管要求时，应考虑以下三个方面因素。

（一）贷款分类准确性

按照逾期 90 天以上贷款纳入不良贷款的比例，确定拨备覆盖率和贷款拨备率最低监管要求。

逾期 90 天以上贷款 纳入不良贷款的比例	拨备覆盖率 最低监管要求	贷款拨备率 最低监管要求
100%	120%	1.5%
[85%，100%)	130%	1.8%
[70%，85%)	140%	2.1%
70% 以下	150%	2.5%

（二）处置不良贷款主动性

按照处置的不良贷款占新形成不良贷款的比例，确定拨备覆盖率和贷款拨备率最低监管要求。

处置的不良贷款占新形成不良贷款的比例	拨备覆盖率最低监管要求	贷款拨备率最低监管要求
90%及以上	120%	1.5%
[75%，90%)	130%	1.8%
[60%，75%)	140%	2.1%
60%以下	150%	2.5%

（三）资本充足性

按照不同类别商业银行的资本充足率情况，确定拨备覆盖率和贷款拨备率最低监管要求。

资本充足率（系统重要性银行）	资本充足率（非系统重要性银行）	拨备覆盖率最低监管要求	贷款拨备率最低监管要求
13.5%及以上	12.5%及以上	120%	1.5%
[12.5%，13.5%)	[11.5%，12.5%)	130%	1.8%
[11.5%，12.5%)	[10.5%，11.5%)	140%	2.1%
11.5%以下	10.5%以下	150%	2.5%

2020年5月，银保监会印发《关于阶段性调整中小商业银行贷款损失准备监管要求的通知》，对中小商业银行贷款损失准备监管要求进行阶段性调整。相关机构拨备覆盖率监管要求由120%～150%调整为100%～130%，贷款拨备率监管要求由1.5%～2.5%调整为1.5%～2%。

8. 单一（集团）客户授信集中度。

单一（集团）客户贷款集中度=最大一家（集团）客户贷款总额/资本净额×100%

该指标计算本外币口径数据。最大一家（集团）客户贷款总额是指报告期末各项贷款余额最高的一家（集团）客户的各项贷款的总额，客户是指取得贷款的法人、其他经济组织、个体工商户和自然人。

9. 关联授信比例。

关联授信比例 = 全部关联方授信总额／资本总额 ×100%

式中，全部关联方授信总额是指商业银行全部关联方的授信余额，扣除关联方提供的保证金存款以及质押的银行存单和我国中央政府债券。

二、风险预警

风险预警是指根据各种渠道的信息，通过一定的技术手段，采用专家判断和时间序列分析、层次分析和功效计分等方法，对商业银行信用风险状况进行动态监测和早期预警。风险预警主要包括风险预警程序和风险预警方法。

（一）风险预警程序

1. 信用信息的收集和传递。收集信息即收集与商业银行有关的内外部信息，包括信贷人员提供的信息和外部渠道得到的信息，并通过商业银行信用风险信息系统进行储存。

2. 风险分析。信息通过适当的分层处理、甄别、判断后，进入预警系统或预警指标体系。

3. 风险处置。风险处置是指在风险警报的基础上，为控制和最大限度消除商业银行风险而采取一系列措施。按照阶段划分，风险处置可以划分为预控性处置与全面性处置。预控性处置是在风险预警报告已出，而决策部门尚未采取相应措施之前，由风险预警部门或决策部门对尚未爆发的潜在风险提前采取财务控制措施，避免风险继续扩大对商业银行造成不利影响。全面性处置是指商业银行对风险的性质和程度进行系统详尽的分析后，从内部组织机构管理、业务经营活动等方面采取措施来分散、转移和规避风险，使风险预警信号回到正常范围。

4. 后评价。后评价是指经过风险预警及风险处置后，对风险预警的结果进行科学的评价，以发现风险预警中存在的问题，深入分析原因，并对预警系统和风险管理行为进行修正或调整，因此对于预警系统的完善十分重要。

（二）风险预警内容

商业银行通常会根据不同的目的，以及风险驱动因素的不同和管理机制不同采取不同的风险预警管理方法。其中在预警的内容上，大致分为三种类型。

1. 适应监管底线的风险预警管理。通常会根据不同的监管底线要求，制定和实施不同的预警管理机制。如资本充足率预警管理、存贷比预警管理、信贷不良资产及不良资产占比预警管理、产品风险监测预警、拨备覆盖率预警管理、集中度风险预警管理、重大风险事件预警管理等。

2. 适用本行内部信用风险执行效果的预警管理。如单一重点客户预警管理、行业风险预警管理（见表5－1）、产品组合风险预警管理、机构风险预警管理、区域风险预警管理（见表5－2）等。

表5－1　　行业风险早期预警

行业风险因素	预警指标
行业环境	国家政策及货币、产业等宏观政策变化； 行业相关的法律法规出现重大调整； 多边或双边贸易政策变化； 政府优惠政策的停止
行业经营风险因素	行业整体衰退；出现重大的技术变化；经济环境变化；产能明显过剩；行业出现整体亏损或行业标杆企业出现亏损
行业财务风险	行业净资产收益率；行业盈亏系数；资本积累率；行业销售利润率；行业产品产销率；劳动生产率
行业重大突发事件	

表 5－2 区域风险早期预警

区域风险因素	预警指标
政策法规发生重大变化	国家政策法规变化给当地带来不利影响； 地方政府提出与地方资源、交通条件等极不相称的产业发展规划； 地方政府为吸引企业投资，不惜一切代价所提供的优惠条件； 国家宏观政策发生变化从而造成地方原定的优惠政策难以执行； 地方政府提供的优惠政策减少或难以兑现； 区域内某产业集中度高，而该产业受到国家宏观调控；区域法律法规明显调整
区域经营环境	区域经济整体下滑； 区域产业集中度高，区域主导产业出现衰退；区域客户的资信状况普遍降低； 区域产品普遍被购买者反映质量差，并失去信心
区域银行分支机构出现风险因素	风险分类数据显示区域资产质量明显下降； 短期内区域信贷规模超常增长； 行业员工大量反映本行的经营管理情况恶化； 行业检查报告发现的管理混乱情况； 外部审计监管机构要求重大整改情况； 发生违规、违法案件

3. 适应有关客户信用风险监测的预警管理。它指的是为了对信贷客户进行日常信用风险监测而进行的预警管理。如存量客户管理层的重大变化、现金流监控、重大财务变动、产品技术风险等，具体如表 5－3 所示。

表 5－3 企业早期预警信号

财务预警信号	非财务预警信号
没有按时收到财务报表； 客户现金状况的恶化； 应收账款数额或比率的急剧增加或收取过程的显著放慢； 流动资产在总资产中所占比例的下降或资产组合的变化； 存货周转率的放慢； 流动性/流动资金状况的恶化； 迅速变化的固定资产含量； 较高的无形资产含量； 流动负债或长期负债的异常增加； 较低的资本净值与负债的异常增加； 较低的资本净值与负债比； 资产负债表结构的重大变化； 不合格的审计； 会计师的变化； 不断降低或迅速增加的销售额； 销售收入总额与销售收入净额之间的巨大差异； 资产总额相对于销售额或利润的不断增加； 日常开支相对于销售额的不成比例的增长； 不断增加的成本以及逐渐减少的利润率或不断上升的营业损失； 没有及时更新或淘汰过时的或效率低下的厂房和设备	目前的供应商打来的电话，探询更多的信用信息，以评估客户所提出的对于特殊条件的要求； 新的供应商打来的电话，探询信用信息以确定是否建立新的赊购/赊销关系； 其他金融机构出现在客户的借贷关系中，尤其是被设置了抵押权的贷方； 关键人物的行为和个人习惯发生了变化； 婚姻问题； 没有履行个人义务； 管理层、所有权或关键人事的变动； 不能实现日程表上的既定安排； 在计划方面表现出来的无能； 缺乏系统性和连续性的职能安排； 不良的厂房和设备维护； 冒险参与企业并购、新企业投资、新区域开发或新生产线启动等投机活动； 希望或坚持进行商业冒险或承受不确定的风险； 回应低迷的市场或不景气的经济状况时反应迟缓； 缺乏可见的管理连续性； 超过所有者的管理和控制极限的过度增长； 劳动力问题； 公司业务性质的改变； 丧失一个或多个财务状况良好的客户

（三）风险预警的主要方法

在风险防范中，我们在掌握了主要分析技术的基础上，对资产质量可以从一些早期预警信号来分析（见表5-4）。在我国银行业实践中，风险预警是一门新兴的交叉学科，可以根据运作机制将风险预警方法分为黑色预警法、蓝色预警法和红色预警法。

1. 黑色预警法。这种预警方法不引进预兆自变量，只考察警素指标的时间序列变化规律，即循环波动特征。警兆是指警素发生异常变化导致警情爆发之前出现的先兆。

2. 蓝色预警法。这种预警方法侧重定量分析，根据风险征兆等级预报整体风险的严重程度，具体分为两种模式。一种是指数预警法，即利用警兆指标合成的风险指数进行预警。其中，应用范围最广的是扩散指数，它是指全部警兆指数中个数处于上升的警兆指数所占比重。另一种是统计预警法，它是对警兆与警素之间的相关关系进行时差相关分析，确定其先导长度和先导强度，再根据警兆变动情况，确定各警兆的警级，结合警兆的重要性进行警级综合，最后预报警度。

3. 红色预警法。该方法注重定量分析与定性分析相结合。其流程是：首先对影响警素变动的有利因素与不利因素进行全面分析；其次进行不同时期的对比分析；最后结合风险分析专家的直觉和经验进行预警。

表5-4　　某银行的信用预警信号表

预警信号类型	定义
应付账款周转天数过长	对于制造企业，为该指标超过270天；对于其他行业企业，为该指标超过180天
经营活动现金净流量减少	经营活动现金净流量较上年下降达30%以上
销售收入大幅下降	销售增长率<-30%
连续两年亏损	经营期连续两年资产回报率（ROA）<0
计息债务增长率超过销售增长率	计息债务/销售>75%且（计息债务的变动率-销售的变动率）>25%
结算账户表现不佳	过去三个月中至少有两次支票被退票，且两次时间间隔少于30天
履约表现不佳	贷款没有按照规定的用途使用，或客户通过银企协议作出的承诺（书面或口头）没有兑现
负面外部信息	在最近一个月内有如下负面事件：股价大幅下跌（超过30%）、债券评级下降
与银行关系恶化	其他债权银行开始主动收回贷款
管理层存在问题	企业经营者或关键人物违法犯罪，卷入经济或刑事案件，或公司经营者独裁，一人独大
经营风险较大	公司盲目扩张或盲目转入陌生的行业
客户不诚信	企业会计报表严重虚假
其他负面信息	借款人的母公司/关联公司或自然人所有者通过大金额的分红、公司间借贷，从借款人的公司抽调大量的现金； 由借款人的母公司向借款人收取或分摊费用，或借款人的母公司/关联公司通过将一些闲置资产和低值的投资高价出售给借款人，来抽空借款人的利润； 借款人所在的集团因盲目投资和过度举债，可能引发集团系统性风险，殃及借款人； 与借款人相关的母公司/关联企业或自然人所有者出现如下情况：财务实力差、有不良信用历史、公司治理混乱或商业道德败坏、面临财务危机或破产审理

第二节 信用风险控制

信用风险控制的方法主要有限额管理、业务流程控制、信用风险缓释、计提贷款损失准备金、贷款转让、贷款重组、经济资本管理和配置及资产证券化和信用衍生产品。

一、限额管理

限额管理是商业银行事前信用风险管理和控制的一种手段。它是指商业银行对某一客户（单一法人或集团法人）所确定的、在一定时期内商业银行能够接受的最大信用风险暴露，它与金融产品和其他维度信用风险暴露的具体状况、商业银行的风险偏好、经济资本配置等因素有关。

（一）单一客户限额管理

针对单一客户进行限额管理时，首先需要计算客户的最高债务承受能力，即客户凭借自身信用与实力承受对外债务的最大能力。一般来说，具体决定一个客户（个人或企业/机构）债务承受能力的主要因素是客户信用等级和所有者权益，由此可得

$$MBC = EQ \times LM$$

$$LM = f(CCR)$$

式中，MBC（Maximum Borrowing Capacity）是指最高债务承受额；

EQ（Equity）是指所有者权益；

LM（Lever Modulus）是指杠杆系数；

CCR（Customer Credit Rating）是指客户资信等级；

f（CCR）是指客户资信等级与杠杆系数对应的函数系数。

商业银行在考虑对客户授信时不能仅仅根据客户的最高债务承受额提供授信，还必须将客户在其他商业银行的原有授信、在本行的原有授信和准备发放的新授信一并加以考虑。

在实际业务中，商业银行决定客户授信额度还受到其他相关政策的影响，如银行的存款政策、客户中间业务情况、银行收益情况等。此外，确定客户信贷限额还要考虑商业银行对该客户的风险容忍度，可以用客户损失限额（Customer Maximum Loss Quota，CMLQ）表示。

【知识链接 5-2】

商业银行对最高信用额度核定的4种测算方法

对于农业、工业、商贸、综合类中信用等级为AA级和AAA级的客户，其最高综合授信额度主要根据客户的第一还款能力确定，一般采用企业上年度末资产负债率不得高于70%作为主要依据，测算公式如下：

最高综合授信额度 ≤ 2.33 × 资产总额 − 3.33 × 负债总额 + 上年末信用余额

对于房地产、建筑安装、外资企业、非银行金融企业、事业法人中信用等级为A级、AA级、AAA级的客户，则有

最高综合授信额度 ≤ 上年末有效净资产 × 负债与权益最高控制比率 × 信用等级调整系数 − 客户负债总额减去目前在该银行的负债

对于新建客户及所有的A级、AA级、AAA级客户，则有

最高综合授信额度 ≤ 抵押物变现值 × 70% + 质押物变现值 × 90% + 保证担保

对所有的B级、C级客户，则有

最高综合授信额度 ≤ 上年末实际信用余额

（二）集团客户限额管理

集团统一授信一般分三步走。

第一步，根据总行关于行业的总体方针和集团客户与授信行的密切关系，初步确定对集团整体的总授信额度。

第二步，按单一客户最高综合授信额度定量计算，初步测算关联企业各成员单位最高综合授信额度的参考值。

第三步，分析各个授信额度使用单位的具体情况，调整各成员单位的最高授信额度，使每个成员单位的授信额度之和控制在集团公司整体的总授信额度范围之内，并最终核定各成员单位的授信使用额度。

同时，对其授信时应注意以下几点：统一识别标准，实施总量控制；掌握充分信息，避免过度授信；主办银行牵头，协调信贷业务；尽量少用保证，争取多用抵押；授信协议约定，关联交易必报。

（三）组合的限额管理

组合的限额管理可以分为授信集中度限额和总体组合限额。

授信集中度限额是相对于商业银行资本金、总资产或商业银行总体风险水平而言，按照不同维度进行设定，其中，行业、产品、风险等级和担保是最常用的组合限额设定维度。

总体组合限额是在分别计量贷款、投资、交易和表外风险等不同大类的组合限额的基础上计算得出的。设定组合限额具体步骤如下。

1. 按某组合维度确定资本分配权重。

2. 根据资本分配权重，对预期的组合进行压力测试，估算组合的损失。

3. 将压力测试估算出的预计组合损失与商业银行的资本相对比。如组合损失小于银行的资本，则可以接受组合的资本权重分配；如组合损失大于银行的资本，则必须重新进行资本权重分配。

4. 根据资本分配的权重，确定各个组合（按行业、产品等）以资本表示的组合限额：

以资本表示的组合限额 = 资本 × 资本分配权重

5. 根据资本转换因子，将以资本表示的组合限额转化为计划授信的组合限额。

二、业务流程控制

（一）贷款定价

贷款定价是指如何确定贷款的利率，使其充分抵补银行所承担的信用风险，以确保信贷资产的盈利性和安全性，实现资本价值最大化的过程。

1. 贷款定价构成

贷款定价的形成机制比较复杂，市场、银行和监管机构这三方面是形成均衡定价的三个主要力量。贷款定价通常由以下因素来决定：

贷款最低定价 = （资金成本 + 经营成本 + 风险成本 + 资本成本）/贷款额

资金成本包括债务成本和股权成本，经营成本以所谓的部门成本包括在价格计算中。

风险成本一般指预期损失。

资本成本主要是指用来覆盖该笔贷款的信用风险所需要的经济资本的机会成本，在数值上等于经济资本与股东最低资本回报率的乘积。

【例 5－2】贷款定价

商业银行受理一笔贷款申请，申请贷款额度为 1 000 万元，期限为 1 年，到期支付贷款本金和利息。

商业银行经内部评级系统测算确定该客户的违约率为 0.2%，该债项的违约损失率为 45%，需配置的经济资本为 25 万元；经内部绩效考核系统测算该笔贷款的资金成本为 3%，包括经营成本、税收成本在内的各种费用为 1.5%，股东要求的资本回报率为 16%。该笔贷款的成本合计如下。

资金成本：1 000 × 3% = 30（万元）

经营成本：1 000 × 1.5% = 15（万元）

风险成本：1 000 × 0.2% × 45% = 0.9（万元）

资本成本：25 × 16% = 4（万元）

贷款的成本合计 49.9 万元，即贷款定价应至少保持在 49.9 ÷ 1 000 = 5% 的利率水平。

2. 贷款定价影响因素

（1）贷款定价与风险补偿。在贷款定价过程中，商业银行不能回避其成本补偿问题，同时按照风险与收益相对称的定价原则，对其承担风险有相匹配的额外收益要求。

【例 5－3】贷款定价模型举例——违约风险的估价

银行贷款利率要满足商业银行两个方面的需要：一是弥补货币的时间价值；二是补偿贷款的违约风险。假定货币的时间价值用货币的名义利率来表示，即名义利率为 r'，贷款违约概率为 P，那么贷款的协定利率 r 应该为

$$r = (1 + r')/(1 - P) - 1$$

违约风险的估价就是协定利率 r 减名义利率 r'，又称违约风险的溢价（DRP），即

$$DRP = r - r'$$

例如，一笔贷款的违约概率为3%，同期货币的名义利率为10%，则商业银行与客户签订贷款合同时，协定利率应该为 $r = (1+0.1)/(1-0.03)-1 = 13.4\%$，则违约风险的溢价为13.4% －10%，即3.4%。

如果贷款违约率增大，比如增加到10%，那么贷款的协定利率就应该是22.22%，违约风险的溢价为12.22%。

违约风险的溢价使商业银行能够弥补贷款的预期损失。由于很难确定每一笔贷款的违约率，因此，违约风险的溢价主要是根据某一个借款人而进行的，即假定借款人每笔借款的违约风险相等。

（2）贷款定价与客户关系。贷款通常是银行维系客户关系的支撑点，故银行贷款定价还应该全面考虑客户与银行之间的业务合作关系。

（3）贷款定价与市场竞争。商业银行在制定贷款价格时，首先应明确自身在当地贷款供给者中的竞争地位，其次，任何商品的价格都是由市场供求决定的。对于目前竞争日益激烈的银行业来说，尤其是在我国银行业发展同质化严重的情况下，不考虑市场供求状况是不现实的。

（二）信贷审批

1. 授信权限管理。商业银行内部风险管理制度必须在设立授信权限方面作出职责安排和相关规定，并对弹性标准作出明确的定义。

2. 信贷审批。信贷审批是在贷前调查和分析的基础上，由获得授权的审批人在规定的限额内，结合交易对方或贷款申请人的风险评级，对其信用风险暴露进行详细的评估之后作出信贷决策的过程。信贷审批或信贷决策应遵循下列原则：

（1）审贷分离原则。信贷审批应当完全独立于贷款的营销和发放。

（2）统一考虑原则。在进行信贷决策时，商业银行应当对可能引发信用风险的借款人的所有风险暴露和债项做统一考虑和计量，包括贷款、回购协议、再回购协议、信用证、承兑汇票、担保和衍生交易工具等。

（3）展期重审原则。原有贷款和其他信用风险暴露的任何展期都应作为一个新的信用决策，需要经过正常的审批程序。

三、信用风险缓释

信用风险缓释是指银行运用合格的抵（质）押品、净额结算、保证和信用衍生工具等方式转移或降低信用风险。巴塞尔委员会提出信用风险缓释技术的目的包括：鼓励银行通过风险缓释技术有效抵补信用风险，降低监管资本要求；鼓励银行开发更加高级的风险计量模型，精准计量银行经营所面临的风险。

（一）合格的抵（质）押品

合格的抵（质）押品包括金融质押品、实物抵押品（如应收账款、商业房地产和居住用房地产）以及其他抵（质）押品。合格的抵（质）押品的信用风险缓释作用体现

在违约损失率的下降，同时也可能降低违约概率。

在内部评级法初级法下，当借款人利用多种形式的抵（质）押品共同担保时，银行需要将风险暴露拆分为不同抵（质）押品覆盖的部分，分别计算风险加权资产。拆分按金融质押品、应收账款、商业房地产和居住用房地产以及其他抵（质）押品的顺序进行。

在内部评级法高级法下，银行可以按要求自行设定抵（质）押品，但应有历史数据证明抵（质）押品的风险缓释作用。

（二）合格的净额结算

净额结算对于降低信用风险的作用在于，交易主体只需要承担净额支付的风险。若没有净额结算条款，当交易双方间存在多个交易时，守约方可能被要求在交易终止时向违约方支付交易项下的全额款项，但守约方收取违约方欠款的希望很小。内部评级法初级法下，合格的净额结算包括表内净额结算、回购交易净额结算、场外衍生工具及交易账户信用衍生工具净额结算。采用内部评级法高级法的银行，应建立估计表外项目违约风险暴露的程序，规定每笔表外项目采用的违约风险暴露估计值。

（三）合格的保证

内部评级法初级法下，合格的保证包括以下内容。

1. 主权、公共企业、多边开发银行和其他银行。

2. 外部评级在 A－级以上的法人、其他自然人。

3. 虽然没有相应的外部评级，但内部评级的违约概率相当于外部评级 A－级及以上水平的法人、其他组织机构或自然人。

采用内部评级法高级法的银行，可以按要求自行设定合格保证，但应有历史数据证明保证的风险缓释作用。

（四）信用衍生工具

信用衍生工具的范围包括信用违约互换、总收益互换等。当信用违约互换和总收益互换提供的信用保护与保证相同时，可以作为合格的信用衍生工具。详见本章第三节内容。

四、计提贷款损失准备金

贷款损失准备金（Loan Loss Reserves）是商业银行为抵御贷款的损失风险而提取的用于弥补银行到期不能收回的贷款损失的准备金。它可以用来应对银行未来对资本的潜在需求，具有控制银行信用风险与补充银行资本的特性。商业银行提取的贷款损失准备金一般有三种：一般准备金、专项准备金和特别准备金。

（一）贷款准备金的分类

贷款准备金是指对各商业银行发放的贷款征缴贷款准备金，可分为信贷增量准备金和存量准备金两部分。

信贷增量准备金政策是指，以某一时间点的信贷总量为基数，商业银行此后所有新增贷款都向中央银行交纳一定比例的准备金。例如，规定以各金融机构 2005 年 1 月 1 日的信贷总量为基数，所有超出部分缴纳 0～100% 的贷款准备金。这一比例可以根据情况调整，对商业银行不同的信贷类别实行差别信贷准备金率，中央银行就可以选择性地控制商业银行信贷的流向。基数也可以调整。

信贷存量准备金政策结合增量准备金政策效果会更好，具体操作如下：首先要设定一个基准的年信贷增长率，如 16%，然后对所有信贷总量增收一定比例的（较小，如 0.5%）基本准备金率；金融机构的信贷增长率每超过中央银行所规定的增幅一次，基本准备金率就提高一个百分比，如每超过 1%，信贷存量准备金率就要比原来提高 10%（即多 0.1%），当然根据情况可高可低。

（二）贷款损失准备金的计算

下面将通过 XYZ 银行的具体实例说明如何对信贷组合计提贷款损失准备金，XYZ 银行的贷款组合如表 5－5 所示。

表 5－5　　XYZ 银行贷款组合　　单位：万元

贷款种类		小计	正常	关注	次级	可疑	损失
短期贷款	流动资金贷款	27 700	26 000	1 100	600（C）		
	贴现	2 800	2 000	800			
	进出口押汇	1 300	800		500		
	消费贷款	1 320	1 200		120（D）		
长期贷款	信用证垫款	200			200		
	房地产开发贷款	5 000	4 500			500（B）	
	设备贷款	12 500	12 000	100	300	50	50（A）
	楼宇按揭贷款	3 700	3 500		200（E）		
合计		54 520	50 000	2 000	1 920	550	50

第一步：对大额不良贷款逐笔计提专项准备金（见表 5－6 和表 5－7）。

对于被划分为损失的贷款，应按贷款余额的 100% 计提专项准备金。对于大额可疑贷款，从贷款组合中区别出来逐笔计算，专门计提专项准备金。对于大额次级贷款，如果可能的还款来源仅仅是抵押品，相对明确并容易量化，也应该区别出来逐笔计提。

表 5－6　　XYZ 银行 A、B、C 三笔贷款的相关资料

项目	贷款 A	贷款 B	贷款 C
贷款余额	50 万元	500 万元	600 万元
分类结果	损失	可疑	次级
借款人财务状况	已停止经营	资不抵债，已停止经营	
抵押保证状况	无	办公房产	股票质押
抵押品价值	0	最近评估值为 200 万元，但市场极不景气	市值为 400 万元，市场相对稳定
历史记录	—	银行近三年处置抵押房产的平均现金净回收率为 60%	

对贷款 A 计提贷款损失准备金：50 万元×100% =50 万元

对贷款 B 计提贷款损失准备金：

（1）通过变现抵押品能够收回 200 万元×60% =120 万元

（2）应计提的准备金是 500 万元 -120 万元 =380 万元

对贷款 C 计提贷款损失准备金：600 万元 -400 万元 =200 万元

表 5 -7　　计提贷款损失准备金计算表　　单位：万元，%

项目	分类	余额	计提比率	应计提准备金
贷款 A	损失	50	100	50
贷款 B	可疑	500	—	380
贷款 C	次级	600	—	200
小计		1 150		630

第二步：按照分类结果对其他受评贷款计提专项准备金（见表 5 -8）。

表 5 -8　　计提贷款损失准备金计算表　　单位：万元，%

分类	余额	计提比率	应计提准备金
损失	2 000	2	40
可疑	1 000	25	250
次级	50	50	25
小计	3 600	—	315

第三步：对受评的同质贷款计提专项准备金（见表 5 -9、表 5 -10 和表 5 -11）。

以每期期初受评贷款余额为基数，以期内贷款损失金额除以期初受评贷款余额得出各期的贷款损失率。

表 5 -9　　XYZ 银行按揭贷款 D 统计数据　　单位：万元，%

消费贷款	年初	第一季度	第二季度	第三季度	第四季度
贷款余额	1 080	1 120	1 150	1 100	1 200
受评贷款	85.6	88	93.5	114.5	120
损失金额	—	5.5	6.5	5.4	4.5
损失率	—	6.43	7.39	5.78	3.93

表 5 -10　　XYZ 银行按揭贷款 E 统计数据　　单位：万元，%

消费贷款	年初	第一季度	第二季度	第三季度	第四季度
贷款余额	3 280	3 320	3 350	34 100	3 500
受评贷款	150	178	205	185	200
损失金额	—	32	56	48	45
损失率	—	21.33	31.46	23.41	24.32

将各采样期的贷款损失率进行算术平均，得出一个一般性的历史损失概率：

D：（6.43% +7.39% +5.78% +3.93%） ÷4 =5.88%

E：（21.33% +31.46% +23.41% +24.32%） ÷4 =25.13%

计提贷款损失准备金：

D：120 万元 ×5.88% =7.06 万元

E：200 万元 ×25.13% =50.26 万元

表 5 – 11　　计提贷款损失准备金计算表　　单位：万元，%

项目	分类	余额	损失概率	应计提准备金
贷款 D	次级	120	5.88	7.06
贷款 E	次级	200	25.13	50.26
小计		320	—	57.32

第四步：对正常贷款计提普通准备金（见表 5 – 12）。

计提的专项准备金总额：630 万元 +315 万元 +57.32 万元 =1 002.32 万元

将以上计提的专项准备金从贷款总额中扣除，作为计提普通准备金的基础：

54 520 万元 –1 002.32 万元 =53 517.68 万元

将计提基数乘以计提比率，得出应计提的普通准备金：

53 517.68 万元 ×1% =535.18 万元

表 5 – 12　　计提贷款损失准备金计算表　　单位：万元，%

贷款余额	已计提专项准备金	计提	计提比率	应计提准备金
54 520	1 002.32	53 517.68	1	535.18

第五步：计提特别准备金。

XYZ 银行贷款信息：在设备贷款中，有两笔合计 1 500 万元的贷款，用途是在 Y 国投资，分别设立了两座工厂，目前该项目生产经营正常，现金流量充足，但 Y 国目前卷入国际恐怖事件，面临战争威胁。

根据特别准备金的计提原则，评估人员在参考了国际问题专家对战争威胁的分析后，认为战争爆发的可能性不超过 10%，因此决定对该两笔贷款计提 10% 的特别准备金。

1 500 万元 ×10% =150 万元

第六步：汇总各类准备金（见表 5 – 13）。

表 5 – 13　　计算表　　单位：万元，%

项目	分类结果	余额	计提比率	应计提准备金
第一步：对大额不良贷款逐笔计提专项准备金	损失	50	100	50
	可疑	500	—	380
	次级	600	—	200
	小计	1 150	—	630

续表

项目	分类结果	余额	计提比率	应计提准备金
第二步：按照分类结果对其他受评贷款计提专项准备金	损失	2 000	2	40
	可疑	1 000	25	250
	次级	50	50	25
	小计	3 600	—	315
第三步：对受评的同质贷款计提专项准备金	次级	120	5.88	7.06
	次级	200	25.13	50.26
	小计	320	—	57.32
第四步：对正常贷款计提普通准备金	贷款余额	计提基数	计提比率	应计提准备金
	54 520	53 517.68	1	535.18
	1 500	1 500	10	150
总计		545 320	—	1 687.5

第七步：根据其他因素对贷款损失准备金总体水平进行调整（见表5－14）。

表5－14　调整贷款损失准备金　单位：%

A	B	C
调整因素	调整因子	判断值
贷款的增长速度	±5	+5
信贷管理与控制水平	±5	−2
不良贷款催收能力	±5	−2
银行所处地区的宏观经济走向	±5	+3
银行的贷款分类标准	±5	+4

计算方法如下。

A栏是给出的具体调整因素；B栏是分别为5项因素的调整因子制定的一个浮动区间（±5%），将其对总体损失准备金水平影响的程度以百分比的形式予以量化；C栏是根据对商业银行各项要素的判断，得出每一项要素的调整因子。

C栏的判断要点：

XYZ银行的贷款年增长速度达到了30%，与过去三年的贷款增幅总和大体相当，故对此项要素的判断值为+5。

XYZ银行现任信贷管理队伍有丰富的信贷管理经验和良好的道德记录，制定并执行了完善的管理与控制制度，故对此项要素的判断值为−2。

XYZ银行配备了专业化的不良资产处置人员，有较好的处置记录，故对此项要素的判断值为−2。

XYZ银行所在地的经济增长连续两年下滑，且短期内无好转迹象，故对此项要素的判断值为+3。

XYZ 银行贷款内部分类过程中标准掌握偏松，故对此项要素的判断值为 +4。

将 5 项判断值进行算术平均，得出 5 项因素对贷款损失准备金总体水平的影响比率为（5 −2 −2 +3 +4） ÷5 =1.6%。

将第六步汇总的贷款损失准备金乘以上述比率，得出应调整计提的贷款损失准备金额度为 1 687.5 万元 ×1.6% =27 万元。

最后，该商业银行应计提的贷款损失准备金总额应为 1 687.5 万元 +27 万元 =1 714.5万元。

应注意的是，对 5 项因素的评估，应来自检查人员对商业银行进行信贷检查时获取的信息或一些公共信息。

五、贷款重组

贷款重组是指在借款人发生及预见其可能发生财务困难或借款人、保证人发生资产重组，致使其不能按时偿还贷款的情况下，为维护债权和减少损失，在切实加强风险防范的前提下，与借款人达成修改贷款偿还条件的协议，对借款人、保证人、担保方式、还款期限、适用利率、还款方式等要素进行调整。贷款重组建立在贷款五级分类的基础上，一般不会引起贷款分类结果的变化，被重组的贷款至少应划分为次级贷款，重组贷款仍然逾期至少应划分为可疑贷款。

（一）贷款重组必须遵循的原则

1. 有效重组原则。贷款重组能够对降低信贷风险和减少贷款损失产生积极效果。

2. 规范操作原则。贷款重组必须严格按照规定的条件和程序进行操作和审批。

3. 适当宽让原则。贷款重组可以在政策允许范围内实行一定的宽让，以利于促进贷款的回收。

（二）贷款重组方案包括的基本内容

1. 贷款重组条件和效果的评估。通过审查借款人提供的资料和项目的具体情况，对该项贷款是否符合贷款重组基本条件，重组能否对借款人生产经营和财务状况产生积极影响，能否维护银行债权、促进贷款回收等进行客观评价和分析预测，为贷款重组决策提供依据。

2. 降低风险的措施。主要包括：将贷款转移给具有良好资信和清偿能力的新借款人；增加或更换担保人、改变担保方式；接受借款人以实物资产抵偿部分贷款；其他降低风险的措施。

3. 贷款结构的调整。主要包括：贷款期限的调整；贷款偿还的安排；重组贷款的适用利率；其他事项。

六、贷款转让

贷款转让是指贷款银行在不改变贷款协议的情况下，将其享有的贷款债权让与第三人享有的法律行为。其中，贷款银行称为出让行，而该接受转让贷款的第三人则称为受让行。金融机构出售贷款的原因：一是为了更好地管理信用风险，出售资产负债表中的资产，同时使商业银行能够更好地获得资产分散化效应；二是经济和监管方面的原因促使商业银行的贷款出售。贷款转让是一种原始证券化方式。

（一）贷款转让的方式

1. 按是否有追索权划分

贷款出售有无追索权和有追索权两种方式。实践中，大多数是以无追索权的方式出售贷款。以一家商业银行出售 2000 万元贷款为例，考察其资产负债的变化，具体见表 5 – 15 和表 5 – 16。

表 5 – 15　无追索权的贷款出售　单位：百万元

贷款出售之前				贷款出售之后			
资产总额	100	负债/权益	100	资产总额	100	负债/权益	100
现金	10	存款	90	现金	10	存款	90
贷款	90	权益	10	贷款	70	权益	10
				新投资	20		

表 5 – 16　有追索权的贷款出售　单位：百万元

贷款出售之前				贷款出售之后			
资产总额	100	负债/权益	100	资产总额	100	负债/权益	100
现金	10	存款	90	现金	10	存款	90
贷款	90	权益	10	贷款	70	权益	10
				新投资	20		
表外：贷款出售（或有负债）							

2. 按转让资产的数量划分

贷款出售可以分为单笔贷款转让和组合贷款转让。选择以资产组合的方式还是单笔贷款的方式进行转让，应根据收益与成本的综合分析确定。

（二）贷款转让程序

贷款转让的程序主要包括以下六个步骤。

第一步，挑选出具有同质性的待转让单笔贷款，并将其放在一个资产组合中。

第二步，对该资产组合进行评估。

第三步，为投资者提供详细信息，使他们能够评估贷款的风险（该贷款组合的预期违约率）。只有在该贷款组合名义价值的折现值至少能覆盖预期违约损失、可能存在的折扣、再融资成本以及所需要的股权收益率时，投资者才会考虑购买该资产组合。

第四步，双方协商（或投标）确定购买价格。

第五步，签署转让协议。

第六步，办理贷款转让手续。

七、经济资本管理和配置

经济资本管理是指在经济资本计量的基础上，通过优化风险经济资本分配和配置，以资本约束资产风险增长，提高资本回报率，降低经济资本占用，促使业务发展的速度、效益与风险承担能力相匹配，实现银行价值最大化的目标。

实施经济资本配置是商业银行实施资本管理的重要内容，是银行主动运用经济资本进行指导战略和业务决策的体现。经济资本配置，是指在理论上或形式上计算出支持一项业务所需要的资本额（即经济资本额），再对全行经济资本的总体水平进行评估，综合考虑信用评级、监管当局规定、股东收益和经营中承担的风险等因素，在资本充足率的总体规划之下，制定经济资本目标，将经济资本在各个机构、各项业务中进行合理配置，使业务发展与银行的资本充足水平相适应。

【知识链接 5－3】

荷兰银行资本配置

荷兰银行是在国际范围内广泛开展业务的一家纯粹银行，通过许多战略事业单位（SBUs）实施其全球战略。每个单位负责管理一个独特的客户单元或产品单元，同时也跨集团分享专业技能和运作经验，如图 5－1 所示。

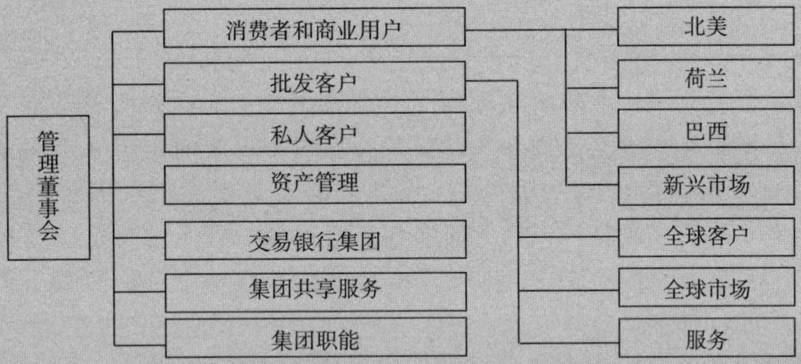

图 5－1　荷兰银行的战略事业单位或事业单位

表 5－17 列出了荷兰银行经济资本系统中所包括的风险类型。荷兰银行积极参与全球范围内许多市场，且从事多样化的业务活动。内部不同事业单位不太可能同时发生重大损失，不同风险类型也不太可能同时发生重大损失，除非存在较高相关性。因此，当计算经济资本时，这种分散化被考虑进来。每种风险类型和事业单位占荷兰银行总经济资本的比例如表 5－18 和表 5－19 所示。

表 5－17　荷兰银行经济资本系统中所包括的风险类型

风险类型	基本描述
信用风险	借款人违约的风险
市场风险	交易资产价值损失的风险
操作风险	过程、系统和人员行为失败造成损失的风险
利率风险	在一种利率上升环境中，负债重新定价比资产快的风险
商业风险	不利经济环境中收入损失而没有相应成本减少的风险

表 5-18　　每种风险类型在总经济资本中的占比和分散化利益

（按照风险类型的经济资本配置）　　单位：%

风险类型	总经济资本中的比例	分散化利益
信用风险	61	9
市场风险	2	33
操作风险	17	34
利率风险	8	53
商业风险	12	36
整体（风险之间）	—	24

表 5-19　　每个事业单位（BU）在总体经济资本中的占比和分散化利益　　单位：%

事业单位类型	总经济资本中的比例	分散化利益
批发客户 SBU	37	13
北美 BU	24	17
荷兰 BU	23	25
巴西 BU	5	37

表 5-18 和表 5-19 中的数值与其他公司的经济资本数值比较，不可能总有重大意义，因为按照定义、模型范围和基础假设，不同公司之间总有较大偏差。而且，随着度量技术的改进和风险识别的演进，经济资本度量方法正在不断地提高精度和升级。尽管单个数值不能提供一家银行的全部风险评估，但是量化是管理风险和改善风险/收益决策制定的一种重要成分。荷兰银行正在不断开发合适的程序，以精确地量化风险和度量经济资本。

荷兰银行正在使用经济资本支持组织中各个层次的风险/收益型决策。在支持交易决策的信贷定价工具中，经济资本是一种重要因素，这些工具正在被用于组织的不同部门，且已经成功地帮助增加了配置资本的每个单位的平均收入。经济资本也在荷兰银行中的绩效度量和资本（再）配置决策中起到日益重要的作用。

第三节　资产证券化与信用衍生产品

一、资产证券化

证券化是以特定资产组合或特定现金流为支持，发行可交易证券的一种融资形式。自 1970 年美国的政府国民抵押贷款协会首次发行以抵押贷款组合为基础资产的抵押支持证券——房转付证券，完成首笔资产证券化交易以来，资产证券化逐渐成为一种被广泛采用的金融创新工具，得到了迅猛发展。信贷资产证券化，是将已经存在的信贷资产集中起来并按照信用等级进行分类，对应不同类别（信用等级）的资产向市场上的投资者发行不同收益率的证券，从而使信贷资产在原持有者的资产负债表上消失。信贷资产证券化的产品目前主要分为两大类：住房抵押贷款证券（MBS）和资产支持证券（ABS）。

（一）资产证券化的要点

1. 资产要能够证券化。鉴于资产证券化之后出售的是生命周期内产生的现金收益，该项资产必须能够产生相对稳定的现金流。合适的资产如住房贷款、汽车贷款、信用卡应收款、企业的部分应收账款。

2. 证券化的资产必须真实销售（True Sales）。出于对投资者资金安全的考虑，该资产所产生的收益必须存放于第三方，资产所有权及处置权必须进行一定的限制。

3. 资产池组成。资产池中的资产质量为产品行销的关键。发起人根据其资产配置的规划，例如资产池总体的预期期限、金额规模、资产类别、风险水平、行业构成、地区分布等特征，并结合市场的需求来决定资产池构成。

4. 证券化的分类及定价。由于未来的现金流是测算数据，实际现金流量模型必然与预测模型有出入，发行方应对 ABS 进行分类。通常分为优质证券和劣质证券。比如预测现金流量模型存在 20% 的变异率，发行方应将 80% 的资产定为优质证券发售给投资者，自己回购剩余 20% 的劣质证券，确保投资者获得相对稳定的收益，自己承担预测模型不准确所带来的波动。

（二）资产证券化的具体过程

1. 选择资产，构建资产池。

资产证券化的发起人根据自身资产的情况、融资的要求以及市场的需求，在中介机构的帮助下，按照一定的标准和方法选择和确定进行证券化的资产。尽管证券化是以资产所产生的现金流为基础，但并不是所有能产生现金流的资产都可以证券化。一般应该选择未来现金流量稳定、风险较小的资产。不同类型的资产具有不同的特征，其产生的现金流的特征也不同，所以对资产的选择和组合是从源头上为现金流的质量构建了第一道防线。一般要求资产在种类、现金流、期限等方面符合同质化和分散风险的需求。

2. 设立 SPV，真实出售。

发起人确定基础资产，构建资产池之后，需要将基础资产出售给一个特殊目的实体（SPV），从而实现破产隔离。资产证券化应当根据资产的特征、融资目标以及制度环境的不同，采用不同的操作模式。SPV 主要有特殊目的公司（SPC）、特殊目的信托（SPT）和特殊目的合伙（SPP）等形式。当前我国信贷资产证券化采用的是信托方式，而资产支出专项计划在性质上存在一定争议。

构建完 SPV 后，发起人需要将拟证券化的基础资产转让给 SPV，并且最好可以保证发起人与 SPV 之间的资产转让是法律上的无追索权的“真实出售”，以有效实现破产隔离。

3. SPV 以资产为支撑发行证券。

SPV 与原始权益人或指定的资产池服务商签订《资产池汇集与服务协议》，由后者负责收取资产所产生的现金流，并通过某些账户将扣除了服务费以后的现金流“转移”

给 SPV 或 SPV 指定的受托机构。

为了吸引投资者和降低融资成本，发起人需要对证券化资产进行信用增级，如进行优先级、次级分级，现金流超额抵押，发行人差额支付承诺，开立信用证，第三人提供担保等。一般来说，信用增级后，信用评级更高。

信用评级由专业评级机构进行。信用评级机构一般会在一开始就参与资产证券化的规划和设计，提供意见和反馈。资产证券化信用评级是投资者投资决策的重要依据。

4. 证券销售，向发起人支付价款。

SPV 与证券承销商签署证券承销协议，由承销商将证券销售给投资人，承销商按照法定的方式向投资人募集资金。销售完毕后，SPV 从承销商处获得证券发行收入，按照约定的价格向发起人偿付购买基础资产的资金。同时，证券发行完毕后还可以挂牌上市以增加证券的流动性。

5. 存续管理，清算终结。

一般而言，SPV 需要专门聘请服务商或者管理人对资产进行后续管理，具体包括现金流的收集、账户的管理、债务的清偿、交易的监督管理以及信息披露等。SPV 将资产池产生的收入还本付息，支付各项服务费之后，如果还有剩余的，即按照协议在发起人和 SPV 之间进行分配，整个资产证券化过程即终结。

资产证券化的基本流程如图 5 – 2 所示。

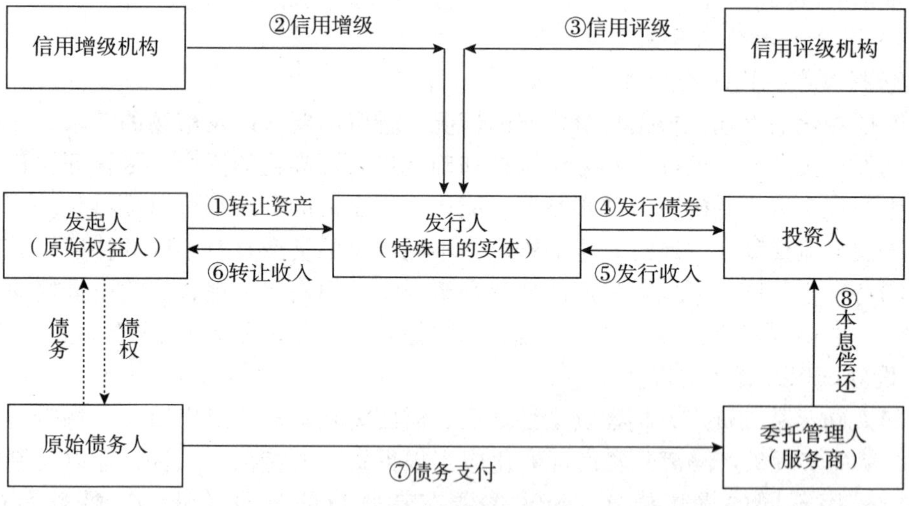

图 5 – 2　资产证券化基本流程

【知识链接 5 – 4】

我国的资产证券化类型

目前，我国依据资产证券化产品的不同，主管单位分别是中国人民银行和银保监会监管的信贷资产证券化（信贷 ABS）、证监会监管的企业资产证券化（企业 ABS）和中国银行间市场交易商协会下的资产支持票据（ABN）。

（一）信贷资产证券化

中国人民银行和银监会2005年4月20日颁布的《信贷资产证券化试点管理办法》第二条第一款规定："在中国境内，银行业金融机构作为发起机构，将信贷资产信托给受托机构，由受托机构以资产支持证券的形式向投资机构发行受益证券，以该财产所产生的现金支付资产支持证券收益的结构性融资活动，适用本办法。"

（二）企业资产证券化（资产支持专项计划）

证监会2004年10月21日颁布的《关于证券公司开展资产证券化业务试点有关问题的通知》第一部分规定："资产证券化业务，是指证券公司面向境内机构投资者推广资产支持受益凭证（以下简称受益凭证），发起设立专项资产管理计划（以下简称专项计划或计划），用所募集的资金按照约定购买原始权益人能够产生可预期稳定现金流的特定资产（即基础资产），并将该资产的收益分配给受益凭证持有人的专项资产管理业务活动"。证监会2014年11月19日颁布的《证券公司及基金管理公司子公司资产证券化业务管理规定》第二条第一款规定："本规定所称资产证券化业务，是指以基础资产所产生的现金流为偿付支持，通过结构化等方式进行信用增级，在此基础上发行资产支持证券的业务活动。"

（三）资产支持票据

中国银行间市场交易商协会2012年8月3日颁布的《银行间债券市场非金融企业资产支持票据指引》第二条规定："本指引所称资产支持票据，是指非金融企业（以下简称企业）在银行间债券市场发行的，由基础资产所产生的现金流作为还款支持的，约定在一定期限内还本付息的债务融资工具。"

二、信用衍生产品的种类及运作

信用衍生产品是用来转移或对冲信用风险的金融工具，可以将单笔贷款或资产组合的全部违约风险转移给交易对方，如转移贷款等债权得不到偿付的风险和信用质量下降的风险。常用的信用衍生工具有总收益互换、信用违约互换、信用价差期权、信用联动票据以及担保抵押债务。

（一）总收益互换

总收益互换（Total Rate of Return Swap，TRRS）是将传统的互换进行合成，以为投资者提供类似贷款或信用资产的投资产品。交易一方支付出一项资产的总收益，包括利息和资本增值，从而换得一笔固定的浮动利率的支付，如在Libor的基础上再加一个价差。总收益互换定期结算，如每3个月结算一次。与普通信用资产不同，它们处于资产负债表之外而不必进入贷款安排中，当然也不存在融资的义务。总收益互换覆盖了由基础资产市场价值变化所导致的全部损失。具体见图5－3。

（二）信用违约互换

信用违约互换（Credit Default Swap）是指双方通过签订协议，由一方（信用保护购买者）定期向另一方支付以名义本金的固定基点数表示的费用（称为信用违约互换的价

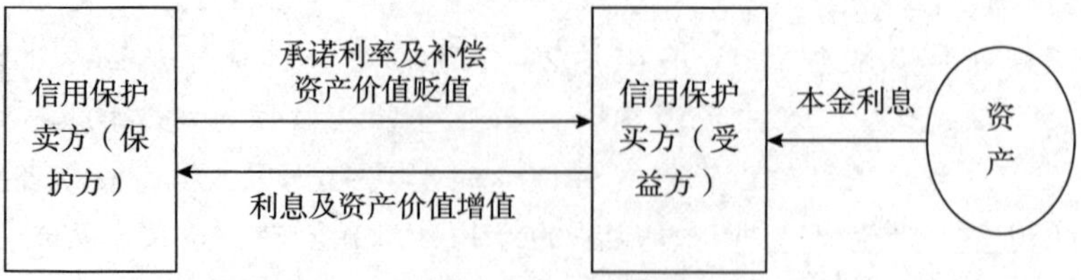

图5-3　总收益互换

格或信用违约互换价差），同时，它从对方那里收入一笔由于一方或更多的第三方参与信贷的或有违约所产生的浮动利率支付，称为或有偿付。

信用违约互换是基于借款人的违约，违约不一定意味着对所有贷款全部违约，而可能只是代表延迟支付。此时，买方一般会获得与所发生损失相等金额的补偿。信用违约互换的构成要素包括参考实体、参考债务、支付条件、支付方案、结算条款、保护期限等。信用违约互换的过程如下：信用保护的卖方每年收取 X 个基点的费用，作为回报，一旦作为第三方的参照信用方发生信用事件，信用保护卖方将向买方支付或有偿付款。信用事件包括破产、债务加速、不能支付、拒付债务、延期偿付、重组。具体见图 5-4。

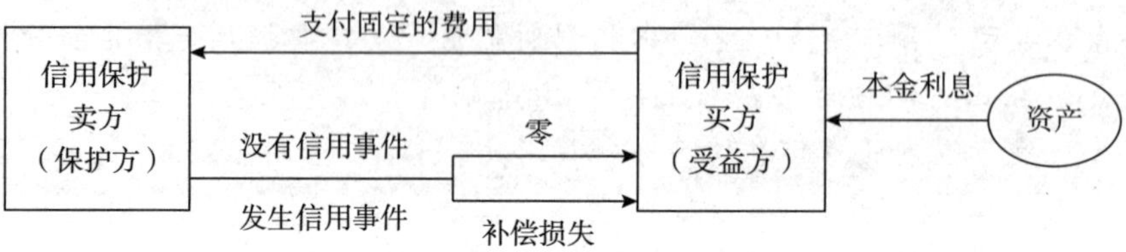

图5-4　信用违约互换

例如，由于历史原因，中国工商银行与中国农业银行的贷款客户较为集中，中国工商银行对工业企业的贷款额为24 000 亿元，占其总贷款额的80%，而农业银行对农业的贷款额为14 000 亿元，占其总贷款额的70%，两家银行都面临过于集中的信用风险。双方可以用一个双向的信用违约互换，工商银行为农业银行提供5 000 亿元的信用违约保护，同时农业银行为工商银行提供5 000 亿元的信用违约保护，这样就实现了风险分散的目的。

（三）信用价差期权

信用价差期权（Credit - spread Option）是商业银行与交易对方签订的以信用价差为基础资产的信用远期合约，以信用价差反映贷款的信用状况：信用价差增加表明贷款信用状况恶化，减少则表明贷款信用状况提高。具体见图 5-5。信用价差期权主要有以下两种形式。

1. 以无风险利率为基准的信用价差 = 债券或贷款的收益率 - 对应的无风险债券的收益率（绝对差额）；

2. 两种对信用敏感的资产之间的信用价差（相对差额）。

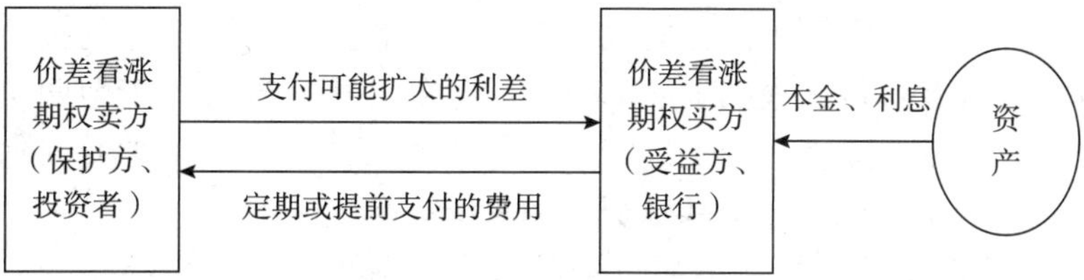

图 5－5　信用价差看涨期权

（四）信用联动票据

信用联动票据（Credit Linked Note，CLN）是一种表内交易的货币市场工具，是为特定目的而发行的一种融资工具，其信用衍生产品的特性体现在该融资工具在发行时往往注明其本金的偿还和利息的支付取决于约定的参考资产的信用状况，当参考资产出现违约时，该票据得不到全额的本金偿还。票据发行者在发行这种融资票据时，将参考资产的信用风险转嫁给了票据投资者。具体见图 5－6。

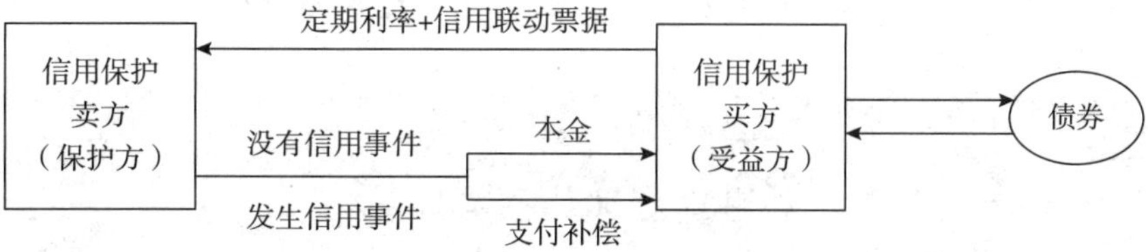

图 5－6　信用联动票据

发行者建立一个 AAA 级无破产之虞的特设信托机构，向第三方卖出信用保护，实际上第三方是一个每年支付 X 个基点的费用以求得保护的信用保护买方。银行和票据发行者之间的交易是一个信用互换。发行者在承担参考信贷风险时可获取一个风险溢价 Y，风险溢价是向投资者支付的利息的一部分。投资者用 100 元（票面价值）购买了一种结构票据，只要没有违约事件出现，该票据就支付大量的利息，利息定为 Libor－Y＋X。与 AAA 级特设信托机构发行的利率为 Libor－Y 个基点的普通浮动利率债券相比，Libor－Y＋X 是非常理想的，其利息得到了增加。投资者接收利息直到债券到期，然后收回票面价值的数额，这就是没有违约事件时标准的利息增进债券。如果参考信贷未发生信用事件，则投资者可获取利息和平价偿还金，而如果发生信用事件，特设信托机构就必须向信用保护买方支付或有偿付款，或有偿付款是由 100 元减去参考资产的残值得到的。并且信用事件一旦发生，特设信托机构即停止向投资者支付债券利息，并返还投资者余额，返还金额将等于票面价值减去或有偿付款。

（五）担保抵押债务

担保抵押债务（Collateralized Debt Obligations，CDOs）被用来对有违约风险的资产进行证券化组合。在 CDOs 交易中，通过资产的转移或者通过合成地利用信用衍生产品把信用风险从风险规避者处转移到SPV。基础资产组合被转移到特设信托机构SPV，然后SPV将它们划分为几块，每块称作一个部分，按优先排序并被分别出售。如果基础资产中的任何一部分违约，则第一部分的投资者将遭受损失，第二部分的投资者将得到保护，第三部分的投资者将得到最大限度的保护。显然，第三部分由于前两个部分的保护免受违约损失，其信用等级将高于基础资产的等级，第一部分由于承受任何一项基础资产违约的风险，其信用等级将低于基础资产的等级。

CDOs允许投资者投资于原本不能投资的资产并取得合意的风险组合。贷款抵押的CDOs通常被称作担保贷款债务（CLOs），债券抵押的CDOs则被称为担保债券债务（CBOs）。CDOs的资产暴露可以通过现金购买资产取得（现金CDOs），也可以通过利用信用衍生品取得（合成CDOs）。另外还可以根据它们的目的进行划分，两种最常见的CDOs分别是套利性CDOs和资产负债表CDOs。资产负债表CDOs由资产的持有者发起，以收缩资产负债表，或管理经济性资本和管制性资本。套利性CDOs受资产经理和投资者的推动，他们希望实现股票分档的杠杆化收益。CDOs可以被构造成静态的组合或被管理的集合，资产经理可以改变组合构成，但受到集中度的限制和文件中设定的关于评级构成的规则的影响。根据J. P. 摩根的统计，现金资产负债表CDOs和现金套利性CDOs是最重要的两种结构，分别占CDOs交易总量的41%和36%。

【案例5-1】

香港雷曼迷你债券风波

一、事件回放

雷曼迷你债券是一种信贷挂钩票据，作为一种结构性产品，它将CDO（Collateralized Debt Obligation，担保抵押债务）和CDS（Credit Default Swap，信用违约互换）两种因为2008年国际金融危机让大家开始了解的产品结合起来。这种迷你债券是CDS的出售方，提高了杠杆，所以投资者收到的利息会比同类（同一评级）产品高一些，因此销售地区遍及全世界，包括新加坡和中国香港等金融自由的亚洲国家和地区。同一种类的投资产品有许多种，一些大的金融机构包括摩根士丹利、瑞银集团，甚至亚洲的一些银行，如新加坡的星展银行都发行了大量的类似债券。这次香港雷曼迷你债券风波中受到损失的投资产品分为两种，一种是以雷曼兄弟作为参考机构的未到期票据，总价值为29.12亿港元，这部分票据的损失最大；另一种是以雷曼兄弟作为安排行，并由其子公司作为最终交易对手的债券，该债券中相当一部分是由一个名叫太平洋投资金融（Pacific Investment Finance）的壳公司发行的雷曼迷你债券系列，总价值为127.3亿港元，两部分总共为156.43亿港元。上述“债券”主要由香港21家银行分销，发行期大多在2006—2007年，期限则包括3年、5年或7年不等，这类债券给出的回报相对较高，且在不少香港市民看来风险较低。但是随着雷曼兄弟的倒闭，迷你债券等信贷挂钩票据出现了问题，在香港引起了很大的风波。

2008 年 9 月雷曼兄弟提交破产申请之后，全世界金融体系出现大幅震荡，在亚洲也随之掀起了轩然大波。2008 年 10 月 28 日，新加坡星展银行宣布在香港发行的以雷曼兄弟作为参考机构的 32 只信贷挂钩票据于 10 月 31 日起可以赎回，不过经评估，除其中两只可以取回约 8.7% 的本金外，其余 30 个系列的赎回价都为零。对于第二种迷你债券，即雷曼兄弟作为发行人的迷你债券，由于其安排行以及最终交易对手都是雷曼兄弟旗下的子公司，雷曼兄弟的倒闭使赎回价值的计算人不复存在，香港监管当局与银行公会通过独立财务顾问对这种迷你债券进行估值，并按照最终确定的赎回价格赎回投资者手中的债券。

二、迷你证券产品介绍

一种宣称固定年利率高达 5% ~7% 的所谓“债券”，投资于 AAA 级的 CDO 产品，竟然会出现大规模的全额损失，普通的投资者确实很难理解，也难怪很多香港市民抱怨自己受到了欺骗，认为监管当局没有很好地进行监管。当我们仔细阅读雷曼迷你债券的“发行招股说明书”（Issue Prospectus，2008）和“总系列招股说明书”（Program Prospectus，2008）之后就会发现，这类债券隐含着很大的风险。下面我们以“雷曼迷你债券系列 36”为例，介绍一下这种债券的结构。

图 5 -7 当 7 个参考机构没有出现违约事件并且没有出现任何其他引起提前偿付事件时的流程

从图 5 -7 中可以看出，迷你债券的实质是投资者承担 7 个参考机构的信用风险，对交易对手提供一种信用保护，以换取较高的固定利息收益。当出现违约事件或者任何其他需要提前赎回的情形时，投资者可能出现本金损失，当然损失最大的情形是出现违约事件（见图 5 -8），这时违约参考机构的债券市场价值很低，如果 CDO 也出现价值折损，那么赎回价格就会相当低，甚至为零。前面提到的星展银行由于参考机构之一雷曼兄弟出现违约事件而提前赎回它发行的信贷挂钩票据就属于这类情形。而当出现其他导致需要提前赎回的情形时，例如雷曼兄弟的倒闭导致雷曼迷你债券的最终交易对手（Derivative Counterparty）无法执行互换协议，也需要进行提前赎回，CDO 出售收益减去支付给交易对手的提前终止互换协议的结算金以及出售 CDO 产生的费用就是投资者收到的赎回价，因此第二种雷曼迷你债券的最终收益取决于CDO的市场价值和互换协议结算金的计算。香港金融管理局和财经事务及库务局鼓励分销银行按照市场价值回购迷你债券，这里面涉及CDO的市场价值以及互换协议的价值，在雷曼兄弟倒闭之前，CDO的市场价值按照雷曼兄弟子公司选择的3个交易商中报价最高者为准，雷曼兄弟倒闭之后选择交易商的权限交给信托人；互换协议的价值在于交易对手。违约的情况下由发行人根据做市商的报价确定，最终的计算由计算人或者信托人来行使。香港监管当局委托新鸿基金融来估值，并由安永作为独立财务顾问，这也是为了更好地保障投资者的权益，以使得CDO和互换协议卖个好价钱。

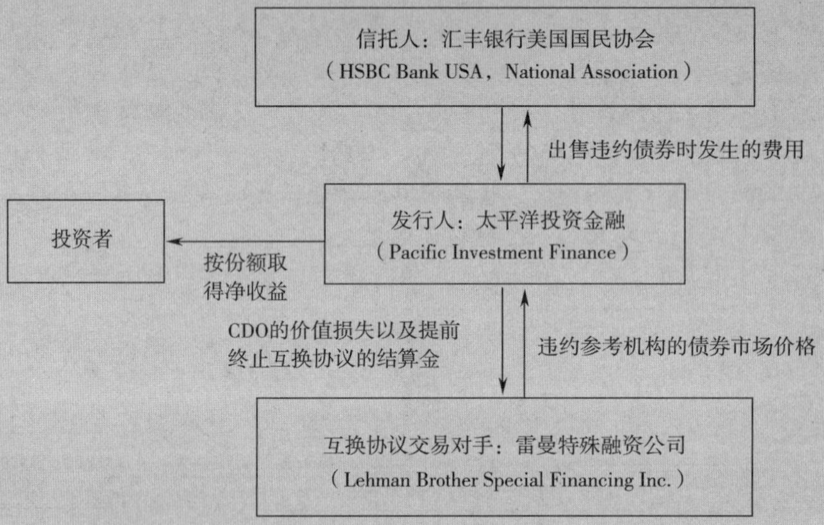

图5-8　当7个参考机构中的任意一个出现违约事件时的提前赎回清算图

资料来源：新浪财经，2009年4月。

第四节　信用风险管理实例——中信银行“垒大户”再受教训，3.1亿元“申达系”贷款呈不良①

中信银行披露，2008年上半年其在长三角地区的不良贷款有所增加，其中最核心的因素即对“申达系”的贷款，大约有3.1亿元人民币。而安信证券发布的一份报告表

① 资料来源：中国金融风险经理网。

明，中信银行2008年上半年在长三角地区新增的不良贷款大约为5.14亿元，“申达系”相关贷款所占比例竟高达60%。

一、案件回放

“申达系”内关联企业以互保频繁向银行贷款。“申达系”主体申达集团成立于1994年，主要从事塑料制品的生产销售。整个“申达系”拥有5大集团和50家左右骨干企业。实际上，2007年10月“申达系”相关问题已引起证券市场高度关注。申达集团资金链断裂，危及其直接控制的中达股份和江苏申龙。

截至2007年底，相关企业有效对外担保高达74笔，其中保证合同担保71笔，抵押合同担保3笔，金额分别为23.8361亿元和1.5683亿元。以中达股份为例，其对外担保余额一度占净资产的比例高达152.18%。

二、案件分析

近年来，由于多元化经营的需要，我国各类集团及关联企业发展迅速，规模越来越大，其对商业银行贷款的依赖性也越来越强。从某种程度上说，商业银行贷款已成为集团及关联企业融资的主要来源，在支持企业发展过程中起着举足轻重的作用。但值得注意的是，有些集团及关联企业往往钻银行信贷管理制度不健全的空子，大量占用银行贷款，通过关联交易转移资产，甚至逃废银行债务，给商业银行贷款带来严重风险。

因此，如何防范、控制集团及关联企业信贷风险成为商业银行当前信贷管理中亟待解决的问题。接下来，银联信分析师试图从分析集团及关联企业信贷风险主要表现形式及成因入手，提出防范、控制集团及关联企业信贷风险的初步对策。

1. 集团及关联企业信贷风险主要表现形式。原银监会颁布的《商业银行集团客户授信业务风险管理指引》对集团客户做了如下定义：所谓集团客户，是指在股权上或者经营决策上直接或间接控制其他企事业法人或被其他企事业法人控制的；共同被第三方企事业法人所控制的；主要投资者个人、关键管理人员或与其近亲属（包括三代以内直系亲属关系和二代以内旁系亲属关系）共同直接控制或间接控制的；存在其他关联关系，可能不按公允价格原则转移资产和利润，商业银行认为应当视同集团客户进行授信管理的商业银行的企事业法人授信对象。集团及关联企业在组织结构、管理控制和公司治理上表现出的特点远比一般企业要复杂，这就要求作为债权人的银行识别它们存在的风险，而这恰恰是对集团客户进行信贷风险控制的焦点和难点。归纳起来，集团及关联企业信贷风险大体上有以下几种表现形式。

（1）银企信息不对称导致信贷风险管理可能出现真空地带。当企业通过并购等手段，将不同行业、区域的企业联结在一起，形成组织结构复杂、关联单位众多的企业集团时，如果其有意识地将一些重要信息隐瞒，如其内部的整体组织架构、关联交易情况、关联企业在不同金融机构的授信额度等，那么银行由于信息收集手段的缺乏，几乎不可能准确把握集团的整体财务状况、现金流情况等重要经营信息，因此在这种银企信息不对称的情况下，极易出现银行对集团及关联方的多头授信、重复授信问题，从而导致银行对集团信贷总量风险失控。与此同时，由于各商业银行之间、同一银行内部不同分支机构之间信息交换的不畅与滞后，在对集团及关联企业信贷业务的管理上也不同程度地存在盲点。

（2）集团客户外延式扩张和多元化经营，对银行资金形成高度依赖，资金链紧绷，经营风险显现。在现实中，我们看到许多集团客户为了提高自身盈利水平，在人员、管理等基础条件并不具备的背景下，纷纷介入一些自己并不熟悉的行业，导致企业经营风险加大。同时，多元化经营极易导致资金短缺的局面。众所周知，企业自身的“造血”能力是非常有限的，要满足一些新涉足的所谓高盈利行业（如房地产、证券行业）的资金需求，就必须将部分用于主业的资金进行抽离，客观上可能影响主业的健康发展。同时，由于国内资本市场不发达，银行扮演着企业多元化经营资金主要供给者的角色，这种情况可能会导致企业的财务成本上升，经营效益下降；更为严重的是，企业过度依赖银行资金，可能因此出现资金链紧绷的情况，一旦任何一家银行信贷规模收缩，那么对企业而言，后果将是灾难性的。

（3）集团内部关联企业之间的相互担保，使担保存在实质性风险。目前，集团内部各关联单位在对外融资的过程中普遍采取相互担保的形式，即集团和子公司、孙公司之间相互担保。这种无实质意义的保证方式至少存在两个问题：首先，集团内部频繁的关联交易、高额或有负债必然蕴含大量风险点；其次，更为严重的是，单个企业的贷款风险将通过这种担保链的方式在集团内部传递，集团企业的系统性风险无法向外扩散，一旦发生风险，企业将很难从容应对，造成对债权人的担保形同虚设。

（4）大量集团内部关联交易的存在，使银行的风险迅速扩大。目前，集团内部关联交易的主要形式表现为：集团利用成员单位之间频繁的交易行为，甚至虚构交易行为，达到虚增销售收入和利润，粉饰经营业绩，骗取银行信用的目的；关联企业之间的相互投资，导致集团内部资本虚增，使银行误以为其资本实力雄厚，严重影响银行对其偿债能力作出准确的判断；通过内部转移价格或资产转让等方式，人为地对集团内部的经营状况进行调整。尽管关联交易的形式多种多样，但无一例外都对债权人的利益造成了不同程度的损害。

（5）承贷主体与用款主体的错位，使银行的潜在风险增大。任何一个企业集团内部的分公司、子公司之间，由于所处的行业或管理水平的差异，经营效益是参差不齐的，各成员单位的融资能力也不同。部分集团可能希望将下属实力较强、银行信用良好的企业作为融资窗口向银行申请贷款，然后通过内部往来的形式在集团内部将资金调配给融资能力相对较弱的下属企业使用。这就造成了实际借款人与名义借款人的错位，也使银行无法掌控真正的贷后监管对象，使银行的潜在风险增加。

2. 集团及关联企业信贷业务风险成因分析。集团及关联企业信贷业务风险成因可以从国家规制的滞后性、集团企业的特殊性及商业银行的不适应性三个层面分析。

（1）国家规制的滞后性。关联企业和关联交易形成并迅速发展，但当时这方面的法律规定不多，存在立法滞后的现象。我国《公司法》甚至回避了关联企业的问题。迄今为止，我国对于关联企业的关注尚局限于确保国家税金和保护中小股东的层面，因关联交易而导致关联企业债权人受损的问题，还没有引起足够的重视。

一是缺乏健全的信息披露制度。信息披露制度对贷款市场起着至关重要的作用。这是因为贷款人较之借款人而言，对关联企业内部经营信息的了解处于弱势地位，商业银行在从企业获得信息时处于劣势地位，企业总是有意或是无意地向商业银行漏报、瞒报、误报相关信息，而目前还没有更好的办法或是有效机制来约束企业的诚信，而且，我国现有的法律或法规也未明确规定借款人负有披露关联交易信息的义务以及违反责任。仅在1997年，财政部颁布了《企业会计准则——关联方关系及其交易披露》，对关联交易的披露做了附带的规定，而一些在西方国家司法实践中被证实为针对不公平关联交易行之有效的规定，在我国现有的法律法规中尚未有任何体现。仅有披露制度而缺乏相应的预防和救济措施，对不公平关联交易的限制和补救还远远不够。这种银企信息不对称显然给作为平等的民事法律关系主体的双方决策带来不平等。这些情况势必使作为贷款人的商业银行难以获取关联交易信息，贷款安全得不到保障。

二是企业法人设立存在管理漏洞。《公司登记管理条例》第十二条对公司住所地的唯一性规定，明确了公司注册地和经营场所必须一致。然而，某些税收政策优惠的区域，为了招商引资，庇护甚至鼓励一些企业违规开设公司，公司注册后又易地经营或游击经营的状况也大量存在。这类“隐身企业”往往被当作转移资产或变相获取贷款的工具，这一环节的漏洞实际上给关联企业提供了悬空、逃脱贷款债务宽松的外部环境，使得商业银行的贷款利益有名无实。

（2）集团企业的特殊性。企业集团内部有关联关系的各个单独的企业本身都是独立法人，追逐自身利益最大化是公司法人的最基本目标，但在存在控制与从属关系的关联企业体中，尽管从属公司在法律人格上仍然是独立法人，但由于关联集团整体运作的需要，从属公司可能沦为关联集团实现自己目的的工具，从属公司的独立地位仅成为法律上的一个象征，实际上已经丧失其独立性，其经营无法保证一定是为了自身的利益，更多是为了控制公司或者关联集团的利益。

比如，一个产品经营企业，其上游企业原材料提供商和下游企业销售商都被它控制的话，这些原材料提供商和销售商的经营与不存在关联关系的其他上下游企业的经营可能完全是两码事。后者的经营是独立的，符合市场准则的，追求的是自身利益最大化。而前者的经营目的只是为控制公司服务，是否盈利或盈利多少都得服从于控制公司的需要，盈利和资产的减少对它们的少数股东和债权人都构成损害。也正因为关联企业之间存在着控制与被控制的关系，它们之间的关联交易完全可能不按照市场价格来进行，从而实现有目的的利益转移，而法律却又规定了法人独立承担其有限责任，因此，从属公司承担了有限的责任，但控制公司却获得了不用承担经营风险的利益，从而导致银行对债务人的监管悬空，债务追偿遭遇困难。

（3）商业银行的不适应性。一是商业银行对单一客户授信控制较为重视，但对集团客户授信总体控制缺乏有效手段。对单一客户而言，银行可能认为授信额度并不是很大，但一旦将视角放大到整个集团和所有关联企业，可能会让贷款银行难以把握。问题的关键在于，在当时各商业银行内部未建立起一套对集团客户的实时监控体系，各银行主要采取的是通过向总行报表的形式反映信贷实际发生的状态，由总行进行总体把握并反馈。实践证明，这种方式在时效上明显滞后，难以满足各业务经办行的实际需要。同时，不同银行之间的信息沟通问题也没有得到很好的解决，各家银行以及不同分支机构之间，作为不同的利润中心和竞争主体往往不愿将客户的信息进行共享，各银行对集团的资信调查往往仅限于其在当地的经营情况，对集团异地分支机构的调查大多只是形式审查，这种管理真空的存在，有可能为部分集团客户所利用，达到其信用扩张的目的。

二是部分银行风险意识不强，经营存在短视行为，为关联交易和连环担保等现象的产生提供了存在空间。由于优质集团客户的相对稀缺，各银行的信贷资源普遍愿意向一些重点优质客户倾斜，其发放贷款的内在冲动表现得非常明显。当这种倾斜达到一定程度时，贷款的额度有可能远远超过企业的实际需要和偿还能力，这时可能出现企业进行盲目投资、集团内部关联交易产生、集团内部关联企业之间相互担保等现象，一旦这些企业出现大的经营风险，将很快扩展为银行的系统性风险。

同时，一个集团内部的不同企业，由于其经营效益参差不齐，当 A 公司出现风险时，可能关联的 B 公司效益暂时还不错，这时 B 公司的承贷银行可能觉得风险还不大，并不愿意主动退出 B 公司的业务，一旦集团的风险通过资金链或担保链传递到 B 公司，对银行而言，可能已回天无术。因此，少数银行这种相对短视的思维方式，也是某些单一客户风险演变为集团风险，进而引发银行系统性风险的诱因之一。

【练习题】

一、重要名词

信用风险监测　限额　贷款风险迁徙　预期损失　贷款定价　贷款重组　贷款转让　资产证券化　总收益互换　信用违约互换　信用价差期权　信用联动票据　担保抵押债务

二、单项选择

1. 信用风险监测是（　　）。

A. 一个连续、动态的过程

B. 未知风险的识别

C. 根据风险的变化及时调整风险应对计划，对已经发生的风险及其产生的遗留风险和新增风险及时识别分析

D. 以上都是正确的

2. 下列指标计算公式中，不正确的是（　　）。

A. 不良贷款率 =（次级类贷款 + 可疑类贷款 + 损失类贷款）/各项贷款 ×100%

B. 预期损失率 = 预期损失/资产风险敞口 ×100%

C. 单一客户贷款集中度 = 最大一家客户贷款总额/贷款类资产总额 ×100%

D. 贷款损失准备金率 = 贷款损失准备金余额/贷款类资产总额

3. 某银行 2006 年初关注类贷款余额为 4 000 亿元，其中在 2006 年末转为次级类、

可疑类、损失类的贷款金额之和为600亿元，其间关注类贷款因回收减少了500亿元，则关注类贷款迁徙率为（　　）。

A. 12.5%　　B. 15.0%　　C. 17.1%　　D. 11.3%

4. 某银行2006年贷款应提准备为1 100亿元，贷款损失准备充足率为80%，则贷款实际计提准备为（　　）亿元。

A. 880　　B. 1 375　　C. 1 100　　D. 1 000

5. 某银行2006年的银行资本为1 000亿元，计划2007年注入100亿元资本，若电子行业在资本分配中的权重为5%，则以资本表示的电子行业限额为（　　）亿元。

A. 5　　B. 45　　C. 50　　D. 55

6. 资产证券化属于（　　）。

A. 改善商业银行资产流动性的措施

B. 改善商业银行负债流动性的措施

C. 既是改善资产流动性的措施，也是改善负债流动性的措施

D. 以上都不对

7. 某银行2006年初可疑类贷款余额为600亿元，其中100亿元在2006年末成为损失类贷款，其间由于正常收回、不良贷款处置或核销等原因可疑类贷款减少了150亿元，则该银行可疑类贷款迁徙率为（　　）。

A. 16.67%　　B. 22.22%　　C. 25.00%　　D. 41.67%

8. 某银行2007年可疑类贷款余额为400亿元，损失类贷款余额为200亿元。各项贷款余额为40 000亿元。若要保证不良贷款率低于2%，则该银行次级类贷款余额最多为（　　）亿元。

A. 200　　B. 300　　C. 400　　D. 500

9. 不良贷款拨备覆盖率的计算公式为（　　）。

A. （一般准备 + 专项准备 + 特别准备）/（次级类贷款 + 可疑类贷款）

B. （一般准备 + 专项准备 + 特别准备）/（次级类贷款 + 可疑类贷款 + 损失类贷款）

C. （一般准备 + 专项准备）/（次级类贷款 + 可疑类贷款 + 损失类贷款）

D. （一般准备 + 专项准备）/（次级类贷款 + 可疑类贷款）

10. 下列关于红色预警法的说法，不正确的是（　　）。

A. 是一种定性分析方法

B. 要对影响警素变动的有利因素和不利因素进行全面分析

C. 要进行不同时期的对比分析

D. 要结合风险分析专家的直觉和经验进行预警

11. 下列关于信用风险监测的说法，正确的是（　　）。

A. 信用风险监测是一个静态的过程

B. 信用风险监测不包括对已发生风险产生的遗留风险的识别和分析

C. 当风险产生后进行事后处理，比在贷后管理过程监测到风险并进行补救对降低风

险损失的贡献大

D. 信用风险监测要跟踪已经识别风险在整个授信周期内的发展变化情况

12. 以下是贷款的转让步骤，其正确顺序是（　　）。

（1）挑选出同质的待转让单笔贷款，并将其放在一个资产组合中

（2）办理贷款转让手续

（3）对资产组合进行评估

（4）签署转让协议

（5）双方协商（或投标）确定购买价格

（6）为投资者提供资产组合的详细信息

A.（1）（2）（3）（4）（5）（6）　　B.（6）（5）（3）（2）（4）（1）

C.（1）（2）（5）（3）（6）（4）　　D.（1）（3）（6）（5）（4）（2）

13. 某银行2006年初正常类贷款余额为10 000亿元，其中在2006年末转为关注类、次级类、可疑类、损失类的贷款金额之和为800亿元，期初正常类贷款其间因回收减少了600亿元，则正常类贷款迁徙率为（　　）。

A. 6.0%　　B. 8.0%　　C. 8.5%　　D. 因数据不足无法计算

14. 商业银行在组合贷款风险限额管理中确定资本分配的权重时，不需要考虑的因素有（　　）。

A. 组合在战略层面的重要性　　B. 目前的组合集中情况

C. 资产负债率　　D. 经济前景

15. 下列有关信用衍生产品的说法，错误的是（　　）。

A. 信用衍生产品是允许对冲信用风险的金融合约

B. 信用衍生产品的基本功能：违约保护在买方和卖方之间是相同的

C. 信用衍生产品的交割可采取实物或现金两种方式

D. 信用衍生产品既可以用于对冲掉全部的违约风险，也可用于单笔贷款的对冲

16. 贷款定价中的风险成本是用来（　　）。

A. 抵销贷款的预期损失

B. 抵销贷款的非预期损失

C. 抵销贷款的预期损失和非预期损失

D. 以上都不对

17. 从绝对差额的角度来看，信用衍生产品中的信用价差是指（　　）。

A. 相对于无风险利率的差额

B. 两种对信用敏感的资产之间的信用价差

C. 相对于无风险利率的比率

D. 两种信用资产相对风险利率的比值

18. 贷款转让是指贷款的原债权人将已经发放但未到期的贷款有偿转让给其他机构的经济行为，其主要目的不包括（　　）。

A. 分散风险　　B. 实现利益共享

C. 实现资产多元化　　D. 增加收益

19. 下列有关商业银行限额管理的说法，不正确的是（　　）。

A. 限额是指对某一客户所确定的、在一定时期内商业银行能够接受的最大信用暴露

B. 在限额管理中，给予客户的授信额度只包括贷款而不包括其他或有负债

C. 限额管理的目的是确保所发生的风险总能被事先设定的风险资本加以覆盖

D. 商业银行在考虑对客户授信时不能仅仅根据客户的最高债务承受额提供授信，还必须将客户在其他商业银行的原有授信、在本行的原有授信和准备发放的授信一并加以考虑

20. 以下有关信用风险监测指标不正确的是（　　）。

A. 关注类贷款占比和损失贷款率、不良贷款率

B. 贷款迁徙率

C. 贷款损失准备金和拨备覆盖率

D. 贷款集中度和关联贷款比例

21. 目前，我国监管机构对商业银行的贷款拨备率、拨备覆盖率设定的标准及原则分别是（　　）。

A. ≤1.5%、≤150%，两者孰低　　B. ≥1.5%、≥150%，两者孰高

C. ≥2%、≥120%，两者孰高　　D. ≤2%、≤120%，两者孰低

22. 根据财政部发布的《金融企业不良资产批量转让管理办法》，金融企业批量转让不良资产的范围不包括（　　）。

A. 抵债资产

B. 按规定程序和标准认定为次级类、可疑类、损失类的贷款

C. 债务人或担保人为国家机关的贷款

D. 已核销的账销案存资产

23. 在针对单个客户进行限额管理时，商业银行对客户进行信用评级后，首要工作是判断客户的（　　）。

A. 最高债权承受额　　B. 最低债务承受额

C. 平均债务承受额　　D. 长期债务承受额

24. 下列关于资本转换因子的说法，正确的是（　　）。

A. 某组合风险越小，其资本转换因子越高

B. 同样的资本，风险高的组合计划授信额越高

C. 根据资本转换因子，将以计划授信额表示的组合限额转换为资本表示的组合限额

D. 资本转换因子表示需要多少比例的资本来覆盖在该组合计划授信的风险

25. 在信用衍生品中，如果信用保护的买方向信用保护卖方定期支付固定费用或一次性支付保险费，当信用事件发生时，卖方向买方赔偿因信用事件所导致的基础资产面值的损失部分，则该种信用衍生品是（　　）。

A. 信用联动票据　　B. 信用违约互换

C. 总收益互换　　D. 债务担保凭证

三、多项选择

1. 由于许多集团客户之间的关联关系比较复杂，因此在对其授信时应注意（　　）。

A. 分别制定标准，实施个体控制　　B. 掌握充分信息，避免过度授信

C. 尽量多用保证，争取少用抵押　　D. 授信协议约定，关联交易必报

E. 主办银行牵头，协调信贷业务

2. 下列关于授信审批的说法，错误的是（　　）。

A. 授信审批应当坚持审贷分离的原则

B. 授信审批要对信用风险暴露进行详细的评估

C. 零售信用风险暴露是商业银行最主要的信用风险暴露

D. 原有贷款的任何展期都可以不用重新进行申请

E. 在进行信贷决策时，商业银行应对可能引发信用风险的借款人的所有风险暴露和债项做统一考虑和计量

3. 信用风险缓释的方法有（　　）。

A. 合格的抵（质）押品　　B. 净额结算

C. 保证　　D. 信用衍生工具

E. 贷款定价

4. 有效的信用风险监测体系应该实现的目标包括（　　）。

A. 确保商业银行了解借款人或交易对方当前的财务状况及其变动趋势

B. 监测对合同条款的遵守情况

C. 评估抵押品相对债务人当前状况的抵补程度及抵押市值的变动趋势

D. 识别贷款组合的信用风险

E. 对已发生问题的授信对象或项目，可迅速进入补救和管理程序

5. 商业银行信用风险监测中，行业经营环境出现恶化的预警指标包括（　　）。

A. 出现金融危机，对行业发展产生影响

B. 市场需求出现明显下降

C. 产能明显过剩

D. 行业标杆企业因经营不善出现亏损

E. 以上都正确

6. 商业银行信用风险预警程序包括（　　）。

A. 信用信息的收集　　B. 风险分析

C. 信用信息的传递　　D. 后评价

E. 风险处置

7. 信用衍生产品是用来转移/对冲信用风险的金融工具，下列属于信用衍生品的是（　　）。

A. 信用违约互换　　B. 总收益互换

C. 成本收益互换　　D. 信用价差衍生产品

E. 信用联动票据

8. 下列关于信用联动票据的说法，不正确的有（　　）。

A. 又称为信用关联票据

B. 包括固定收益债券和相关的信用衍生产品的组合、以商业银行某些资产的信用状况为基础资产的信用衍生产品两种类型

C. SPV 不承担贷款资产的信用风险

D. 当商业银行资产发生违约后，投资者可以获得基础资产的原始价值

E. SPV 是信用联动票据的中介

9. 信贷客户财务状况变化的风险预警信号包括（　　）。

A. 拖延支付利息，信用卡透支状况严重

B. 关键的人事变动

C. 业务性质改变

D. 存款账户余额下降

E. 主要产品供应商流失

10. 贷款定价通常是由（　　）等因素决定。

A. 资本成本　　B. 经营成本　　C. 风险成本　　D. 债务成本

E. 股权成本

11. 贷款重组应当注意的事项包括（　　）。

A. 是否属于可重组的对象或产品

B. 进入重组流程的原因

C. 是否值得重组，重组成本与重组后可减少的损失孰大孰小

D. 转让贷款的成本费用

E. 对抵押品、质押品或保证人一般应重新进行评估

12. 下列关于信用风险控制的限额管理说法正确的是（　　）。

A. 对单一客户进行限额管理时，要计算客户的最高债务承受能力

B. 在单一客户限额管理中，确定的总授信额度应小于但不能等于客户的最高债务承受额度

C. 集团客户与单一客户限额管理存在差异，集团统一授信一般分三步走

D. 组合限额管理可以分为授信集中度限额和总体组合限额

E. 以上都正确

13. 商业银行监测客户风险的基本面指标主要包括（　　）。

A. 环境类指标　　B. 实力类指标　　C. 品质类指标　　D. 财务类指标

E. 营运能力指标

14. 商业银行在对客户进行信用限额管理的过程中，给予客户的授信额度包括(　　)。

A. 贷款　　B. 可交易资产　　C. 衍生产品　　D. 信用证

E. 抵押

15. 商业银行组合风险监测的方法有（　　）。

A. 资产组合方法　　B. 传统的监测方法
C. 授信集中度　　D. 授信结构分析
E. 资产分散方法

16. 下列关于信用价差的说法，正确的有（　　）。
A. 以无风险利率为基准的信用价差 = 贷款的收益率 - 对应的无风险债券的收益率
B. 信用价差增加表明贷款信用状况恶化
C. 信用价差减少表明贷款信用状况恶化
D. 信用价差增加表明贷款信用状况改善
E. 信用价差减少表明贷款信用状况改善

17. 某企业于年初向商业银行 A 申请了一笔 1 000 万元 1 年期专用机器设备抵押贷款。到年底时，由于企业财务状况恶化，无法如期全额偿还本金和利息。为了减少损失，银行紧急与企业磋商进行贷款重组，则下列重组措施可行的有（　　）。
A. 调整信贷产品　　B. 减少贷款额度
C. 调整贷款期限　　D. 调整贷款利率
E. 限制企业经营活动

18. 单一客户授信集中度属于信用风险类的监管指标，其计算公式为最大一家客户贷款总额/资本净额 ×100%，公式中的客户包括（　　）。
A. 取得贷款的法人　　B. 其他经济组织
C. 自然人　　D. 个体工商户
E. 存款人

19. 内部评级法初级法下，合格的净额结算包括（　　）。
A. 表内净额结算　　B. 回购交易净额结算
C. 场外衍生工具　　D. 交易账户信用衍生工具净额结算
E. 抵押后的资产额度

20. 衡量商业银行信用风险变化程度的指标包括（　　）。
A. 资本充足率　　B. 大额风险集中度
C. 正常贷款迁徙率　　D. 不良贷款迁徙率
E. 成本收入比

21. 下列关于信用风险监测的说法，正确的有（　　）。
A. 是风险管理流程中的重要环节　　B. 是一个动态、连续的过程
C. 风险监测包含两个层面的内容　　D. 应当实现监测对合同条款遵守情况目标
E. 在贷款决策前预见风险并采取预案措施，对降低实际损失的贡献度为 50% ~60%

22. 授信权限管理通常遵循以下原则（　　）。
A. 给予每一交易对方的信用须得到一定权力层次的批准
B. 集团内所有机构在进行信用决策时应遵循一致的标准
C. 债项的每一个重要改变（如主要条款、抵押结构及主要合同）都应该备案，不一定得到一定权力层次的批准

D. 交易对方风险限额的确定和对单一信用风险暴露的管理应符合组合的统一指导及信用政策

E. 根据审批人的资历、经验和岗位培训，将信用授权分配给审批人并定期进行考核

23. 内部评级法初级法下，合格保证的范围包括（　　）。

A. 主权

B. 公共企业

C. 多边开发银行和其他银行

D. 外部评级在 AA - 级及以上的法人、其他组织或自然人

E. 虽然没有相应的外部评级，但内部评级的违约概率相当于外部评级 A - 级及以上水平的法人、其他组织或自然人

24. 目前，我国的资产证券化类型主要有（　　）。

A. 信贷资产证券化

B. 企业资产证券化

C. 资产支持票据

D. 项目资产支持计划

E. 资产支持证券化

四、判断题

1. 传统的组合监测方法中，授信集中是指相对于商业银行资本金、总资产或总体风险水平而言，存在较小潜在风险的授信。（　　）

2. 某组合风险越大，其资本转换因子就越小。（　　）

3. 贷款定价包括资金成本、经营成本、风险成本和资本成本。资金成本主要是指商业银行负债的债务成本。（　　）

4. 贷款转让按转让的笔数可以分为一次式转让和回购式转让。（　　）

5. 信用风险监测是指风险管理者通过各种监测技术，监测固定时间周期（如一年或一个月）内信用风险指标的异常变动，判断其是否已达到引起关注的水平或已经超过阈值。（　　）

6. 资产证券化是指银行将已经存在的信贷资产集中起来分档，对应不同档的资产向市场上的投资者发行不同收益的证券，从而使信贷资产在原持有者的资产负债表上消失。（　　）

7. 在抵押贷款证券化过程中，建立一个独立的特殊中介机构 SPV 的主要目的是发行证券。（　　）

8. 信用价差衍生产品是商业银行与交易对方签订的以信用价差为基础资产的信用远期合约，以信用价差反映贷款的信用状况。信用价差增加表明贷款信用状况良好，减少表明贷款信用状况恶化。（　　）

9. 在客户风险监测指标体系中，资本增长率和资质等级分别属于财务指标和基本面指标。（　　）

10. 商业银行贷款风险迁徙类指标衡量了商业银行风险变化的程度。（　　）

11. 在总收益互换中，总收益支付方将持有参考资产的风险转移到总收益接收方。（　　）

12. 利用警兆指标合成的风险指数进行预警的方法是指数预警法。 ( )

13. 商业银行限额管理对控制其各种业务活动的风险是很有必要的，限额是指对某一客户（单一法人或集团法人）所确定的，在一定时期内商业银行能够接受的最大信用暴露。 ( )

14. 非预期损失将通过调整业务定价和提取相应的专项拨备来覆盖。 ( )

15. 当一笔贷款被转让后，其在资产负债表中应被完全剔除。 ( )

16. 某债务人因某种原因无法按原有合同履约，商业银行决定对其原有贷款予以展期处理，商业银行的这种操作属于贷款审批。 ( )

17. 净额结算对于降低信用风险的作用在于，交易主体只需承担净额支付的风险。 ( )

18. 依据安全履行合同、及时足额偿还的可能性将信贷资产分为正常、关注、次级、可疑和损失5个类别，其中后3类合称为不良信贷资产。 ( )

19. 商业银行利用衍生品可以完全对冲其所面临的市场风险，而且不会产生新的风险。 ( )

20. 采用内部评级法高级法的银行，如果历史数据能够证明同一风险暴露由多个保证人同时保证的信用风险缓释作用大于单个保证，银行可以考虑每个保证人对降低风险的贡献，并下调违约损失率。 ( )

五、案例分析

1. 时任审计署审计长李金华2003年6月23日在向全国人大常委会做审计工作报告时披露：广东佛山民营企业南海华光装饰板材有限公司（以下简称南海华光）董事长和大股东冯明昌累计从中国工商银行南海支行（以下简称南海工行）骗取贷款74.21亿元，至审计时尚有余额19.29亿元。经初步核查，银行贷款损失已超过10亿元。“南海华光”并不是一个法律意义上的主体，它是对冯明昌成立的一系列企业的统称。对于银行，“南海华光”指的是其中三个贷款主体：南海华光装饰板材有限公司、南海粤华装饰板材厂、南海市华泰木业有限公司。审计署人士指出，南海华光成立多家企业，主要目的实际是贷款和洗钱。一方面，通过虚假交易任意虚构现金流和销售收入，达到随意编造财务报表以骗取贷款的目的。另一方面，通过这些企业在各家金融机构开设账户大量提现和公款私存，为将贷款资金非法转移境外提供便利。请根据上述材料试分析：（1）此案例属于哪类风险？（2）风险的特征有哪些？（3）商业银行如何防范此类风险？

2. 2014年唐山农商行不良贷款率为1.24%，2018年、2019年不良贷款率分别为3.05%、2.55%，2020年第一季度该行不良贷款再次抬头，不良贷款率升至2.7%。同时，近年该行关注类贷款比例常年居高不下，2016年以来关注类贷款占全部贷款的比例一直处于20%左右，2019年第一、第二、第三季度末分别为19.52%、21.33%、22.49%。通常情况下，关注类贷款规模之所以受到市场关注，是因为经营环境一旦发生恶化，关注类贷款就会向下迁徙成为不良贷款。截至2018年12月31日，该行贷款前10大户中，河北纵横集团丰南钢铁有限公司贷款534 768 201.14元，占资本净额的比例为7.65%；河北中重冷轧材料有限公司贷款517 134 018.33元，占资本净额的比例为

7.4%；沧州中铁装备制造材料有限公司贷款508 644 875元，占资本净额的比例为7.28%。经证实，上述企业同隶属于河北新华联合冶金控股集团有限公司。请根据上述材料试分析：（1）该行主要面临哪种风险？（2）衡量该风险的主要指标是什么？（3）如何控制该风险？

3. 2021年7月21日，银保监会统计信息与风险监测部门负责人刘忠瑞表示，督促银行按照实质重于形式的原则，采取预期信用损失法，充分评估风险，做实资产分类，足额计提拨备。鼓励银行统筹做好应对不良贷款反弹的综合方案，有效运用现金清收、核销、批量转让等手段，进一步加强不良贷款处置。请根据上述材料试分析：信用风险的控制措施都有哪些？

4. 2001年6月，根据国际互换衍生产品协会（ISDA）的统计和调查，信用衍生产品的市场规模刚刚超过6 310亿美元。而在之后6年信用违约互换市场每年的增长率均超过100%，次贷危机发生的2007年信用违约互换市场的市场规模达到58.2万亿美元，甚至超过了2007年55.8万亿美元的世界经济总产出。而同时期的银行总资产规模数据也在信用衍生产品之下。国际金融危机过后，美国和欧洲经济体开始反思信用衍生产品的快速膨胀，并开始对信用衍生产品加强监管。请根据上述材料试分析：（1）什么是信用衍生产品？信用衍生产品的类型有哪些？（2）试分析信用衍生产品的利弊。（3）试分析我国信用衍生产品市场的发展。

第六章

国别风险管理

【章前引例】

2018 年 8 月，土耳其里拉对美元贬值 18%；8 月 10 日，汇率一度跌破 6.8。这使土耳其里拉超过阿根廷比索成为新兴市场中贬值幅度最大的货币——2018 年初至 8 月 13 日，土耳其里拉价值蒸发 45.7%，美元对土耳其里拉由年初的 3.79 升至 6.43。2021 年 3 月，包括土耳其在内的 3 个新兴经济体中央银行采取了加息措施。为应对本国持续已久的高通胀和近期的通胀压力加剧，近两年土耳其已 4 次大幅加息。历史上土耳其频频爆发金融危机和动荡，根源在于其金融系统自身所具有的脆弱性。土耳其金融市场危机频发的原因主要在于以下三个方面：第一，土耳其政治环境恶劣，政治动荡频发，既影响资本市场信心，也抑制国内供给能力，加剧了通胀问题；第二，土耳其存在经常账户和财政“双赤字”的情况，意味着其债务融资外源性依赖程度高，外债负担是土耳其面临的长期问题，但又缺乏持续的收入来偿还外债，因此对美元汇率和利率的变化非常敏感；第三，土耳其外汇储备占 GDP 比重很低，偿付外债的能力和维护汇率的能力较弱。

资料来源：新浪财经，https：//finance. sina. com. cn/money/forex/forexroll/2021 – 03 – 26/doc – ikkntiam8358614. shtml。

【本章学习目标】

1. 掌握国别风险的定义、类型。
2. 了解国别风险的评级体系。
3. 掌握国别风险的评估方法。
4. 掌握国别风险的管理方法。

第一节　国别风险识别

一、国别风险概述

（一）国别风险的概念

2010 年 6 月 23 日，中国银监会下发的《银行业金融机构国别风险管理指引》提出，国别风险是指由于某一国家或地区经济、政治、社会变化及事件，导致该国家或地区借款人或债务人没有能力或者拒绝偿付商业银行债务，或使商业银行在该国家或地区的商业存在遭受损失，或使商业银行遭受其他损失的风险。具体包括：（1）为保存外汇或其他方面的原因不能或不愿完成对贷款者或投资者的外汇偿付义务所造成的风险；（2）其他借款者由于贷款或投资本身以外的原因不能完成对贷款者或投资者的偿付义务而造成的风险。

理解国别风险的范围应把握两点：

1. 凡是跨国境信贷，无论其授信的对象为该国政府、私人企业或个人，均有可能遭遇国别风险损失。因而，国别风险的概念较主权风险或政治风险的概念更为宽广。主权风险仅指因某一主权国家政府贷款而可能遭受的损失。

2. 必须是政府能控制的事故所导致的损失风险才是国别风险。例如，若因一国政府经济政策失当，导致企业破产，从而无法履约，就属于国别风险；但如果是企业本身经营不善而倒闭，一直无法履约偿债，则属于商业风险。

（二）国别风险的种类

1. 主权风险。主权风险指某一外国政府没有能力或拒绝偿付其直接和间接外币债务的可能性。政府偿还负债的能力或意愿可能会受到不同原因的影响。例如，若具有国际影响力的评级机构将某国列入或可能列入观察名单，金融机构会留意这一举动是否会影响该国的还款能力。如 2008 年国际金融危机所引发的冰岛银行业危机，使冰岛政府对国内的三大银行实施了国有化，之后所有的冰岛银行股票停止交易，同时政府宣布暂停偿还外国投资者在冰岛的所有储蓄及所欠债务，这一举措给他国的投资者带来了巨大损失。

2. 转移风险。转移风险指某一国的整体经济环境发生恶化，从而对本地区的其他信用良好的国家造成负面影响，使评级机构对这些国家的评级下调的风险。以希腊债务危机为开端，各个评级机构对欧洲关联债务较多的国家的信用等级进行下调，使大多欧洲国家的金融机构面临严重的风险，并最终导致了欧洲债务危机的发生。

3. 货币风险。货币风险指由于汇率不利变动或货币贬值，导致债务人持有的本国货币或现金流不足以支付其外币债务的风险。最典型的案例就是 1998 年亚洲金融危机，以泰铢的贬值为开端，迅速席卷东南亚所有国家，给整个亚洲地区的银行业带来巨大的损失。

4. 宏观经济风险。宏观经济风险指债务人因本国政府采取保持本国货币币值的措施而承受高利率的风险。例如，某一国的汇率会受到世界银行对各国通货膨胀率和经济增长率的预期的影响，汇率的变化会导致别国金融机构在该国的投资利益发生改变。

5. 间接国家风险。间接国家风险指某一国家经济、政治或社会状况发生变化，对与该国有重大商业关系或利益的本国借款人的还款能力产生影响的风险。

6. 政治风险。政治风险指债务人因投资业务所在国或地区发生战乱或政治冲突等情形而承受的风险。表 6－1 列举了一些政治风险事件。

表 6－1　政治风险事件

名称	时间	事件
美国	1950—1980 年	越南战争中，冻结中国在美的全部资产
古巴	1959—1960 年	废除所有对美银行的债务
伊朗	1979—1980 年	冻结美国资产
尼加拉瓜	1980 年	反美斗争中推出对美债务
美国	2001 年 9 月 24 日	冻结了 27 个组织和个人的账户

（三）国别风险的特点

1. 长期性。国别风险的发生会对金融机构的跨国业务产生长期性的影响，若某一国家发生国别风险，他国金融机构为了规避风险，必定会对其跨国业务进行调整，但是这种调整有一定的时滞性，不是即时就可以生效的，若在调整的过程中东道国经济形势发生改变，则调整的方向也要随之变化。

2. 突发性。国别风险的发生具有很强的突发性。最常见的导致国别风险发生的是政治事件，比如战争、政权更迭、极端主义等，而这些事件在发生前都属于高度机密，一般人是很难知道的。此外还有操作风险，其管理并不是一个线性过程，事先很难度量，事情发生后也难以在短期内用实证等方法准确度量。从已发生的事件看，操作风险事件的发生有着无规律性、偶然性、突发性、时间上的不确定性等特点。

3. 传染性。国别风险的发生从某种程度上来说具有传染性。这是因为随着金融产业的发展、金融创新产品的不断增多，大量金融债权债务用一根根链条将多个金融机构紧密联系在一起，随着金融全球化进程的加快，世界各国之间的金融活动越发频繁，这就会将一国的风险通过错综复杂的金融链条快速传递到其他国家和地区。比如，A 国的经济状况良好，B 国与 A 国有着密切的经济业务往来，一旦 B 国的经济市场发生风险，那么就会导致 A 国信用级别的降低。

4. 交叉性。国别风险与其他风险不是平行并列的，而是互相穿插其中。在国别风险中，可能包含着信用风险、流动性风险、市场风险、操作风险或汇率风险等风险中的任意一种或者全部。因此，国别风险要受到金融机构所面临的日常风险的影响。

二、国别风险的表现形式

（一）国际贸易领域的表现形式

国别风险产生于国际经贸活动中，根据表现形式的不同，主要涉及跨国信贷、国际贸易和对外投资三大领域。

1. 跨国信贷领域。跨国信贷领域的国别风险表现形式主要包括以下五个方面。

（1）否认债务。债务人否认债务，拒绝履约还款。

（2）延期偿付。债务人针对无法按期偿还的事实，宣布延长偿付期，或在一定时期内停止偿还债权人。

（3）拒付。债务人表明处于无法偿付债权人的状态。

（4）重议利息。债务人要求调整原债权债务契约的利息率或加息率，减轻偿付负担。

（5）再融资。债务人在偿还旧债的同时，要求债权人再提供一笔新的贷款。

2. 国际贸易领域。国际贸易中所产生的国别风险既有由于母国与东道国国际贸易争端所引发的风险（如关税和各种形式的非关税壁垒），也有来自如汇率、税率变动的风险。此外，国别风险还可能来自东道国因单方面原因而破坏早已签订的合同或契约。国际贸易领域的国别风险表现形式主要包括四个方面：

（1）贸易对象国单方面破坏契约，并拒绝赔偿本国企业、银行及政府的经济损失。

（2）贸易对象国采取高额关税、反倾销反补贴等贸易保护措施，限制本国商品的进入。

（3）贸易对象国采取外汇管制，税率变化无常。

（4）战争、政变等导致双方经济利益的损失。

3. 对外投资领域。对外投资包括对外直接投资（Foreign Direct Investment，FDI）和国际间接投资（International Portfolio Investment）两种形式。其中，对外直接投资是企业以海外新建或跨国并购的方式所形成的国际间资本转移，国际间接投资指资本流向外国证券市场和国际固定收益投资。其所面临的国别风险形式包括以下几个方面。

（1）正式征用。投资者的资产被东道国政府无偿征用、没收，实行逐步国有化。

（2）限制。东道国政府出于某种目的对企业经营进行暂时的管制，如利用外汇管制措施，规定汇回母国利润的最高比例。

（3）干预。企业的正常经营受到东道国政府干预，如强制征税，规定禁止外国公司涉足的商品、行业和领域，制定商品内销价格，规定内销比重及流通渠道。

（4）强制出售。政府要求外国公司向当地企业或政府以低于市场价格出售部分或全部资产，且不给予任何形式的补偿。

（5）重议契约。政府强制修改和变更与外国公司的合作、合营企业的协议，而不予赔偿。

（6）政治损失。投资东道国的国际政治环境发生巨大变化或出现国际制裁的情况。

（7）投资东道国与母国之间发生战争等事件，导致投资者资产损失。

（8）投资东道国国内发生政治动乱或政变，从而造成投资人营业利润损失。

（二）主权债务危机是国别风险的集中体现

主权债务是指一个国家的政府以自身所代表的国家信用作为担保所发生的债务。主要包括内部借债和外部借债。内部借债主要指向本国居民的借债。外部借债主要指向外部社会通过发行债券等方式借款而引发的债务。如果一个国家由于长期的财政赤字而累积的债务达到一个国家经济产出的一定水平或长期处于不良的经济发展状况，会导致其在一定的时间内因无法按时履行债务契约，使债权人遭受损失，从而出现债务危机。由于主权债务多以外币计值，因此一旦信用评级被调低，加之其本身的不良经济状况，往往会引发主权债务危机。

衡量一个国家外债清偿能力的主要指标是外债清偿率，即一个国家在一年中外债的还本付息额占当年或上一年出口收汇额的比率。这一指标应保持在20%以下，超过20%就说明外债负担过高。

【知识链接6-1】

三大主权债务危机

20世纪90年代之前，金融危机通常表现为某种单一形式。比如，20世纪60年代的英镑危机为单纯的货币危机，20世纪80年代的美国储贷协会危机为典型的银行危机。但自20世纪90年代以来，货币危机、银行危机以及债务危机同时或相继爆发，成为经济危机的一个典型特征。

一、拉美债务危机

拉美债务危机的成因是20世纪70年代油价暴涨带来的过剩流动性和流入发展中经济体的石油出口国储蓄。在低利率资金的诱惑下，阿根廷、巴西、墨西哥和秘鲁等拉美国家借入了大量以硬通货计价的债务；然而，随着利率上升、资本流向逆转、发展中国家货币面临贬值压力，拉美的负债率上升到不可持续的水平。

1982年8月12日，墨西哥因外汇储备已下降至危险线以下，无法偿还到期的公共外债本息（268.3亿美元），不得不宣布无限期关闭全部汇兑市场，暂停偿付外债，并把国内金融机构中的外汇存款一律转换为本国货币。墨西哥的私人财团也趁机纷纷宣布推迟还债。继墨西哥之后，巴西、委内瑞拉、阿根廷、秘鲁和智利等国也相继发生还债困难，纷纷宣布终止或推迟偿还外债。到1986年底，拉美发展中国家债务总额飙升到10 350亿美元，且债务高度集中，短期贷款和浮动利率贷款比重过大，巴西、阿根廷等拉美国家外债负担最为沉重。近40个发展中国家要求重新安排债务。

第一种处理拉丁美洲债务问题的方法是拒绝债务重组。这种方法认为，解决债务问题的关键就在于为严厉财政调整提供所需的时间，而美国支持下的国际货币基金组织将提供所需资金。1985年，贝克计划阐述了这一做法，推行私营部门参与自愿性银行贷款重组，延长财政调整时期。其结果是大量债务负担影响了投资，导致了日益增多的资本外逃和增长疲软，债务比例不断上升。这就是众所周知的拉丁美洲“停滞的10年”。

直到20世纪90年代，债务重组的参与方才认识到，失去偿债能力的国家需要真正的债务减免，即减少债务名义价值。这就是布雷迪计划，不可转换且无力偿还的银行贷款通过一定折扣变为可转换布雷迪债券，直到2003年拉美才走出债务危机的阴影。

二、俄罗斯债务危机

俄罗斯从1997年10月到1998年8月经历了由三次金融大风波构成的金融危机。三次金融大风波的根本原因是长期推行货币主义政策，导致生产萎缩，经济虚弱，财政拮据，一直靠出卖资源、举借内外债支撑。但具体诱因则有所不同。第一次大波动主要是外来的，受亚洲金融危机波及，第二次、第三次则主要是俄罗斯政府的政策失误，引起对政府的不信任所致，国际金融炒家染指俄罗斯金融市场也是产生全球效应的一个重要原因。

1998年8月17日，俄罗斯联邦政府宣布卢布贬值，并推迟所有外债偿还期，不仅导致大量投资俄罗斯政府国债的投机资本损失惨重，而且致使国际商业银行的大量金融债权难以收回，引发俄罗斯债务危机。

解决债务危机的两大手段，一是以货抵债，俄罗斯首先用这种方式成功解决了对捷克的债务。俄罗斯对捷克的债务绝大部分是苏联时期遗留下来的，共计36亿美元，至2002年初还有11亿美元尚未还清。自1994年起，俄罗斯主要用商品偿还债务利息，2002年开始偿还债务本金。同年2月，俄罗斯和捷克签署了俄罗斯用商品偿还捷克债务的初步协定，俄罗斯用价值2.1亿美元的商品偿还所欠捷克的部分债务。用于还债的商品主要是用于核检测的专门设备、核燃料、冶金产品、电力、零部件及军用器材。

在俄罗斯偿还所欠哈萨克斯坦债务时，这种债务转换方式也得到了有益的尝试。截至2001年底，俄罗斯共向哈萨克斯坦提供了77架军用飞机和1套S-300型防空导弹系统，从而全部偿清了1994年由于俄罗斯从哈萨克斯坦运走40架战略轰炸机所欠下的债务。2002年11月，俄罗斯和哈萨克斯坦两国就俄罗斯用航空设备向哈萨克斯坦支付6 500万美元债务达成协议。

二是债务互换。2000年2月14日，经过长达18个月的谈判，俄罗斯政府终于与伦敦俱乐部的国际商业银行们达成债务重新结构化（Restructure）协议，该协议是债务重组和债务互换的混合体。协议规定，西方国际商业银行将免去自苏联以来的俄罗斯政府累计欠下的320亿美元债务中的36.5%，余下的债务将进行两次转换，首先将承债主体由部分国有的俄罗斯国有开发银行（Vneshekonom Bank）转换为俄罗斯联邦政府，其次将债务本身转换成30年期的欧元债券，并有7年的宽限期。

三、阿根廷债务危机

2000年，阿根廷外债总额达1 462亿美元，相当于其当年外汇收入的4.7倍，当年还本付息占出口收入的38%。因受东南亚金融危机和巴西金融危机影响，2001年11月，阿根廷政府宣布无力偿还外债，决定实施债务重组。

自2001年12月20日德拉鲁阿总统宣布辞职至2002年1月1日正义党参议员杜阿尔德就任新总统，短短12天内五易总统，表明政治危机也相当严重。

大规模的骚乱和激烈的政局动荡迫使阿根廷政府放弃了比索盯住美元的货币局汇率制度，国内外投资者对阿根廷的信心急剧下降。阿根廷不仅遇到了债务危机，而且还陷入了政治危机和社会危机。

在此之前，阿根廷经济已陷入萧条，政府财政赤字和债务情况显著恶化。阿根廷政府不得不通过国内银行偿还赤字，政府债务占银行资产的比率迅猛攀升，这显著增加了银行系统的信用风险。2001 年 12 月 23 日，阿根廷政府宣布暂时停止偿付所有公债的利息和本金，12 月 24 日宣布将于 2002 年 1 月发行本国第三种货币阿根廷元。阿根廷比索大幅贬值，最高时达 75%，阿根廷通货膨胀迅速上扬，比索贬值后累积通胀率最高达 80%，大批企业倒闭，失业率大幅上涨至 25%，2002 年经济下滑 10.9%。2004 年底，经过艰苦谈判，最终与国际金融机构达成协议，公布了以仅相当于欠债 25% ~35% 的面值发行新债来偿还旧债的债务重组方案。2005 年 3 月 3 日，债务重组取得成功，长达 3 年多的倒债危机宣告结束。

资料来源：和讯新闻，http://news.hexun.com/2011-07-19/131546896.html。

第二节　国别风险评级

一、国别风险的评级机构

世界上比较著名的国别风险评估机构有：商业环境风险信息机构（Business Environment Risk Intelligence，BERI）、《欧洲货币》（*Euromoney*）杂志、《机构投资者》（*Institutional Investor*）杂志、国际报告集团（ICRG）、世界市场研究中心（World Market Research Center）、经济学家情报中心（Economist Intelligence Unit，EIU）、政治风险服务公司信用评估体系（Political Risk Services：Coplin - O'Leary Rating System，PRS）、控制风险信息服务公司（Control Risks Information Services）及标准普尔（S&P）、穆迪（Moody's）等国际资信评估公司等（见表 6-2）。本部分重点介绍商业环境风险信息机构、《欧洲货币》杂志、《机构投资者》杂志、国际报告集团、世界市场研究中心及国际资信评估公司。

表 6-2　　不同机构的国别风险评级覆盖范围

评级模型	已评级国家数量（个）	评级导向	评级形式	更新频率
BERI	50	侧重于信用	指数	每年 3 次
Euromoney	180	侧重于信用	字母等级	—
Institutional Investor	135	信用	0 到 100 分	每年 2 次
ICRG	140	政治风险	描述：非常低到非常高	每月 1 次
EIU	100 +	侧重于信用	字母等级	每年 4 次，每月更新评级
PRS	106	政治风险	字母等级	每月更新评级，每年提供详细报告
S&P	100 +	信用	字母等级	—
Moody's	—	信用	字母等级	—

（一）商业环境风险信息机构的评估

美国的商业环境风险信息机构（BERI）是最早提供国别风险资料的国际机构，由F. T. 汉纳教授在20世纪60年代创立。其主要提供3种服务。

1. 商业风险服务。主要是BERI指数，分别对外国贷款者的商业气候、债务国的政治稳定性以及货币风险和支付风险3个部分进行评估。用0～100来表示风险程度高低。

2. 国家远景报告。重点评价债务国的投资气候和外国投资者在该国盈利的可能性与途径。目的是为银行业和商业实体提供前景分析报告，预测债务国的政治、经济和金融的变化情况。

3. 国别风险预测。就是通过定量和定性分析来评价一个国家的信誉情况。它采用几种定性与定量标准对一国未来5年的情况进行预测，并把国别风险评级具体分成定量评级、定性评级和环境评级3类。其中，定量评级主要是偿债能力（占50%）；定性评级主要是债务结构、竞争力等（占25%）；环境评级主要是现行该国的政治环境（占25%）。最后综合用0～100的自然数表示风险高低。评价范围主要包含50个主要国家。

（二）《欧洲货币》杂志的评估

《欧洲货币》杂志是世界著名的金融月刊，其对国别风险的评估结果具有一定的权威性。《欧洲货币》杂志衡量的国别风险范畴包括政治风险、经济风险（其中又包括人均GNP和《欧洲货币》专家以投票形式对各国经济情况进行评价的结果）、债务指标（其中又包括总债务存量占GNP的比例、债务占出口的比例、当前债务余额占GDP的比例）、违约债务或重新安排的债务情况、信贷评级、获得银行融资的能力、获得短期融资的能力、进入国际资本市场的能力、福费廷的折扣9项内容。

《欧洲货币》杂志的计算方法中，政治风险和经济风险的权重各为25%，债务指标、违约债务或重新安排的债务情况和信贷评级各占10%的权重，获得银行融资的能力、获得短期融资的能力、进入国际资本市场的能力和福费廷的折扣各占5%的权重。总分的计算公式如下。

$$总分 = A - \frac{A}{B - C} \times (D - C)$$

式中，A为范畴权重；B为范围内的最低值；C为范围内的最高值；D为个体值。其中在债务指标和违约债务的计算中，要将B、C颠倒过来，最低值权重最高，最高值权重为0。

（三）《机构投资者》杂志的评估

《机构投资者》杂志也是著名的国际金融刊物，它每年根据其对75～100个国际性营业银行的调查（据不同银行的情况给予不同的权数），分两次公布其对国别风险评估的结果，同样也是在0～100范围内对每一个国家评级（见表6－3）。与《欧洲货币》杂志的评估不同，《机构投资者》杂志评级的依据是世界上主要银行的国别风险评估系统的评级结果，而《欧洲货币》杂志是以市场反应为依据。

表 6-3　《机构投资者》杂志国别风险评价指标体系

影响因素	重要性排序		
	OECD 国家	新兴市场国家	其他
经济前景	1	3	4
债务清偿	2	1	1
资金储备和经常账户	3	4	3
财政政策	4	7	6
政治前景	5	2	2
资本市场准入	6	9	9
贸易收支	7	5	5
间接投资流入	8	8	8
外国直接投资	9	6	7

资料来源：Michel Henry Bouchet, Ephraim Clark, Bertrand Groslambert. Country Risk Assessment – A Guide to Global Investment Strategy。

（四）国际报告集团的评估

1980 年，美国纽约的国际报告集团（ICRG）开始对国别风险进行评估，并创办了《国别风险国际指南》。它建立了自己的国别风险评估体系，其总值分为三个部分：政治风险、财政风险及经济风险。其中政治风险与偿付意愿有关，而财政风险和经济风险则与偿付能力有关。ICRG 根据表 6-4 中的风险类别，列出了一个综合风险指数，以考量该国国别风险的总体状况。

$$\text{国家综合风险}(CRR) = 0.5 \times (PR + FR + ER)$$

式中，PR 为政治风险评级，FR 为财政风险评级，ER 为经济风险评级。分值 100 表示风险最低，0 表示风险最高（见表 6-5）。

表 6-4　ICRG 国别风险评价指标体系

风险维度	政治因素	财政因素	经济因素
组成因素	经济预期与现实的偏差； 经济计划的成效； 政治领导人的表现； 有无外部冲突； 政府腐败状况； 军队和军人在国家政治中的位置； 宗教在政治中的位置； 法律和秩序传统； 种族和民族压力； 政治恐怖主义状况； 有无内战； 政党发育情况； 官僚主义	贷款违约状况或有无对贷款人不利的重构； 贷款延期支付状况； 由政府清算合约的可能； 汇率管制可能造成的损失； 剥夺私人投资的可能	通货膨胀水平； 债务占出口商品和服务的比重； 国际流动性比率； 对外贸易收款经验； 当前账户余额占商品和服务的比重； 汇率市场指标

表 6－5　　ICRG 国别风险评价指标体系

国别风险评级	风险
0.00～49.5	风险非常高
50.0～59.5	高风险
60.0～69.5	中等风险
70.0～84.5	低风险
85.0～100.0	风险非常低

（五）世界市场研究中心的评估

世界市场研究中心（WMRC）的评级办法考虑 6 个因素，即政治、经济、法律、税收、运作和安全性。政治风险评级要估计国家全面的政治状况，如政府机构是否稳定和政治的民主性、政府是否能够实施政治计划而没有经常性政治僵局、国家的政治生活是否安定；经济风险评级要关注国家宏观状况和稳定性，如是否有稳定的市场、政府的政策是有益还是有害；法律和税收风险评级要估计投资者遇到法律障碍的程度和未曾预料到的税收情况；运作和安全性风险评级要估计官僚主义和物质方面的障碍以及人员在工作中可能面临的情况，如是否有良好的基础设施或是否有恐怖主义的威胁。WMRC 的思路是对每个国家 6 项考虑因素中的每一项都给出风险评分，分值为 1～5，1 表示最低风险，5 表示最高风险（见表 6－6）。风险评级最小的增加值是 0.5。国别风险的最终衡量根据权重，综合 6 个因素的打分情况得出。其中政治、经济风险各占 25% 的权重，法律和税收风险各占 15%，运作和安全性风险各占 10%。其计算方法如下：

$$\text{国别风险}=\sqrt{\begin{array}{l}(\text{政治风险})^2\times 0.25+(\text{经济风险})^2\times 0.25+(\text{法律风险})^2\times 0.15\\+(\text{税收风险})^2\times 0.15+(\text{运作风险})^2\times 0.1+(\text{安全性风险})^2\times 0.1\end{array}}$$

表 6－6　　WMRC 国别风险评价指标体系

风险评分	风险评级	风险
1.0～1.24	A++	非常小
1.25～1.74	A+	可忽略
1.75～1.99	A	低
2.0～2.49	B++	适中
2.50～2.99	B+	中
3.0～3.49	B	略高
3.50～3.99	C	高
4.0～4.49	D	非常高
4.5～5.0	E	极高

（六）国际资信评估公司的评估

国际资信评估公司主要有穆迪、标准普尔、汤臣百卫、费奇等，这些评估公司的主权信用评级业务日益专业化和系统化。主权信用评级除了要对一个国家国内生产总值增长趋势、对外贸易、国际收支情况、外汇储备、外债总量及结构、财政收支、政策实施等影响国家偿还能力的因素进行分析外，还要对金融体制改革、国企改革、社会保障体制改革所造成的财政负担进行分析，最后进行评级。主权信用评级一般从高到低分为AAA、AA、A、BBB、BB、B、CCC、CC、C。AA级至CCC级可用+号和-号，分别表示强弱。我国的大公国际、联合资信等机构也开展了主权评级业务。除此之外，中国出口信用保险公司、中国进出口银行等机构定期发布《国家风险分析报告》。

【知识链接6-2】

中国出口信用保险公司发布《国家风险分析报告》

《国家风险分析报告》是中国出口信用保险公司（以下简称中国信保）的核心信息产品之一。《国家风险分析报告》立足中国视角，以中国信保在外经贸领域的独家承保经验为基础，深度分析全球风险态势，研究成果对我国企业开展对外贸易和海外投资活动具有较高参考价值。自2005年以来，中国信保已连续17年发布《国家风险分析报告》。

2021年9月28日，中国信保在京发布2021年《国家风险分析报告》。本报告分为《53个重点国家风险分析》《全球投资风险分析、行业风险分析和全球企业破产风险分析》《美国多元利益结构对美国政治的影响》三册。2021年，中国信保首次发布美国分册报告，加强了对美国国内政治结构的研究。此次发布的《国家风险分析报告》立足中国信保20年来的业务实践和经验积累，运用自主研发的国家风险和主权信用风险评估体系，对全球国别风险现状和趋势进行了深入分析，数据资源更加广泛、研究视角更为精准、研究内容更加全面。

展望2022年，全球国别风险可能沿着以下趋势演变：一是全球政治风险水平很难快速回落，局部冲突可能加剧。二是世界经济增长放缓，实现平稳复苏的难度加大。三是部分国家债务负担可能再度上升，债务危机阴影始终难消。四是单边主义政策可能加剧全球产业链供应链的脆弱性。五是碳中和政策分歧可能引发新的地缘政治风险。

资料来源：中国出口信用保险公司。

二、国别风险评估方法

（一）定性分析

国别风险的定性分析是通过对构成国别风险的主要因素进行信息和数据的采集，由国家或专业机构进行分析，从而得出对目标国所存在国别风险的评定结果。定性分析可分为结构定性分析、清单分析、德尔菲法和政治经济风险指数。

1. 结构定性分析。这种方法是根据标准化的国别风险评估报告，结合部分经济统计资料而提出的。它综合了对政治、社会因素的定性分析和对政策、经济、金融因素的定量分析，能比较全面地分析国别风险，所得出的结论比较合理，但这种方法十分复杂，实施起来比较困难。

2. 清单分析。清单分析将有关的各种指标和变量系统地排列成清单，各个项目还可以根据其重要性加以权数，然后进行比较、分析、评定分数。清单一般包括经济发展水平、经济增长率和国际清偿能力三个方面的内容，每一方面设置若干指标。这种方法简单易行，可以长期按一定标准和系统积累资料，但必须与其他方法结合使用。

3. 德尔菲法。方法是召集各方面专家，分别独立地对一国风险作出评估，评估汇总后又发回给各专家，由其修正原评估。经过这样的程序（也可以进行多次），评估差距不断缩小，最后达到比较一致的评估。这种方法集中了专家的智慧，但其精确程度仍然有限。

4. 政治经济风险指数。这种指数通常由专业情报机构提供。这种机构雇用一批专家以核对清单为基础，制定出每个国家的加权风险指数，每过一段时间修正一次。

（二）定量分析

定量分析的方法主要包括多重差异分析法、Logit 模型分析法、政治不稳定性模型、CAPM 模型分析法等。

1. 多重差异分析法。多重差异分析的中心环节是构建债务重组可能性的临界值函数：

$$Z = a_1x_1 + a_2x_2 + \cdots + a_nx_n$$

式中，Z 为代表债务重组状况的变量；x 为独立解释变量；a 为解释变量的系数。假定 Z^* 是债务重组发生的临界值（该值由反复地使成本函数最小化而得到），则当 $Z < Z^*$ 时，债务重组事件发生，即国别风险可能出现；当 $Z > Z^*$ 时，则非债务重组事件发生，即不可能存在国别风险。

按照这一思路，1971 年弗兰克（Frank）和克莱因（Kelin）对 1960—1968 年 23 个国家发生的 13 次债务重组事件进行了考察，发现在分析的 8 个指标中，偿债率、进口与国际储备比率以及分期付款与债务比率是 3 个最具统计意义的分析指标。后来，格里诺斯（Grinois）和阿巴西（Abbassi）等都对此采用了更多的指标和数据进行分析研究，找出了更多的影响指标。

2. Logit 模型分析法。与多重差异分析法相对应，Logit 分析的核心是多重贝努利试验，以确定一国可能发生债务重组事件的概率。Chine 在 1984 年依据 Logit 分析对跨国信贷的国别风险进行了分析，认为跨国信贷供给减少会增加债务重组发生的概率，较高的名义利率反映了较高的通货膨胀，也会使借款国家面临债务问题。具体的分析模型如下：

$$\begin{aligned} Z_t = {} & a_1DSR_{t-1} + a_2RSM_{t-1} + a_3G_t + a_4Y_t + a_5h(CAX)^2_{t-1} \\ & + a_6\left|\frac{P \times D_{t-1}}{X_{t-1}}\right| + a_7A_{t-1} + a_8S_{t-1} + a_9GEX_t + a_{10}L_t \end{aligned}$$

式中，Z 表示债务重组状况；DSR 表示偿债率；RSM 表示储蓄与进口的比率；G 表示国内经济增长率；Y 表示本国收入水平；CAX 表示经常账户赤字与商品及劳务的出口比率；P 表示通货膨胀；D 表示总外债；X 表示出口；A 表示分期率；S 表示国内储蓄与 GNP 的比率；GEX 表示出口增长率；L 表示全球信用的充裕程度；t 是指当年的资料；$t-1$ 则是指前一年的资料。这样，发生债务重组的概率便是

$$P=\frac{1}{1+e^{-Z_t}}$$

设 P^* 为临界值，则当 $P>P^*$ 时，将会发生债务重组事件；当 $P<P^*$ 时，说明该国不会发生偿债困难。

3. 政治不稳定性模型。在前面的模型分析中只涉及了经济因素或者说经济变量，没有考虑到政治因素。1987 年，西特尤（Citron）和尼科尔斯伯格（Nickelsburg）创立的政治不稳定性模型分析较好地解决了这一问题。

其分析思路是，设定政策目标约束函数：

$$\begin{cases} f=f(G,D,r) \\ P\times G+E\times D=P(X-M)+T\times P\times Y+E\times \Delta R \end{cases}$$

式中，G 为国内支出；D 为债务支付；r 为政治不稳定性；E 是汇率；P 为国内物价水平；X 为出口；M 为进口；T 为税率；R 为国际储备；Y 为国民收入。

在 r 值较高即政治非常不稳定的情况下，对 f（G，D，r）最大化的结果将会是对外国信贷者的支付少于或等于 D，从而发生债务重组事件，不利于跨国信贷的债权银行。

4. CAPM 模型分析法。即通过计量公开市场上不同国家资本的回报水平，利用 CAPM 模型衡量国别风险。该模型关键在于找到一个国家的无风险回报率、国家的 β 系数（β 系数表示一个国家的风险指数对世界市场指数的敏感程度）以及特定国家的权益风险溢价。每个国家的无风险利率可以以该国的长期政府债券收益率为代表，比较各国市场指数与世界市场指数的波动性，估算出每个国家的 β 值。

CAPM 模型对于发达国家市场的拟合度较高，但对于新兴市场的拟合与实际却存在较大差异，因此对于发达国家和流动性较强的市场，CAPM 和多因素模型均有良好的表现。而对于新兴市场，则要根据其流动性是否与国际市场接轨，来判断模型的适用性，同时还要考虑国别风险的期限结构及市场代理成本。

第三节　国别风险的监测与控制

一、国别风险的监测与报告

（一）国别风险监测

商业银行一般是通过分析一系列反映关键因素各方面的指标，并与经验数据对比，对国际业务所面临的国别风险作出估价。国别风险监测指标包括三种：数量指标、比例指标、等级指标。

1. 数量指标。数量指标反映一国的经济情况，包括国民生产总值（或净值）、国民收入、财政赤字、通货膨胀率、国际收支（贸易收支、经营收支等）、国际储备、外债总额等，对于不同的国家，数量指标的侧重可能不同，通常对一国的关键部门（如石油或其他矿产）的指标也要进行分析和预测。

2. 比例指标。比例指标主要反映一国的对外清偿能力，是分析国别风险的重要工具，包括以下5个方面的比例。

（1）外债总额与国民生产总值之比。该指标反映一国长期的外债负担情况，一般限度是20%～25%，高于这个限度说明外债负担过重。

（2）偿债比例。该比例是一国外债本息偿付额与该国当年出口收入之比，衡量一国短期的外债偿还能力，这个指标的限度是15%～25%，超过这个限度，说明该国的偿还能力有问题。

（3）应付未付外债总额与当年出口收入之比。该指标衡量一国长期资金的流动性，一般的限度为100%。高于这个限度说明该国的长期资金流动性差，因而风险也较高。

（4）国际储备与应付未付外债总额之比。这一指标衡量一国国际储备偿付债务的能力，一般限度为20%，如果这项指标低于20%，说明该国国际储备偿还外债的能力不足。

（5）国际收支逆差与国际储备之比。该指标反映以一国国际储备弥补其国际收支逆差的能力，一般限度是150%，超过这一限度，说明风险较大。

3. 等级指标。等级指标是对一国政治、社会因素进行综合分析之后，对该国的政治与社会稳定程度作出估价，判断该国的风险等级。

数量指标、比例指标和等级指标是对国别风险的关键因素的不同方面进行衡量。只有通过对三类指标进行分析和综合，通过对一国的历史、现状和未来的变化趋势进行分析，并通过进行国与国之间的横向对比，才可能客观地掌握该国的国别风险等级和程度。

（二）国别风险报告

国别风险报告是对一个国家的政治、经济形势进行深刻分析、评价并给出某种深度的风险提示或预测的研究性报告。商业银行风险管理部门应当定期、及时向董事会和高级管理层报告国别风险情况，包括但不限于国别风险暴露、风险评估和评级、风险限额遵守情况、超限额业务处理情况、压力测试、准备金计提水平等。不同层次和种类的报告应当遵循规定的发送范围、程序和频率。重大风险暴露和高风险国家暴露应当至少每季度向董事会报告。在风险暴露可能威胁到银行盈利、资本和声誉的情况下，银行业金融机构应当及时向董事会和高级管理层报告。

二、国别风险控制

（一）设定国别信贷风险限额

1. 对信贷国家设定放款最大百分比。对任何国家的信贷，皆依其可供贷款的资金订立一个固定百分比，限定对任一国家的信贷不超过该百分比。在实际操作中，则依每个国家的风险情况、政治情况、借款人的偿债能力与其他因素等，在此最高限额内采取弹性信贷。

2. 按资本额设定放款百分比。按资本总额设定贷款给任一国家的最高百分比，通常是就各个国家的风险程度设定不同的百分比。

3. 按外债状况设定信贷百分比。依据一国的偿债能力，就其所能承担的外债程度，分别设定最高信贷限额，实际信贷额不得高于此最高信贷限额。

4. 不预先设立信贷限额，而按交易性质个案决定信贷额度。对信用的核定是按个案性质审理，而非以年度为基础计算全年的信用限额。然而，此种个案分析法仍须辅以全年度的审查，才能使当期的债务与当期偿债能力配合，并可按将来预期偿债能力，提供新的信贷额度。

（二）国别风险缓释方法

1. 寻求第三者保证。国际性银行在从事跨国贷款时，为减少风险损失，一般会要求借款人寻求第三者对贷款提供保证。在实务中，担任此种贷款保证者的通常为借款国的政府或中央银行，以及第三国银行或金融机构。在由借款国政府保证的情况下，债权银行所面对的国别风险便转为主权风险，风险程度相对减轻。如果债权银行对主权风险仍有疑虑，则往往要求借款人寻求第三国银行保证，从而使国别风险转移至信誉较佳的第三国。

2. 采用银团贷款方式。当国际贷款金额庞大且不易取得第三者保证时，通常是以银团贷款方式进行，由参加银团贷款的银行共同承担风险，从而减少个别银行单独放款的可能风险。商业银行也可通过与世界银行或其他国际金融机构合作融资的方式，达到化解风险的目的。

3. 转贷和债转股方式。当债务国发生债务危机，不再有能力偿还到期的公共及私人的国外债务时，银行的直接损失就已经发生了，但为控制损失的程度，借贷双方往往共同协商，就债务的支付安排作出变动。目前，债转股方法比较受债务国欢迎。虽然银行要接受比原有账面价值低得多的债权市场价值，但至少为债权银行和债务国解决债务问题提供了一个途径。

4. 利用金融衍生工具缓解国别风险。传统贷款的可转让性极低，交易费用高，加上许多银行贷款组合具有很大的相似性，因此贷款交易市场难以深入发展。同时，传统的利率浮动实质上不过是把利率风险由银行转移给债务国，一旦发生债务危机，对银行来说，利率风险就转化成为信贷风险。随着金融市场不断发展，为提高债务的市场可转让性以及便于控制债务国利率风险，西方银行趋于选择具有较高流动性的债务工具代替传统风险缓解手段。

（三）设立国别风险准备金

银行业金融机构应当充分考虑国别风险对资产质量的影响，准确识别、合理评估、审慎预计因国别风险可能导致的资产损失。银行业金融机构应对国别风险进行分类，并在考虑风险转移和风险缓释因素后，对具有国别风险的资产计提国别风险准备金。

其中，2010 年《银行业金融机构国别风险管理指引》规定，参照以下标准对具有国别风险的资产计提国别风险准备金：低国别风险不低于0.5%；较低国别风险不低于1%；中等国别风险不低于15%；较高国别风险不低于25%；高国别风险不低于50%。

【知识链接6-3】

2010年《银行业金融机构国别风险管理指引》国别风险种类

1. 低国别风险：国家或地区政体稳定，经济政策（无论在经济繁荣期还是萧条期）被证明有效且正确，不存在任何外汇限制，有及时偿债的超强能力。目前及未来可预计一段时间内，不存在导致对该国家或地区投资遭受损失的国别风险事件，或即便事件发生，也不会影响该国或地区的偿债能力或造成其他损失。

2. 较低国别风险：该国家或地区现有的国别风险期望值低，偿债能力足够，但目前及未来可预计一段时间内，存在一些可能影响其偿债能力或导致对该国家或地区投资遭受损失的不利因素。

3. 中等国别风险：某一国家或地区的还款能力出现明显问题，对该国家或地区的贷款本息或投资可能会造成一定损失。

4. 较高国别风险：该国家或地区存在周期性的外汇危机和政治问题，信用风险较为严重，已经实施债务重组但依然不能按时偿还债务，该国家或地区借款人无法足额偿还贷款本息，即使执行担保或采取其他措施，也肯定要造成较大损失。

5. 高国别风险：某一国家或地区出现经济、政治、社会动荡等国别风险事件或出现该事件的概率较高，在采取所有可能的措施或一切必要的法律程序后，对该国家或地区的贷款本息或投资仍然可能无法收回，或只能收回极少部分。

第四节 国别风险管理案例——欧洲主权债务危机[①]

欧债危机，全称欧洲主权债务危机，是指自2009年以来在欧洲部分国家爆发的主权债务危机。欧债危机是美国次贷危机的延续和深化，其本质原因是政府的债务负担超过了自身的承受范围引起的违约风险。

一、案件回放

早在2008年10月华尔街金融风暴初期，北欧的冰岛主权债务问题就浮出水面，而后中东债务危机爆发，鉴于这些国家经济规模小，国际救助比较及时，其主权债务问题未酿成较大的全球性金融动荡。

① 资料来源：http://baike.baidu.com/subview/3583537/10810506.htm?fr=Aladdin。

2009 年 12 月，希腊的主权债务问题凸显，2010 年 3 月进一步发酵，开始向“欧洲五国”（葡萄牙、意大利、爱尔兰、希腊、西班牙）蔓延。

全球三大评级机构则落井下石，连连下调希腊等债务国的信用评级。至此，国际社会开始担心，债务危机可能蔓延全欧，由此侵蚀脆弱复苏中的世界经济。

欧债危机的导火索。2009 年 10 月 20 日，希腊政府宣布当年财政赤字占国内生产总值的比例将超过 12%，远高于欧盟设定的 3% 上限。随后，全球三大评级公司相继下调希腊主权信用评级，欧洲主权债务危机率先在希腊爆发。

2010 年上半年，欧洲中央银行、国际货币基金组织（IMF）等一直致力于为希腊债务危机寻求解决办法，但分歧不断。欧元区成员国担心，无条件救助希腊可能会助长欧元区内部“挥霍无度”并引发本国纳税人不满。

同时，欧元区内部协调机制运作不畅，致使救助希腊的计划迟迟不能出台，导致危机持续恶化。

葡萄牙、西班牙、爱尔兰、意大利等国接连爆出财政问题，德国与法国等欧元区主要国家也受到拖累。

欧洲稳定机制 ESM 执行董事、欧洲稳定基金 CEO 克劳斯·雷格林日前表示，欧债危机的发生归结于三大原因：一是货币联盟设计自身存在很多问题，二是各个欧盟成员国之间的政策协调性还有待提升，三是预防机制不健全。

二、案件分析

（一）起因

1. 整体经济实力薄弱。遭受危机的国家大多财政状况欠佳，政府收支不平衡。

2. 财务造假埋下隐患。希腊因无法达到《马斯特里赫特条约》所规定的预算赤字占 GDP 3%、政府负债占 GDP 60% 以内的标准，于是聘请高盛集团进行财务造假，以顺利进入欧元区。

3. 欧元体制天生弊端。作为欧洲经济一体化组织，欧洲中央银行主导各国货币政策大权，欧元具有天生的弊端，在经济动荡时期，无法使用货币贬值等政策工具，因而只能通过举债和扩大赤字来刺激经济。

4. 欧式社会福利拖累。希腊等国的高福利政策没有建立在可持续的财政政策之上，历届政府为讨好选民，盲目扩大赤字，造成公共债务激增，偿债能力遭到质疑。

5. 国际金融力量博弈。一旦经济状况出现问题，巨大的财政赤字和较差的经济状况会使整体实力偏弱的希腊等国成为国际金融力量的狙击目标。

（二）原因分析

1. 外部原因。

（1）2008 年国际金融危机中政府加杠杆化使债务负担加重。2008 年国际金融危机使各国政府纷纷推出刺激经济增长的宽松政策，高福利、低盈余的希腊无法通过公共财政盈余来支撑过度的举债消费。国际金融危机推动私人企业去杠杆化、政府增加杠杆。希腊政府的财政原本处于一种弱平衡的境地，国际宏观经济的冲击，恶化了其国家集群产业的盈利能力，公共财政现金流呈现出趋于枯竭的恶性循环，债务负担成为不能承受之重。

（2）评级机构不再受西方国家约束，正确调整评级。全球三大评级机构不断下调意大利、希腊、葡萄牙和西班牙四国的主权评级。2011 年 7 月末，标准普尔已经将希腊的主权评级由 2009 年底的 A－级下调到了 CC 级（垃圾级），意大利的评级展望也在 2011 年 5 月底被调整为负面，继而在 9 月和 10 月初标准普尔和穆迪又一次下调了意大利的主权评级。葡萄牙和西班牙也遭遇了主权评级被频繁下调的风险。主权评级被下调使上述四国借入资金的利息变得相当高，也成为危机向深度发展的直接性原因。

2. 内部原因。

（1）产业结构不平衡：实体经济“空心化”，经济发展脆弱。以旅游业和航运业为支柱产业的希腊经济难以抵御危机的冲击。在欧盟国家中，希腊经济发展水平相对较低，资源配置极其不合理，以旅游业和航运业为支柱产业。一方面，为了大力发展支柱产业并拉动经济快速发展，希腊对旅游业及其相关的房地产业加大了投资力度，其投资规模超过了自身能力，导致负债提高。另一方面，从反映航运业景气度的波罗的海干散货运价指数（BDI）看，受国际金融危机影响，航运业从 2008 年底开始进入周期低谷，景气度不断下滑。航运业的衰退对造船业形成了巨大冲击。由此可以看出，希腊的支柱产业属于典型的依靠外需拉动的产业，这些产业过度依赖外部需求，在国际金融危机的冲击面前显得异常脆弱。

以出口加工制造业和房地产业拉动经济的意大利在危机面前显得力不从心。意大利经济结构的最大特点是以出口加工为主的中小企业（创造国内生产总值的 70%）。2010 年意大利成为世界第 7 大出口大国（出口总额为 4 131 亿欧元，占世界出口额的 3.25%），主要依靠出口拉动的经济体极易受到外界环境的影响。2008 年国际金融危机的爆发对意大利的出口加工制造业和旅游业冲击非常大，2009 年其出口总量出现大幅下滑，之后有所回升，但是回升的状况主要依赖于各国的经济复苏进程。随着世界经济日益全球化和竞争加剧，意大利原有的竞争优势逐渐消失，近 10 年意大利的经济增长缓慢，低于欧盟平均水平。

依靠房地产业和建筑业投资拉动的西班牙经济本身存在致命缺陷。建筑业、汽车制造业与旅游服务业是西班牙的三大支柱产业。由于长期享受欧元区单一货币体系中的低利率，房地产业和建筑业成为西班牙经济增长的主要动力。从 1999 年到 2007 年，西班牙的房地产价格翻了一番，同期欧洲新屋建设的 60% 都发生在西班牙。房地产业的发展推动了西班牙失业率的下降。2007 年西班牙的失业率从两位数下降到了 8.3%，然而在国际金融危机席卷下，房地产泡沫的破灭导致西班牙的失业率又重新回到了 20% 以上，其中 25 岁以下的年轻人只有一半人拥有工作，另外西班牙的高失业率也存在体制性因素，就业政策不鼓励招收新人。而海外游客的减少对西班牙的另一支柱产业——旅游业造成了巨大的打击。

爱尔兰一直被誉为欧元区的“明星”，因为其经济增速一直显著高于欧元区平均水平，人均 GDP 也比意大利、希腊、西班牙高出两成多，更是葡萄牙的 1 倍左右。但其在

2010年底同样出现了流动性危机，并接受了欧盟和IMF的救助，究其原因主要是爱尔兰的经济主要靠房地产投资拉动。2005年爱尔兰的房地产业就已经开始浮现泡沫，且在市场的推波助澜下越吹越大，2008年爱尔兰的房价已经超过所有OECD成员国的房价，在次贷危机的冲击下，爱尔兰的房地产价格出现急速下跌，同时银行资产出现大规模的缩水，过度发达的金融业在房地产泡沫破裂后受到了巨大打击，爱尔兰高速运转的经济受到重创，从此陷入低迷。

工业基础薄弱，而主要依靠服务业推动经济发展的葡萄牙经济基础比较脆弱。葡萄牙在过去十几年中最为显著的一个特点是服务行业持续增长，这与其他几个欧元区国家极其相似。2010年葡萄牙的农林牧渔业只创造了2.38%的增加值，工业创造了23.5%的增加值，而服务业创造的增加值达到了74.12%（葡萄牙受大西洋影响形成了温和的地中海气候以及绵延漫长的海岸，这些得天独厚的自然条件使葡萄牙旅游业得以很好地发展）。近几年葡萄牙开始进行经济结构的转型（从传统的制造业向高新技术行业转型），汽车及其零部件、电子、能源和制药等高新技术行业得到了一定的发展。葡萄牙政府在扶持高科技企业上面投入了大量资金，而这些资金通常都是通过低息贷款来实现。2008年国际金融危机的爆发，导致融资成本飙升，从而使葡萄牙企业受到冲击，影响到整个国民经济。

总体来看，PIIGS五国属于欧元区中相对落后的国家，它们的经济更多依赖于劳动密集型制造业出口和旅游业。随着贸易全球化的深入，新兴市场的劳动力成本优势吸引全球制造业逐步向新兴市场转移，南欧国家的劳动力优势不复存在。而这些国家又不能及时调整产业结构，使经济在危机冲击下显得异常脆弱。

（2）人口结构不平衡：逐步进入老龄化。人口老龄化是社会人口结构中老年人口占总人口的比例不断上升的一种发展趋势。随着工业化和城市化步伐的加快，各种生活成本越来越高，生育率不断下降，老年人口在总人口中的占比不断上升，最快进入老龄化的发达国家是日本，日本的劳动力人口占总人口的比重从20世纪90年代初开始出现拐点，随之出现了日本经济的持续低迷和政府债务的不断上升。从20世纪末开始，欧洲大多数国家的人口结构也开始步入快速老龄化，其原因主要有三个方面：长期低出生率和低生育率、平均预期寿命的延长、生育潮人口大规模步入老龄化。

首先，从主要国家出生率（每1 000人中出生的婴儿数）和生育率（每位妇女平均生育孩子个数）来看，欧盟国家的婴儿出生率和生育率近年来低于绝大部分地区，成为仅次于日本的出生率降低最快的区域。

其次，1996—2010年欧盟国家人口出生时平均预期寿命从76.1岁上升至79.4岁。美国联邦统计局预计到2050年欧盟国家人口出生时平均预期寿命将达到83.3岁。

最后，由于第二次世界大战后的生育潮人群已经开始接近退休年龄，并且人口出生率逐步下降，欧元区人口年龄结构从“正金字塔形”逐步向“倒金字塔形”转变，人口占比的峰值从1990年的25~29岁上移至2007年的40~44岁，而且这一趋势仍在进行，从今往后老龄化问题将进一步恶化。

（3）法国、德国等国家在救援上的分歧令危机处于胶着状态。是否要对身陷危机的国家施以援手主要取决于德国和法国的态度。法国坚决支持对危机国实施救援，而德国在救援问题上左右摇摆。法国的银行持有相当数量的欧元区债券，如果这些国家违约的话，法国的损失将会非常惨重（从三大评级机构下调法国两大银行的评级可以看出）。德国是欧元区第一大经济体，其经济发展强劲很大程度上得益于严格的成本控制。在欧元开始成为统一货币的12年里，德国国内工资上涨速度缓慢（年均2%左右），导致国内消费不振，但是赤字控制得比较好。“欧洲五国”加入欧元区之后，为了缩小与欧元区其他国家各方面的差距，工资一直在上涨，平均每年上涨10%以上。劳动力优势的存在使南欧各国的人均GDP水平也在不断地上涨，与法国、德国之间的差距不断缩小，但是随着工资上涨，其竞争力也不断减弱，后期各国只能靠旅游、房地产等项目来拉动经济，这些经济增长的原动力异常脆弱，在受到外部冲击时显得不堪一击。德国民众这些年忍受着福利削减、工资长期不上涨的痛苦，却要让他们去拯救那些享受高福利、高工资的国家，显然他们会心有不甘，为了获得更多的民众支持率，德国政府在作决定时必须考虑到民众的呼声。但是如果不救的话，又会面临本国银行业出现流动性危机，甚至大量银行倒闭，危及本国经济的局面，这个局面是谁都不愿意看到的。因此，德国当时面临艰难的选择，欧债危机如何演绎一定程度上取决于德国的态度。

三、救助措施

1. 欧洲金融稳定工具EFSF通过杠杆化，从4 400亿欧元扩大至1万亿欧元；EFSF扩容能避免债务危机进一步扩大到其他欧洲国家，但评级机构标准普尔此前已经发出警告，称EFSF的扩容可能影响到欧洲的信用评级。

2. 欧洲银行业认可为希腊债务减记50%；希腊债务减记50%将少负担1 000亿欧元的债务，但是欧洲银行业持有大量希腊债券，减记意味着银行业失血加剧，或导致大批小银行倒闭。

3. 欧盟各国政府在2014年6月前向欧洲银行业注入近1 000亿欧元，将核心资本充足率提高到9%。政府通过注入资本金帮助银行度过危机，避免美国雷曼兄弟倒闭的故事重演。但欧洲的危机与2008年时美国的危机不同，政府花掉大量财政收入救助银行，反会增加这些国家的债务负担。

【练习题】

一、重要名词

国别风险　主权风险　经济风险　政治风险　转移风险　国别限额管理　银团贷款

二、单选题

1. 关于国别风险，下列说法正确的是（　　）。

A. 通常在债权人的控制范围之内

B. 在同一国家范围内不存在国别风险

C. 个人不会遭受国别风险带来的损失

D. 国别风险是由债权人所在国家的行为引起的

2. 下列关于国别风险暴露的说法，不正确的是（　　）。

A. 国别风险暴露是指在某一国设有固定居所的交易对方（包括没有国外机构担保的驻该国家的子公司）的信用风险暴露，以及该国家交易对方海外子公司的信用风险暴露

B. 跨境转移风险产生于一国的商业银行分支机构对另外一国的交易对方进行的授信业务活动

C. 转移风险是当一个具有清偿能力和偿债意愿的债务人，由于政府或监管当局的控制不能自由获得外汇，或不能将资产转让于境外而导致的不能按期偿还债务的风险

D. 商业银行总行对海外分行提供的信用支持不属于国别风险暴露

3. 下列关于国别风险的说法，正确的是（　　）。

A. 国别风险可以分为政治风险、社会风险、经济风险和风险暴露

B. 在同一个国家范围内的经济金融活动不存在国别风险

C. 在国际金融活动中，个人不会遭受到国别风险所带来的损失

D. 国别风险通常是由债权人所在国家的行为引起的，它超出了债务人的控制范围

4. 国际收支与国际储备之比超过限额（　　）时，说明风险较大。

A. 75%　　B. 80%　　C. 100%　　D. 150%

5. 当国际贷款金额巨大时，贷款银行面临的国别风险及其可能造成的经济损失就很大了，因而不易取得第三方保证。在这种情况下，贷款活动通常是以（　　）方式进行，从而减少个别银行单独放款的可能风险。

A. IMF 贷款　　B. 共同投资　　C. 国别限额　　D. 银团贷款

6. 衡量一个国家外债清偿能力的主要指标是外债清偿率，即一个国家在一年中外债的还本付息额占当年或上一年出口收汇额的比率。这一指标应保持在（　　）以下，超过这个数值就说明外债负担过高。

A. 50%　　B. 40%　　C. 30%　　D. 20%

7. 1998 年的东南亚金融危机，以泰铢的贬值为开端，迅速席卷整个东南亚所有国家，给整个亚洲国家的银行业带来巨大的损失，该风险属于（　　）。

A. 主权风险　　B. 转移风险　　C. 货币风险　　D. 政治风险

8. （　　）即将有关的各种指标和变量系统地排列成清单，各个项目还可以根据其重要性加以权数，然后进行比较分析并评定分数。

A. 清单分析法　　B. 结构分析法　　C. 专家判断法　　D. 德尔菲法

9. Logit 分析的核心是（　　），以确定一国可能发生债务重组事件的概率。

A. 多重贝努利试验

B. 构建债务重组可能性的临界值函数

C. 设定政策目标约束函数

D. 计量公开市场上不同国家资本的回报水平

10. 应付未付外债总额与当年出口收入之比，高于（　　）说明该国的长期资金流

动性差，因而风险也较高。

A. 200% B. 150% C. 100% D. 120%

11.（ ）是对一国政治、社会因素进行综合分析之后，对该国的政治与社会稳定程度作出估价，判断该国的风险等级。

A. 数量指标 B. 等级指标 C. 风险指标 D. 质量指标

12. 以希腊债务危机为开端，导致各个评级机构对欧洲关联债务较多国家的信用等级进行下调，使大多欧洲国家的金融机构面临严重的风险，并最终导致了欧洲主权债务危机的发生，此种风险为（ ）。

A. 转移风险 B. 政治风险 C. 经济风险 D. 货币风险

13. 重点评价债务国的投资气候和外国投资者在该国盈利的可能性与途径是( )。

A. 商业服务报告 B. 国家远景报告

C. 商业前景报告 D. 国别风险预测

14. 商业风险服务不包括（ ）。

A. 对外国贷款者的商业气候 B. 债务国的政治稳定性

C. 货币和支付风险 D. 债权国的政治稳定性

15. 通过定量和定性分析来评价一个国家的信誉情况的是（ ）。

A. 商业服务报告 B. 国家远景报告

C. 商业前景报告 D. 国别风险预测

16. 国别风险与其他风险不是平行并列的，而是互相穿插其中。在国别风险中，可能包含着信用风险、流动性风险、市场风险、操作风险或汇率风险等风险中任意一种或者全部，这体现了国别风险的（ ）。

A. 传染性 B. 突发性 C. 交叉性 D. 高风险性

17. 我国发布《国家风险分析报告》的机构是（ ）。

A. 中国银保监会 B. 中国人民银行

C. 中国证监会 D. 中国出口信用保险公司

18. 反映一国经济情况的国别风险监测指标是（ ）。

A. 数量指标 B. 等级指标 C. 质量指标 D. 比例指标

19. 下列关于国别风险主权评级的说法不正确的是（ ）。

A. 决定了主权国政府在国际金融市场融资的成本

B. 在很大程度上影响这一国家非主权实体在国际市场进行融资的成本，信用级别越低，融资成本越高

C. 能够影响一个国家的国际资本流向，特别是金融危机发生时更明显，如国家主权评级下降，国际资本会撤离

D. 以上说法都不正确

20.（ ）是指由于借款国经济、政治、社会环境的变化使该国不能按照合同偿还债务本息的可能性。

A. 流动性风险 B. 国别风险 C. 声誉风险 D. 法律风险

三、多选题

1. 国别风险的特点（　　）。

A. 长期性　　B. 突发性　　C. 传染性　　D. 交叉性

E. 短期性

2. 跨国信贷领域的国别风险表现形式主要包括（　　）。

A. 否认债务。债务人否认债务、拒绝履约还款

B. 延期偿付。债务人针对无法按期偿还的事实，宣布延长偿付期，或在一定时期内停止偿还债权人

C. 拒付。鉴于无力偿付，债务人表明处于无法偿付债权人的状态

D. 重议利息。债务人要求调整原债权债务契约的利息率或加息率，减轻偿付负担

E. 再融资。债务人在偿还旧债的同时，要求债权人再提供一笔新的贷款

3. 国际贸易领域的国别风险表现形式主要包括（　　）。

A. 贸易对象国单方面破坏契约，并拒绝赔偿本国企业、银行及政府的经济损失

B. 贸易对象国采取高额关税、反倾销、反补贴等贸易保护措施，限制本国商品的进入

C. 贸易对象国采取高额关税、反倾销、反补贴等贸易保护措施，限制外国商品的进入

D. 贸易对象国采取外汇管制、税率变化无常

E. 战争、政变等导致双方经济利益的损失

4. 对外投资所面临的国别风险形式包括（　　）。

A. 正式征用　　B. 限制和干预　　C. 强制出售　　D. 重议契约

E. 政治损失

5. 世界上比较著名的国别风险评估机构有（　　）。

A. 商业环境风险信息机构（BERI）

B.《欧洲货币》杂志

C.《机构投资者》杂志

D. 国际报告集团

E. 国际资信评估公司

6. 国别风险定性分析可分为（　　）。

A. 结构定性分析　　B. 清单分析

C. 德尔菲法　　D. 政治经济风险指数

E. 专家判断法

7. 国别风险定量分析的方式主要包括（　　）。

A. 多重差异分析法　　B. VaR 模型法

C. Logit 模型分析法　　D. 政治不稳定性模型

E. CAPM 模型分析法

8. CAPM 模型关键在于（　　）。

A. 国家的无风险回报率　　B. 国家的 β 值
C. 特定国家的权益风险溢价　　D. 国家的违约率
E. 以上答案都对

9. 国别风险监测指标包括（　　）。
A. 数量指标　B. 质量指标　C. 比例指标　D. 政策指标
E. 等级指标

10. 国别风险缓释方法包括（　　）。
A. 金融衍生工具　　B. 寻求第三者保证
C. 银团贷款　　D. 转让贷款
E. 债转股方式

11. 商业环境风险信息机构提供的服务包括（　　）。
A. 商业风险服务　　B. 国家远景报告
C. 经济性数据　　D. 政治风险
E. 国别风险预测

12. 关于商业环境风险信息机构的国别风险预测，下列说法正确的是（　　）。
A. 包括偿债能力
B. 包括债务结构、竞争力等
C. 环境评级对象主要是现行该国的政治环境
D. 国别风险
E. 综合用 0～100 的自然数表示风险高低

13. 《欧洲货币》杂志用来衡量风险大小的三大类关键性指标包括（　　）。
A. 分析性指标　B. 信用性指标　C. 资本性指标　D. 市场性指标
C. 政治性指标

14. 关于 2010 年《银行业金融机构国别风险管理指引》中国别风险准备金的规定，下列说法正确的是（　　）。
A. 低国别风险不低于 0.5%　　B. 较低国别风险不低于 1%
C. 中等国别风险不低于 15%　　D. 较高国别风险不低于 25%
E. 高国别风险不低于 50%

15. 国别风险限额确定方法为（　　）。
A. 按对外借款总额设定信贷百分比
B. 对信贷国家设定放款最大百分比
C. 按资本额设定放款百分比
D. 按外债状况设定信贷百分比
E. 按交易性质个案决定信贷额度

16. 下列关于国别风险报告的说法正确的是（　　）。

A. 商业银行风险管理部门应当定期、及时向董事会和高级管理层报告国别风险情况，包括但不限于国别风险暴露、风险评估和评级、风险限额遵守情况、超限额业务处

理情况、压力测试、准备金计提水平等

B. 不同层次和种类的报告应当遵循规定的发送范围、程序和频率。重大风险暴露和高风险国家暴露应当至少每季度向董事会报告

C. 在风险暴露可能威胁到银行盈利、资本和声誉的情况下，银行业金融机构应当及时向董事会和高级管理层报告

D. 设立国别风险准备金

E. 国别风险报告是对一个国家的政治、经济形势进行深刻分析、评价并给出某种深度的风险提示或预测的研究性报告

17. 国别风险的表现形式主要涉及（　　）。

A. 贸易领域

B. 主权风险是国别风险的集中表现

C. 金融领域

D. 对内投资领域

E. 以上答案均正确

18. 关于国别风险的定性分析，下列说法正确的是（　　）。

A. 结构性分析综合了对政治、社会因素的定性分析和对政策、经济、金融因素的定量分析，能比较全面地分析国别风险，所得出的结论比较合理，方法也较为简单

B. 清单分析方法简单易行，可以长期按一定标准和系统积累资料，但必须与其他方法结合使用

C. 德尔菲法集中了专家的智慧，但其精确程度仍然有限

D. 政治经济风险指数通常由专业情报机构提供。这种机构雇用一批专家以核对清单为基础，制定出每个国家的加权风险指数，每过一段时期修正一次

E. 结构性分析综合了对政治、社会因素的定性分析和对政策、经济、金融因素的定量分析，能比较全面地分析国别风险，所得出的结论比较合理，但这种方法十分复杂，实施起来比较困难

19. 国别风险的数量指标反映一国的经济情况，主要包括（　　）。

A. 国民生产总值（或净值）、国民收入

B. 财政赤字

C. 通货膨胀率

D. 国际收支（贸易收支、经营收支等）、国际储备

E. 外债总额

20. 国别风险产生于国际经贸活动中，根据表现形式的不同，主要涉及领域包括（　　）。

A. 跨国信贷　　B. 国际贸易　　C. 对外投资　　D. 对内投资

E. 以上答案均正确

四、判断题

1. 主权债务是指一个国家的政府以自身所代表的国家信用作为担保所发生的债务。

主要包括内部借债和外部借债。 ( )

2. 凡是跨国境信贷，不论其授信的对象为该国政府、私人企业或个人，均有可能遭遇国别风险损失。 ( )

3. 某一国的汇率会受到世界银行对各国通货膨胀率和经济增长率的预期的影响，汇率的变化会导致别国金融机构在该国的投资利益发生改变，这种风险属于货币风险。 ( )

4. 债务危机是国别风险的集中体现。 ( )

5. 《欧洲货币》杂志的排名等级表显示的是经过计算后的加权最后得分，综合得分越高表明国别风险越小，反之越大。 ( )

6. 《欧洲货币》杂志评级的依据是世界上主要银行的国别风险评估系统的评级结果，而《机构投资者》杂志是以市场反应为依据。 ( )

7. 美国纽约的国际报告集团的国家风险评估体系，其总值分为三个部分，即政治风险、金融风险及经济风险。 ( )

8. 结构性分析方法综合了对政治、社会因素的定性分析和对政策、经济、金融因素的定量分析。 ( )

9. Logit 模型分析法的中心环节是构建债务重组可能性的临界值函数。 ( )

10. 政治经济风险指数通常由专业情报机构提供。这种机构雇用一批专家以核对清单为基础，制定出每个国家的加权风险指数，每过一段时期修正一次。 ( )

11. 国家风险报告是对一个国家的政治、经济形势进行深刻分析、评价并给出某种深度的风险提示或预测的研究性报告。 ( )

12. 按交易性质个案决定信贷额度是按个案性质审理，而以年度为基础计算全年的信用限额。然而，此种个案分析法仍须辅以全年度的审查，才能使当期的债务与当期偿债能力配合，并可按将来预期偿债能力，提供新的信贷额度。 ( )

13. 国际储备与应付未付外债总额之比衡量的是一国国际储备偿付债务的能力，一般限度为30%，如果这项指标低于30%，说明该国国际储备偿还外债的能力不足。 ( )

14. Logit 模型分析设 P^* 为临界值，则当 $P>P^*$ 时，将会发生债务重组事件；当 $P<P^*$ 时，说明该国不会发生偿债困难。 ( )

15. 多重差异分析法中设 Z^* 是债务重组发生的临界值，则当 $Z<Z^*$ 时，债务重组事件发生，即国别风险可能出现；若当 $Z>Z^*$ 时，则非债务重组事件发生，即不可能存在国别风险。 ( )

16. 主权风险仅指某一主权国家政府贷款所可能遭受的损失。 ( )

17. 间接国别风险指某一国家经济、政治或社会状况发生变化，对在该国有重大商业关系或利益的本国借款人的还款能力产生影响的风险。 ( )

18. 国别风险是由债权人所在国家的行为引起的。 ( )

19. 国别风险主权评级必须是动态的，并且与全球环境适应，解释主权评级模型也是如此。 ( )

20. 主权评级比银行、公司评级困难，主要原因是国际信贷规模比国内公司、银行借贷规模小，而且自从有了国际收支统计后，违约次数不多，即使通过各种研究方法来改善风险模型，也会因为样本和数据少，产生不确定性。（　　）

五、思考题

1. 什么是国别风险？它有哪些特点？
2. 国际风险评估机构都有哪些？
3. 简述国别风险的定量评估方法。
4. 结合实际，试分析国别风险产生的原因及控制的方法。

第七章

操作风险管理

【章前引例】

信用卡交易监测不到位，工商银行被处罚

2022 年 1 月 12 日，银保监会官网显示，中国工商银行股份有限公司海南省分行因 7 项违规被罚款人民币 195 万元。

行政处罚信息显示，中国工商银行股份有限公司海南省分行主要违法违规事实集中在信用卡方面，与信用卡直接相关的违规行为高达 4 项。具体来看，中国工商银行股份有限公司海南省分行存在信用卡申请人资信调查流于形式、信用卡审批不审慎、信用卡异常交易监测不到位、信用卡发卡操作不规范等问题。此外，对员工行为管理严重失控、银行卡中心内控管理失效、未按规定报送案件风险信息也被中国银保监会海南监管局点名指出。

根据《中华人民共和国银行业监督管理法》第四十六条，银保监会对工商银行海南省分行罚款 195 万元。据了解，自 2021 年以来，工商银行已经多次因涉及信用卡业务方面的违规收到监管开出的罚单，背后也反映出工商银行对信用卡业务管理不严的情况。

资料来源：张浩东．信用卡交易监测不到位，工商银行被处罚［EB/OL］．（2022－01－18）．https：//baijiahao. baidu. com/s？id＝1722292237275190004&wfr＝spider&for＝pc.

【本章学习目标】

1. 理解商业银行操作风险管理流程，掌握商业银行操作风险的定义和特点。
2. 能够识别操作风险。
3. 理解并掌握操作风险检查的两种主要方法和操作风险报告的主要内容。
4. 了解操作风险缓释的三种常用手段。
5. 理解并掌握我国商业银行主要业务的操作风险点及控制措施。
6. 理解并掌握如何利用基本指标法、标准法计量操作风险资本，了解高级计量法。

操作风险是一种古老的风险，自商业银行诞生伊始就伴随左右，并时刻存在于商业银行的运行过程中。但很长时间以来，商业银行却忽视了对操作风险的防范和管理。最近几年，随着操作风险的频繁发生和损失数额的不断上升，商业银行开始重视对操作风险的管理。如果说1995年巴林银行的倒闭为全球银行业敲响了警钟，使银行业开始认识到日益严峻的操作风险正成为银行业面临的最大威胁之一，那么2005年发生在黑龙江河松街的中国银行高山案则再次为中国银行业提了个醒，使中国银行业认识到其面临的操作风险形势不容乐观，操作风险已然成为给中国银行业造成损失最大的风险。种种线索表明，目前中国银行业面临的操作风险形势日益严峻，防范和控制操作风险刻不容缓。《商业银行资本管理办法（试行）》将信用风险、市场风险和操作风险同步纳入银行资本计量与监管的范围，标志着操作风险管理已经成为商业银行全面风险管理体系的重要组成部分。

第一节　操作风险识别

一、操作风险概述

（一）操作风险的定义

虽然操作风险这个概念的提出已有较长的历史，但是直到近几年才成为讨论的热点。与定义相对清晰的市场风险和信用风险相比，操作风险的定义一直在不断发展。

操作风险存在着广义和狭义两种定义。广义的观点认为，除市场风险和信用风险以外的所有风险均为操作风险。这种定义最大的优势在于涵盖了所有除市场风险和信用风险以外的剩余风险，但该定义是模糊的，缺少针对性，无法系统地指导操作风险的管理和计量。狭义的观点认为，只有与金融机构中运营部门相关的风险才是操作风险。

世界银行在1999年年报中开始提到操作风险，认为操作风险是由于内部行为或外部事件引起信息、交流、安全装置、业务连续性、监管、交易程序、清算系统和程序，以及执行法律、信托、代理职责出现故障，造成损失的风险。这种定义比较全面。

近年来，操作风险广义的定义和狭义的定义出现了相互融合的趋势。介于广义与狭义之间的操作风险观念首先区分了可控制事件和由于外部（如监管机构、竞争对手）的影响而难以控制的事件，进而将可控制事件的风险定义为操作风险。其中最具代表性的是英国银行家协会和巴塞尔委员会对操作风险的界定。

英国银行家协会根据本国银行业实际将操作风险定义为："由于内部程序、人员、系统的不完善或失误，或外部事件造成直接或间接损失的风险。"这个定义得到了广泛的认可。

《巴塞尔协议Ⅱ》对操作风险的界定是："操作风险是指由不完善或有问题的内部程

序、人员及系统或外部事件造成损失的风险。”巴塞尔委员会同时指出，这一界定包括法律风险，但不包括策略风险和声誉风险。可以看到，这一定义侧重于操作风险形成的原因，从银行内部因素和外部事件两方面进行了界定，它涵盖了银行内部很大一部分风险，成为不可界定的残值风险范畴，许多新的风险会不断归并其中。

中国银监会于2007年6月发布了《商业银行操作风险管理指引》，明确了适用于我国商业银行操作风险的定义：由于不完善或有问题的内部程序、员工、信息科技系统以及外部事件造成损失的风险，包括法律风险，但不包括策略风险和声誉风险。商业银行对其面临的各项操作风险进行正确分类，是建立有效的操作风险识别、评估、监测和控制体系的重要基础。

（二）操作风险的特点

操作风险与信用风险、市场风险在表现形式上相互交织，关系密切。但是操作风险的产生原因更为复杂，同时操作风险也有可能会引起或放大信用风险和市场风险。业务流程前台的一处微小的人工操作失误，很有可能引致难以料想的决策失误。而商业银行在缓释信用风险和市场风险的过程中，也有可能带来操作风险。

与信用风险、市场风险相比，操作风险具有独特的特点。

1. 风险来源的多样性。信用风险主要来源于客户，市场风险主要来源于市场上各种价格的波动，而员工的流动、商业银行产品的营销、规章制度的变化等都有可能引起操作风险。可以监测和识别的操作风险与由此可能导致的损失规模、发生概率之间没有直接的联系，因此商业银行对操作风险的预判显得力不从心，管理操作风险的难度也更大。

2. 风险的内生性。不同于信用风险和市场风险，除了自然灾害、恐怖袭击等外部事件，大多数操作风险都是商业银行的内生风险，包括人员、内部程序和系统，所以商业银行在进行操作风险管理时，应更加注重商业银行内部控制和内部管理。

3. 风险与收益的不对称性。按照一般的原理，高风险对应高收益。信用风险与市场风险都基本遵循这样的规律，但是操作风险不然。商业银行无法保证长期持续地承担操作风险可以为商业银行带来高收益。相反，操作风险的存在为商业银行带来了意外损失的严重隐患。

4. 风险的差异性。银行风险管理部门难以确定哪些因素对于操作风险管理来说是最重要的，原因在于业务规模小、交易量小、结构变化慢的业务领域，虽然操作风险造成的损失不一定低，但是发生操作风险的频率相对较低；而业务规模大、交易量大、结构变化迅速的业务领域，受到操作风险冲击的可能性也大。

5. 风险的转化性。操作风险是基础性风险，对其他类别的风险，如信用风险、市场风险等有重要影响，操作风险管理不善，将会引起风险的转化，导致其他风险的产生，2008年爆发的国际金融危机为我们分析风险之间的转化机制提供了很好的样本。

【案例7－1】

次贷危机中的风险转化

在全球流动性持续过剩的形势下，投资者的回报要求和风险偏好显著增强，次级抵押贷款的证券化产品受到市场追捧。次级抵押贷款不适当地证券化，造成贷款机构因风险的转移而放松了贷款的审核和监测，放任操作风险因子扩大，为次贷危机埋下了伏笔。

从风险类型传导上看，一方面，由于盲目追求市场份额与业务增长，银行在人员与管理流程上存在相应缺陷，业务人员对客户审查不力，同时银行过度依赖外包公司营销，缺乏流程监控机制，造成信用不良的客户违约，产生了大量坏账，操作风险转化为信用风险。另一方面，次级抵押贷款整体违约率上升，导致次级抵押贷款支持证券的违约风险相应上升，这些证券的信用评级将被独立评级机构显著调低，证券市场价格大幅缩水，持有这些资产的金融机构的账面价值也发生同样程度的缩水，引发市场风险。随着逾期坏账与丧失抵押品赎回权的数量快速增加，金融机构出现融资困难，遭遇挤兑风潮，市场风险又进一步转化为流动性风险。

资料来源：中国银行业从业人员资格认证办公室．风险管理［M］．北京：中国金融出版社，2013.

二、操作风险类别

商业银行对其面临的各项操作风险进行正确分类，是建立有效的操作风险识别、评估、监测和控制体系的重要基础。根据操作风险的定义及成因，操作风险可以按人员因素、内部流程、系统缺陷和外部事件四大类别分类。

（一）人员因素

人员因素引起的操作风险主要是因商业银行员工发生内部欺诈、失职违规以及因员工的知识/技能匮乏、核心职员流失、违反用工法等造成损失或者不良影响而引起的风险。

1. 内部欺诈。内部欺诈是指故意骗取、盗用财产或违反监管规章、法律或公司政策导致的损失，此类事件至少涉及内部人员一方，但不包括歧视及差别待遇事件。我国商业银行员工违规行为导致的操作风险主要集中于内部人员作案和内外勾结作案两种，属于最常见的操作风险类型。

2. 失职违规。商业银行内部员工因过失没有按照雇佣合同、内部员工守则、相关业务及管理规定操作或者办理业务造成的风险，主要包括过失、未经授权的业务以及超越授权的活动。员工越权行为包括滥用职权、对客户进行误导、支配超过其权限的资金额度，致使商业银行发生损失。

3. 知识/技能匮乏。商业银行员工在工作中，由于知识/技能匮乏所造成的操作风险主要有三种：

（1）自己意识不到缺乏必要的知识/技能，按照自己认为正确而实际错误的方式工作。

（2）意识到自己缺乏必要的知识/技能，但由于颜面或者其他原因而不向管理层提出或者声明其无法胜任某一工作或者不能处理面对的情况。

（3）意识到本身缺乏必要的知识，进而利用这种缺陷危害商业银行的利益。

4. 核心职员流失。核心职员具备商业银行普通职员普遍不具备的知识/技能，或能够快速吸收商业银行的内部知识/技能。核心职员掌握商业银行大量的技术和关键信息，其流失将给商业银行带来不可估量的损失。核心职员流失体现为对关键人员依赖的风险，包括缺乏足够的后援/替代人员、相关信息缺乏共享和文档记录、缺乏岗位轮换机制等。

5. 违反用工法。具体是指商业银行因违反劳动合同、就业、健康或安全方面的法规或协议等，造成个人工伤赔付或因歧视及差别待遇事件导致的损失。

【案例 7－2】

内部欺诈

华夏银行技术处处长覃某利用职务便利，将其编写的“计算机病毒程序”植入华夏银行总行核心系统应用服务器，并通过该计算机病毒程序使其跨行 ATM 取款的交易不能计入账户。自 2016 年 11 月至 2018 年 1 月，覃某通过其掌控的华夏银行卡多次在 ATM 上跨行取款，将银行资金 717.9 万元转入其使用控制的银行账户，非法占为己有。覃某的行为已触犯法律，被以职务侵占罪追究刑责。

资料来源：搜狐财经，2018 年 10 月 12 日。

（二）内部流程

内部流程因素引起的操作风险是指由于商业银行业务流程缺失、设计不完善，或者没有被严格执行而造成的损失。主要包括财务/会计错误、文件/合同缺陷、产品设计缺陷、错误监控/报告、结算/支付错误、交易/定价错误。

1. 财务/会计错误。具体是指商业银行内部在财务管理和会计账务处理方面存在流程错误，主要原因是财会制度不完善、管理流程不清晰、财会系统建设存在缺陷等。

2. 文件/合同缺陷。具体是指各类文件档案的制定、管理不善，包括不合适的或不健全的文档机构、协议中出现错误或缺乏协议等。

3. 产品设计缺陷。具体是指商业银行为公司、个人、金融机构等客户提供的产品在业务管理框架、权利义务结构、风险管理要求等方面存在不完善、不健全等问题。

4. 错误监控/报告。具体是指商业银行监控/报告流程不明确、混乱，负责监控/报告的部门职责不清晰，相关数据/信息不全面、不及时、不准确，未履行必要的汇报义务或对外部汇报不准确。

5. 结算/支付错误。具体是指商业银行结算支付系统失灵或延迟。

6. 交易/定价错误。具体是指在交易过程中，因未遵循操作规定导致交易或定价出现错误。

【案例7-3】

内部流程执行不严

某公司在商业银行贷款2 400万元，其中1 200万元以该公司所有的100亩土地作为抵押，另外1 200万元由于欠缺手续，尚未来得及办理他项权证。该贷款发放后不久，该公司法人代表出车祸死亡，经营活动停止。该笔贷款中的1 200万元贷款因无抵押物而处于高风险状态。

上例是因对内部流程执行不严而造成的操作风险。该商业银行如果未在授信管理规定中明确“先落实抵押手续、后放款”的规定，则属于该商业银行流程缺失、设计不完善；如果有明确规定，但没有严格执行，或者对客户通融办理授信提款，在贷后管理中未及时完成有关手续，则属于执行无效。

（三）系统缺陷

系统缺陷引起的操作风险是指由于信息科技部门或服务供应商提供的计算机系统或设备发生障碍或其他原因，导致商业银行不能正常提供全部/部分服务或业务中断而造成损失的风险。系统缺陷引发的操作风险具体表现在数据/信息质量、违反系统安全规定、系统设计/开发的战略风险以及系统的稳定性、兼容性、适宜性方面的问题。

1. 数据/信息质量。具体是指各类文件档案的制定、管理不善，业务操作中的数据出现差错。

2. 违反系统安全规定。违反系统安全规定具体表现在突破存储限制、系统信息传递/修改信息传送失败、第三方界面失败、系统无法完成任务、数据崩溃、系统崩溃重新存储、对账错误等。

3. 系统设计/开发的战略风险。商业银行应当对信息系统的项目立项、开发、验收、运行和维护实施有效管理，不能片面追求快速见效、贪大求全、超越本行业务的现实需求，要从战略高度评估经营管理的切实需要，慎重对待系统设计、开发的全过程。

4. 系统的稳定性、兼容性、适宜性。信息技术部门应当与业务部门互相协调，确保全行系统的稳定运行、核心业务系统与相关系统有效兼容、保持业务和管理需求的适宜性。

【案例7-4】

系统失灵

2021年8月17日，光大银行官网发布《关于中国人民银行支付清算系统维护公告》。公告称，中国人民银行将于2021年8月22日0:00至6:00开启支付清算系统维护窗口。在此期间，小额支付系统、网上支付跨行清算系统和全国支票影像交换系统暂停受理业务。8月22日，由于光大银行凌晨开展系统切换演练，当日上午部分交易出现交易缓慢及交易异常现象，影响到了客户的日常支付生活。

该案例是典型的系统故障造成的操作风险。该商业银行应当从系统角度和流程管理角度深刻分析系统失灵的原因，防范出现灾难性事件和损失。

（四）外部事件

商业银行在一定的政治、经济和社会环境中运行，经营环境的变化、外部突发事件等都会影响其正常的经营活动甚至造成损失。外部事件可能是内部控制失败或内部控制的薄弱环节，也可能是外部因素对商业银行运行或声誉造成的“威胁”。外部事件包括外部欺诈、洗钱、政治风险、监管规定、业务外包、自然灾害、恐怖威胁。

1. 外部欺诈。具体是指第三方故意骗取、盗用财产或逃避法律制裁，表现为盗窃、抢劫、伪造、支票欺诈、黑客攻击、窃取信息造成资金损失。外部欺诈是商业银行损失最大、发生次数最多的操作风险之一。

2. 洗钱。具体是指违法分子通过各种手段将非法所得合法化的行为。

3. 政治风险。具体是指由于战争、征用、罢工、政府行为、公共利益集团或极端分子活动而给商业银行造成的损失。

4. 监管规定。具体是指商业银行未遵守金融监管当局的规定而可能造成的损失。

5. 业务外包。具体是指由于外部供应商的过错导致服务或供应中断或撤销而造成的损失。

6. 自然灾害。具体是指由于自然因素而造成的商业银行财产损失，包括火灾、地震、洪水等。例如，2008 年的汶川地震给当地众多商业银行造成重大损失。

7. 恐怖威胁。具体是指由于人为因素而造成的商业银行资产损失，包括恐怖活动、绑架和爆炸等。美国“9·11”事件是一个恐怖威胁事件，给众多金融机构造成了惨重的经济损失。

【案例 7－5】

黑客非法窃取客户资金

尼泊尔的 NIC 亚洲银行出现了透过 SWIFT 系统的诈骗性金融转账，被盗资金高达 4.6 亿尼泊尔卢比（约合 4 700 万元人民币）。这场网络劫案的幕后黑客还试图将窃来的钱转到多个国外账号，如日本、英国和新加坡以及纽约渣打银行和马什雷克（Mashreq）银行等外币账户。

近年来 SWIFT 相关劫案频发，2016 年孟加拉国中央银行由于相关事件损失了至少 8 100 万美元。此外，网络犯罪分子将 SWIFT 相关基础设施作为目标，让厄瓜多尔和越南的金融机构也都上了头条新闻。

资料来源：搜狐财经，2017 年 11 月 17 日。

三、操作风险的危害

操作风险不仅无处不在，而且其危害性特别大。近年来发生的一系列大的机构倒闭事件许多都可以归咎于操作风险，比如著名的 1995 年巴林银行倒闭案。表 7－1 简单罗列了一些大规模操作性风险事件，以此揭示操作风险的重大危害。

表 7－1　　操作性风险损失的代表性案例

时间	银行/机构名称	操作风险损失事件描述
1992 年	标准渣打印度分公司	支票诈骗，损失 4 亿美元
1993 年	伦敦证券交易所及其会员	TAURUS 系统取消，损失 7 亿美元
1994 年	美国信孚银行	宝洁以信孚银行未向其充分揭示复杂的互换交易风险而导致 1.57 亿美元损失为由起诉
1995 年	英国巴林银行新加坡分行	交易员隐瞒报告日经 225 指数期货交易的亏损，最终损失 14 亿美元
1995 年	日本大和银行纽约分行	隐瞒美国国债交易亏损，损失超过 11 亿美元
1996 年	住友银行伦敦分行	未经授权的铜交易，欺诈和伪造，损失 17 亿美元
1996 年	德意志银行伦敦分行	超权限集资，损失 6 亿美元
1997 年	英国国民西敏寺银行	隐瞒衍生产品交易亏损，损失 7 700 万英镑
2002 年	爱尔兰联合银行	交易员欺诈，用虚假交易隐瞒亏损，损失 7 亿美元
2003 年	多米尼加国际银行	欺诈导致 22 亿美元损失，约占 GDP 的 13%
2003 年	英国皇家苏格兰银行	反洗钱管理控制不善导致 120 万美元损失
2007 年	TJX 公司	18 个月内，其 IT 系统中有 4 500 万信用卡和借记卡号失窃

从国内来看，由于长期以来对银行的监管不足，银行的操作风险并没有显现出来，然而银行的不良贷款率居高不下却是个不争的事实。其中，相当数量的不良贷款就是由操作风险引起的。随着对银行的监管不断增强，各种重大的金融风险逐步浮出水面。虽然由于隐性的政策性制度保证，国内银行还没有出现像国外银行那样的倒闭事件，但是，操作风险的确成了现代商业银行必须面对的巨大挑战。

【案例 7－6】

恒丰银行操作风险损失

2014 年至 2016 年，蔡国华在担任恒丰银行党委书记、董事长期间，滥用职权，违规发放核心员工奖励薪酬，推行员工股权激励计划，造成恒丰银行经济损失共计人民币 8.9 亿余元。2014 年至 2017 年，蔡国华利用担任恒丰银行党委书记、董事长的职务便利，单独或伙同他人非法占有恒丰银行公共财物，共计折合人民币 1 018 万余元。2015 年至 2016 年，蔡国华利用担任恒丰银行党委书记、董事长的职务便利，未经集体研究，擅自决定将恒丰银行 48 亿元资金以信托贷款形式转入其个人控制的公司，进行营利活动，谋取个人利益。2006 年至 2017 年，蔡国华利用担任中共沾化县委书记、烟台市人民政府副市长、恒丰银行党委书记、董事长等职务便利，为 8 家单位或个人在银行贷款、项目承揽、企业经营等方面提供帮助，索取或非法收受请托人财物共计折合人民币 11.8 亿余元（其中 10.7 亿余元系未遂）。2017 年，蔡国华在明知申请贷款项目不符合发放贷款条件的情况下，授意银行工作人员违规发放贷款 35 亿元，给恒丰银行造成特别重大损失。

2020年6月9日，山东省东营市中级人民法院开庭审理蔡国华国有公司、企业、事业单位人员滥用职权罪一案，检方指控蔡国华犯国有公司人员滥用职权罪、贪污罪、挪用公款罪、受贿罪、违法发放贷款罪共五项罪名，案涉金额共约103亿元。2020年11月6日，蔡国华被控犯国有公司人员滥用职权罪、贪污罪、挪用公款罪、受贿罪、违法发放贷款罪，一审被判死缓。

资料来源：搜狐财经，2020年11月10日。

四、操作风险识别方法

商业银行通常借助自我评估法和因果分析法，对所有业务岗位和流程中的操作风险进行全面且有针对性的识别，并建立操作风险成因和损失事件之间的关系。

（一）自我评估法

自我评估法是国际先进银行普遍运用的操作风险评估方法，并辅以信息系统支持，成为操作风险管理不可或缺的重要手段，也是我国商业银行识别和评估操作风险的基本方法。自我评估是商业银行识别和评估潜在操作风险以及自身业务活动的控制措施适当程度及有效性的操作风险管理工具。

商业银行各业务部门根据相关内控制度、操作规章、自我评估，找出本部门在操作风险管理上存在的缺陷，并评估这些缺陷对自身经营可能带来的不良影响。它往往从最高管理层开始，以得到机构高层次的全局视野，进而提高操作风险管理水平。首先，商业银行应建立一个涵盖所有层面包括高级管理层和基层管理机构的录入、支持和反馈的组织机构，采用自上而下的工作方式，从组织机构的最高层开始进行风险评估，然后主动向下深入到业务部门中。在操作风险自我评估的过程中，可依据评审对象的不同，采用流程分析法、情景模拟法、引导会议法、调查问卷法等方法，并借助操作风险的定义及损失事件分类、操作风险损失事件历史数据、各类业务检查报告等相关资料进行操作风险自我评估。

商业银行进行操作风险自我评估的主要目的是鼓励各级机构主动承担责任，加强对操作风险识别、评估、控制和监测的有效管理。

（二）因果分析法

在综合自我评估结果和各类操作风险报告的基础上，利用因果分析模型能够对风险成因、风险指标和风险损失进行逻辑分析和数据统计，进而形成三者之间相互关联的多元分布。

因果分析模型可以识别出哪些风险因素与风险损失具有最高的关联度，使操作风险识别、评估、控制和监测变得更加有针对性和更有效率。

实践中，商业银行通常先收集损失事件，然后识别导致损失的风险成因，方法包括实证分析法、与业务管理部门会谈等，最终获得损失事件与风险成因之间的因果关系。例如，针对电子银行业务规模快速增长，但客户资金交易故障次数异常增多的事件，分析风险成因是软硬件处理存在安全漏洞，进而判断风险类别是系统缺陷。

第二节　操作风险计量

巴塞尔委员会认为，操作风险是商业银行面临的一项重要风险，商业银行应为抵御操作风险造成的损失安排监管资本。操作风险所需的监管资本与信用风险和市场风险的监管资本进行加总，得到银行开展多样化业务所需持有的总风险资本。商业银行操作风险加权资产为操作风险资本要求的12.5倍，即操作风险加权资产＝操作风险资本要求×12.5。根据《商业银行资本管理办法（试行）》第九十五条规定，商业银行可以选择标准法、替代标准法或高级计量法来计量操作风险监管资本。

一、基本指标法

基本指标法将银行视为一个整体来衡量操作风险，只分析银行整体的操作风险水平，而不对其构成进行分析。巴塞尔委员会建议基本指标法的适用范围是小型的、业务范围限于某一国家或地区内的商业银行。对于业务复杂、规模庞大的国际活跃银行，巴塞尔委员会建议选用更高级的计量方法。

基本指标法应当以总收入为基础计量操作风险资本要求，其计算公式为

$$K_{BIA} = \frac{\sum_{i=1}^{n}(GI_i \times \alpha)}{n}$$

式中，K_{BIA}为按基本指标法计量的操作风险资本要求；GI为过去三年中每年正的总收入；n为过去三年中总收入为正的年数；α为15%。

总收入为净利息收入与净非利息收入之和。总收入构成说明见表7－2。

表7－2　总收入构成说明

项目	内容
利息收入	金融机构往来利息收入，贷款、投资利息收入，其他利息收入等
利息支出	金融机构往来利息支出、客户存款利息支出、其他借入资金利息支出等
净利息收入	利息收入－利息支出
手续费和佣金净收入	手续费及佣金收入－手续费及佣金支出
净交易损益	汇兑与汇率产品损益、贵金属与其他商品交易损益、利率产品交易损益、权益衍生产品交易损益等
证券投资净损益	证券投资净损益等，但不包括银行账户“拥有至到期日”和“可供出售”两类证券出售实现的损益
其他营业收入	股利收入、投资物业公允价值变动等
净非利息收入	手续费和佣金净收入＋净交易损益＋证券投资净损益＋其他营业收入
总收入	净利息收入＋净非利息收入

二、标准法

标准法（Standardized Approach）将商业银行的所有业务划分为9个业务条线，计算时需要获得每个业务条线的总收入，然后根据各条线不同的操作风险资本要求系数β，分别求出对应的资本，最后加总得到商业银行总体操作风险资本要求。

在产品中，总收入是个广义的指标，代表业务经营规模，因此也大致代表各产品线的操作风险状况。β代表商业银行在特定产品线的潜在操作风险损失与该产品线总收入之间的关系。商业银行按照《商业银行资本管理办法（试行）》的规定将全部业务划分为公司金融、交易和销售、零售银行、商业银行、支付和结算、代理服务、资产管理、零售经纪和其他业务9个业务条线（见表7－3）。

表7－3　　业务条线归类目录

一级目录	二级目录	业务种类示例
公司金融	公司和机构融资 政府融资 投资银行 咨询服务	并购重组服务、包销、承销、上市服务、退市服务、证券化、研究和信息服务、债务融资、股权融资、银团贷款安排服务、公开发行新股服务、配股及定向增发服务、咨询见证、债务重组服务、财务顾问与咨询、其他公司金融服务
交易和销售	销售 做市商交易 自营业务 资金管理	交易账户人民币理财产品、外币理财产品、在银行间债券市场做市、自营贵金属买卖业务、自营衍生金融工具买卖业务、外汇买卖业务、存放同业、证券回购、资金拆借、外资金融机构客户融资、贵金属租赁业务、资产支持证券、远期利率合约、货币利率掉期、利率期权、远期汇率合约、利率掉期、掉期期权、外汇期权、远期结售汇、债券投资、现金及银行存款、中央银行往来、系统内往来、其他资金管理等
零售银行	零售业务	零售贷款、零售存款、个人收入证明、个人结售汇、旅行支票、其他零售服务
	私人银行业务	高端贷款、高端客户存款收费、高端客户理财、投资咨询、其他私人银行服务
	银行卡业务	信用卡、借记卡、准贷记卡、收单、其他银行卡服务
商业银行	商业银行业务	单位贷款、单位存款、项目融资、贴现、信贷资产买断卖断、担保、保函、承兑、委托贷款、进出口贸易融资、不动产服务、保理、租赁、单位存款证明、转贷款服务、担保/承诺类、信用证、银行信贷证明、债券投资（银行账户）、其他商业银行业务
支付和结算*	客户	债券结算代理、代理外资金融机构外汇清算、代理政策性银行贷款资金结算、银证转账、代理其他商业银行办理银行汇票、代理外资金融机构人民币清算、支票、企业电子银行、商业汇票、结售汇、证券资金清算、彩票资金结算、黄金交易资金清算、期货交易资金清算、个人电子汇款，银行汇票、本票、汇兑、托收承付、托收交易、其他支付结算业务

续表

一级目录	二级目录	业务种类示例
代理服务	托管	证券投资基金托管、QFII 托管、QDII 托管、企业年金托管、其他各项资产托管、交易资金第三方账户托管、代保管、保管箱业务、其他相关业务
	公司代理服务	代收代扣业务、代理政策性银行贷款、代理财政授权支付、对公理财业务、代客外汇买卖、代客衍生金融工具业务、代理证券业务、代理买卖贵金属业务、代理保险业务、代收税款、代发工资、代理企业年金业务、其他对公代理业务
	公司受托业务	企业年金受托人业务、其他受托代理业务
资产管理	全权委托的资金管理	投资基金管理、委托资产管理、私募股权基金、其他全权委托的资金管理
	非全权委托的资金管理	投资基金管理、委托资产管理、企业年金管理、其他全权委托的资金管理
零售经纪	零售经纪业务	执行指令服务、代销基金、代理保险、个人理财、代理投资、代理储蓄国债、代理个人黄金业务、代理外汇买卖、其他零售经纪业务
其他业务	其他业务	无法归入以上八个业务条线的业务种类

注：＊为银行自身业务提供支付结算服务时产生的操作风险损失，归入行内接受支付结算服务的业务条线。

商业银行采用标准法，应当按照以下公式计量操作风险资本要求：

$$K_{TSA} = \{ \sum_{i=1}^{3} \mathrm{Max}[\sum_{i=1}^{9} (GI_i \times \beta_i), 0] \} / 3$$

式中，K_{TSA}为按标准法计量的操作风险资本要求；$\mathrm{Max}[\sum_{i=1}^{9} (GI_i \times \beta_i), 0]$ 是指各年为正的操作风险资本要求；GI_i为各业务条线总收入；β_i为各业务条线的操作风险资本系数。

各业务条线的操作风险资本系数β如表 7－4 所示。

表 7－4　业务条线及对应系数　　单位：%

业务条线	β系数
公司金融、支付和结算、交易和销售、其他业务条线	18
商业银行、代理服务业务条线	15
零售银行、资产管理、零售经纪业务条线	12

根据《商业银行资本管理办法（试行）》附件 12 的规定，商业银行使用标准法计量操作风险资本应当至少满足以下条件。

1. 商业银行应当建立清晰的操作风险管理组织架构、政策、工具、流程和报告路线。董事会应承担监控操作风险管理有效性的最终责任，高级管理层应负责执行董事会批准的操作风险管理策略、总体政策及体系。商业银行应指定部门专门负责全行操作风险管理体系的建设，组织实施操作风险的识别、监测、评估、计量、控制、缓释、监督与报告等。商业银行应在全行范围内建立激励机制，鼓励改进操作风险管理。

2. 商业银行应当建立与本行的业务性质、规模和产品复杂程度相适应的操作风险管理系统。该管理系统应能够记录和存储与操作风险损失相关的数据和操作风险事件信息，能够支持操作风险及控制措施的自我评估和对关键风险指标的监测。该管理系统应配备完整的制度文件，规定对未遵守制度的情况进行合理的处置和补救。

3. 商业银行应当系统性地收集、跟踪和分析与操作风险相关的数据，包括各业务条线的操作风险损失金额和损失频率。商业银行收集内部损失数据应符合《商业银行资本管理办法（试行）》附件 12 第四部分的规定。

4. 商业银行应当制定操作风险评估机制，将风险评估整合入业务处理流程，建立操作风险和控制自我评估或其他评估工具，定期评估主要业务条线的操作风险，并将评估结果应用到风险考核、流程优化和风险报告中。

5. 商业银行应当建立关键风险指标体系，实时监测相关指标，并建立指标突破阈值情况的处理流程，积极开展风险预警管控。

6. 商业银行应当制定全行统一的业务连续性管理政策措施，建立业务连续性管理应急计划。

7. 商业银行负责操作风险管理的部门应定期向高级管理层和董事会提交全行的操作风险管理与控制情况报告，报告中应包括主要操作风险事件的详细信息、已确认或潜在的重大操作风险损失等信息、操作风险及控制措施的评估结果、关键风险指标监测结果，并制定流程对报告中反映的信息采取有效行动。

8. 商业银行的操作风险管理系统和流程应接受内部独立审查，内部审查应覆盖业务部门活动和全行各层次的操作风险管理活动。

9. 商业银行应当投入充足的人力和物力支持在业务条线实施操作风险管理，并确保内部控制和内部审计的有效性。

10. 商业银行的操作风险管理体系及其审查情况应接受银行业监督管理机构的监督检查。

三、高级计量法

高级计量法（Advanced Measurement Approach，AMA）是指商业银行根据银行业务性质、规模和产品复杂程度以及风险管理水平选择操作风险计量模型。

商业银行采用高级计量法，应当基于内部损失数据、外部损失数据、情景分析、业务经营环境和内部控制因素建立操作风险计量模型。建立模型使用的内部损失数据应充分反映本行操作风险的实际情况。

商业银行使用高级计量法，应符合《商业银行资本管理办法（试行）》附件 12 规定的标准法实施条件，以及在治理结构、数据处理、模型建立等方面的要求。

（一）治理结构

1. 商业银行的操作风险计量应成为操作风险管理流程的重要组成部分，相关计量体系应能促进商业银行改进全行和各业务条线的操作风险管理，支持向各业务条线配置相应的资本。

2. 商业银行应当根据《商业银行资本管理办法（试行）》附件 16 的要求，建立对操作风险计量系统严格的独立验证程序。验证应包括操作风险高级计量模型及支持体系，证明高级计量模型能够充分反映低频高损事件风险，审慎计量操作风险的监管资本。商业银行的操作风险管理系统和流程应接受第三方的验证，验证应覆盖业务条线和全行的操作风险管理，验证的标准和程序应符合《商业银行资本管理办法（试行）》的规定。

（二）数据处理

商业银行操作风险计量系统的建立应基于内部损失数据、外部损失数据、情景分析、业务经营环境和内部控制因素 4 个基本要素，并对其在操作风险计量系统中的作用和权重作出书面合理界定。上述 4 个基本要素应分别至少符合以下要求。

1. 内部损失数据。

（1）商业银行应当具备至少 5 年观测期的内部损失数据。初次使用高级计量法的商业银行，可使用 3 年期的内部损失数据。

（2）商业银行应当书面规定对内部损失数据进行加工、调整的方法、程序和权限，有效处理数据质量问题。

（3）商业银行的内部损失数据应全面覆盖对全行风险评估有重大影响的所有重要业务活动，并应设置合理的损失事件统计金额起点。

（4）商业银行操作风险计量系统使用的内部损失数据应与《商业银行资本管理办法（试行）》附件 12 规定的业务条线归类目录和损失事件类型目录建立对应关系。

（5）商业银行除收集损失金额信息外，还应收集损失事件发生时间、损失事件发生的原因等信息。

（6）商业银行对由一个中心控制部门（如信息科技部门）或由跨业务条线及跨期事件引起的操作风险损失，应制定合理具体的损失分配标准。

（7）商业银行应当建立对损失事件的跟踪和检查机制，及时更新损失事件状态和损失金额等的变化情况。

（8）商业银行应当收集记录没有造成任何损失影响或带来收益的事件，此类事件可不用于建模，但应通过情景分析等方法评估其风险及损失。

（9）商业银行对因操作风险事件（如抵押品管理缺陷）引起的信用风险损失，如已将其反映在信用风险数据库中，应视其为信用风险损失，不纳入操作风险监管资本计量，但应将此类事件在操作风险内部损失数据库中单独作出标记说明。

（10）商业银行对因操作风险事件引起的市场风险损失，应反映在操作风险的内部损失数据库中，纳入操作风险监管资本计量。

（11）商业银行的操作风险内部损失数据收集情况及评估结果应接受银行业监督管理机构的监督检查。

2. 外部损失数据。

（1）商业银行的操作风险计量系统应使用相关的外部数据，包括公开数据、银行业共享数据等。

（2）商业银行应书面规定外部数据加工、调整的方法、程序和权限，有效处理外部数据应用于本行的适应性问题。

（3）外部数据应包含实际损失金额、发生损失事件的业务规模、损失事件的原因和背景等信息。

（4）实施高级计量法的商业银行之间可以适当的形式共享内部数据，作为操作风险计量的外部数据来源。商业银行之间汇总、管理和共享使用内部数据，应遵循事先确定的书面规则。有关规则和运行管理机制应事先报告银行业监督管理机构。

（5）商业银行对外部数据的使用情况应接受银行业监督管理机构的监督检查。

3. 情景分析。

（1）商业银行应当综合运用外部数据及情景分析来估计潜在的操作风险大额损失。

（2）商业银行应当对操作风险计量系统所使用的相关性假设进行情景分析。商业银行应及时将事后真实的损失结果与情景分析进行对比，不断提高情景分析的合理性。

4. 业务经营环境和内部控制因素。商业银行在运用内部、外部损失数据和情景分析方法计量操作风险时，还应考虑到可能使操作风险状况发生变化的业务经营环境、内部控制因素，并将这些因素转换成为可计量的定量指标纳入操作风险计量系统。

（三）模型建立和计量

1. 商业银行用于计量操作风险资本要求的模型置信度应不低于99.9%，观测期为1年。

2. 操作风险计量系统应具有较高的精确度，考虑到了非常严重和极端损失事件发生的频率和损失的金额。

3. 商业银行如不能向银行业监督管理机构证明已准确计算出了预期损失并充分反映在当期损益中，应在计量操作风险资本时综合考虑预期损失和非预期损失之和。

4. 商业银行在加总不同类型的操作风险资本时，可以自行确定相关系数，但要书面证明所估计的各项操作风险损失之间相关系数的合理性。

5. 商业银行可以将保险作为操作风险高级计量法的缓释因素。保险的缓释最高不超过操作风险资本要求的20%。

第三节　操作风险监测与控制

一、操作风险监测与报告

商业银行应当制定一整套程序，定期监控操作风险状况和重大风险事件，并及时向高级管理层和董事会报告有关信息。

（一）操作风险监测

巴塞尔委员会在《操作风险管理与监管的稳健做法》中指出：“一套有效的监测程序对充分管理操作风险至关重要。定期监测行为有利于快速发现并且纠正管理操作风险的政策、程序和步骤中的缺陷。迅速发现和处理这些缺陷可以大大减少损失事件的频率和/或严重程度。”因此，银行应建立一套风险监测程序，采用定性和定量的方法来监测本行的操作风险暴露，评价采取风险控制措施后的质量和效果，以达到发现缺陷、处理缺陷，最终降低风险的目的。当前商业银行操作风险监测方法主要有关键风险指标法和损失数据收集两种。

1. 关键风险指标法。操作风险关键风险指标法（Key Risk Indicator，KRI）是指对一个或多个操作风险敞口，通过反映操作风险发生可能性或影响度或某一控制有效性，对该风险或控制进行定性或定量跟踪监测的操作风险管理流程。

（1）关键风险指标的选择。关键风险指标是指那些用来考察商业银行风险状况的统计数据或指标。选择关键风险指标的基本原则有相关性、可计量性、风险敏感性和实用性。确定关键风险指标的步骤见图 7－1。

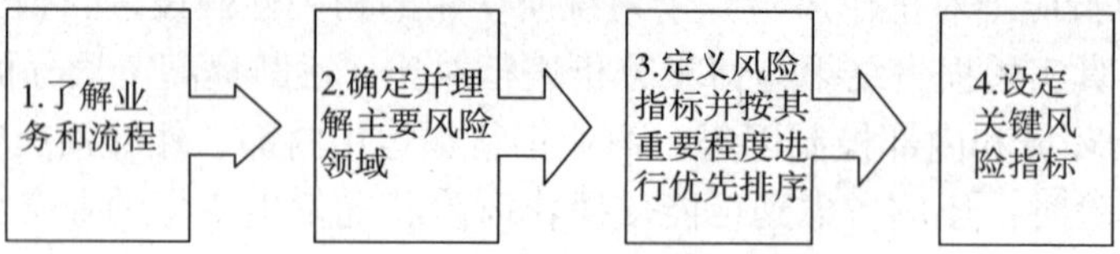

图 7－1　确定关键风险指标的步骤

关键风险指标通常包括交易量、员工水平、技能水平、客户满意度、市场变动、产品成熟度、地区数量、变动水平、产品复杂程度和自动化水平等。

（2）关键风险指标监测的原则。关键风险指标监测应遵循整体性、重要性、敏感性、可靠性和有效性的原则。

① 整体性。整体性指监测工作要能够反映操作风险全局状况及变化趋势，揭示诱发操作风险的系统性原因，实现对全行操作风险状况的预警。

② 重要性。重要性指监测工作要提示重点地区、重点业务、关键环节的操作风险隐患，反映银行操作风险的主要特征。

③ 敏感性。敏感性指监测指标要与操作风险事件密切相关，并能够及时预警风险变化，有助于实现对操作风险的事前和事中控制。

④ 可靠性。可靠性指监测数据来源要准确可靠，具有可操作性，要保证监测工作流程、质量可控，要建立起监测结果的验证机制。

⑤ 有效性。有效性指监测工作要根据经营发展和风险管理战略不断发展和完善，指标是开发的、动态调整的，监测工作要持续、有效。

（3）关键风险指标法的应用流程。关键风险指标法可选择已经识别出来的主要操作风险因素，并结合商业银行的内部、外部操作风险损失事件数据形成统计分析指标，用于评估商业银行整体操作风险水平。商业银行关键风险指标法的难点在于对各项关键指标设定合理的阈值，即风险指标处于何种范围之内可以被认为是处于较低风险水平、中等风险水平或较高风险水平，并针对不同评估结果采取适当的风险控制措施。商业银行关键风险指标法应用的具体流程见图 7－2。

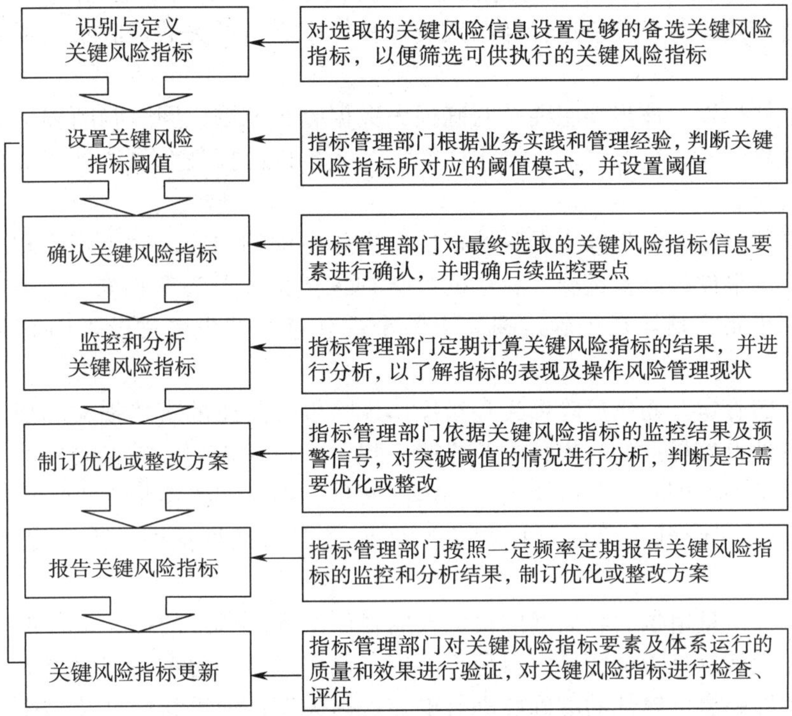

图 7－2　关键风险指标法应用流程

2. 损失数据收集。操作风险损失数据收集（Loss Data Collection，LDC）指操作风险损失数据（包括损失事件信息和会计记录中确认的财务影响）的搜集、汇总、监控、分析和报告工作。操作风险损失不单指由于操作造成的损失，它包括多种多样的形式。如短款、出纳错误等操作失误造成的损失；偷窃、抢劫、恶意破坏等外部行为造成的损失；地震、台风等自然灾害造成的损失；工作场所受伤、工作用车交通事故、意外丢失客户资料等意外造成的损失。

（1）损失数据收集的原则。

①重要性原则。在统计操作风险损失事件时，要对损失金额较大和发生频率较高的操作风险损失事件进行重点审查和确认，要对重点地区、重要业务条线及产品的操作风险损失事件进行认真识别和监测。

②准确性原则。应及时确认、完整记录、准确统计因操作风险事件而导致的实际资产损失，避免因提前或延后造成当期统计数据不准确。对因操作风险损失事件带来的声誉影响，要及时分析和报告，但不要求量化损失。

③统一性原则。操作风险损失事件的统计标准、范围、程序和方法要保持一致，以确保统计结果客观、准确及可比。

④谨慎性原则。对操作风险损失进行确认时，要保持必要的谨慎，应进行客观、公允统计，准确计量损失金额，不得出现多计或少计操作风险损失的情况。

（2）损失数据收集的步骤。商业银行应首先确定操作风险损失数据收集的流程及报送路线，并对涉及的各个环节进行详细说明。具体来看，损失数据收集主要包括以下核心环节。

①损失事件识别。该步骤主要是明确损失数据收集范围，同时判断损失金额是否达到损失数据收集门槛；只有属于由操作风险引起且事件的损失金额达到损失数据收集门槛的才予以收集。

②损失事件填报。该步骤主要是填报单个损失事件的内容，对于每个损失事件，需要通过系统记录事件的事实情况、总体的财务损失金额以及逐笔损失、成本或挽回的明细信息。这一步骤的难点在于确定损失事件个数和进行损失事件分类时容易出现理解偏差。

③损失金额确定。操作风险损失是指操作风险事件造成的直接损失和成本金额，也即操作风险事件直接导致的对银行收益或股东权益的负面影响，或直接导致的运营成本或费用的额外增加。判断是否应纳入的决定因素是：损失和成本是否直接由操作风险事件导致，或者与操作风险事件直接相关，且是真正的经济损失，而不是预期收入的减少。

④损失事件信息审核。收集部门负责人应确认本部门填报的损失事件的信息要素是否完整、描述性信息是否全面、内容是否准确。操作风险管理牵头部门应对每个损失事件信息的完整性和事件属性的准确性进行审核。损失事件的更新信息及结束信息的审核遵循与初次填报相同的审核要求。

⑤损失数据收集验证。为了保证损失数据收集的质量，应组织损失数据验证，如发现漏报、错报、迟报、不符合填报要求等情况，应通知相关机构或部门及时补报或修改。

（3）损失数据收集的意义。操作风险损失数据收集有助于：

①全面了解一定损失规模以上的操作风险损失事件的定性信息和定量财务影响，帮助把握全行操作风险损失在损失额和发生频率两个维度的分布情况。

②识别、跟踪操作风险损失金额较大和损失事件发生较为频繁的部门和流程，帮助发现内控薄弱环节。

③符合《巴塞尔协议Ⅱ》标准法的资格标准。使用标准法的银行必须系统性地收集、整理并跟踪与操作风险相关的数据，包括各产品线发生的一定数量以上的损失金额和损失发生频率。必须定期对损失数据进行风险评估，并将评估结构纳入全行的风险管理流程。

④为实施《巴塞尔协议Ⅱ》高级计量法计算操作风险监管资本提供数据基础。在高级计量法下，用于损失计量和验证的内部损失数据至少要有5年的观测期，如果银行初次使用高级计量法，允许使用3年的内部历史数据。

（二）操作风险报告

完成操作风险的识别、评估和量化、缓释之后，商业银行的风险管理部门应该及时向管理层进行操作风险报告，目的是全面揭示包括银行所面临的主要操作风险或潜在操作风险、已采取的防范措施及其有效性等内容。国际先进银行普遍采用的操作风险报告路径是：各业务部门负责收集与操作风险相关的内部数据和信息，并报告至风险管理部门；风险管理部门进行分析、评估后，形成操作风险报告递交高级管理层。而有些商业银行的业务单位、内部职能部门、操作风险管理部门和内部审计部门均单独向高级管理层汇报。除高级管理层外，操作风险报告还应发送给相应的各级管理层以及可能受到影响的有关单位，以提高商业银行整体的风险意识水平。需要注意的是，操作风险报告在完成后到报送至高级管理层及其他相关部门之间，还需要必要的检查和确认，以保证报告的内容以及风险评估流程与实际情况和相关规定相符。为了确保操作风险报告的有效性和可靠性，建议结合监管机构或外部审计师撰写的报告。

无论采取何种方式，操作风险报告的内容都应包括风险状况、损失事件、风险诱因与对策、关键风险指标、操作风险资本水平 5 个主要部分。

（1）风险状况。提交给商业银行高管的操作风险报告中，首先要呈现的是经评估后的商业银行的风险状况，通常以风险图等直观的形式来展示。风险图是用来描述不同业务条线风险发生频率或强度的图形，利用该图形，各类风险的强弱程度一目了然。

（2）损失事件。操作风险报告要对当期发生的损失事件进行分析，至少包括事件的起因、事件的发生经过、是否还存在类似事件等。操作风险报告应当包括对银行当期发生的内部和外部损失事件的分析。

（3）风险诱因与对策。针对风险评估给出的操作风险状况，操作风险报告应该给出不同类型的诱因，尤其应关注与业务密切相关的诱因，从而引起商业银行高管的重视。同时，针对风险诱因，操作风险报告须提出相关的对策。

（4）关键风险指标。对关键风险指标的分析，将使商业银行准确预测风险的变化趋势。所以操作风险报告中应对关键风险指标的变化情况作出分析和解释。关键风险指标最大的效益在于提供预报性信息，有利于实行风险预防和控制措施。

（5）操作风险资本水平。充足的资本金是商业银行抵御风险的基础。在操作风险报告中应针对风险变动情况评估资本的充足性，提出改进意见。还要对资本模型的压力测试结果进行分析，以确定模型的准确性。

商业银行业务部门定期整理本部门操作风险状况，按照报告频率，向风险管理部门汇总报告。风险管理部门再将操作风险报告定期或不定期地向总行风险管理部门报告。

二、操作风险控制方法

20 世纪 80 年代至 21 世纪初期，全球金融机构因操作风险已经损失了 2 000 多亿美元。巴塞尔委员会在 2002 年进行了一次全球操作风险调查，被调查银行共计报告了 47 269起损失金额超过 1 万欧元的操作性风险事件，平均每家银行发生操作风险事件 528 起。操作风险频繁引发，破坏力量之大令人震惊，因此加强对操作风险的管理已经成为现代商业银行亟须解决的重大课题。

商业银行的内外部环境复杂、业务种类繁多，不同业务的操作风险点、风险成因以及相应的风险控制措施千差万别。虽然强化公司治理和内部控制是降低操作风险的有效手段，但并非所有操作风险都能人为控制，如自然灾害。商业银行通常采用购买保险、业务外包等措施，尽可能地降低各种操作风险事件的影响程度。

（一）主要业务操作风险控制

操作风险管理关系到商业银行的每个业务与岗位，无论是业务条线还是管理部门，都负有管理操作风险的责任。根据国内商业银行目前的业务种类和运营方式，本部分从最普遍的柜台业务、法人信贷业务、个人信贷业务、资金交易业务和代理业务五个方面简要分析商业银行的操作风险点及其控制措施。

1. 柜台业务。柜台业务泛指通过商业银行柜面办理的业务，是商业银行各项业务操作的集中体现，也是最容易引发操作风险的业务环节（见表7-5）。柜台业务范围较广，包括账户管理、存取款、现金库箱、印押证管理、票据凭证审核、会计核算、账务处理等各项操作。

表7-5　柜台业务操作风险控制

操作风险成因	
轻视柜台业务内控管理和风险防范；规章制度和业务操作流程本身存在漏洞；因人手紧张而未严格执行换人复核制度；柜台人员安全意识不强，缺乏岗位制约和自我保护意识；柜员工作强度大，但收入不高，工作缺乏热情和责任感等	
业务环节	违规事项示例
账户开立、使用、变更与撤销	柜员为无证件或未获得相关批文的客户开立账户； 未经授权将单位存款或个人存款转入长期不动户盗取客户存款； 恶意查询并窃取客户账户信息，伪造或变造支款凭证； 柜员不按规定办理冻结、解冻、扣划业务，造成单位或个人账户资金转移； 无变更申请书和单位主管部门证明文件为存款人办理变更账户名称、法定代表人； 利用开户单位注销账户时应收回作废的支票，加盖伪造印鉴，对外出具假支票； 频繁开销户，通过虚假交易进行洗钱活动等
现金存取款	未经授权办理大额存取款业务； 未审核客户有效身份证件办理大额现金存取业务； 无支付凭证或使用商业银行内部凭证办理开户单位资金支付业务； 未能识别而收入本外币假钞或变造钞； 离岗后钱箱未加锁或虽加锁但钥匙未妥善保管； 外部人员采取化整为零的手段，通过其他商业银行相互间、账户间频繁存取现金，进行洗钱活动等
柜员管理	柜员离岗未退出业务操作系统，被他人利用进行操作； 授权密码泄露或借给他人使用； 柜员盗用会计主管密码私自授权，重置客户密码或强行修改客户密码； 设立劳动组合时，不注意岗位之间的监督制约； 柜员调离本工作岗位时，未及时将柜员卡上缴并注销，未及时取消其业务权限等

续表

业务环节	违规事项示例
重要凭证和重要物品管理	凭证管理员领取重要空白凭证不入账或少入账，对外开具虚假单据； 柜员代客户签发填写应由客户办理的重要空白凭证； 不按规定进行账实核对，未及时发现重要空白凭证丢失、被盗； 对作废或停用的重要空白凭证不及时上缴、销毁，或撤并网点时重要空白凭证未及时清理上缴，致使流失、被盗； 在空白有价单证、重要空白凭证上预先加盖印章； 印、押、证不分管、分用； 超越权限对外使用业务印章； 已停用、作废的印章未封存上缴或未及时销毁等
现金库箱管理	现金库房、ATM 密码未及时更换； 未执行库房钥匙分管、分持和平行交接制度； 将库房钥匙临时交由他人代管； 管库员单人出入库房； 重要物品未入库保管或未按规定登记，账实不符； 代保管质押品外借，或白条抵库； 上下级调拨库款时，缴领手续不全； 库存现金过大、长期超库存限额； 未执行现金箱专人复点核查制度，导致监守自盗或空存实取等
抹账、错账冲正、挂账、挂失业务	柜员未经授权办理抹账、冲账、挂账业务； 冒用客户名义办理挂失，利用挂失换单、盗用客户资金； 客户利用虚假挂失诈骗资金
平账和账务核对	未及时收回账务对账单，导致收款人不入账的行为不能及时发现； 对应该逐笔勾对的内部账务不进行逐笔勾对； 对账、记账岗位未分离，收回的对账单不换人复核； 银企不对账或对账不符时，未及时进行处理等
操作风险控制措施	
(1) 完善规章制度和业务操作流程，不断细化操作细则，并建立岗位操作规范和操作手册，通过制度规范来防范操作风险。 (2) 加强业务系统建设，尽可能将业务纳入系统处理，并在系统中自动设立风险监控要点，发现操作中的风险点能及时提供警示信息。 (3) 加强岗位培训，特别是新业务和新产品培训，不断提高柜员操作技能和业务水平，同时培养柜员岗位安全意识和自我保护意识。 (4) 强化一线实时监督检查，促进事后监督向专业化、规范化迈进，改进检查监督方法，同时充分发挥各专业部门的指导、检查和督促作用。 (5) 严格执行各项柜台业务规定。	

2. 法人信贷业务。法人信贷业务是商业银行经营的以企业/机构客户为服务对象的信贷业务，也是国内商业银行最主要的商业银行业务，包括法人客户贷款业务、贴现业务、商业银行承兑汇票等业务。按照法人信贷业务的流程，可分为评级授信、贷前调查、信贷审查、信贷审批、贷款发放、贷后管理6个环节（见表7－6）。

表7－6　　法人信贷业务操作风险控制

操作风险成因	
片面追求信贷市场份额；信贷制度不完善，缺乏监督制约机制；信贷操作不规范，依法管贷意识不强；客户监管难度加大，信息技术手段不健全，社会缺乏良好的信贷文化和信用环境等	
业务环节	违规事项示例
评级授信	涉贷人员擅自更改评级标准和指标，弄虚作假测定客户信用等级和最高授信额度； 涉贷人员在企业发生重大变化或出现其他重大不利因素时，未及时下调信用等级和调整或终止授信额度； 客户提供虚假的财务报表和企业信息，骗取评级授信等
贷前调查	信贷调查人员未按规定对信贷业务的合法性、安全性和盈利性及客户报表真实性、生产经营状况进行调查，或调查不深入细致，或按他人授意进行调查，未揭示问题和风险，造成调查严重失实； 未按规定对抵（质）押物的真实性、权利有效性和保证人情况进行核实，造成保证人、抵（质）押物、质押权利不具备条件，或重复抵（质）押及抵（质）押价值高估； 客户编造虚假项目、利用虚假合同、使用官方假证明向商业银行骗贷，或伪造虚假质押物或质押权利等
信贷审查	审查人员隐瞒审查中发现的重大问题和风险，或按他人授意进行审查，撰写虚假审查报告； 未按规定对调查报告内容进行审查，未审查出调查报告的明显纰漏，或未揭示出重大关联交易，导致审批人决策失误
信贷审批	超权或变相越权放款，向国家明令禁止的行业、企业审批发放信用贷款； 授意或支持调查、审查部门撰写虚假调查、审查报告； 暗示或明示贷审会审议通过不符合贷款条件的贷款
贷款发放	逆程序发放贷款，未按审批时所附的限制性条款发放贷款，贷款合同要素填写不规范，未按规定办妥抵押品抵押登记手续或手续不完善，造成抵押无效； 未按规定办理质押物止付手续和质押权利转移手续，形成无效质押； 贷款录入上账错误等
贷后管理	未及时收取贷款利息，贷款利息计算错误； 未履行贷款定期检查和强制性报告义务； 未按规定对贷款资金用途进行跟踪检查； 未关注企业生产经营中的重大经营活动和重大风险问题； 不注意追索未偿还贷款而丧失诉讼时效； 企业有意将抵押物或质押物转移； 企业通过重组或破产等方式故意逃废银行债务等

续表

操作风险控制措施
(1) 牢固树立审慎稳健的信贷经营理念，坚决杜绝各类短期行为和粗放管理。 (2) 倡导新型的企业信贷文化，在业务办理过程中，加入法的精神和硬性约束，实现从以人为核心向以制度为核心转变，建立有效的信贷决策机制。 (3) 改革信贷经营管理模式，如设立独立的授信风险管理部门，对不同币种、不同客户对象、不同种类的授信进行统一管理；建立跨区域的授信垂直管理和独立评审体系，对授信集中管理；将信贷规章制度建立、执行、监测和监督权力分离；信贷岗位设置分工合理、职责明确，做到审贷分离、业务经办与会计账务分离等。 (4) 明确主责任人制度，对银行信贷所涉及的调查、审查、审批、签约、贷后管理等环节，明确主责任人及其责任，强化信贷从业人员风险责任和风险意识。 (5) 加快信贷电子化建设，运用现代信息技术，把信贷日常业务处理、决策管理流程、贷款风险分类预警、信贷监督检查等行为全部纳入计算机处理，形成覆盖信贷业务全过程的科学体系。 (6) 提高信贷从业人员综合素质，造就一支具有现代风险经营理念、良好职业道德、扎实信贷业务知识、过硬风险识别能力的高素质业务队伍。 (7) 把握关键环节，有针对性地对重要环节和步骤加强管理，切实防范信贷业务操作风险。 (8) 提高法律介入程度，将法律支持深入信贷业务各环节，形成法律支持的全程制度化流程管理。

3. 个人信贷业务。个人信贷业务是国内商业银行竞相发展的零售银行业务，包括个人住房按揭贷款、个人大额耐用消费品贷款、个人生产经营贷款和个人质押贷款等多个业务品种（见表 7－7）。

表 7－7　　　　个人信贷业务操作风险控制

操作风险成因	
商业银行对个人信贷业务缺乏风险意识或风险防范经验不足，内控制度不完善、业务流程有漏洞，管理模式不科学、经营层次过低而缺乏约束，个人信用体系不健全等	
业务环节	违规事项示例
个人住房按揭贷款	放贷人员未尽职调查客户资料而发放个人住房按揭贷款； 房地产开发商与客户串通，或直接使用虚假客户资料骗取个人住房按揭贷款； 未核实第一还款来源或在第一还款来源不充足的情况下，向客户发放个人住房贷款； 房地产中介机构以虚假购房人名义申请二手房贷款，骗取商业银行信用； 内部勾结编造客户资料骗取商业银行贷款； 因未及时办理抵押登记手续，而使开发商有机会将抵押物重复抵押或重复销售等
个人大额耐用消费品贷款	内部人员编造、窃取客户资料，假名、冒名骗取贷款； 为规避放款权限而化整为零为客户发放个人消费贷款； 汽车消费贷款诈骗、出具虚假收入证明、大额耐用消费品贷款欺诈等
个人生产经营贷款	内部人员未对个人生产经营情况进行尽职调查，不了解贷款申请人的生产经营状况和信用状况； 向无营业执照的自然人或法人客户发放个人生产经营贷款； 抵押物未按规定到有权部门办理抵押登记手续，形成无效抵押或未按规定保管抵押物； 贷款抵押物被恶意抽走或变更，形成无效抵押或抵押不足等

续表

业务环节	违规事项示例
个人质押贷款	质押单证未办理止付手续或止付手续不严密，质押单证未经所有人书面承诺、签字，形成无效质押； 未对保单、存单等质押物进行真实性验证； 申请人以假存单和假有价单证办理质押贷款； 质物持有人在权利上有缺陷
操作风险控制措施	
(1) 牢固树立个人信贷业务科学发展观，在控制风险的前提下，积极稳妥加快个人信贷业务的发展。 (2) 实行个人信贷业务集约化管理，由中心进行统一调查和审批，实现专业化经营和管理。 (3) 优化产品结构，改进操作流程，重点发展以质押和抵押为担保方式的个人贷款，审慎发展个人信用贷款和自然人保证担保贷款。 (4) 加强规范化管理，理顺个人贷款前台和后台部门之间的关系，完善业务转授权制度，加强法律审查，实行档案集中管理，加快个人信贷电子化建设。 (5) 切实做好个人信贷贷前调查、贷时审查、贷后检查各个环节的规范操作，防范信贷业务操作风险。 (6) 强化个人贷款发放责任约束机制，细化个人贷款责任追究办法，推行不良贷款定期问责制度、到期提示制度、逾期警示制度和不良责任追究制度。 (7) 在建立责任制的同时配之以奖励制度，将客户经理的贷款发放质量与其收入挂钩，进行奖励。	

4. 资金交易业务。资金交易业务是商业银行中间业务的一类，是为满足客户保值或提高自身资金收益或防范市场风险等方面的需要，利用各种金融工具进行的资金和交易活动，包括资金管理、资金存放、资金拆借、债券买卖、外汇买卖、黄金买卖、金融衍生产品交易等业务。从资金交易业务流程来看，可分为前台交易、中台风险管理、后台结算/清算 3 个环节（见表 7－8）。

表 7－8　　资金交易业务操作风险控制

操作风险成因	
风险防范意识不足，认为资金交易业务主要是市场风险，操作风险不大；内部控制薄弱，部门及岗位设置不合理，规章制度滞后；电子化建设缓慢，缺乏相应的业务处理系统和风险管理系统等	
业务环节	违规事项示例
前台交易	交易员未及时止损和超过交易授权或超过限额交易； 交易员虚假交易和未报告交易； 交易员违章操作或操作失误或录入错误交易指令而造成损失； 交易员不慎泄露交易信息和机密； 因计算机系统中断、业务应急计划不周造成交易中断或数据丢失而引发损失； 交易定价模型或定价机制错误； 陷入外部交易陷阱或在交易中由于价格被哄抬而成为交易受害者

续表

业务环节	违规事项示例
中台风险管理	交易协议审查不严或不力，签订不利于己方的合同条款； 在跨国交易中法律和条款把握不准； 未及时监测和报告交易员的超权限交易和重大头寸变化； 对交易的风险评估不及时、不准确等
后台结算/清算	交易结算不及时或交易清算交割金额计算有误； 对交易条款理解不准确而导致结算争议； 因录入错误而错误清算资金； 因系统中断而不能及时将资金清算到位； 未履行监管部门所要求的强制性报告义务； 未及时与前台核对交易明细而使前后台账务长期不符等

操作风险控制措施
(1) 树立全面全程的风险管理理念，将操作风险纳入风险管理统一体系。 (2) 建立并完善资金业务组织结构，体现权限等级、部门分工和职责分离原则，做到前台交易和后台结算分离、自营业务与代客业务分离、业务操作与风险监控分离，建立岗位和部门之间的监督约束机制。 (3) 实行严格的前中后台职责分离制度，建立前台授权交易、中台风险监控和管理、后台结算操作的岗位制约和岗位分离制度。 (4) 总行应当根据分支机构的经营管理水平，适当核定分支机构的资金业务经营权限，并对分支机构的资金业务定期进行检查，对异常资金交易和资金变动建立有效的预警和处理机制。 (5) 完善资金营运内部控制，资金的调出调入应有真实的业务背景，严格按照授权进行资金业务操作，并及时划拨资金，登记台账。 (6) 加强交易权限管理，明确规定允许交易的品种，确定资金业务单笔、累计最大交易限额以及相应承担的单笔、累计最大交易损失限额和交易止损点，对资金交易员进行合适的授权，并建立适当的约束机制。 (7) 建立资金交易风险和市值的内部报告制度，资金交易员应当向高级管理层如实汇报金融衍生产品中的或有资产、隐含风险和对冲策略等交易细节，中台监控人员应及时报告交易员的越权交易和越权行为，并按要求提交资金交易业务的风险报告。 (8) 代客资金业务应当了解客户从事资金交易的权限和能力，向客户充分提示有关风险，获取必要的履约保证，明确市场变化情况下客户违约的处理办法和措施。 (9) 建立资金业务的风险责任制，明确规定各个部门、岗位的操作风险责任。开发和运用风险量化模型，引入和应用必要的业务管理系统，对资金交易的收益与风险进行适时、审慎的评价。

5. 代理业务。代理业务是商业银行中间业务的一类，是指商业银行接受客户委托，代为办理客户指定的经济事务、提供金融服务并收取一定费用的业务，包括代理政策性银行业务、代理中国人民银行业务、代理商业银行业务、代收代付业务、代理证券业务、代理保险业务、代理其他银行的银行卡收单业务等（见表7-9）。

表7-9　　　　代理业务操作风险控制

操作风险成因
风险防范意识不强，认为即使发生操作风险，损失也不大；监督管理滞后，内部控制薄弱，部门及岗位设置不合理，规章制度滞后；业务管理分散，缺乏统筹管理；电子化建设缓慢，缺乏相应的代理业务系统等

续表

业务环节	违规事项示例
人员因素	业务人员贪污或截留手续费，不进入大账核算； 内外勾结编造虚假代理业务合同骗取手续费收入； 未经授权或超过权限擅自进行交易； 内部人员盗窃客户资料谋取私利等
内部流程	销售时进行不恰当的广告和不真实宣传，误导销售； 未对敏感问题或业务中的风险进行披露，不当利用重要内幕信息建议他人买卖证券等； 代理合同或文件存在瑕疵，对各方的权利、义务、责任规定不明确，或将商业银行不当卷入代理业务纠纷中； 未获得客户允许代理扣划资金或进行交易； 对代理单据审核不清，出现违章操作或操作失误； 超委托范围办理业务等
系统缺陷	计算机系统中断、业务应急计划不力造成代理业务中的数据丢失而引发损失，如代理证券买卖因系统中断使客户不能及时买入卖出股票而遭受损失； 系统设计和/或系统维护不完善，造成数据/信息质量不符合委托方要求； 违反系统安全规定造成系统运行不畅、难以兼容、数据传送失败等影响委托方业务等
外部事件	委托方伪造收付款凭证骗取资金； 通过代理收付款进行洗钱活动； 由于新的监管规定出台而引起的风险等
操作风险控制措施	
（1）强化风险意识，了解并重视代理业务中的操作风险点。 （2）加强基础管理，坚持委托代理业务合同书面化，并对合同和委托凭证严格审核，业务手续费收入必须纳入银行经营收入大账。 （3）加强业务宣传及营销管理，坚守诚实守信原则，遏制误导性宣传和错误销售，对业务风险进行必要的风险提示，维护商业银行信誉和品牌形象。 （4）加强产品开发管理，编制新产品开发报告，建立新产品风险跟踪评估制度，在新产品推出后，对新产品的风险状况进行定期评估。 （5）提高电子化水平，充分利用本行已有的网络系统、技术设备与被代理单位的数据库进行对接，积极研究开发银行与被代理单位的实时链接系统，促成双向联网操作，实现代理业务电子化操作。 （6）设立专户核算代理资金，完善代理资金的拨付、回收、核对等手续，防止代理资金被挤占挪用，确保专款专用。 （7）遵守委托—代理协议，按照代理协议约定办理资金划转手续，遵循银行不垫款原则，不介入委托人与其他人的交易纠纷。 （8）进一步完善业务操作流程与操作管理制度。	

（二）操作风险缓释

操作风险缓释是在量化分析风险点分布、发生概率和损失程度的基础上，采用适当的缓释工具，限制、降低或分散操作风险。例如对于火灾、抢劫、高管欺诈等风险，商业银行往往很难规避和降低，甚至有些无能为力，但可以通过操作风险缓释将风险转移或降低。目前，主要的操作风险缓释手段有业务连续性管理计划、商业保险和业务外包等。

1. 业务连续性管理计划。当商业银行的营业场所、电力、通信、技术设备等因不可抗力事件而严重受损或无法使用时，商业银行可能无力履行部分或全部业务职责，结果给商业银行带来重大经济损失，甚至个别金融机构的业务中断可能造成更广泛的系统性瘫痪。面临此类低频高损事件的威胁，商业银行应当建立完备的灾难应急恢复和业务连续性管理应急计划，涵盖可能遭到的各种意外冲击，明确对迅速恢复服务至关重要的关键业务程序，明确在中断事件中恢复服务的备用机制。

业务连续性计划是指为实现业务连续性而制定的各类规划及实施的各项流程，是一个全面的计划。业务连续性计划强调操作风险识别、缓释、恢复以及持续计划，具体包括业务和技术风险评估、面对灾难时的风险缓释措施、常年持续性/经营性的恢复程序和计划、恰当的治理结构、危机和事故管理、持续经营意识培训等方面。

商业银行应定期检查其灾难恢复和连续营业方案，保证其与目前的经营和业务战略吻合，并对这些方案进行定期测试，确保商业银行发生业务中断时能够执行既定方案。

2. 商业保险。购买商业保险作为操作风险缓释的有效手段，一直是西方商业银行操作风险管理的重要工具。在商业银行投保前，无论是商业银行自身还是保险机构都要充分评估商业银行操作风险的暴露程度、风险管理能力及财务承受能力，最终确定商业银行自担风险还是保险机构承保。国内商业银行在利用保险转移操作风险方面还处于探索阶段。

要清楚地认识到，购买保险只是操作风险管理的补充手段之一，预防和减少操作风险的发生，根本上还要靠商业银行自身加强风险管理。

【知识链接 7－1】

国际上可供商业银行购买的保险产品

国际上，商业银行所面临的很多操作风险可以通过购买特定的保险加以缓释，举例如下。

（1）商业银行一揽子保险。主要承保商业银行内部盗窃和欺诈以及外部欺诈风险。

（2）错误与遗漏保险。主要承保无法为客户提供专业服务或在提供服务过程中出现过失的风险。

（3）经理与高级职员责任险。主要承保商业银行经理与高级职员操纵市场、洗钱、未对敏感信息进行披露、不当利用重要信息等行为给商业银行造成潜在损失的风险。

(4) 未授权交易保险。主要承保未报告交易、未经授权交易及超限额交易引起的直接财务损失。

(5) 财产保险。主要承保由于火灾、雷电、爆炸、碰撞等灾害引起的被保人物理财产损失。

(6) 营业中断保险。主要承保因设备瘫痪、电信中断等事件所导致的营业中断而引发的损失。

(7) 商业综合责任保险。主要承保由于营业过程中发生事故对第三者造成身体伤害或物质损失的责任。

(8) 电子保险。主要承保由于电子设备自身的脆弱性所引发的风险损失。

(9) 计算机犯罪保险。主要承保由于有目的地利用计算机犯罪而引发的风险。

资料来源：中国银行业从业人员资格认证办公室. 风险管理 [M]. 北京：中国金融出版社，2010.

3. 业务外包。商业银行可以将某些业务外包给具有较高技能的其他机构来管理，以转移操作风险。同时，外包可以使商业银行将重点放到核心业务上，从而提高效率，降低成本。商业银行业务外包种类如表 7-10 所示。

表 7-10　　商业银行业务外包种类

技术外包	如呼叫中心、计算机中心、网络中心、IT 策划中心等
处理程序外包	如消费信贷业务有关客户身份及亲笔签名的核对、信用卡客户资料的输入与装封等
业务营销外包	如汽车贷款业务的推销、住房抵押贷款的推销、银行卡营销等
专业性服务外包	如法律事务、不动产评估、安全保卫等
后勤型事务外包	如贸易金融服务的后勤处理作业、凭证保存等

从本质上说，业务操作或服务虽然可以外包，但其最终责任并未被“包”出去。业务外包并不能减少董事会和高级管理层确保第三方行为的安全稳健以及遵守相关法律的责任。外包服务的最终责任人仍是商业银行，对客户和监管者仍承担着保证服务质量、安全、透明度和管理汇报的责任。所以，一些关键过程和核心业务，如账务系统、资金交易业务等不应外包出去。过多的外包也会产生额外的操作风险或其他隐患。

选择外包服务提供者时要对其财务状况、信誉状况和双方各自的独立程度进行评估。要和对方签订明确的合同或服务协议，明确对外包服务质量和可靠性的基本要求，并对信息保密和业务安全提出明确的要求。合同双方要清楚划分各自所要履行的义务，并在双方之间建立公开、可信的沟通渠道。对于关键业务，还要考虑应急方案，包括外部替代方的可行性以及可能在短期内转换外部合同方所需要的资源和成本。

【知识链接7-2】

汇丰银行的实践

汇丰银行在金融服务外包方面积累了丰富的经验并取得了成功，形成了一套行之有效的业务外包流程。汇丰银行内部规定，在业务正式外包以前，必须经过立项、可行性研究、内部相关部门论证、监管部门批准（或者与监管部门沟通）、管理层批准、具体外包流程设计、签订外包合同、试运行和持续评估等一系列步骤，以贯彻合规、谨慎、细致和稳妥的原则。

2002年，汇丰银行在印度孟买的卫星城市浦那（Pune）建立了第一个软件发展中心，为该公司的全球业务研发软件，同时它还在印度的5个城市建立了自己的后台操作中心。汇丰银行现在的外包模式被业内人士称为内部管理外包操作，这种操作模式是先对一家银行进行兼并，然后配置一个外部的合同商。

2005年10月，汇丰银行宣布该银行英国总部将在未来的3年内裁员4 000人，相应的工作岗位转移到印度、马来西亚和中国。2005—2006年汇丰银行在亚洲的数据处理和电话服务部门新增1 000个职位，主要在中国的上海和广州，马来西亚的电子资讯城，印度的海德拉巴、班加罗尔和维沙卡帕特南。截至2006年末，与英国总部有关的工作量13%由海外部门完成，6个全球数据处理中心招募的人员达到8 000人。通过汇丰银行的业务外包实践可以总结出以下经验。

1. 加强风险管理，小规模起步，随后逐步扩大外包的规模。汇丰银行认为一个30人的研发中心犯下错误尚可承受，只要能从中吸取教训；而一个更大的子公司或战略合作伙伴一旦出现重大失误，对公司造成的影响是不可估量的。因此，汇丰银行从严格风险管理制度和流程入手，充分权衡收益和风险的关系，精心选择外包业务的种类和外包业务供应商，做到边积累经验边适时扩大外包规模。

2. 强调双方的共同参与。汇丰银行的经验是，在合同上写下对外包服务供应商的要求是不够的，关键在于双方专家的深度参与。当时汇丰银行打算对它使用18年的国际金融操作系统进行更新，这个任务就指派给了Pune中心，由该中心80位工程师参与这项工作。但同时，汇丰银行还要求自己内部处理系统的专家也加入这个小组。由于双方的通力合作，这项工作按照计划顺利完成，而且18个月后，在汇丰银行有经营业务的32个国家和地区进行了推广。

3. 采用一种混合的离岸模式，分散外包风险。2003年，汇丰银行兼并了美国住宅金融公司。当时美国住宅金融公司和一家同样在Pune的离岸软件服务供应商Kanbay有合作伙伴关系，这家公司为美国住宅金融公司发展消费者信贷软件。因此，汇丰银行并不把它看作是自己的一个威胁，而是将其视为自己“获得”的发展中心和一个独立的承包商。它不仅给这家公司在自己的Pune中心里安排了一个管理职位，而且让他们参与Pune中心的管理会议。到目前为止，双方共同完成了35个项目。

4. 强化集体观念，保持员工的稳定性。统计数据显示，汇丰银行的人员流失率只有8%，比行业内10%～15%的平均水平低得多。但是事情并不总是如此。在外包这种新兴行业中，年轻人占比较大，汇丰银行也不例外，例如它的印度职员平均年龄只有25岁。这些学生是从竞争性的大学环境中培养出来的，他们对职位升迁的等待时间大概只有12个月。因此，为保持人员的稳定性，有必要降低这种升迁期。要做到这一点，关键是在组织内部确立一种集体的观念，并在员工中确定高质量工作的目标。

资料来源：汪增群，张玉芳．金融服务外包：跨国金融机构的实践及启示［N］．金融时报，2006-11-27.

第四节 操作风险管理实例
——从操作风险角度解析2016年六大票据案件

2016年以来，银行票据案件频发，涉案金额较大，产生影响恶劣，究其案发原因，操作风险管控不到位是根源，甚至这些案件大多可以归结为由操作风险引发。现将2016年以来的相关案例进行整理，并对其中凸显的操作风险进行剖析。

一、2016年典型票据案件

（一）农业银行北京市分行39.15亿元票据案件

2016年1月，农业银行北京市分行发生重大票据案件，2名员工在买入返售业务中涉嫌勾结票据中介，以一票多卖的方式非法套取38亿元票据，同时利用这些票据进行资金回购，且未建立台账，回购款被挪用进行股市投资，出现巨额资金缺口无法兑付。该分行保险柜里除了虚假贸易背景的假票，更有相当部分票据被替换成报纸。

（二）天津银行7.86亿元票据案件

2016年1月，天津银行上海分行（据该行公告，实际为该行同业市场部上海分部）与稠州银行开展一笔9.87亿元银行承兑汇票买入返售业务。2016年4月6日业务到期日，天津银行上海分行收到张家港某贸易公司（该公司由票据中介汇通金融实际控制）划付的2亿元，其余7.87亿元未到账，而票据包提前释放。天津银行上海分行员工张某勾结多名票据中介人员，在明知交接的票据包内无票据的情况下，于2016年1月13日在非指定场所单人与票据中介进行票据包交接（未拆包验票），再安排票据复核岗员工在未见证验票的情况下共同在封包上签字、填写业务跟单资料并办理入库手续。2016年4月6日，张某谎称对手银行要求提前取票，电话指挥复核岗员工办理票据提前出库并交给一名票据中介。套取的资金可能被用于股市交易。

（三）中信银行9.69亿元票据承兑案件

2015年5月至7月，中信银行兰州分行工作人员伙同外部人员利用伪造的银行存款单等文件，以虚假的质押担保方式在银行办理存单质押银行承兑汇票业务，并在获取银行承兑汇票后进行贴现，骗取9.69亿元，用途之一是配资炒股。

（四）安徽某银行5亿元异地同业投资诈骗事件

犯罪嫌疑人丁某等冒充A银行某分行（以下简称A银行）工作人员，以推荐高收益理财产品的名义与B银行某分行（以下简称B银行）取得联系，双方商定通过C资产管理公司（为B银行旗下同业业务专营子公司，以下简称C公司）购买A银行理财产品5亿元。丁某等利用事先骗取的C公司开户资料及伪造的C公司印章，在A银行开立了同业活期账户，获得了账户的实际控制权，进而将B银行5亿元资金骗至该账户。后期，B银行在核对同业投资回单时，发现回单上的银行账号与C公司实际开立的账号不符，遂向公安机关报案，对C公司账户予以紧急止付，风险事件得以堵截。

（五）辽宁抚顺4亿元票据诈骗案

2016年11月，辽宁抚顺警方查获票据诈骗案，犯罪嫌疑人陈某伪造银行承兑汇票，将票面500万元的票据以2万至3万元的价格卖给众多犯罪嫌疑人，层层加价，最后以20余万元的价格卖给犯罪嫌疑人梅某。2016年1月上旬至2月上旬，梅某在购得4张总面额1 900万元的伪造银行承兑汇票后，从辽宁抚顺某公司先后骗取3 200吨总价值620万元的钢材，将进价2 080元每吨的钢材以1 500元至1 600元不等的低价变现，共获赃款447万元。该公司在将其中1张400万元的银行承兑汇票背书至下一家企业到银行贴现时，发现银行承兑汇票系伪造。公安机关查明犯罪嫌疑人之间交易了大量伪造记账式国债、伪造银行商业汇票，票面金额累计达4亿多元。

（六）恒丰银行13亿元电票欺诈案

河南焦作中旅银行一离职员工伪造该行的资料和印鉴，在工商银行廊坊分行开办电票代理承兑业务，并开立了虚假电银，贴现后又通过恒丰银行青岛分行过桥卖出，涉案金额约13亿元。此案2016年8月被恒丰银行发现。

二、操作风险分析

上述案件中，除了安徽某银行及时堵截的票据案、辽宁抚顺发生的票据造假案、恒丰银行电票诈骗案是属于外部欺诈之外，农业银行、天津银行、中信银行的票据案都有内部员工参与，且都存在内外部勾结，资金去向也都涉及股票投资，其中前两者又都是与票据中介机构或中介人员勾结。农业银行票据案的特征是一票多卖、票据实物被调包，天津银行票据案的特点是到期未收到全款就释放票据包，且买入和释放两个环节都未执行严格拆包验票，中信银行票据案的特点是虚假存单质押办理票据，通过贴现套取银行资金。以下从银行内部管理、操作风险防控角度对农业银行、天津银行、中信银行的案例进行分析。

2007年银监会发布的《商业银行操作风险管理指引》，借鉴巴塞尔委员会（BCBS）的定义，界定操作风险是由不完善或有问题的内部程序、员工和信息科技系统，以及外部事件造成损失的风险。直接来看，3个案件均涉及内部员工，显然也涉及程序方面的纰漏。信息科技系统的不健全，也是违法者得以钻营的重要原因，而外部资本市场的变化造成的高风险投资冲动和外部中介机构或中介人员的违法行为，也是形成这些案件的原因。因此，这3个案件可以说都同时具备操作风险全部四大因素的背景。另外3个案件的外部欺诈，自然也属于操作风险的范畴。

（一）内部程序缺陷

一是规章制度不健全。从天津银行案例看，该行未按监管要求完善同业业务专营制度，总行、分行、同业市场部及其分部相关规章制度缺乏有效衔接，管理权限、工作内容和流程界定不清，本该由持牌专营机构独立经营的业务还使用了上海分行的印章，导致该分行也牵涉其中。

二是考核机制不科学。存贷款规模、中间业务收入是银行的重要考核指标，票据业务在某种程度上变成银行调节贷款规模的重要工具，业绩和考核的压力，使业务人员为完成任务忽视风险甚至主动违规操作。

三是制度执行不严。农业银行、中信银行、天津银行各有1至2名员工涉案且产生重大损失，反映出这些机构未严格执行内部规章制度，业务审核不严，印章管理不规范，票据业务人员存在兼岗、混岗情况，对重点岗位监督管理以及内部检查不到位。在票据交易环节离行离柜办理票据贴现，未能在指定场所和监控环境下完成对票据的审验和交接；在票据保管环节，未能严格执行票据实物清点交接登记、出入库制度，未能定期查账、查库，票据清单与票据包内实物票据不一致。农业银行票据案中，出现了一票多卖和部分票据被替换成报纸的低级错误；天津银行票据案中，从中操纵的内部员工可以左右其他岗位（复核岗）的行为，在买入和返售两个环节都能做到不经拆包验票就可以出入库，且获得复核签字，说明内控制度中的制约监督机制形同虚设，违反了制衡性原则。

即便是属于外部欺诈的恒丰银行电票案，其中也存在交易对手行对电银账户资料真实性审核不力，违反有关审核要求的问题；恒丰银行青岛分行自身也因票据来源于大型银行而丧失了警惕，放松了进一步审查。

（二）员工因素和内部欺诈

个别业务人员丧失职业道德，企图利用职务之便谋取非法利益，而银行内控环境对此未能形成有效制约。还有些业务人员风险意识淡薄，责任落实不到位，对内部违法人员的行为不加审核鉴别，言听计从，丧失原则，放弃了基本的履职意识。中信银行案例反映出业务中未能严格审核真实贸易背景，对申请人资格、贸易合同、增值税发票、背书签字等资料审核不严。天津银行案例中复核岗员工未能履行岗位职责，容忍并配合犯罪嫌疑人完成违规操作。上述票据案件均涉及银行内部工作人员恶意违规办理业务骗取资金，存在内部欺诈或内外勾结欺诈。

（三）外部事件（欺诈）

在股市、民间高息贷款及某些高风险投资领域积累泡沫阶段，不法分子特别是一些票据中介受高收益的驱使铤而走险，通过虚假贸易合同、增值税发票、虚假担保凭证等手法骗取银行承兑汇票，经过交易或者贴现，套取银行资金投入高风险资金生意来赚取利差。这其中存在期限错配，可能导致流动性风险；而且从市场风险来看，如果市场符合预期，相关交易对手的投资安全回收，票据的风险不会显露，而一旦因市场波动导致投资巨亏，票据到期或买返交易到期势必无法归还票据资金，风险会直接进入银行体系。辽宁抚顺案件中犯罪嫌疑人伪造、“克隆”票据，以贴现或票据转让等形式进行诈骗，投资高风险领域。安徽异地同业投资诈骗事件中，票据中介通过选择与内控较弱的中小金融机构合作，租用账户和印章，收取、买断票据，甚至通过伪造贸易背景、提供虚假担保等方式进行诈骗。

（四）信息科技系统不完善

上述票据案例大多采用传统纸质票据，票据的签发、承兑、背书转让等仍主要采用实物券形式和原始的手工交易方式，受手工操作自身存在缺陷的影响，重复合同、发票和伪造、变造票据的鉴别难度较大，交易、保存、交割等环节也面临很大风险，极易给不法分子以可乘之机。

恒丰银行电票诈骗案，则说明即便加入电票系统也并非万无一失，若在票据交易准入环节贸易背景就已经造假，那么电票也不能防范前期审核中存在的风险。

【练习题】

一、重要名词

操作风险　人员因素　内部欺诈　内部流程　系统缺陷　外部事件　外部欺诈　基本指标法　标准法　高级计量法　关键风险指标法　损失数据收集　操作风险缓释　业务连续性计划　业务外包

二、单项选择

1. 巴塞尔委员会根据英国银行家协会、国际掉期和衍生品协会、风险管理协会及普华永道咨询公司的意见，将操作风险定义为（　　）。

A. 操作过程中产生的不确定性，并且人们不能精确预测这种不确定性的分布

B. 由不完善或有问题的内部程序、人员及系统或外部事件造成损失的风险

C. 商业银行从业人员在交易或为客户提供其他服务时，面对的意外情况

D. 由于市场竞争等原因，银行业务量变动所带来的风险

2. 核心职员流失引发的风险属于人员因素引起的操作风险，它体现为对关键人员依赖的风险，下列不是这种风险表现的是（　　）。

A. 缺乏足够的后援/替代人员

B. 相关信息缺乏共享和文档记录

C. 雇员福利支出增加

D. 缺乏岗位轮换机制

3. 在计算操作风险经济资本配置的标准法中，巴塞尔委员会将银行产品线分为公司金融、交易和销售、零售银行等（　　）类。

A. 6　　B. 7　　C. 8　　D. 9

4. 巴塞尔委员会对实施高级计量法提出了具体的标准，对于内部数据，它规定：无

论用于计量还是用于验证，商业银行必须具备（　　）的内部损失数据。

A. 至少3年　　B. 至少5年　　C. 至多5年　　D. 至多10年

5. 相比较而言，下列业务中最容易引发操作风险的业务环节是（　　）。

A. 柜台业务　　B. 法人信贷业务

C. 个人信贷业务　　D. 资金交易业务

6. 失职违规引发的操作风险是指商业银行内部员工因过失没有按照雇佣合同、内部员工守则、相关业务及管理规定操作或者办理业务造成的风险。下列活动中属于这一因素的是（　　）。

A. 交易不报告

B. 短贷长用，借新还旧，追求片面的信贷业务余额增长

C. 意识到本身缺乏必要的知识，但在工作中利用这种缺陷

D. 有组织的劳工运动

7. 内部流程引起的操作风险包括财务/会计错误、文件/合同缺陷、产品设计缺陷、错误监控/报告、结算/支付错误、交易/定价错误6个方面。抵押权证和房产证丢失引起的操作风险属于（　　）。

A. 财务/会计错误　　B. 文件/合同缺陷

C. 错误监控/报告　　D. 结算/支付错误

8. 在影响银行操作风险的外部事件中，政治风险是重要因素之一。它是指由于战争、征用、罢工以及政府行为等引起的风险。以下不属于银行面临的政治风险的是(　　)。

A. 政府新兴的立法　　B. 公共利益集团持续的压力/运动

C. 极端组织的行动或政变　　D. 政府货币政策的改变

9. 在影响操作风险的因素中，交易/定价错误是内部流程类的因素。它是指（　　）。

A. 为预测到市场的变化，需要重新调整银行产品的价格

B. 与市场上同类金融产品的定价有很大差别

C. 银行员工专业知识相对缺乏，无法为产品定价

D. 未遵循操作规定，使交易和定价产生了错误

10. 以下（　　）不属于风险转移和缓释的手段。

A. 业务连续性管理计划　　B. 商业保险

C. 业务外包　　D. 采取内控措施

11. 代理业务是商业银行中间业务的一类，是指商业银行接受客户委托，代为办理客户指定的经济事务、提供金融服务并收取一定费用的业务。其中，销售时进行不恰当的广告和不真实宣传，误导销售，属于下列操作风险点中的（　　）。

A. 人员因素　　B. 外部事件　　C. 内部流程　　D. 系统缺陷

12. 在商业银行对操作风险的监测中，关键风险指标的选择应遵循的原则是(　　)。

A. 相关性、可测量性、风险敏感性、实用性

B. 传递性、可测量性、风险敏感性、可控性

C. 相关性、可测量性、可控性、实用性

D. 传递性、可测量性、风险敏感性、实用性

13. 在操作风险报告流程中，需要业务部门提供的内容是（　　）。

A. 同业比较　　B. 资本分析　　C. 压力测试　　D. 内部损失数据

14. 商业银行应当对信息系统项目的立项、开发、验收、运行和维护实施有效管理，对于商业银行系统设计/开发应持有的态度是（　　）。

A. 追求快速见效，无须考虑长期的效果

B. 系统要大而全，使用国内领先的信息设备

C. 从战略高度评价经营管理的需求，慎重对待系统设计开发全过程

D. 可以超越本行业务要求，争取一步到位，降低以后的成本

15. 在计算操作风险经济资本配置的标准法中，β 值代表各业务线的操作风险暴露，其中（　　）业务线的 β 因子等于 18%。

A. 商业银行业务　B. 资产管理　　C. 公司金融　　D. 零售经纪

三、多项选择

1. 2002 年 10 月，国内首个 IT 系统外包大单签订：高阳数据中心与深圳发展银行就提供灾难备援外包服务签订了为期 10 年、总额约 3 亿元的合同。下列关于此合同的说法，正确的有（　　）。

A. 此举是风险缓释的有效手段

B. 深圳发展银行此举意在转移操作风险

C. 此举有利于银行将重点放到核心业务上

D. 此举使外包服务的最终责任人成为高阳数据中心

E. 此外包业务本身也可能存在风险

2. 商业银行往往很难规避或降低操作风险，但可以通过一些方式将风险转移或缓释。下列可以实现这一目的的方式包括（　　）。

A. 风险控制　　B. 终止相关业务

C. 业务连续性管理计划　　D. 商业保险

E. 业务外包

3. 资金交易业务是商业银行中间业务的一类。从该业务的流程来看可分为前台交易、中台风险管理、后台结算清算 3 个环节。后台结算清算需注意的操作风险点包括（　　）。

A. 交易结算不及时或交易清算交割金额有误

B. 对交易条款理解不准确而导致结算争议

C. 因系统中断而不能及时将资金清算到位

D. 因录入错误而错误清算资金

E. 未履行监管部门所要求的强制性报告义务

4. 商业银行的经营是在一定的社会环境下进行的，经营环境的变化、外部突发事件等都会影响商业银行的正常经营活动，甚至发生损失。下列（　　）属于引发操作风险的外部事件。

A. 洗钱　　B. 政治风险　　C. 监管规定　　D. 业务外包

E. 自然灾害

5. 巴塞尔委员会认为，操作风险是商业银行面临的一项重要风险，商业银行应该为抵御操作风险造成的损失安排经济资本。在《商业银行资本管理办法（试行）》中，商业银行可供选择的经济资本计算方法有（　　）。

A. 统计修正法　　B. 基本指标法　　C. 标准法　　D. 风险预测法

E. 高级计量法

6.（　　）活动是商业银行员工知识/技能匮乏的表现，进而有可能引发操作风险。

A. 核心员工流失，致使关键信息缺乏共享

B. 工作中意识不到自己缺乏必要的知识，按照自己认为正确的方式工作

C. 滥用职权，对客户交易进行误导

D. 意识到自己缺乏必要的知识，但是碍于颜面或其他原因不向管理层提出或者不能声明自己不胜任这一工作

E. 意识到本身缺乏必要的知识，并进而利用这种缺陷

7. 形成操作风险的因素主要有4个：人员因素、内部流程、系统缺陷、外部事件。下列引发操作风险的因素中，（　　）属于人员因素。

A. 内部欺诈　　B. 知识/技能匮乏

C. 核心职员流失　　D. 外部欺诈

E. 违反用工法

8. 个人信贷业务是国内个人业务的主要组成部分，也是商业银行竞相发展的零售银行业务。该项业务中，产生操作风险的原因包括（　　）。

A. 部门及岗位设置不合理，规章制度落后

B. 缺乏风险意识或风险防范经验不足

C. 内控制度不完善，业务流程有漏洞

D. 电子化建设缓慢，缺乏相应的业务处理系统

E. 个人信用体系不健全

9. 在引发操作风险的内部流程因素中，引起财务/会计错误的主要原因是（　　）。

A. 会计制度不完善　　B. 管理流程不清晰

C. 财会系统建设存在缺陷　　D. 结算/支付系统延迟

E. 交易定价错误

10. 在商业银行对操作风险的监测中，关键风险指标（KRI）是指用来考察商业银行风险状况的统计数据或指标。商业银行可选择一些指标并通过对其监测从而为操作风险管理提供早期预警。确定关键风险指标的步骤是（　　）。

①了解业务和流程

②确定并理解主要风险领域

③建立复杂模型计算风险指标的相关性

④定义风险指标

⑤按重要程度对定义的风险指标进行排序，确定主要的风险指标

A. ①②④⑤③　B. ②③①④⑤　C. ①②③⑤④　D. ①③④②⑤

11. 商业银行操作风险报告的目的在于向高级管理层揭示信息，其报告内容大致包括（　　）。

A. 风险状况　B. 损失事件　C. 诱因及对策　D. 关键风险指标

E. 资金水平

12. 损失数据收集应遵循的原则包括（　　）。

A. 谨慎性原则　B. 统一性原则　C. 敏感性原则　D. 重要性原则

E. 有效性原则

13. 关键风险指标监控的原则包括（　　）。

A. 整体性　B. 重要性　C. 敏感性　D. 有效性

E. 谨慎性

四、判断题

1. 对于初次使用高级计量法的商业银行，允许使用3年的内部损失数据。（　　）

2. 操作风险也需要一定的成本，商业银行在制订风险管理方案时必须考虑风险管理的成本。（　　）

3. 保险是弥补操作风险损失的重要方式，因此银行无须对已有保险的项目再进行操作风险的管理。（　　）

4. 基本指标法适用于所有商业银行，尤其是规模庞大的国际活跃银行。（　　）

5. 我国商业银行员工违规行为导致的操作风险主要集中在内部人员作案和内外勾结作案两种。（　　）

6. 法律风险、政策风险和声誉风险都属于操作风险。（　　）

7. 操作风险具有内生性、来源多样性、差异性等特点，但不具有转化性。（　　）

8. 操作风险的识别方法通常包括自我评估法和因果分析模型。（　　）

9. 业务外包指将业务和责任都外包出去。（　　）

10. 商业银行用高级计量法计量操作风险资本要求的模型置信度应不低于99.9%，观测期为1年。（　　）

五、案例分析题

案例1：2008年初，法国兴业银行因为未授权交易而在金融衍生产品市场损失惨重，成为继英国巴林银行之后，又一家因金融衍生产品交易而遭受重创的国际大型银行。一位名叫热罗姆·科维尔的交易员冲破银行内部层层监控进行非法交易，导致该银行出现71亿美元巨亏，成为迄今为止史上由单个交易员所为的最大一桩案子。法国兴业银行此次亏损金额超过了美国商品期货对冲基金在2006年亏损的66亿美元，同时也是巴林银行1995年14亿美元亏损的5倍多。

案例 2：2004 年中国银行湖州市分行凤凰分理处的员工违规办卡、违规放贷（该分理处从 2002 年初开始违规操作，代办借记卡，不签订贷款协议书放贷），网点员工基于自身利益，合伙违规，隐瞒不报，引发多功能借记卡自助质押贷款诈骗案。经查，涉及金额达 2 599 万元，形成巨大风险。

案例 3：中国日报网环球在线消息：在金融危机下，有的员工担心被炒，有的老板担心被炒，花旗银行就属于后者。为了留住核心员工，帮助其抵御基金公司和外国银行的高薪诱惑，同时还要满足美国受援银行高层限薪的要求，花旗银行管理层真可谓挖空心思。

知情人士称，银行考量了一系列可能举措，包括发放特殊股权奖金，或让雇员获得一定比例的集团营收。一名消息人士称，一旦美国财政部起草更具体的薪资指导意见，花旗银行将能更好地掌握要领。

案例 4：美国著名投资银行摩根士丹利公司，2004 年 7 月 12 日就性别歧视指控与各原告及控方代表美国平等就业机会委员会达成和解，同意赔付 5 400 万美元，案件一主要原告获赔 1 200 万美元。

1998 年，摩根士丹利公司一位叫阿莉森·席弗林的女员工控告公司因性别歧视不给其职务晋升机会，并向美国平等就业机会委员会提出申诉。随后，有更多女性职员提出类似起诉。

案例 5：长白山农村商业银行员工赵立新 2014 年至 2017 年 8 月期间，利用职务上的便利，通过在长白山农村商业银行办理小额定期存款时不打印整存整取存单，从而获得空白存单的方式，共获得空白存单 16 张。后期在为客户办理定期存款业务的过程中，利用脱机编辑文字的方式将打印在空白存单上的虚假定期存款明细交给客户，以此套取客户存在长白山农村商业银行的存款。赵立新利用此手段，先后套取了 7 位客户存在长白山农村商业银行的 15 笔存款，共计 247. 2 万元人民币。

请分析并分别指出上述案例属于操作风险人员因素的哪一类。

六、简答题

1. 简述操作风险的特点。
2. 关键风险指标监测的原则包括哪些？
3. 什么是操作风险缓释？有哪些主要方式？
4. 简述操作风险识别的方法。
5. 损失数据收集的原则包括哪些？
6. 操作风险报告包括哪些方面？

第八章

流动性风险管理

【章前引例】

香港金融保卫战

香港金融保卫战是一场不见硝烟的“战争”。1997 年下半年，美国著名金融家索罗斯旗下的对冲基金在亚洲各国和地区发起了连番狙击，并获得了极大的成功，使泰国、马来西亚、印度尼西亚等国家和地区几十年来积存的外汇一瞬间化为乌有，由此引发了第二次世界大战后对这些国家的政治、经济和社会生活各层面冲击巨大的亚洲金融危机。

香港金融保卫战是经济实力的较量。1997 年 7 月中旬至 1998 年 8 月，国际金融炒家三度狙击港元，在汇市、股市和期指市场同时采取行动。他们利用金融期货手段，用 3 个月或 6 个月的港元期货合约买入港元，然后迅速抛空，致使港元利率急升，恒生指数暴跌，从中获取暴利。1998 年 8 月 28 日是香港股市 8 月恒生期货指数的结算日，香港特区政府与炒家爆发了大决战。面对排山倒海的卖盘和地毯式的轰炸，香港特区政府顶住了国际金融炒家空前的抛售压力，毅然全数买进，独立支撑托盘，最终挽救了股市，有力地捍卫了港元与美元挂钩的联系汇率制度，保障了香港经济安全与稳定。

资料来源：搜狐财经《回顾 1997：香港金融保卫战》，2016 - 01 - 20。

【本章学习目标】

1. 理解商业银行流动性风险的特点和成因。
2. 理解并掌握短期流动性风险计量的方法。
3. 掌握中长期结构分析的方法。
4. 了解并掌握流动性风险的监测指标和预警信号。
5. 了解适合我国商业银行流动性风险管理的实践。

20世纪30年代的世界经济大萧条时期，由于公众对银行失去信心而挤兑造成银行倒闭，而银行倒闭又对整个经济造成巨大的负面影响，因此美国在1933年成立了联邦存款保险公司（FDIC），对个人存款账户提供10万美元的保险赔偿。但是，这种存款保险制度不能保证银行不会发生流动性危机，更不能保证银行不倒闭。因此，在当前复杂多变的金融环境下，流动性不足的风险仍然是银行的主要风险之一。

第一节　流动性风险识别

一、流动性风险概述

（一）流动性风险的定义和种类

流动性风险是指商业银行无法及时获得或者无法以合理成本获得充足资金，以偿付到期债务或其他支付义务、满足资产增长或其他业务发展需要的风险。商业银行的流动性反映了商业银行在一段时间内、以合理的成本获取资金用于偿还债务或增加资产的能力，其基本要素包括时间、成本和资金数量。流动性风险既可能来自商业银行的资产负债期限错配，以及信用风险、市场风险等其他类型风险向流动性风险转化，也可能来自市场流动性对银行流动性风险的负面影响，即由于外部融资市场深度不足或市场动荡，商业银行无法及时以合理价格变现或抵押资产以获得流动性支持。对流动性风险的识别和分析，必须兼顾商业银行的资产和负债，体现在市场流动性风险和融资流动性风险两个方面。商业银行流动性风险识别和分析具体从资产负债期限结构、资产负债币种结构和资产负债分布结构三方面进行。

1. 市场流动性风险。市场流动性风险是指由于市场深度不足或市场动荡，商业银行无法以合理的市场价格出售资产以获得资金的风险，反映了商业银行在无损失或微小损失情况下迅速变现的能力。资产变现能力越强，银行的流动性状况越佳，其流动性风险也相应越低。因此，商业银行应当估算所持有的可迅速变现的资产量，将其与预期的流动性需求进行比较，以确定流动性适宜度。

【知识链接8-1】

资产按流动性的分类

商业银行资产主要包括现金，超额准备金，可在二级市场随时抛售的国债、债券、票据和其他证券类资产，短期内到期的拆放/存放同业款项、贷款、贴现、回购、证券类资产和其他应收款，其他短期内可变现的资产等。巴塞尔委员会将银行资产按流动性高低分为以下四类。

1. 最具有流动性的资产，如现金及在中央银行的市场操作中可用于抵押的政府债券，这类资产可用于从中央银行获得流动性支持，或者在市场上出售、回购或抵押融资。

2. 其他可在市场上交易的证券，如股票和同业借款，这些证券是可以出售的，但在不利情况下可能会丧失流动性。

3. 商业银行可出售的贷款组合，一些贷款组合虽然有可供交易的市场，但在流动性分析的框架内却可能被视为不能出售。

4. 流动性最差的资产，包括实质上无法进行市场交易的资产，如无法出售的贷款、银行的房产和在子公司的投资、存在严重问题的信贷资产等。

需要注意的是，在计算资产流动性时，抵押给第三方的资产应从上述各类资产中扣除。

2. 融资流动性风险。融资流动性风险是指商业银行在不影响日常经营或财务状况的情况下，无法及时有效地满足资金需求的风险，反映了商业银行在合理的时间、成本条件下迅速获取资金的能力。如果商业银行获取资金的能力较弱，则容易导致银行的流动性状况欠佳，其流动性风险也相应较高。由于零售客户和公司/机构客户对商业银行风险状况的敏感度有差别，因此融资流动性还应当从零售客户和公司/机构客户两个角度进行分析。

（1）零售客户，特别是小额存款人对商业银行的风险状况和利率水平缺乏敏感度，其存款意愿通常取决于自身的金融知识和经验、银行的地理位置、产品种类、服务质量、存款利息等感性因素。因此，从商业银行融资流动性的角度来看，零售存款相对稳定，通常被看作核心存款的重要组成部分。

（2）公司/机构客户可以便利地通过多种渠道了解商业银行的经营状况。例如，根据监测和分析商业银行所发行的债券和票据在二级市场的成交量和成交价格，能够对商业银行的风险状况作出判断，进而决定存款的额度和去向。因此，公司/机构存款对商业银行的风险状况和利率水平高度敏感，通常不够稳定，对商业银行的流动性影响较大。其中，对中小商业银行流动性的冲击尤为显著。

商业银行流动性风险管理的核心是要尽可能地提高资产的流动性和负债的稳定性，并在两者之间寻求最佳的风险—收益平衡点。

（二）流动性风险的特点

1. 流动性风险是其他各种风险的最终表现形式，是银行业危机的直接原因。流动性风险经常和信用风险、市场风险等联系在一起，其他任何系统性风险和非系统性风险都有可能转化为流动性风险。银行业危机的出现，不管直接原因是信贷资产质量低下、投资失败还是利率、汇率发生变化所造成的风险，最终都表现为银行流动性的丧失。综观20世纪90年代以来的银行危机案例，尽管它们发生的制度背景、金融经济环境及影响的广度和深度不同，但是对这些危机案例细加考察就会发现，在现实中引发银行危机的往往是商业银行的支付困难，即资产缺乏流动性，而不是资不抵债。只要银行能够保持充分的流动性，就可能在资不抵债、技术上处于破产时维持其存续和运营。相反，即使在银行盈利的情况下，如果流动性弱，不能满足客户的支付要求，同样会引发流动性危机。

【知识链接8－2】

流动性风险和各主要风险之间的关系

虽然流动性风险通常被认为是商业银行破产的直接原因，但实质上，流动性风险是信用风险、市场风险、操作风险、声誉风险及战略风险长期积累、恶化的综合作用结果，流动性风险和各主要风险之间的关系如下。

1. 流动性风险与信用风险的关系。承担过高的信用风险可能导致不良贷款及违约损失大幅上升，贷款收益显著下降，从而增加流动性风险，如将越来越多的贷款发放给高风险人群。

2. 流动性风险与市场风险的关系。承担过高的市场风险（投机行为）可能因错误判断市场发展趋势，导致投资组合价值严重受损，从而增加流动性风险，如超限额持有/投机次级金融产品。

3. 流动性风险与操作风险的关系。操作风险可能会造成重大经济损失，从而对流动性状况产生严重影响，如法国兴业银行由于交易员违规交易衍生产品造成巨额损失，不得不接受政府救助。

4. 流动性风险与声誉风险的关系。任何涉及商业银行的负面消息都可能危及其声誉，进而削弱存款人和社会公众的信心并造成存款资金大量流失，最终使商业银行被动陷入流动性危机。

5. 流动性风险与战略风险的关系。制定/实施新战略（如开发/推广新产品/业务）之前，应合理评估并预测其可能对商业银行经营状况/资产价值造成的不利影响，避免战略决策错误可能造成的重大经济损失，从而对流动性状况产生严重影响，如美国雷曼兄弟公司开发并持有多种巨额次级债券产品，最终由此遭受灭顶之灾。

2. 流动性风险与银行挤兑。银行在业务经营过程中，如果遭遇流动性危机，资金周转不灵，无法满足存款的提取需求和债务的清偿需求，或无法满足正常的借款需求，就会使客户对银行的信心动摇，继而对银行的安全性和盈利性产生怀疑，最终导致对银行的信任危机。而银行是高负债经营的企业，客户的信任是其经营的基础，客户对银行的信任危机会导致对银行的挤兑，从而造成银行的破产和倒闭。流动性风险最典型的表现就是由公众信心危机引发的挤兑现象。

3. 流动性风险与中央银行的货币政策相联系。从银行体系角度而言，大量的流动资产相对应的是货币供应，如果为解决某一商业银行流动性不足（但具有清偿能力）问题而向银行体系注入流动性，就会增加经济体系中的货币供应量，从而对中央银行的货币政策产生影响。

4. 流动性风险不能被消除或转移，所以必须对流动性风险进行管理。和银行业的其他各种风险不同，流动性风险既不能消除，也不能利用风险转移市场进行转移，所以必须对其进行管理。流动性风险不像市场风险、信用风险那样，只有在特定的事件发生时才会出现，流动性问题是银行经营过程中都会面临的一个普遍问题，流动性风险可能会在正常时期发生（因为没有哪一个市场具有完全的流动性），也可能会在危机时期发生，所以流动性风险管理具有经常化的特征。

除此之外，流动性风险和信用风险往往掺杂在一起，从而增加风险管理的难度。并且银行流动性危机具有传染性，一家银行机构的流动性风险会通过银行间市场，削弱本来没有流动性问题的银行的流动性，从而造成银行业危机的连锁反应，使单个银行的问题演变为系统性危机，导致损失巨大的社会成本。从上面流动性风险的特点可以得知，加强流动性风险管理对银行业的发展至关重要。

【案例 8-1】

大陆伊利诺斯银行的流动性危机

1984 年春夏之际，作为当时美国十大银行之一的大陆伊利诺斯银行经历了一次严重的流动性危机，后来在金融监管当局的多方帮助下，该银行才得以度过危机，避免了倒闭的结局。

早在 20 世纪 70 年代初，大陆伊利诺斯银行最高管理层就制订了一系列雄心勃勃的信贷扩张计划。从 1977 年到 1981 年的 5 年间，其贷款额平均每年以 19.8% 的速度增长，而同时期美国其他 16 家最大银行的平均贷款增长率仅为 14%。与其他大银行不同，大陆伊利诺斯银行并没有稳定的核心存款来源，其贷款主要由出售短期可转让定期存单、吸收欧洲美元和工商企业及金融机构的隔夜存款来支持。1970 年以后，该银行的资金来源很不稳定，资金使用又不慎重。由于大量地向一些问题企业发放贷款，大陆伊利诺斯银行的问题贷款份额越来越大。1982 年，该银行没有按时付息的贷款额（超过期限 90 天还未付息的贷款）占总资产的 46%，比其他大银行的该比率高 1 倍以上。到 1983 年，该银行的流动性状况进一步恶化，易变负债超过流动资产的数额，约占总资产的 53%。在 1984 年的头 3 个月，问题贷款的总额已达 23 亿美元，而净利息收入比上年同期减少了 8 000 万美元。第一季度的银行财务报表中出现了亏损。

1984 年 5 月 8 日，当市场上开始流传大陆伊利诺斯银行将要倒闭的消息时，其他银行拒绝购买该银行发行的定期存单，原有的存款人也拒绝延展到期的定期存单和欧洲美元，公众对这家银行的未来已失去信心。5 月 11 日，该银行从美国联邦储备银行借入 36 亿美元来填补流失的存款，以维持必需的流动性。5 月 17 日，联邦存款保险公司向公众保证，所有的存款户和债权人的利益将能得到完全的保护，并宣布将和其他几家大银行一起注入资金，而且联邦储备委员会也会继续借款给该银行。但这类措施并没有从根本上解决问题，大陆伊利诺斯银行的存款还在继续流失，在短短的两个月内，该银行共损失了 150 亿美元的存款。

1984 年 7 月，联邦存款保险公司接管该银行（拥有该银行股份的 80%），并采取了一系列其他措施，才帮助大陆伊利诺斯银行度过了此次危机。大陆伊利诺斯银行是美国少有的大银行之一，当时拥有 340 亿美元资产，其倒闭对整个金融体系可能产生巨大的影响，于是金融监管当局全力挽救。但是，大量面临流动性危机的中小银行就没有这么幸运了。

资料来源：俞乔．商业银行管理学［M］．上海：上海人民出版社，1998.

二、流动性风险的识别与分析

（一）资产负债期限结构

商业银行资产负债期限结构是指在未来特定的时段内，到期资产（现金流入）与到期负债（现金流出）的构成状况。理想情况下，到期资产与到期负债的到期日和规模都应当匹配；如果未能匹配，则形成了资产负债的期限错配，并可能因此造成流动性风险。商业银行最常见的资产负债期限错配情况是将大量短期借款（负债）用于长期贷款（资产），即“借短贷长”，其优点是可以提高资金使用效率、利用存贷款利差增加收益，但如果这种期限错配严重失衡，则有可能因到期资产所产生的现金流入严重不足造成支付困难，从而面临较高的流动性风险。此种情况，商业银行可以根据历史经验形成每个营业日存款净流失额的概率分布，设法在资金的流出和流入之间寻求一个最佳的平衡点。例如，香港金融管理局规定的法定流动资产比率为 25%。除此之外，香港金融管理局建议商业银行将一级流动资产（可在 7 天内变现的流动资产）比率维持在 15% 以上，并保持 7 日内的负错配金额不超过总负债的 10%，1 个月内的负错配金额不超过总负债的 20%。因此，通常认为商业银行为了获取盈利而在正常范围内建立的“借短贷长”的资产负债期限结构（或持有期缺口），是一种正常的、可控性较强的流动性风险。

因各种内外部因素的影响和作用，商业银行的资产负债期限结构时刻都在发生变化，流动性状况也随之改变。除了每日客户存取款、贷款发放/归还、资金交易等会改变商业银行的资产负债期限结构外，存贷款基准利率的调整也会导致其资产负债期限结构发生变化。其他诸如股票市场投资收益率上升时，存款人倾向于将资金从银行转到股票市场，而借款人可能会推进新的贷款请求或加速提取那些支付低利率的信贷额度，也将对商业银行的流动性状况造成影响。

在实践操作中，必须清醒地认识到，借入流动性是商业银行降低流动性风险“最具风险”的方法，因为商业银行在借入资金时，不得不在资金成本和可获得性之间作出选择。商业银行通常选择在真正需要资金的时候借入资金。

（二）资产负债币种结构

对于从事国际业务的商业银行而言，多币种的资产负债期限结构增加了流动性风险管理的复杂程度。在本国或国际市场出现异常状况时外币债权方通常因为对债务方缺乏足够了解并且无法对市场发展做出正确判断，而要求债务方提前偿付债务。在这种不利的市场条件下，商业银行如果不能迅速满足外币债务的偿付需求，将不可避免地陷入外币流动性危机，并严重影响其在国际市场上的声誉。因此，从事国际业务的商业银行必须高度重视各主要币种的资产负债期限结构。

商业银行应当按照本外币合计和重要币种分别进行流动性风险识别、计量、监测和控制，对其他币种的流动性风险可以进行合并管理。商业银行可根据其国际业务需要及外币流动性管理能力，采用百分比方式或绝对方式来管理外币资产和负债。无论采用何种方式，商业银行都应当参照本币资产负债期限结构的管理方式，严格控制外币资产负债的错配期限。

对于持有的外汇总额及重要币种，应制定并定期回顾检查一定时期内对错配情况的限制条件。为保持安全的外币流动性状况，商业银行可根据其外币债务结构，选择以百分比方式匹配外币债务组合，即将所持有的外币资产尽可能地一一对应其外币债务。例如，商业银行的债务主要由美元、欧元和日元组成，则其持有的外币资产也参照美元、欧元和日元债务的比率。如果商业银行认为某种外币是其最重要的对外支付和结算工具，占有绝对比例，则可以选择以绝对方式匹配其外币债务组合，即完全持有该重要货币以匹配所有外币债务，不持有或尽可能少持有其他外币资产，以降低外币流动性管理的复杂程度。

（三）资产负债分布结构

商业银行应当严格执行限额管理的相关要求，尽可能降低其资金来源（负债）和使用（资产）的同质性，形成合理的资产负债分布结构，以获得稳定的、多样化的现金流量，最大限度地降低流动性风险。

商业银行的资金来源分散程度不足，也可能导致银行面临较大的潜在风险。如果缺乏多样化的融资渠道和客户资源，在市场发生变化或者客户的资金发生转移时，只能寻求其他高成本资金或者被迫紧急变现资产，从而导致流动性风险。因此，商业银行应当根据自身情况，控制各类资金来源的合理比例，并适度分散客户种类和资金到期日；在日常经营中持有足够水平的流动资金，并根据本行的业务特点持有合理的流动资产组合，作为应付紧急融资的储备；制定适当的债务组合以及与主要资金提供者建立稳健持久的关系，以维持资金来源的多样化及稳定性，避免资金来源过度集中于个别对手、产品或市场；同时制定风险集中限额，并监测日常遵守的情况。通常，零售性质的资金（如居民储蓄）因为其资金来源更加分散、同质性更低，相比批发性质的资金（如同业拆借、公司存款）具有更高的稳定性。因此，以零售资金来源为主的商业银行，其流动性风险相对较低。

同理，商业银行资产分布分散程度不足，也可能会面临较大的潜在风险，甚至产生巨额的损失。商业银行的资金使用（如贷款发放、购买金融产品）同样应当注意交易对象、时间跨度、还款周期等要素的分布结构。如果金融机构的资产过度集中于某个行业或某类金融产品，则一旦出现不利的市场情况时，必然遭受巨大损失乃至破产倒闭。

【案例8-2】

贝尔斯登破产案

贝尔斯登公司（Bear Stearns）成立于1923年，是全球最大的投资银行与证券公司之一，名列世界500强，与高盛、摩根士丹利、雷曼兄弟以及美林号称世界五大投资银行。

2003年，贝尔斯登实现税后利润11.56亿美元，超过高盛和摩根士丹利而成为全球盈利最丰厚的投资银行，担保债务凭证（CDO）市场份额居华尔街投行首位。2005年，贝尔斯登发售CDO180.67亿美元，自营投资409.7亿美元（其中大多是权益级CDO），总交易额达到1 018亿美元。2006年，贝尔斯登次贷支持CDO销售额达217亿美元，比2005年增长了50%；10月，美国持续上涨了11年的住房价格开始下跌，房地产交易市场持续降温，次贷危机开始显现。2007年7月，贝尔斯登宣布两只陷入困境的对冲基金已向法院提交文件申请破产保护，成为华尔街金融机构中首批遭到冲击而被迫清盘的基金，两只基金的投资人总共损失逾15亿美元；9月，贝尔斯登宣布季度盈利大跌68%。2008年3月10日，美国股市纷纷传言“贝尔斯登可能出现了流动性危机”，出现了客户挤提潮，贝尔斯登的超额流动性很快就从200多亿美元下降到30亿美元左右；紧接着，贝尔斯登将出现流动性危机的市场流言不断扩散，但管理层漫不经心；3月14日，美联储决定通过摩根大通向贝尔斯登提供应急资金；5月，摩根大通以总价约22亿美元收购贝尔斯登的方案获股东批准。

第二节　流动性风险计量

商业银行在经营过程中，一方面为了追求利润最大化，总是希望将更多的资金用于贷款和投资，并倾向于持有期限长、利润大的资产；另一方面，负债的不稳定性和不确定性又要求商业银行必须持有足够的流动资金来应付经营过程中的流动性需要，以避免发生流动性风险。因此，选择恰当的流动性风险计量方法，有助于把握和控制商业银行的流动性风险。

【知识链接8-3】

中国银行保险监督管理委员会发布《商业银行流动性风险管理办法》

《商业银行流动性风险管理办法（试行）》自2014年3月实施以来，在强化流动性风险管理和监管方面发挥了重要作用。近年来，随着利率市场化、金融创新不断深化，不同类型银行在业务模式、复杂程度、资产负债结构等方面的差异逐步显现，对流动性风险管理也提出了更高的要求。2018年，银保监会发布修订后的《商业银行流动性风险管理办法》，以更好地适应当前商业银行流动性风险管理需要，有助于进一步推动商业银行夯实流动性风险管理基础，提高风险抵御能力，服务实体经济，维护银行体系安全稳健运行。

本次修订的主要内容包括：一是新引入3个量化指标。其中，净稳定资金比例衡量银行长期稳定资金支持业务发展的程度，适用于资产规模在2 000亿元（含）以上的商业银行。优质流动性资产充足率是对流动性覆盖率的简化，衡量银行持有的优质流动性资产能否覆盖压力情况下的短期流动性缺口，适用于资产规模小于2 000亿元的商业银行。流动性匹配率衡量银行主要资产与负债的期限配置结构，适用于全部商业银行。二是进一步完善流动性风险监测体系。对部分监测指标的计算方法进行了合理优化，强调其在风险管理和监管方面的运用。三是细化了流动性风险管理相关要求，如日间流动性风险管理、融资管理等。

修订后的《商业银行流动性风险管理办法》共4章75条，7个附件。第一章“总则”主要明确了适用范围、流动性风险的定义以及对流动性风险管理和监管的总体要求。第二章“流动性风险管理”提出了银行流动性风险管理体系的整体框架和定性要求。第三章“流动性风险监管”规定了各项流动性风险监管指标，提出了多维度的流动性风险监测工具，规定了流动性风险监管方法和措施。第四章“附则”明确了《商业银行流动性风险管理办法》的实施时间、参照执行的机构范围，以及流动性覆盖率、流动性匹配率和优质流动性资产充足率的实施安排等。《商业银行流动性风险管理办法》的7个附件具体说明了流动性风险管理重点环节的技术细节，以及定量指标的计量标准。

修订后的《商业银行流动性风险管理办法》进一步明确了商业银行流动性风险管理体系的定性要求，根据商业银行特点设定了差异化的定量监管标准，并提出了统一的多维度流动性风险监测分析工具，构建了较完备的流动性风险监管框架。修订后的《商业银行流动性风险管理办法》自2018年7月1日起施行。新引入的3个量化指标中，净稳定资金比例监管要求与《商业银行流动性风险管理办法》同步执行。优质流动性资产充足率采用分阶段达标安排，商业银行应分别于2018年底和2019年6月底前达到80%和100%。流动性匹配率自2020年1月1日起执行，在2020年前暂为监测指标。

一、短期流动性风险计量

流动性比率/指标法是各国监管当局和商业银行广泛使用的方法之一，其做法是先确定流动性资产的种类并进行估值，然后确定合理的比率指标并用于评估和监控。

商业银行可根据自身业务规模和特色设定多种流动性比率/指标（见表8－1），以满足流动性风险管理的需要。在日常经营管理过程中，商业银行应时刻关注当前的流动性状况，恰当把握和控制各项流动性比率/指标的上下波动幅度，适时调整资产负债的期限、币种、分布结构，同时严格遵守流动性监管指标要求。

表 8－1　　流动性风险管理常用的比率/指标

比率/指标公式	比率/指标内涵
现金头寸指标 =（现金头寸 + 应收存款）/总资产	该指标越高意味着商业银行满足即时现金需要的能力越强
核心存款指标 = 核心存款/总资产	对同类商业银行而言，该比率高的商业银行流动性也相对较好
贷款总额与总资产的比率 = 贷款总额/总资产	该比率较高则暗示商业银行的流动性能力较差，而该比率较低则反映了商业银行具有较大的贷款增长潜力。尽管资产证券化已使得商业银行贷款的流动性增强，但传统观念仍然认为贷款是商业银行的盈利资产中流动性最差的资产。一般来说，该比率随商业银行规模的增加而增加，大银行的该比率高于中小银行。但是，由于该比率忽略了其他资产，特别是流动性资产，因此该指标无法准确地衡量商业银行的流动性风险
贷款总额与核心存款的比率 = 贷款总额/核心存款	该比率越小说明商业银行存储的流动性越高，流动性风险也相对越小
流动资产与总资产的比率 = 流动资产/总资产	该比率越高表明商业银行存储的流动性越高，应付流动性需求的能力也就越强。通常，商业银行的规模越大则该比率越小，因为大银行不需要存储太多的流动性
易变负债与总资产的比率 = 易变负债/总资产	该比率衡量了商业银行在多大程度上依赖易变负债获得所需资金。易变负债是指那些受利率等经济因素影响较大的资金来源，当市场发生对商业银行不利的变动时，这部分资金来源容易流失。一般来说，在其他条件相同的情况下，该比率越大则商业银行面临的流动性风险越高
大额负债依赖度 =（大额负债 - 短期投资）/（盈利资产 - 短期投资）	对大型商业银行来说，该比率为 50% 很正常，但对主动负债比例较低的大部分中小商业银行来说，大额负债依赖度通常为负值。因此，大额负债依赖度仅适合用来衡量大型特别是国际活跃银行的流动性风险

（一）流动性比例

流动性比例 =（流动性资产余额/流动性负债余额）×100%

商业银行流动性比例应当不低于 25%。流动性比例可衡量银行短期（一个月）内流动性资产和流动性负债的匹配情况。要求银行至少持有相当于流动性负债一定比例的流动性资产，以应对可能的流动性需求。

（二）流动性覆盖率

流动性覆盖率 = 合格优质流动性资产/未来 30 日现金净流出量 ×100%

流动性覆盖率旨在确保商业银行具有充足的合格优质流动性资产，能够在银保监会规定的流动性压力情景下，通过变现这些资产满足未来至少 30 天的流动性需求。合格优质流动性资产是指具有风险低、易于定价且价值稳定、与高风险资产的相关性低等基本特征，能够在无损失或极小损失的情况下快速变现的各类资产。未来 30 日现金净流出量是指在银保监会规定的压力情景下，未来 30 日的预期现金流出总量与预期现金流入总量的差额。商业银行的流动性覆盖率应当不低于 100%。

（三）优质流动性资产充足率

优质流动性资产充足率指标旨在确保商业银行保持充足的、无变现障碍的优质流动性资产，在压力情景下，银行可通过变现这些资产来满足未来30天内的流动性需求。优质流动性资产充足率=优质流动性资产÷短期现金净流出，优质流动性资产充足率的最低监管标准为不低于100%。

优质流动性资产分析包括结构分析和总量分析。结构分析是指分析银行优质流动性资产的构成及其占总资产的比重，判断银行优质流动性资产构成的合理性与可靠性。总量分析是指计算银行优质流动性资产的绝对额，结合预计现金流出量和预计现金流入量，判断银行优质流动性资产是否能够满足未来一定期限内的流动性需求。对于优质流动性资产可进行趋势分析，也可用于同质同类比较。

二、中长期结构性分析

长期结构性分析的管理内容包括稳定的存款基础，以及资产负债期限错配处于合理范围。从资产负债的角度看，中长期流动性指标关注的是稳定负债和非流动性资产部分。

（一）流动性匹配率

流动性匹配率监管指标衡量商业银行主要资产与负债的期限配置结构，旨在引导商业银行合理配置长期稳定负债、高流动性或短期资产，避免过度依赖短期资金支持长期业务发展，提高流动性风险抵御能力。流动性匹配率=加权资金来源÷加权资金运用，流动性匹配率的最低监管标准为不低于100%。

（二）期限错配分析

资产负债的流动性除了与业务属性密切相关，同时也与业务期限密切相关。银行往往用短期存款去支持长期贷款，出现期限错配，如果商业银行的资产和负债不能滚动，不产生新的业务，短期内到期负债多于短期内到期的资产，就会导致银行现金净流出，从而带来流动性风险，期限错配的程度越大，这种潜在的流动性风险就越大。

合同期限错配是常见的流动性风险计量手段。除了用缺口绝对值计量流动性风险外，也可以采用流动性缺口率的方式定义缺口程度。

期限错配分析的缺点：一是假设资产负债到期后不可展期，也无新业务，这个假设与银行持续经营假设有较大出入；二是不能对银行的借款能力进行评估。

（三）净稳定资金比例

净稳定资金比例根据银行一个年度内资产的流动性特征设定可接受的最低稳定资金量。净稳定资金比例是流动性覆盖率的一个补充，鼓励银行通过结构调整减少短期融资、增加长期稳定资金来源（观察期为1年）。

$$净稳定资金比例=可用稳定资金/所需稳定资金\times100\%$$

净稳定资金比例定义为可用稳定资金与所需稳定资金之比，这个比例必须大于100%。净稳定资金比例指标包含两部分内容：可用稳定资金（ASF）和所需稳定资金（RSF）。

（四）其他中长期结构性指标

1. 核心负债比例

核心负债比例是指中长期较为稳定的负债占总负债的比例。其中核心负债包括距离到期日三个月以上（含）的定期存款和发行债券，以及活期存款中的稳定部分。

核心负债比例 = 核心负债/总负债 × 100%

该指标认为到期期限在三个月以上的负债具有较高的存款稳定性，同时，活期存款具有一定程度的存款稳定性，于是将到期期限在三个月以上的负债和50%比例的活期存款定义为核心存款。由于商业银行类型不同，客户基础不同，其核心负债比例的中值或平均值也不同，一般来说，大型银行的中值在60%左右，股份制银行的中值在50%左右。

2. 同业市场负债比例

同业市场负债通常是对市场流动性高度敏感的不稳定融资来源。同业市场负债比例是指商业银行从同业机构交易对手获得的资金占总负债的比例。

同业市场负债比例 = （同业折借 + 同业存放 + 卖出回购款项）/总负债 × 100%

该指标反映了商业银行同业负债在总负债中的比例，目前上限为1/3。相比于一般公司存款和储蓄存款，同业负债更加不稳定，尤其是在发生系统性金融风险的情况下，同业负债来源非常不可靠。该指标值越高，说明银行负债来源对同业市场依赖程度越高，通常情况下银行负债结构更不稳定，流动性风险水平更高。

3. 融资集中度指标

银行可以通过交易对手、金融工具类型、地区等维度对融资来源的集中度进行限制。

最大十户存款比例 = 最大十家存款客户存款合计/各项存款 × 100%

该指标从客户角度控制银行从个别借款人获得大量资金，避免过高的融资集中度。

由于同业资金具有更高的不稳定性，该指标从同业资金的借款来源角度控制银行的融资集中度。

我国监管者要求商业银行流动性风险计量指标包括流动性覆盖率、净稳定资金比例、流动性比例、流动性匹配率和优质流动性资产充足率。资产规模不小于2 000亿元人民币的商业银行应当持续达到流动性覆盖率、净稳定资金比例、流动性比例和流动性匹配率的最低监管标准。资产规模小于2 000亿元人民币的商业银行应当持续达到优质流动性资产充足率、流动性比例和流动性匹配率的最低监管标准。

第三节　流动性风险监测与控制

流动性风险是商业银行经常面对的风险，一旦商业银行流动性风险由可能性变为现实，公众将失去对银行的信任，纷纷到银行提取存款，最终使商业银行面临破产倒闭的危险。更为严重的是，一家商业银行流动性风险的爆发还具有传染性，少数银行的破产处理不当，可酿成整个金融体系的危机。流动性风险的监测与控制目前仍然是一个难题。

一、流动性风险限额监测

根据中国银行保险监督管理委员会公布的《商业银行流动性风险管理办法》，商业银行应当对流动性风险实施限额管理，根据自身业务规模、性质、复杂程度、流动性风险偏好和外部市场发展变化情况，设定流动性风险限额。流动性风险限额包括但不限于现金流缺口限额、负债集中度限额、集团内部交易和融资限额。

建立限额体系包括两项工作：选择用于限额的计量指标、确定指标的阈值。为了保持银行最具流动性的资产以满足日常管理需要，可设定超额备付金率限额；为了应对短期潜在的流动性压力，可设定 LCR 限额、最低流动性缓冲限额或压力测试生存期限额；为应对中长期的结构性风险，可设定存贷比、净稳定资金比例、融资集中度、期限错配等限额。

设立流动性风险指标的阈值作为限额时，通常考虑以下因素：银行的风险容忍度与风险偏好、银行对风险的缓释能力、银行的盈利能力和风险回报率、流动性风险的可能性与预期、对取得流动性能力的预期、其他非流动性的风险暴露、过往的业务量和风险水平。常见的流动性风险监测指标如表 8－2 所示。

表 8－2　　流动性风险监测指标

指标	定义	计算公式
流动性缺口	以合同到期日为基础，按特定方法测算未来各个时间段到期的表内外资产和负债，并将到期资产与到期负债相减获得的差额	未来各个时间段的流动性缺口＝未来各个时间段到期的表内外资产－未来各个时间段到期的表内外负债
流动性缺口率	未来各个时间段的流动性缺口与相应时间段到期的表内外资产的比例	流动性缺口率＝未来各个时间段的流动性缺口/相应时间段到期的表内外资产×100%
核心负债比例	中长期较为稳定的负债占总负债的比例	核心负债比例＝核心负债/总负债×100%
同业融入比例	商业银行从同业机构交易对手获得的资金占总负债的比例	同业融入比例＝（同业拆放＋同业存放＋卖出回购＋委托方同业代付＋发行同业存单－结算性同业存款）/总负债×100%
最大十户存款比例	前十大存款客户存款合计占各项存款的比例	最大十户存款比例＝最大十家存款客户存款合计/各项存款×100%
最大十家同业融入比例	商业银行从最大十家同业机构交易对手获得的资金占总负债的比例	最大十家同业融入比例＝（最大十家同业机构交易对手的同业拆放＋同业存放＋卖出回购＋委托方同业代付＋发行同业存单－结算性同业存款）/总负债×100%
超额备付金率	商业银行的超额备付金与各项存款的比例	超额备付金＝商业银行在中央银行的超额准备金存款＋库存现金 超额备付金率＝超额备付金/各项存款×100%
重要币种的流动性覆盖率	对某种重要币种单独计算的流动性覆盖率	流动性覆盖率＝合格优质流动性资产/未来 30 日现金净流出量×100%
存贷比	商业银行调整后贷款余额与调整后存款余额的比例	存贷比＝调整后贷款余额/调整后存款余额×100%

二、流动性风险预警

商业银行除了满足外部监管机构对流动性比率/指标的强制要求之外，如果其他重要的财务指标和风险指标超出了预先设定的合理范围，且处置不当，也可能导致流动性风险恶化，甚至引发流动性危机。流动性风险在发生之前，通常会表现为各种内部、外部指标/信号的明显变化（见表8－3）。

表8－3　　商业银行流动性风险预警指标/信号

内部指标/信号	外部指标/信号	融资指标/信号
主要包括商业银行内部有关风险水平、盈利能力、资产质量，以及其他可能对流动性产生中长期影响的指标变化。例如： • 某项或多项业务/产品的风险水平增加； • 资产或负债过于集中； • 资产质量下降； • 盈利水平下降； • 快速增长的资产的主要资金来源为市场大宗融资等	主要包括第三方评级、所发行的有价证券的市场表现等指标的变化。例如： • 市场上出现关于商业银行的负面传言，客户大量求证； • 外部评级下降； • 股票价格下跌； • 所发行的可流通债券（包括次级债）的交易量上升且债券的买卖价差扩大； • 交易/经纪商不愿买卖债券而迫使银行寻求熟悉的交易/经纪商支持等	主要包括商业银行的负债稳定性和融资能力的变化等。例如： • 存款大量流失； • 债权人（包括存款人）提前要求兑付造成支付能力出现不足； • 融资成本上升； • 融资交易对手开始要求抵（质）押物且不愿提供中长期融资； • 愿意提供融资的对手数量减少且单笔融资的金额显著上升； • 被迫从市场上购回已发行的债券等

及时、有效地监测上述预警指标/信号，有助于商业银行及时纠正错误，并适时采取正确的风险控制方法。商业银行一旦同时出现上述几种内外部预警信号，则应当引起管理层和相关业务单位的高度重视，在严格执行各项业务限额管理的同时，应及时启动流动性应急计划，迅速弥补资金不足，力争在最短的时间内解决支付能力不足的问题，避免流动性危机真实发生。

【知识链接8－4】

商业银行的短期风险预警和中长期风险预警

1. 中长期流动性风险两级预警机制示例

绿灯：（计财部牵头）流动性压力测试正常或偶然一次未通过；或核心负债依存度较为稳定，保持在商业银行均值以上；或中长期贷款比例保持在商业银行均值附近。保持正常的业务发展策略和定价策略。

黄灯：（计财部牵头）流动性压力测试连续2次未能通过；或核心负债依存度连续3个月下降并持续低于均值；或中长期贷款比例高于均值，并占前两位。提高备付金率，并将中长期流动性预警情况报告资产负债管理委员会；适度利用利率、内部资金转移定价（FTP）等价格手段调控全行系统流动性；动员分行加大各类存款营销力度，并出台阶段性鼓励政策；控制过度短借长贷，尤其限制同业和资金条线的期限错配比例。

2. 短期流动性风险三级预警机制示例

一级预警：（资金部牵头）清算/交易系统故障（不超24小时），导致清算/备付金账户透支；本外币备付率持续一周低于2%；存款一天内下降超过200亿元，同时一周内持续下降超过400亿元或存款的5%；市场净融入资金超过400亿元；银行间市场7天以内回购利率波动一周内超过100个基点。加强同业沟通，维持交易与清算系统安全；适度调整同业存款及FTP定价利率；限制同业存放、短期融出资金业务；加大市场融资力度，适当减持待售账户流动性债券；动员分行加大各类存款营销力度，并出台阶段性鼓励政策。

二级预警：（流动性应急工作组牵头）本外币超额准备金率持续一周低于1.5%；存款持续一周下降超过存款总规模的10%；市场净融入资金（拆借/回购）超过500亿元；银行间市场7天以内回购利率波动一周内超过100个基点。控制信贷投放，限制同业存放、短期融出资金及其他短期资产运作；利用利率、FTP等价格手段调控全行系统流动性；加大市场融资力度，同时减持债券、压缩票据、同业存放业务；资金部应将流动性情况及时向资产负债管理委员会或行办会报告；办公室做好对外应急事宜宣传安排。

三级预警：（流动性应急工作组牵头）本外币超额准备金率持续一周低于1%；存款持续一周下降超过存款总规模的20%；市场出现恐慌性挤兑；一周到期现金流不足存款总额的1%；市场融资能力下降，出现支付危机。立即报告监管机构，并保持密切沟通；加大分支行现金储备；加强公关传讯工作，稳定公众不安情绪；寻求中央银行或同业紧急救助资金；资金部实时反馈有关流动性危机的改善情况，随时向应急领导小组汇报；对在应急期间施行的措施，需向资产负债管理委员会及风险管理委员会专题报告。

三、压力测试

商业银行应当定期对因资产、负债及表外项目变化所产生的现金流量及期限变化进行分析，以正确预测未来特定时段的资金净需求。除了监测正常市场条件下的资金净需求外，商业银行还有必要定期进行压力测试，根据不同的假设情况（可量化的极端范围）进行流动性测算，以确保商业银行储备足够的流动性来应付可能出现的各种极端状况。例如，2007年上半年国内股票市场空前繁荣，某商业银行在1个营业日内累计提取数百亿元人民币，给流动性管理造成了巨大的压力，被迫在资金市场不惜成本借入巨额资金以应付短期支付要求。

商业银行可根据自身业务的特色和需要，对以下风险因素的变化可能对各类资产、负债及表外项目价值造成的影响进行压力测试：

1. 存贷款基准利率连续累计上调/下调250个基点；
2. 市场收益率提高/降低50%；

3. 持有主要外币相对于本币升值/贬值20%；

4. 重要行业的原材料/销售价格上下波幅超过50%；

5. GDP、CPI、失业率等重要宏观经济指标上下波幅超过20%。

通过定期压力测试，商业银行可以更加全面、深入地掌握自身的流动性风险状况及变化趋势，为流动性风险管理提供决策依据，随时做好在极端不利条件下应付困难的准备。

【知识链接8-5】

流动性风险压力测试应当符合的要求

1. 合理审慎设定并定期审核压力情景，充分考虑影响商业银行自身的特定冲击、影响整个市场的系统性冲击和两者相结合的情景，以及轻度、中度、严重等不同压力程度。

2. 合理审慎设定在压力情景下商业银行满足流动性需求并持续经营的最短期限，在影响整个市场的系统性冲击情景下该期限应当不少于30天。

3. 充分考虑各类风险与流动性风险的内在关联性和市场流动性对商业银行流动性风险的影响。

4. 定期在法人和集团层面实施压力测试；当存在流动性转移限制等情况时，应当对有关分支机构或附属机构单独实施压力测试。

5. 压力测试频率应当与商业银行的规模、风险水平及市场影响力相适应；常规压力测试应当至少每季度进行一次，出现市场剧烈波动等情况时，应当增加压力测试频率。

6. 在可能情况下，应当参考以往出现的影响银行或市场的流动性冲击，对压力测试结果实施事后检验；压力测试结果和事后检验应当有书面记录。

7. 在确定流动性风险偏好、流动性风险管理策略、政策和程序，以及制定业务发展和财务计划时，应当充分考虑压力测试结果，必要时应当根据压力测试结果对上述内容进行调整。

董事会和高级管理层应当对压力测试的情景设定、程序和结果进行审核，不断完善流动性风险压力测试。

四、情景分析

情景分析有助于商业银行深刻理解并预测在多种风险因素共同作用下，其整体流动性可能出现的不同状况。商业银行通常将可能面临的市场条件分为正常、最好和最坏三种情景，尽可能考虑到每种情景下可能出现的有利或不利的重大流动性变化。

在流动性风险情景分析中，分析商业银行正常状况下的现金流量变化最为重要，有助于强化商业银行日常存款管理并充分利用各种融资渠道，避免在某一时刻持有过量的闲置资金或面临过高的资金需求，以有效缓解市场波动所产生的冲击，消除交易对手对其经营状况的疑虑。虽然最好情景和最坏情景发生概率较低，但深入分析最坏情景（即面临流动性危机）意义重大，通常可分为以下两种情况。

（一）商业银行自身问题所造成的流动性危机

例如有一百多年历史的巴林银行，由于内部控制方面的严重疏漏被个别交易员利用，违规交易衍生产品，使银行遭受巨额损失，最终巴林银行因无法筹措到足够的资金弥补损失而被迫宣布破产倒闭。

实质上，商业银行绝大多数流动性危机的根源都在于自身管理能力和技术水平存在致命的薄弱环节。因此，商业银行应当深刻检讨自身存在的可能危及经营安全的诸多问题，并做好充分的心理准备和资源准备，以应对随时可能到来的流动性危机。

（二）整体市场危机

2007 年底爆发的国际金融危机，是流动性危机噩梦最真实的写照，几乎所有国际性商业银行的流动性状况都受到了不同程度的影响，严重损害了全球经济和金融体系的稳定与繁荣。值得注意的是，在此危机条件下，市场对商业银行的信用等级高度重视，由此导致不同商业银行的融资能力形成巨大反差，有些追逐高风险、高收益的商业银行因不堪承受巨额投机损失而破产倒闭，而有些稳健经营、信誉卓著的商业银行则成为剩余资金的安全避风港，在危机中反而提高了自身的流动性和竞争能力。商业银行应当定期就流动性资产价值的侵蚀、零售存款的大量流失、批发性融资来源的可获得性下降、融资期限缩短和融资成本提高、交易对手要求追加保证金或担保、信用评级下调或声誉风险上升、中央银行融资渠道的变化、外汇可兑换性以及进入外汇市场融资的限制、银行支付结算系统突然崩溃等情景对自身的流动性状况进行情景分析。

在最坏情景下，商业银行需要测算现金流量的可能变动范围，此时应当持审慎态度，在分析现金流入时采用较晚的日期，金额适当降低；而在分析现金流出时采用较早的日期，金额适当提高。将特定时段内的预期现金流入和现金流出之间的余额相加，则能够把握商业银行在 3 种情景下的流动性演变和资金净余缺的情况，从而合理判断商业银行的流动性状况。

五、流动性风险报告

流动性风险报告体系源自流动性风险的计量基础和限额体系，也与银行其他报告体系相适应。实际上，流动性风险报告体系往往不是独立的，在实践中，高层次的流动性风险报告内容是董事会风险管理报告或者资产负债管理委员会报告的一部分。

建立流动性风险报告体系的核心是“我们应该让哪些人，在什么时间，知道什么信息”。因此，流动性风险报告应该按照层次进行划分，例如流动性管理人员可能需要一些微观信息，知道哪个产品、哪个分行的规模扩张导致了本月的流动性覆盖率（LCR）指标下降；而董事会和高管可能关注高层次的宏观信息，他们仅仅需要一张流动性指标的当前值与前值的对照表，以及各自的限额遵守情况。一些市场流动性指标监测和超额备付金率等日常流动性风险水平指标可以按日报告；一些复杂的关注中长期的指标如存贷比和净稳定资金比例，可以使用月度报告。

六、流动性风险控制

（一）资产管理

资产管理是流动性风险控制的重要工具，也是当前国内商业银行流动性管理的主要手段。银行的资产组合可以通过3种方式提供流动性：资产到期、资产出售、以资产做抵押进行回购。因此流动性的资产管理相应地包括3个方面：资产到期日管理、流动性资产组合管理及抵押品管理。

1. 资产到期日管理

在资产到期日管理中，银行需要控制资产的到期日结构，特别是控制与负债的期限错配程度。流动性的资产到期日管理常常用来应对中长期的结构性流动性风险。短期资产具有更强的流动性，但往往具有较低的收益率。活期存款和现金具有最短的期限和最高的流动性，但收益也是最低的。因此银行必须在流动性和收益性之间取得平衡，将符合银行特性的风险取向以风险容忍度等方式公布出来，在银行内部取得共识。

2. 流动性资产组合管理

在流动性资产组合管理中，银行必须建立多层次的流动性储备作为流动性风险缓冲，用来应对潜在的流动性危机，就像银行需要建立资本缓冲应对非预期损失一样，相比工业企业，银行负债有更高比例的无期限负债，还有必须不断滚动但又高度敏感的短期负债。因此银行必须在资产方配置对应的流动性组合，以应对潜在危机带来的现金流出。

在建立流动性资产组合时，银行往往考虑集中度管理、变现能力管理等因素。

流动性储备的最主要形式是分级流动性储备体系，分为三级：一级流动性储备（超额备付金、库存现金）；二级流动性储备（该组合属于交易账户，主要配置流动性最好的国债）；三级流动性储备（全部交易账户、部分持有待售组合、票据等）。

3. 抵押品管理

抵押品管理实际上是日常管理最常用的手段。银行往往首先使用抵押的方式获得流动性，而非资产出售的方式。在国内的银行间市场上，回购的交易频率和市场规模远远高于债券交易。为了能够快速及时地通过抵押品方式获得流动性，银行应建立良好的抵押品管理机制。

【知识链接8－6】

巴塞尔委员会对抵押品管理的建议

1. 银行应有能力计算抵押品的头寸。

2. 银行应该做好充分的法律准备，在需要的时候，可以快速完成质押，从抵押品中获得流动性。

3. 银行应评估每一个主要资产作为与中央银行进行交易的抵押品的可行性，并评估担保抵押市场上主要交易对手和资金提供者对资产的接受程度。

4. 银行应根据需要调整对那些已经部分受约束的资产作为抵押品的计量，充分了解或能证明对这些资产进行变现的时间预估。

5. 利用衍生品作为抵押品的银行应考虑银行在市场上情况的变化或银行评级变动导致额外的合同抵押品需求，同时还应考虑其他可能的触发事件。

（二）负债管理

国外的货币中心型银行将负债管理作为流动性管理的重要手段。批发性融资是流动性的重要来源，依赖批发性融资的银行相对来说流动性比较脆弱。依赖负债管理的银行应高度关注负债的流动性风险管理，通常应在避免过度依赖批发性融资的前提下，完善负债来源分散化管理与保持“市场接触”管理。

1. 负债来源分散化管理

银行应保持负债来源的分散性和多样性。银行应该在期限、交易对手、是否抵押状态、金融工具类型、货币以及地理位置上保持适度的分散性。风险管理人员应熟悉多样化的融资来源，了解银行融资来源的组成，熟悉不同类型金融工具的流动性特点，明确各融资工具在不同情况下的表现与可获得程度。银行的高级管理层也应该对融资策略进行定期的检查与讨论。对负债分散度的管理应体现在银行每年的流动性规划与限额体系中。

商业银行应限制其从单一融资来源，或某一特定期限获得资金的集中度。某些银行过度依赖比零售资金波动更大的批发性融资来源，因此，这些银行应确保其批发性融资来源的有效性，以在合适的时间以合理的价格及时获得资金来源。此外，相比那些依靠零售资金的银行，这些银行还应保持较高的未抵押的高流动性资产比率。某些活跃于多币种市场交易的银行，应有能力从多种渠道获得各种币种资金。

2. 保持“市场接触”管理

银行应该建立持续的“市场接触”管理机制，以保持批发性融资来源的稳定性。银行应该积极管理和定期测试银行的市场接触能力。应根据融资策略要求，在融资市场上保持适当的活跃度。市场接触包括银行应建立合适的系统、法律文档、操作流程和信息获取体系。银行不能想当然地认为，不需要做任何准备即可以在一个陌生的市场及时获得资金。市场接触管理中，银行还需要将中央银行作为交易对手，与中央银行保持密切的沟通，理解中央银行对紧急融资的要求，并为此做好准备。

【知识链接8-7】

巴塞尔委员会对“市场接触”管理的建议

1. 确保融资多样化策略有效性的基本要素便是维持银行的市场进入能力。
2. 银行应积极活跃于融资策略相关的市场。
3. 一些可靠的融资市场在压力情景下会受到严重影响。

4. 银行应识别现有的和潜在的资金提供者并与其建立密切的联系，包括由交易商或其他第三方资助的融资市场；频繁的联系或经常使用某一融资渠道是保持较强融资关系的两个指标。

5. 虽然与资金提供者建立并保持较强的联系对银行来说很重要，但银行应对这些关系在压力情景下的可能变动有审慎的认识。

6. 此外，对银行偿还能力不确定性的增加会降低对手方提供资金的意愿。

【知识链接 8 -8】

《商业银行资本管理办法（试行）》中关于流动性风险的评估要求

1. 商业银行应建立与银行规模、业务性质及复杂程度相适应的流动性风险管理体系，充分识别、准确计量、持续监测和适当控制银行整体及在各产品、业务条线和环节、各层次机构的流动性风险，以及流动性风险与其他风险的相互影响与转换。

2. 商业银行的流动性风险管理框架应包括以下基本要素：

（1）董事会及高级管理层的有效监控。

（2）完善的流动性风险管理策略、政策和程序。

（3）完善的流动性风险识别、计量、监测和控制程序。

（4）完善的内部控制和有效的监督机制。

（5）有效完善的管理信息系统。

（6）有效的危机处理机制。

3. 商业银行应根据本行经营战略、业务特点和风险偏好测定自身流动性风险承受能力，并以此为基础制定流动性风险管理策略、政策和程序。风险承受能力应包括在正常情况和压力状况下银行可以承受的未经缓释的流动性风险水平。

4. 流动性风险管理策略、政策和程序应涵盖银行的表内外各项业务，以及境内外所有可能对其流动性风险产生重大影响的业务部门、分支机构和附属公司，并包括正常情况和压力状况下的流动性风险管理。

5. 流动性风险管理策略应明确流动性风险管理的整体模式，并列明有关流动性风险管理特定事项的具体政策，包括但不限于以下内容：

（1）整体的流动性管理政策。

（2）流动性风险的识别、计量、监测和报告体系。

（3）流动性风险管理程序。

（4）资产与负债组合。

（5）流动性风险限额及超限额处理程序。

（6）现金流量分析。

（7）不同货币、不同国家、跨境、跨机构及跨业务条线的流动性管理方法。

（8）导致流动性风险增加的潜在因素及相应的监测流程。

（9）压力测试和情景分析。

（10）应急计划及流动性风险缓释工具管理。

6. 商业银行应根据监管要求和内部流动性风险管理政策设定流动性风险限额，并根据限额的性质确定相应的监测频度。原则上流动性风险管理应按币种分别进行，但若该币种可以自由兑换且业务量较小，对本行流动性风险水平及整体市场影响都较小，商业银行可按照重要性原则合并管理。商业银行应至少按本外币分别识别、计量和监测流动性风险。对外币实行合并管理的，应向监管部门报备。

7. 商业银行在引入新产品、新技术手段，建立新机构、新业务部门前，应在可行性研究中充分评估其对流动性风险产生的影响，并制定相应风险管理措施，完善内部控制和信息管理系统。引入并运行后，应加强日常监测，定期评估相应措施的有效性，并根据需要及时进行调整。

8. 商业银行应定期开展流动性风险管理的内部审计，审查和评价流动性风险管理体系的充分性和有效性。有海外分支机构的商业银行，应根据其管理模式，针对银行整体及分国别或地区的流动性风险管理分别进行审计。

9. 商业银行应建立完善的管理信息系统，以便准确、及时、持续地计量、监测、管控和汇报流动性风险状况。管理信息系统应包括但不限于完成以下任务：

（1）按设定的期限每日计算银行的现金流量及期限错配情况，并可根据银行的流动性风险管理模式分币种、按银行整体或按机构、业务条线分别进行计算和分析。

（2）按法规和银行内部管理的要求计算有关流动性风险的比率和其他指标，并根据需要适时进行监测和控制。

（3）能及时、有效地对银行大额资金流动进行实时监测和控制。

（4）适时报告银行所持有流动性资产的构成和市场价值。

（5）定期核查是否符合流动性风险管理政策和限额。

（6）能及时地、有前瞻性地反映银行的流动性风险发展趋势，以便董事会和高级管理层准确评估银行的流动性风险水平。

（7）能根据快速变化的外部环境，针对不同的假设情景、限制条件收集、整理相关数据，及时实施情景分析和压力测试。

10. 当出现流动性危机时，商业银行应适时披露情况说明等资料以提高交易对手、客户、公众及其他利益相关方的信心，从而最大限度地减少信息不对称可能给银行带来的不利影响。

11. 商业银行应当按照审慎原则定期开展流动性压力测试，充分考虑各类风险与流动性风险的内在关联性，深入分析假设情景对其他流动性风险要素的影响及其反作用。商业银行应当根据流动性压力测试的结果评估其资产负债结构的合理性和流动性储备的充足性，确定其应当采取的风险缓释策略和制订流动性应急计划。

12. 商业银行应根据流动性资产状况、市场的流动性状况评估本行的资本充足率，评估工作应覆盖正常和压力情形。

商业银行应根据自身流动性风险监测结果和管理情况，结合流动性风险压力测试结果，配置适当的资本抵御流动性风险。

第四节　流动性风险管理实例——英国诺森罗克银行挤兑事件透视①

受美国次级债危机导致的全球信贷紧缩影响，英国第五大抵押贷款机构——诺森罗克银行发生储户挤兑事件。自 2007 年 9 月 14 日全国范围的挤兑发生以来，截至 9 月 18 日，仅仅几天的时间就有 30 多亿英镑从诺森罗克银行流出，占该行 240 多亿英镑存款总量的 12% 左右，其电话银行和网上银行业务一度出现崩溃。受此影响，几天来，诺森罗克银行股价下跌了将近 70%，创下 7 年来新低，成为英国遭遇本次信贷危机以来的最大受害者。为防止系统性银行危机的出现，英国财政部、英格兰银行与金融管理局先后采取了注资以及存款账户担保等救助措施，至 9 月 18 日，诺森罗克银行的储户挤兑情况才有所缓解，各大银行的股价也出现了不同程度的上涨，银行体系的恐慌局面才得以控制。这就是英国银行挤兑事件的简单回顾，而其背后的缘由更值得我们去透视。

一、诺森罗克银行遭受挤兑的原因

诺森罗克银行始建立于 1850 年，其早期只是一家住房贷款协会，1997 年变成一家银行并上市。作为英国第五大抵押贷款机构，该行拥有 150 万储户，向 80 万购房者提供房贷，可谓规模庞大。2007 年上半年，诺森罗克银行新增的抵押贷款额占全国新增总量的 18.9%，排名居英国第一。然而，曾经是房贷市场佼佼者的诺森罗克银行，缘何会陷入挤兑危机呢？除了英国经济金融环境的不利因素之外，可能是以下几个因素造成的。

1. 融资过于依靠批发市场。与其他银行资金主要来自储户不同，尽管诺森罗克银行在 1997 年已经转变为一家上市银行，但是其大部分资金仍来源于金融机构。在诺森罗克银行的资金中，由零售存款业务所获的资金不足全部资金的 1/4，而超过 3/4 的资金来自批发市场，即通过同业拆借、发行债券或卖出有资产抵押的证券来融资（见表 8 - 4）。75% 的批发市场资金占比远远高于英国其他几大抵押贷款机构，英国最大的抵押贷款机构——苏格兰哈里法克斯银行（HBOS）的这一比例也仅为 43%。鉴于零售存款融资的稳定性，资金绝大部分来源于批发市场的诺森罗克银行更容易受到市场上资金供求的影响。

① 资料来源：刘华，李亚培．英国诺森罗克银行挤兑事件透视［J］．银行家，2007（10）：89 - 92 + 7.

表 8－4　　诺森罗克银行的资金来源及其占比　　单位：亿英镑，%

项目	金额	占比
零售存款	244	23.2
资产证券化	457	43.6
非零售存款	267	25.5
备兑债券	81	7.7
合计	1 049	100

2. 资产负债的利率缺口过大。批发市场和住房贷款市场不同的定价机制，加大了诺森罗克银行的利率缺口。无论是发行债券还是住房贷款的资产证券化，它们都是依据市场上 3 个月的 Libor 来定价的。然而，诺森罗克银行的住房抵押贷款则是按照英格兰银行的基准利率来发放。这种投融资的定价方式在货币市场利率大幅高于官方利率时会造成银行损失。在诺森罗克银行的资产中，发放给消费者的抵押贷款达 967 亿英镑，占总资产的 85.2%（见表 8－5）。据估计，在这 960 多亿英镑的抵押贷款中，有 120 亿英镑是直接暴露在这种利率缺口风险之下的。也就是说，Libor 每超过基准利率一个基点，诺森罗克银行每年将多支付 1 200 万英镑。

3. 银行原有的融资渠道受阻。更糟糕的是，2007 年 7 月以来，受美国次贷危机造成的全球货币市场流动性紧张的影响，主要靠批发市场来融资的诺森罗克银行已经很难再获得稳定的融资渠道。市场分析人士指出，为了达到年初预定的增长目标，在未来的 12 个月里诺森罗克银行需要筹资 100 亿英镑并再融资 80 亿英镑。这些资金只能通过抵押贷款资产的证券化来筹集，但现在的问题是，由于美国次贷危机的影响，投资者已经对抵押资产失去了兴趣。而且，即便是没有受到美国次级债危机的影响，英国次级债市场上的恐慌也会逐渐暴露。事实上，英国投资者的流动性恐慌在西布朗明奇房贷协会事件上已经表露无遗，后者近期发行的资产证券化产品因为无人购买而不得不被取消。可以看出，英国信贷市场的大门已经开始关闭。而这对于主要依靠信贷市场来融资的诺森罗克银行来说是致命的打击。

4. 2007 年上半年以来经营收益下降。资产负债利率缺口的扩大以及因流动性不足而导致的贷款业务放缓都降低了银行经营的收益，而引起储户挤兑的直接原因也许就是诺森罗克银行预期收益的下降。尽管 2007 年上半年诺森罗克银行在抵押贷款市场上的份额大幅增加，从 2006 年下半年的 14.5% 上升到 18.9%，总资产也比一年前增长了 28%，但是其利润并没有显著地上升。2007 年上半年，诺森罗克银行的税前利润不足 3 亿英镑，几乎与上年同期没什么变化。资产大幅增加，而盈利不增，足见银行的经营收益下降的事实。2007 年 9 月 14 日，诺森罗克银行又发出盈利预警，指出：利率的升势出乎意料，信贷萎缩问题导致资产增长放缓，预计 2007 年的税前利润将比预计低 20% 左右。这一消息的公布直接引发了当日大范围内的储户挤兑。

5. 投资美国次级债带来损失。事实上，诺森罗克银行在美国次级债市场上的投资并不多，仅占其全部资产的0.24%，大约有2.75亿英镑，其中2亿英镑投资在美国的债务抵押债券，0.75亿英镑投资于房产抵押担保证券。而且这些有价证券的持续期小于两年，不会对2006年或2007年的放贷产生影响。尽管相对于总体的资产来说损失不大，但这在诺森罗克银行的有价证券投资中已占40%的份额，而这对市场上投资者的心理影响效应可能更大。

表8－5　诺森罗克银行的资产结构　单位：亿英镑，%

项目	金额	占比
消费者贷款	967	85.2
有价证券	80	7.0
金融衍生品	14	1.2
现金及央行头寸	7.68	0.7
其他	66.32	5.9
合计	1 135	100

二、英国政府采取的行动

1. 问题暴露前的“无为而治”。美国次贷危机爆发以来，英格兰银行采取了与欧洲中央银行和美联储截然不同的监管方式——“无为而治”，既不向银行注资，也没有降低贴现窗口利率。尽管英国的次级债危机可能比美国更严重，但是在银行体系发生流动性危机之前，英国政府和英格兰银行似乎并没有认识到这一问题，甚至在起初，这种“无为而治”的做法还得到了市场人士的一致好评。在2007年8月中旬，为消除次级债危机带来的流动性紧张，包括美联储和欧洲中央银行在内的全球大部分中央银行都向其银行体系注资，美联储甚至一天3次向银行注资了380亿美元，而此时的英国却没有往银行体系注资。

英格兰银行行长墨文·金曾一再表示，不会仿效其他中央银行为银行注资，他认为，英国应避免给投资者造成“央行将为市场人士错误决策埋单”的印象，注资可能会鼓励“过度冒险，为未来爆发金融危机埋下祸种”。对于不注资的行为，除了墨文·金惧怕注资引发金融市场上的“道德风险”这一顾虑外，另一原因可能是，英国当局认为国内住房抵押贷款的评估标准以及次级债市场的监管要严于美国，而且英国也没有出现像美国那样的房屋过度供给问题。2007年8月，英国金融管理局的一位发言人就指出，“整体上来说，近来相对良好的经济状况使那些我们监管的金融机构都保持了相对充足的资本”。不仅政府当局对英国的次级债市场持有这一乐观观点，不少市场人士也持有相同的观点。然而，事实并非如此，现在的情形表明，英格兰银行在银行体系流动性危机爆发之前显得过于乐观和自信。

2. 问题暴露后的大力拯救。

（1）中央银行初步的注资。随着英国银行间借贷市场的日益紧张，市场上对这种“无为而治”行为的批评声逐渐出现，英国中央银行不得不在2007年9月5日宣布向金融市场注资44亿英镑。但是，这时注资已经不能改变市场上的紧张情绪，3个月Libor仍不断创出新高，9月7日至13日Libor一直高达6.85%。13日，诺森罗克银行出现流动性不足，部分分支机构发生挤兑，其被迫向中央银行提出紧急贷款申请。此时，英国政府部门才开始意识到问题的严重性。英国财政部、英格兰银行以及金融管理局于当晚就诺森罗克银行的申请召开紧急会议，14日，三部门发表联合声明指出，诺森罗克银行仍是具备清偿能力的，而且其资本充足率符合要求，贷款质量也不存在问题，目前的挤兑只是该行出现的暂时流动性困难，因此，英国财政部授权中央银行向诺森罗克银行提供一个附加惩罚性利率的资金支持。然而，这一声明通过媒体传出以后，诺森罗克银行当天又宣布了全年预期收益下降的不利消息，银行的股价当即跌去近1/4，原本只是爆发在一些分支机构的小规模挤兑事件迅速蔓延到全国。随后的3天里，储户挤兑更为严重，致使几天的时间里诺森罗克银行的存款就减少了30多亿英镑。更糟糕的是，因为传言将成为下一个“诺森罗克银行”，英国另外两家银行Alliance & Leicester和Bradford & Bingley在17日股价也大幅下跌。

（2）财政部全额补偿承诺。17日晚上，为缓解诺森罗克银行的挤兑风潮，防范系统性金融风险的爆发，英国财政部部长达琳不得不再次宣布：政府将保证该行现有储户存款的安全，政府保障将涵盖所有存款，无论数额多少，而且政府也将为与诺森罗克银行面临相同问题的其他银行提供账户担保。英国财政部这一全额担保的承诺是史无前例的，甚至是极端的，超出了英国服务补偿计划的规定。按照英国的金融补偿条例，英国服务补偿计划只是单纯的“付款箱”机制，因此，在这次银行挤兑危机中，补偿计划有限公司没有介入。而按金融补偿条例规定，如果银行倒闭，存款数额少于2 000英镑的储户可以获得全额补偿，超过2 000英镑的存款将不会得到全额补偿。英国财政部的全额担保承诺等于给储户吃了一颗“定心丸”。

（3）中央银行再次注资。除了英国财政部部长作出的全额担保承诺外，英格兰银行也加大了向银行体系的注资。18日，英国中央银行承诺将再向银行体系注入低利率的资金44亿英镑，而19日又宣布，将于下周向3个月期的资本市场注入100亿英镑的资金，旨在应对银行间隔夜拆借市场在更长期限内存在的流动性不足问题。

在政府这一系列大力干预之下，诺森罗克银行的挤兑风潮才有所平息，英国的金融恐慌才得到控制。回顾政府当局的行为，可以发现，在银行体系流动性危机爆发之前，英国中央银行一直拒绝向银行体系注资，也没有降低贴现率，而金融管理局则乐观地认为不必注资，这些是英国成为这次次贷危机“重灾区”的一个非常重要原因。在金融恐慌不断加剧的背景下，英国当局改变原来不作为的初衷，最终被迫对银行施加金融援助和存款担保，金融体系的恐慌才得以控制。而之所以采取注资、存款担保的方式来解决诺森罗克银行的问题，一方面是因为监管当局始终认为诺森罗克银行仍具有偿付能力，基本面也良好，只是出现了暂时的流动性困难；另一方面是因为监管当局害怕诺森罗克银行的风险向整个金融体系扩散。然而，英国政府对诺森罗克银行的大力援助是否牵涉违反市场竞争原则的问题已引起欧盟官员的关注，尽管欧盟认为当时的援助还属于应急援助。

三、诺森罗克银行采取的对策

作为整个挤兑事件的“主角”，诺森罗克银行在面对挤兑时都采取了哪些应对措施？这也是值得我们关注的。总结起来，诺森罗克银行主要采取了下列措施。

1. 积极寻求流动性。除了2007年9月13日向英格兰银行申请紧急贷款来增加流动性之外，诺森罗克银行还通过资产出售、寻求重组来获得流动性。有消息称，陷入危机的诺森罗克银行打算分割出售其持有的价值1 000亿英镑的抵押贷款债券。而事实上，早在2007年6月、7月诺森罗克银行就先后向Lehman Commercial Mortgage Conduit Limited（LCMCL）公司卖出了共计10多亿英镑的商业保险贷款。同时，诺森罗克银行的董事长也公开呼吁能有机构出手来收购银行。市场上也曾传言英国国内的劳埃德银行以及众多国外银行都有收购诺森罗克银行的意图。

2. 业务正常的声明。面对市场上的恐慌心理，具有清偿能力的诺森罗克银行发布了其业务正常并将力保客户资金安全的声明，以此来安抚储户的恐慌心理。9月16日之后，诺森罗克银行在其主页上发表了董事长的一封公开信，信中提出公司将保证客户资金的安全。而且，诺森罗克银行连续多天在英国的主要报纸刊登全幅广告，声明自己的业务正常。这些对于缓解客户的紧张心理起到了一定的作用。

【练习题】

一、重要名词

流动性风险　市场流动性风险　融资流动性风险　资产负债期限结构

二、单项选择

1.（　　）说明商业银行流动性强。

A. 现金头寸指标低

B. 大型商业银行的大额负债依赖度为10%

C. 贷款总额与核心存款的比率小

D. 贷款总额与总资产的比率高

2. 测量银行流动性状况的指标包括（　　）。

A. 现金头寸指标

B. 核心存款比例

C. 贷款总额与总资产的比率

D. 以上都是

3. 下列属于流动性最差的资产的是（　　）。

A. 现金　　B. 活期存款　　C. 无法出售的贷款　　D. 股票

4. 下列关于流动性风险的说法不正确的是（　　）。

A. 承担过多的信用风险会同时增加流动性风险

B. 很多操作风险都可能对流动性造成显著影响

C. 声誉风险与流动性风险无关

D. 市场风险会影响投资组合产生流动资金的能力，造成流动性波动

5. 我国《商业银行法》规定，流动性资产余额与流动性负债余额的比例不得低于（　　）。

A. 15%　　B. 25%　　C. 35%　　D. 45%

6. 我国《商业银行法》规定，商业银行的贷款余额和存款余额的比例不得超过（　　）。

A. 60%　　B. 65%　　C. 70%　　D. 75%

7. 商业银行流动性风险管理的核心是（　　）。

A. 提高资产的流动性和负债的稳定性，并在两者之间寻求最佳的风险—收益平衡点

B. 提高资产的稳定性和负债的流动性，并在两者之间寻求最佳的风险—收益平衡点

C. 提高资产的流动性和负债的稳定性，并在两者之间寻求最佳的资产—负债平衡点

D. 提高资产的稳定性和负债的流动性，并在两者之间寻求最佳的资产—负债平衡点

8. 以下不是影响商业银行流动性风险预警的内部指标/信号的是（　　）。

A. 某项业务风险水平增加　　B. 盈利能力下降

C. 资产过于集中　　D. 所发行的股票价格下跌

9. 不良贷款及坏账比例显著上升，通常被视为资产质量下降及流动资金出问题的征兆，这反映了（　　）间的关系。

A. 流动性风险与信用风险　　B. 流动性风险与市场风险

C. 流动性风险与操作风险　　D. 流动性风险与战略风险

10. 严重的流动性问题可能导致所有的债权人（　　），同时要求提现，这时银行所面临的问题就从流动性问题转为清偿问题，可能会进一步导致银行倒闭。

A. 付款　　B. 挤兑　　C. 追索　　D. 支付

11. 以下因素不会影响商业银行的资产负债期限结构的是（　　）。

A. 银行宣布上调利率 0.5%　　B. 沪市投资收益率上涨 5%

C. 商业银行增加网点数量　　D. 贷款人推进新的贷款请求

12. 下列关于零售客户的说法错误的是（　　）。

A. 对商业银行的风险状况和利率水平缺乏敏感度

B. 其存款意愿通常取决于自身的金融知识和经验、银行的地理位置、产品种类、服务质量、存款利息等感性因素

C. 通常被看作是核心存款的重要组成部分

D. 可以便利地通过多种渠道了解商业银行的经营状况

13. 商业银行通过假设自身 3 个月的收益率变化增加/减少 20% 的情况进行流动性测算，以确保商业银行储备足够的流动性来应付可能出现的各种极端状况的方法是(　　)。

A. 敏感性分析　B. 情景分析　　C. 信号分析　　D. 压力测试

14. 以下不影响流动性风险的因素是（　　）。

A. 利率结构　　B. 分布结构
C. 资产负债期限结构　　D. 币种结构

15. 银行应保持负债来源的（　　）。
A. 分散性和多样性　　B. 集中性与多样性
C. 分散性与单一性　　D. 集中性与单一性

16. 绝大多数商业银行严重的流动性危机都源于（　　）。
A. 金融衍生品的交易　　B. 市场整体流动性风险的加大
C. 宏观经济背景的恶化　　D. 商业银行自身管理或技术上存在的问题

17. （　　）仅用来衡量大型特别是跨国银行的流动性风险程度。
A. 大额负债依赖度　　B. 核心存款比例
C. 贷款总额与总资产的比率　　D. 现金头寸指标

18. 通常被认为是商业银行破产的直接原因的是（　　）。
A. 流动性风险　B. 信用风险　C. 操作风险　D. 战略风险

19. 我国一家商业银行的贷款余额和存款余额的比例为90%，该银行可能出现的情况有（　　）。
A. 该银行经营状况良好
B. 该银行流动性风险偏高，但仍属正常
C. 该银行处置不当可能失去清偿能力
D. 该银行资产比率大，发展潜力大

20. 银行应该建立持续的（　　）管理机制，以保持批发性融资来源的稳定性。
A. 市场接触　B. 交易对手　C. 货币　D. 金融工具

三、多项选择

1. 对流动性进行中长期结构性分析主要包括（　　）。
A. 存贷比　　B. 期限错配分析
C. 净稳定资金比例　　D. 核心负债比例
E. 融资集中度指标

2. 以下属于影响商业银行流动性风险预警的外部指标/信号的有（　　）。
A. 市场上出现关于商业银行的负面消息
B. 外部评级下降
C. 资产过于集中
D. 资产质量下降
E. 所发行的股票价格下跌

3. 设立流动性风险指标的阈值作为限额时，通常考虑的因素包括（　　）。
A. 银行的风险容忍度与风险偏好　　B. 银行对风险的缓释能力
C. 银行的盈利能力和风险回报率　　D. 流动性风险的可能性与预期
E. 对取得流动性能力的预期

4. 以下情况说明商业银行流动性风险高的是（　　）。

A. 现金头寸指标低
B. 大型商业银行的大额负债依赖度为50%
C. 贷款总额与核心存款的比率小
D. 贷款总额与总资产的比率大
E. 易变负债与总资产的比率大

5. 以下属于流动性比率/指标的是（　　）。
A. 核心存款比例　　B. 大额负债依赖度
C. 利息保障倍数　　D. 总资产报酬率
E. 现金头寸指标

6. 以下属于影响商业银行流动性风险预警的内部指标/信号的有（　　）。
A. 某项业务风险水平增加　　B. 盈利能力下降
C. 资产过于集中　　D. 资产质量下降
E. 所发行的股票价格下跌

7. 优质流动性资产分析包括（　　）。
A. 结构分析　B. 总量分析　C. 中长期分析　D. 短期分析
E. 指标法

8. 以下能使商业银行形成合理的资金来源和使用分布结构，以获得稳定的、多样化的现金流量，降低流动性风险的方法有（　　）。
A. 控制各类资金来源的合理比例，适度分散客户种类和资金到期日
B. 在日常经营中持有足够水平的流动资金，持有合理的流动资产组合，作为应付紧急融资的储备
C. 制定适当的债务组合以及与主要的资金提供者建立稳健持久的关系，以维持资金来源的稳定性与多样化
D. 制定风险集中限额，监测日常遵守的情况
E. 以同业拆借、发行票据等这类性质的资金作为商业银行资金的主要来源，因为其资金来源更加分散

9. 流动性的资产管理相应地包括（　　）。
A. 资产到期日管理　　B. 流动性资产组合配置
C. 抵押品管理　　D. 负债来源分散化管理
E. 保持“市场接触”管理

10. 我国对于商业银行流动性监管采用的主要指标有（　　）。
A. 流动性覆盖率　　B. 流动性比率
C. 存贷比　　D. 信贷比

四、判断题

1. 流动性风险可以分为市场流动性风险和融资流动性风险。（　　）
2. 流动性风险报告体系往往是独立的。（　　）
3. 通常认为商业银行正常范围内的“借短贷长”的资产负债结构特点所引致的持

有期缺口，是一种正常的、可控性较强的流动性风险。 ( )

4. 通过计算流动性比率、流动性覆盖率等指标对流动性风险进行中长期分析。 ( )

5. 商业银行最常见的资产负债期限错配情况是“借长贷短”。 ( )

6. 中央银行宣布上调利率 0.5% 会影响商业银行的资产负债期限结构。 ( )

7. 流动性比率为流动性资产总额与流动性负债总额之比，衡量商业银行流动性的总体水平，不得低于 10%。 ( )

8. 资产管理是流动性风险控制的重要工具，也是当前国内商业银行流动性管理的主要手段。 ( )

9. 流动性风险通常被认为是商业银行破产的直接原因。 ( )

五、简答题

1. 商业银行流动性风险计量的方法有哪些?
2. 我国商业银行流动性风险有哪些监管指标?
3. 商业银行流动性风险预警指标/信号有哪些?
4. 商业银行流动性风险控制的方法有哪些?

六、案例分析题

1. 2009 年美国得克萨斯州富豪艾伦·斯坦福涉嫌欺诈 80 亿美元遭起诉后，又因卷入墨西哥贩毒集团洗钱案遭美国联邦调查局（FBI）调查，一日之间不见踪影。其旗下斯坦福国际银行在南美多国设有分行，斯坦福被起诉的消息传出后，这些分行门前纷纷出现挤兑的人潮，数以百计的储户在银行两家分支机构外排队取款。试分析商业银行该如何识别和管理流动性风险。

2. 北岩信贷银行于 1965 年由“北方”及“岩石”两家物业按揭公司合并而成，1997 年上市。其抵押贷款已遍及全英，是全英第五大物业按揭银行，资产达 1130 亿英镑。其出现危机，皆因该银行采取进取的抵押策略，即不仅仅凭存款，而是从市场借进短期资金再以特优利率融资物业按揭（至 2007 年 8 月底，这类融资占其抵押贷款的三分之二），其所赚息差大幅缩窄。在市场风平浪静时，该行这样做确实有效（2007 年前 8 个月的抵押额比上年同期增长 55%），但风浪一起，银根抽紧，该银行便陷入困境，其持有的资产大都有价无市，拆入的短期钱告急，资金周转出现困难，此时部分存款客户担忧有所失，纷纷向其提现，数日之间便排队提走约 120 亿英镑，其股价也急速下跌。该银行无法在市场及同业间拆借，流动资金无以为继，情况岌岌可危，作为“最后贷款窗口”，英伦银行为“顾全大局”，只好出手“搭救”。2007 年 9 月，英伦银行被迫向总部设于纽卡斯尔的北岩信贷银行进行“34 年来首次拯救大型银行”的急救注资——数额高达 44 亿英镑。试分析商业银行该如何识别和管理流动性风险。

第九章

声誉风险与战略风险管理

【章前引例】

近年来，受多种因素的影响，发生在银行业领域的一些犯罪案件、理财业务纠纷、高管薪酬以及服务收费等问题引起了社会高度关注，并在有关媒体频频曝光，各方对此也争议颇多，给中国银行业的声誉带来了较大影响。因此，当前研究如何加强银行业声誉风险管理显得十分必要。

我国的《银行保险机构声誉风险管理办法（试行）》第一条指出，之所以要加强银行保险机构的声誉风险管理是“为提高银行保险机构声誉风险管理水平，有效防范化解声誉风险，维护金融稳定和市场信心”。

良好的声誉，对银行业经营至关重要。银行声誉越好，就越容易吸引到优秀人才，激发员工士气，提高工作效率，并增强银行股东的好感和信心；客户也会认可这些机构提供的金融产品和服务而乐意购买。而声誉一旦受损，银行将遭受严重打击，最极端的情形就是公众丧失信心，发生挤兑危机，最终导致金融机构倒闭。

从事银行业经营和监管工作的人都知道 RAROC（Risk - adjusted Return on Capital，风险调整的资本收益），它是由美国信孚银行在 20 世纪 70 年代末首创的，并逐渐成为当今理论界和实务界公认的最核心、最有效的经营管理手段。信孚银行也给银行业声誉风险管理上了教训非常深刻的一课。1994 年，信孚银行的客户之一宝洁公司宣布其在两项利率互换中遭受了 1.02 亿美元的巨额损失，并拒绝向信孚银行支付这些损失费用，宝洁公司给出的原因是，信孚银行在交易前没有向宝洁公司充分揭示潜在风险。在法庭审查此案时，一盘反映信孚银行如何教育新员工的录像带提供了对信孚银行极为不利的证据，录像显示，信孚银行的市场人员将互换运作解释为“让信孚银行参与其中，将客户的资财骗光”，在与宝洁公司发生纠纷的同时，信孚银行还受到来自另一个客户吉布森·格雷廷公司的起诉，原因是该公司受到信孚银行的一名高级主管的误导。信孚银行最终被法庭判定有欺诈嫌疑，致使其信誉一落千丈，经营一直处于低谷，最终于1999 年被德意志银行兼并。

资料来源：网易财经网站。

【本章学习目标】

1. 了解和掌握声誉风险管理的内容，理解其重要作用。
2. 掌握声誉风险管理的基本做法，理解全面风险管理是声誉风险管理的最佳方法。
3. 掌握声誉危机管理规划的内容，了解其重要性。
4. 了解和掌握战略风险管理的内容，理解其重要作用。
5. 理解从商业银行的战略层面、宏观层面和微观层面入手识别战略风险，掌握战略风险管理的最有效方法以及经济资本配置。

第一节 声誉风险管理

一、声誉风险管理的内容及作用

声誉风险可定义为因利益相关者的重大负面评价而给银行机构带来资金损失和客户流失的风险。商业银行只有从整体层面认真规划声誉风险管理，制定明确的运营规范、行为方式和道德标准并踏踏实实地贯彻和执行，才能够有效降低声誉风险。

有效的声誉风险管理体系应当重点强调以下内容：

1. 明确商业银行的战略愿景和价值理念。
2. 有明确记载的声誉风险管理政策和流程。
3. 深入理解不同利益持有者（如股东、员工、客户、监管机构、社会公众等）对自身的期望值。
4. 培养开放、互信、互助的机构文化。
5. 建立强大的、动态的风险管理系统，有能力提供风险事件的早期预警。
6. 努力建设学习型组织，有能力在出现问题时及时纠正。
7. 建立公平的奖惩机制，支持发展目标和股东价值的实现。
8. 利用自身的价值理念、道德规范影响合作伙伴、供应商和客户。
9. 建立公开、诚恳的内外部交流机制，尽量满足不同利益持有者的要求。
10. 有明确记载的危机处理/决策流程。

【知识链接 9－1】

《巴塞尔协议Ⅱ》将声誉风险列为商业银行八大风险之一

2005 年 5 月，美国货币监理署代理署长朱莉·威廉姆斯在芝加哥联邦储备银行就大银行的声誉风险管理问题发表演讲，指出声誉风险是“当今最令人困惑，最难管理，也许是最令人畏惧的风险”，其中还提到普华永道对 134 家银行的高级风险管理人员的调查显示，总体上声誉风险是银行经理人所面临的最大的风险。就对公司市场价值的影响而言，声誉风险排在第一位；就对收益的影响而言，声誉风险排在第六位；考虑到一些大型上市商业银行在合规方面面临的困境，声誉风险的排位会更高。所以，《巴塞尔协议Ⅱ》将声誉风险列为商业银行八大风险之一。

二、声誉风险管理的基本方法

1. 明确董事会和高级管理层的责任。董事会和高级管理层负责制定商业银行的声誉风险管理政策和操作流程，并在其直接领导下，独立设置声誉风险管理职能，负责识别、评估、监测和控制声誉风险。定期根据自身情况对声誉风险进行情景分析和压力测试，以应对突发事件可能造成的管理混乱和重大损失。董事会和高级管理层应当定期审核声誉风险管理政策，敦促所有员工熟知相关政策，并在商业银行内部积极鼓励严谨的工作方式和态度。

高级管理层应当确保商业银行能够充分识别和及时处理可能导致声誉风险的事件，准确评估和报告声誉风险管理政策的遵守情况，正确识别和审核早期预警指标，在发生未遵守操作规程的情况下采取适当的跟进措施。

2. 建立清晰的声誉风险管理流程。

（1）声誉风险识别。声誉风险表现形式的多样性：一是发生金融犯罪案件的情形。银行一旦发生金融犯罪案件，就会使社会公众对商业银行的业务管理能力产生怀疑，并将极大损坏银行的声誉。二是引发民事诉讼案件的情形。银行没有尽到应有义务致使客户遭受损失，如存款被冒领、信用卡资金被盗等；在展业时虚假宣传，不能对客户兑现承诺，如理财业务方面的诉讼；涉嫌不公平交易引起的诉讼，如储户状告银行少算存款利息等；单方面宣布对某种服务进行收费引起的诉讼，如储户状告银行跨行查询收费、小额账户收费侵权等。商业银行涉及民事诉讼案件的，如果处理不当，其声誉可能会受到损害。三是可能招致公众投诉的事件。如在按揭贷款业务中让客户负担律师费；服务质量低下招致金融消费者不满；不能提供公平的金融服务。对于公众投诉，商业银行如果不能认真处理，将给其声誉造成不良影响。四是银行内部问题。如银行不能从人文关怀的角度对待员工、员工的薪金收入与其贡献差距较大、员工不能同工同酬等，员工的“口碑效应”会使银行的声誉受损。近年来，社会公众对银行高管人员的腐败丑闻、天价薪酬等反响强烈，银行的声誉受到严重影响。五是商业银行因违反金融法律法规，被监管机构予以行政处罚的事件；违反财经管理法规，被审计、工商行政管理等部门处罚的事件，这些都是行政机关对商业银行的负面评价，也是公众对其进行评价所考虑的重要因素。声誉风险可能产生于商业银行运营的任何环节，通常与信用、市场、操作、流动性等风险交叉存在、相互作用。例如，内部欺诈或违法行为可能同时造成操作风险、法律风险和声誉风险损失。商业银行通常要求各业务单位及重要岗位定期通过清单法详细列明其当前所面临的主要风险及其所包含的风险因素，然后将其中可能影响到声誉风险的因素提炼出来，报告给声誉风险管理部门（见表9-1）。

表 9－1　　利用清单法识别声誉风险

风险类别	风险因素/事项	可能影响声誉的风险因素
信用风险	• 优质客户违约率上升 • 不良贷款率接近5% • 贷款损失准备金充足率低于100% • 房地产行业贷款比例超过30%	• 信用风险状况趋于恶化
市场风险	• 国债交易损失扩大 • 衍生产品交易策略错误 • 持有外汇品种单一 • 跨国投资账面损失扩大	• 市场风险管理能力薄弱/技术缺失
操作风险	• 内外勾结欺诈/骗贷 • 经常遭到监管处罚 • 信息系统故障导致业务瘫痪 • 地震造成营业场所损失	• 内部控制机制严重缺失 • 技术部门/外包机构能力欠缺
其他风险	• 流动性缺口显著扩大 • 逐步丧失业务特色/市场份额 ……	• 资产负债/风险管理能力低下 • 战略风险管理薄弱/缺失 ……

（2）声誉风险评估。声誉风险管理部门应当将收集到的声誉风险因素按照影响程度和紧迫性进行优先排序。为此，商业银行需要明确界定对不同利益持有者所承担的责任，以及即将执行的决策可能产生的结果。

（3）监测和报告。声誉风险管理部门处在声誉风险管理的第一线，应当随时了解各类利益持有者所关注的问题，并且正确预测他们对商业银行业务、政策和运营调整可能产生的反应。声誉风险管理应当成为业务单位日常工作的重要部分。

3. 采取恰当的声誉风险管理方法。有效的声誉风险管理是有资质的管理人员、高效的风险管理流程以及先进的信息系统共同作用的结果。

声誉风险管理的具体做法有：强化声誉风险管理培训、确保实现承诺、确保及时处理投诉和批评、尽可能维护大多数利益持有者的期望与商业银行的发展战略相一致、增强对客户/公众的透明度、将商业银行的企业社会责任和经营目标结合起来、保持与媒体的良好接触及制定危机管理规划。

【知识链接 9－2】

我国商业银行的声誉风险管理

2021 年 2 月 8 日，中国银保监会正式发布《银行保险机构声誉风险管理办法（试行）》。这标志着在监管部门、行业协会、银行机构的共同努力下，经过十多年的探索与实践，中国银行业声誉风险管理的规范化、专业化水平显著提升，声誉风险意识和应对能力显著增强，为成功防范和化解声誉风险奠定了良好基础。

一是声誉风险管理体系不断健全。原中国银监会2009年印发《商业银行声誉风险管理指引》后，又于2012年6月印发《商业银行资本管理办法（试行）》，明确将声誉风险列入第二支柱主要风险，并要求定期评估，以引导商业银行有效管理声誉风险，完善全面风险管理体系，维护市场信心和金融稳定。在监管部门的积极推动下，国内大型银行带头，逐步建立起声誉风险管理体系，并将声誉风险管理纳入全面风险管理。

二是积累了应对重大声誉事件的经验。得益于声誉风险管理体制机制的建立和不断完善，银行业近年来应对重大声誉事件的能力显著提升。在应对西方恶意“唱空”、市场谣言、突发事件等方面，综合采取多种措施稳妥应对，维护了声誉和形象。

三是中国银行业品牌声誉持续提升。在良好的经营业绩和转型创新成效的推动下，中国银行业品牌价值排名持续提升。以英国《银行家》发布的全球银行品牌价值排行榜为例，2020年中国四大银行均进入前十名，工商银行已连续五年蝉联《银行家》全球银行品牌价值榜首。

与此同时，也应看到，近年来，中国银行业面临的声誉风险管理形势不断发生变化，管理的难度和压力持续上升，面临着许多现实的困难和挑战。

一是外部经济环境发生深刻变化。近年来，国际经济环境复杂多变，国内经济下行压力增大，防控金融风险成为防范化解重大风险攻坚战的重点领域。在金融运行方面，风险处于易发高发期，其生成机制和表现形式更加多元，隐蔽性、复杂性、突发性、传染性和危害性增强，对银行风险管控能力形成重大考验。

二是严监管成为国内外普遍做法。国外监管机构对中资银行合规管理的要求明显提升，相关的监管处罚、司法诉讼也呈上升趋势。在国内，监管部门强化全面和穿透式监管，加大对金融秩序的治理力度，银行机构受到监管处罚的罚单数量、罚金数额等大幅攀升。国内外严监管对推动银行加强风险管理起到了积极作用，但如果银行声誉风险管理能力不足，也会因为过多的负面信息公布，导致声誉受损，甚至引发流动性风险等其他风险。

三是新传播技术显著改变了防控方式。互联网带来的传播革命，对声誉风险管理的效率和质量提出了更高要求。公众获取信息和发表意见的途径转向新媒体，由此重塑了社会舆论生成机制。同时，海量信息通过多渠道、多语种实时传播，大大增加了快速应对声誉风险的难度。此外，在信息裂变式、多渠道传播环境中，协调传播控制的效果急剧下降，主动回应、持续引导的重要性大幅提升。

四是银行自身声誉风险管理存在薄弱环节和不足之处。首先，对声誉风险的认识存在偏差。声誉风险具有很强的次生性、全局性和传染性，风险来源多，管理协调难度大，因此，不合理占用声誉的行为很难得到有效制约。实践中，业绩决定声誉的看法还大量存在。例如，将负面舆情处置与声誉风险管理混淆，重事中处置轻事前预警和事后修复，导致声誉风险管理沦为管理部门被动的危机事件处置及公关应对。其次，对声誉风险及其危害的衡量，国内外金融业还缺乏精细化的标准和手段，在全面风险管理体系中声誉风险容易被虚化。最后，声誉风险管理“疏”的作用重视不够、发挥不够。例如，把声誉风险管理简单地理解为“铲事”“灭火”，将舆情处置与解决经营管理中的实质问题相割裂，导致一些风险未能及时化解，进而引发或扩大声誉风险。

资料来源：新浪财经，2021年4月。

普遍认为声誉风险管理的最好办法是：

（1）推行全面风险管理理念，改善公司治理，并预先做好防范危机的准备。

（2）确保各类主要风险被正确识别、优先排序，并得到有效管理。

普遍认为有助于改善商业银行声誉风险管理的最佳操作实践如下：强化声誉风险管理培训；确保实现承诺；确保及时处理投诉和批评；从投诉和批评中积累早期预警经验；尽量保持大多数利益持有者的期望与商业银行的发展战略相一致；增强对客户/公众的透明度；将商业银行的社会责任感和经营目标结合起来，是创造公共透明度、维护商业银行声誉的一个重要层面；保持与媒体的良好接触；制定危机管理规划，并定期测试以确保危机时刻商业银行的反应行动是及时、恰当的。

【知识链接9－3】

银行声誉风险管理与社会突发事件应对的区别

银行声誉风险管理是专业性要求很高的工作，与社会突发事件处置有显著不同，主要体现在以下几个方面。

1. 覆盖的完整程度不同。社会突发事件处置往往是在突发事件成为社会关注热点后进行应对处置，不涉及事件的事前预防，处置完毕就基本了事；而银行声誉风险管理覆盖从事前预防到事中处置再到事后复盘的全过程，对突发事件的应对处置仅是其中的一个环节，并且更重要的工作是做好事前应对防范准备，防止风险事件转化为声誉风险。

2. 风险的专业性不同。整体上看，社会突发事件往往不涉及专业性，事件发生过程和应对逻辑容易梳理，责任很容易厘清，处置起来相对简单，所以从事社会新闻报道或者调查的记者能够很容易地对社会突发事件进行还原报道；而银行声誉风险往往是由银行经营中的各类风险所引发，具有较强的专业性，需要对银行风险有深入了解才能有效应对，并且往往需要考虑相关风险暴露的后续连环反应，也就是声誉风险与银行各类风险的交互作用。

3. 掌握的媒体资源不同。社会突发事件的处置主体是各级政府机构，他们有更多的官方媒体资源和渠道，在处理社会突发事件中有更大的影响力；银行声誉风险管理的处置主体是商业银行，基本不具有对宣传部门和网管部门的影响力，地方性、非国有的银行更为明显，只能够通过有限的媒体资源发声，容易遭遇不良媒体的恶意报道敲诈。

4. 面临的财务约束不同。政府部门处置社会突发事件，要求的是快速平息社会不满，防止持续发酵，避免引发社会不稳定因素，基本上不太会考虑经济问题，在对受害方（如有）赔偿方面也不会过于计较；银行处置声誉风险，除了要考虑声誉风险对银行价值的影响之外，还要考虑财务上实际支出的成本，任何一家银行都没有过多的财务资源去不计成本地安抚声誉风险的相关方和避免负面报道。

资料来源：新浪财经，2021 年 5 月。

三、声誉危机管理规划

商业银行有必要对危机管理的政策和流程做好事前准备，建立有效的沟通预案，制定有效的危机应对措施，并随时调动内外部资源以缓解致命风险的冲击。

声誉危机管理的主要内容包括：

1. 制定战略性的危机沟通机制。
2. 提高解决问题的能力。
3. 危机现场处理。
4. 提高发言人的沟通技能。
5. 危机处理过程中的持续沟通。
6. 管理危机过程中的信息交流。
7. 模拟训练和演习。

【案例 9 –1】

花旗集团成功处理其日本子公司经营违规事件

2004 年 9 月，因违反了日本的银行法，花旗集团日本子公司被日本金融厅责令暂停经营部分银行业务。这一事件令花旗集团的声誉大为受损，业务出现了大幅下滑。为了挽救花旗集团的声誉，重获监管当局和社会公众的信任，花旗集团及时采取了一系列应对措施，主要包括：宣布建立一个独立的全球合规部门，强化内部程序；2004 年 10 月 19 日，花旗集团免去了 3 名最资深管理人员的职务；10 月 25 日，花旗集团 CEO 查尔斯 · 普林斯就日本子公司严重违规行为公开道歉，“我为公司未能恪守日本的法律和监管要求而向客户和公众致以诚挚歉意”。普林斯在解释公司违反银行法的原因时说，公司过于看重短期的经济效益，忽视了长远的价值因素。行政上的处罚不过是肌肤之痛，但对声誉的损害却是公司必须承受的重大损失。普林斯进一步强调，他已将恢复花旗集团的声誉作为优先考虑的事项之一。正是得益于这些有力的举措和负责任的积极态度，花旗集团成功化解了这一场声誉危机，重新赢得了市场的信任。

资料来源：北方网。

第二节 战略风险管理

商业银行应当将最佳的风险管理办法转变为商业银行的既定政策和原则，从应急性的风险管理操作转变为预防性的风险管理规划，通过定期评估威胁商业银行产品、服务、员工、财物、信息以及正常运营的所有风险因素，及早采取有效措施减少或杜绝各类风险隐患，确保商业银行的健康和可持续发展。战略风险管理就是基于这种前瞻性理念而形成的全面、预防性的风险管理方法，得到国际上越来越多的金融机构特别是大型商业银行的高度重视。

商业银行的战略风险管理具有双重内涵：

一是商业银行针对政治、经济、社会、科技等外部环境和内部环境可利用资源，系统识别和评估商业银行既定的战略目标、发展规划和实施方案中潜在的风险并采取科学的决策方法和风险管理措施来避免或降低可能的风险损失。

二是商业银行从长期、战略的高度，良好规划和实施信用风险、市场风险、操作风险、流动性风险以及声誉风险管理，确保商业银行健康、持久运营。

一、战略风险管理的作用

商业银行进行战略风险管理通常被认为是一项长期性的战略投资，实施效果需要长时间才能显现。实质上，商业银行可以在短期内便体会到战略风险管理的诸多好处。

1. 比竞争对手更早采取风险控制措施，可以更为妥善地处理风险事件。
2. 全面、系统地规划未来发展，有助于将风险转变为成长机会。
3. 对主要风险提早做好准备，能够避免或减轻其可能造成的严重损失。
4. 避免因盈利能力出现大幅波动而导致的流动性风险。
5. 优化经济资本配置，并降低资本使用成本。
6. 强化内部控制系统和流程。
7. 避免附加的强制性监管要求，减少法律争议/诉讼事件。

简言之，战略风险管理能够最大限度地避免经济损失、持久维护和提高商业银行的声誉和股东价值。战略风险管理强化了商业银行对于潜在风险的洞察力，能够预先识别所有潜在风险以及这些风险之间的内在联系和相互作用，并尽可能在危机真实发生前就将其有效遏制。预防性的战略风险管理政策向商业银行所有利益持有者传递了强有力的信号——商业银行拥有足够的实力，并已经做好充分准备来应对可能发生的风险，以确保持久、稳健运营。

二、战略风险管理的基本做法

1. 明确董事会和高级管理层的责任。董事会和高级管理层负责制定商业银行的战略风险管理原则和操作流程，并在其直接领导下，设置战略管理/规划部门，负责识别、评估、监测和控制战略风险。

2. 建立清晰的战略风险管理流程。战略风险管理流程包括明确战略发展目标，制订战略实施方案，识别、评估、监测战略风险要素，执行风险管理方案，并定期自我评估风险管理的效果，确保商业银行的长期战略、短期目标、风险管理措施和可利用资源紧密联系在一起。

3. 采取恰当的战略风险管理方法。

（1）商业银行战略风险管理的最有效方法是制定以风险为导向的战略规划和实施方案，并深入贯彻在日常经营管理活动中。首先，战略规划应当清晰阐述实施方案中所涉及的风险因素、潜在收益以及可以接受的风险水平，并且尽可能地将预期风险损失和财务分析包含在内。其次，战略规划必须建立在商业银行当前的实际情况和未来的发展潜力基础之上，反映商业银行的经营特色。最后，战略规划应当从战略层面开始，深入贯彻并落实到宏观和微观操作层面。

（2）战略风险管理的另一重要工具是经济资本配置。利用经济资本配置，可以有效控制每个业务领域所承受的风险规模。商业银行应当参照各业务部门的经风险调整的收益率，审核和批准业务计划以及相应的资本分配方案。将有限的资源应用到表现最佳的业务领域，有助于强化该领域的竞争优势，并支持商业银行的长期发展战略。

【案例9－2】

“龙虾三吃”：避免趋同困境的重庆银行

重庆银行十多年的变迁在某种程度上是全国城市商业银行发展的一个缩影。在市委市政府领导下推进的“龙虾三吃”战略是重庆银行成功转型最重要的因素。

“龙虾三吃”的第一吃即是扩充重庆银行的资本金。其目的就是要通过引资构建有力的董事会，完善公司治理结构，改善银行内部管理机制，提升经营管理能力，增强自身的“免疫力”和“造血”机制。自2003年3月开始，仅用了3个多月的时间，重庆银行募集到资本金12.14亿元，资本总额由3亿元扩充至16亿元，当年在国内城市商业银行的资本金排位跃居西部第一、全国第六，在全国城市商业银行增资扩股的热潮中，创造了“重庆速度”，由此重庆银行的抗风险能力也得到了显著提高。

“龙虾三吃”的第二吃即是债务重组，这是重庆银行“龙虾三吃”战略中最为艰难的一步。2004年3月，作为重庆国企不良资产处置平台的重庆渝富公司挂牌成立，随即参与了重庆银行的资产处置。按照时任常务副市长黄奇帆的批示，债务重组分三步实施。

第一步，渝富公司与重庆银行签订了12.5亿元损失类不良债权的等值收购协议，由渝富公司收购12.5亿元不良资产。当年末，重庆银行的不良贷款占比从32%下降到20%，顺利完成了不良资产的第一次剥离。

第二步，全体股东缩股20%核销4亿元不良资产，这个股东缩股核呆的资产重组构想开创了国内银行资产重组的先河。经过时任董事长张复同志带领下的领导班子对股东们的逐户走访和反复解释，股东们基于对“龙虾三吃”战略描绘的重庆银行未来美好蓝图的信心，对此方案投出了赞成票，作出了缩股核呆的选择。

第三步，依靠渝富公司的平台作用，采用市场化方式，成功处置剩下的10亿元不良资产。这一步充分依托资本市场来消化不良资产处置的成本，既达到实质性重组效果，又确保国有资产保值增值的目的。

“龙虾三吃”的第三吃即是引资上市。2005年9月，重庆银行正式启动了引进海外战略投资者的工作。逐渐好转的资产质量、不断提升的经营业绩，吸引了20多家外资银行和投资机构与重庆银行交流接触，最终重庆银行将目光锁定在了零售银行业务突出、规模适中、定位相近的香港大新银行身上。为什么选择大新银行？重庆银行认为，引资工作一是要注重与引智、引技相结合；二是要选择合适对象，增强互补性；三是要考虑定位相近，以大带小。

随着引资工作的完成，重庆银行全力推进“龙虾三吃”的收官目标——公开上市。可以肯定，上市将带给重庆银行前所未有的发展机遇：一是能够募集更多的资本金，支持解决重庆银行在业务快速扩张过程中的资本充足率问题，为实现企业战略发展规划目标创造基本的条件；二是可以为国有股的市场进入和退出建立更加畅通的渠道，实现国有资产的增值；三是上市后的重庆银行将成为一家更为规范的公众公司，企业运作透明度更高，公司治理结构更加完善，为实现重庆银行可持续发展创造条件；四是银行的稳健发展带来股价的良好表现，有利于实现银行价值的最大化，为重庆地区的经济发展作出更大贡献；五是提升重庆金融的品牌形象，为未来长江上游地区金融中心的建设作出应有的贡献。

资料来源：中国共产党新闻网，2007年8月。

第三节　声誉风险与战略风险管理实例①
——九江银行推出“彩礼贷”的声誉风险案例

一、声誉事件经过

1. 朋友圈疯传。2021年3月16日，一份九江银行推出“彩礼贷”的宣传海报在朋友圈疯传。上述海报称该产品“最高可贷30万元，最长可贷1年，年利率低至4.9%；贷款可用作新婚旅行、购车、购买首饰、购家电”。申请条件为：22周岁及以上，连续工作时间不少于12个月，且情侣一方须为行政事业单位正式员工。宣传标语写着“九江银行彩礼贷：彩礼开销不用愁，‘贷’来稳稳的幸福”。

① 资料来源：http：//www. dsycn. com/。

2. 央媒广泛批评。当时正值全国“两会”刚刚闭幕。在“两会”上，就有政协委员建议“遏制农村天价彩礼陋习”，九江银行的这一宣传正好反其道而行之。海报一经流传便引发热议，多数网友对该产品持批判态度，各类媒体开始就此进行报道和评论，如新华社新华视点栏目发表评论：“贷来的幸福，会幸福么?”新华网评论：“这种玩意儿，连宣都不要宣”；人民日报微博谈治理天价彩礼，指出要形成治理天价彩礼的合力；人民日报海外版公众号“侠客岛”评论：用贷款掏彩礼，能“贷”来幸福吗？中央电视台曾在2020年就江西的“天价彩礼”进行过专门报道，此次央视网发文批评“彩礼贷”称，把彩礼作为噱头来营销，可谓“剑走偏锋”，不啻为对民间陋习的“煽风点火”。第一财经、《经济观察报》《中国银行保险报》、澎湃新闻、《南方都市报》以及众多地方性媒体纷纷进行报道和评论，新浪财经还推出了专题。

3. 九江银行致歉。2021年3月18日晚，九江银行股份有限公司微博发布致歉声明称：“近日，我行‘彩礼贷’引起网络热议，对此我们深表歉意。目前，我行已对直接责任人给予停职处理，对部门负责人给予记过处分，并对相关转发人员进行了批评教育。弘扬时代新风，坚决抵制旧风陋习，是企业践行社会责任不可或缺的一部分。我行将加强对员工的教育培训，不断提高企业社会责任意识，同时立足金融本源，不断提升金融服务实体经济水平和能力。对暴露出来的合规意识和内控管理方面存在的问题，我行将深刻反思、举一反三，并持续严查整改，强化合规意识，不断完善内控管理，规范金融营销行为。恳请社会各界继续监督。”

4. 监管机构批评。虽然九江银行快速致歉，但是“彩礼贷”成为金融管理和监管机构关注的话题。2021年4月1日，国务院新闻办公室举行新闻发布会，时任中国人民银行金融市场司司长邹澜表示，个别银行打着所谓金融创新的旗号，挑战社会痛点，引导居民过度负债，触及社会公序良俗的底线，脱离了金融服务实体经济的本职。人民银行支持银行在风险可控、审慎合规的前提下结合实体经济的实际需要来创新针对性的产品服务，对于有悖公序良俗，与国家大政方针背道而驰的做法，及时予以纠正。10月5日，银保监会发布《关于服务煤电行业正常生产和商品市场有序流通保障经济平稳运行有关事项的通知》，其中第四项“积极推动消费信贷规范健康发展”提到：“大力弘扬社会主义核心价值观，银行机构不得开发违反公序良俗、助长社会陋习和不良风气的‘墓地贷’‘美丽贷’‘彩礼贷’等消费信贷产品，坚决打击各种‘伪创新’。”

二、声誉风险应对分析

1. 未能意识到声誉风险根源所在。九江银行对此次声誉事件未有任何准备，面对媒体采访，从客服到员工的说法不一，显然未意料到这一产品宣传会引发重大声誉风险。在声誉事件发生两天后，九江银行官方致歉并处理了产品责任人，反应较为迅速。但是从其致歉表述和处理结果看，九江银行并未意识到声誉风险出在哪里，也不知道今后如何避免此类声誉事件发生。

2. 未能遵守监管要求。2021年2月8日银保监会发布的《银行保险机构声誉风险管理办法（试行）》第九条规定“银行保险机构应建立声誉风险事前评估机制，在进行重大战略调整、参与重大项目、实施重大金融创新及展业、重大营销活动及媒体推广、披露重要信息、涉及重大法律诉讼或行政处罚、面临群体性事件、遇到行业规则或外部环境发生重大变化等容易产生声誉风险的情形时，应进行声誉风险评估，根据评估结果制定应对预案”。九江银行推出“彩礼贷”产品，属于重大营销活动的范畴，按该办法的要求应该进行声誉风险评估。如果声誉风险管理部门对此类营销活动进行事前评估，就会认为“彩礼贷”虽然从营销上抓住了金融场景，但是此类产品有悖公序良俗，必将引发媒体的关注和炒作，存在重大声誉风险隐患，因此会提出建议，不要采用“彩礼贷”这个名称，甚至不要针对结婚收彩礼这一场景推出相应金融产品，就可避免重大声誉风险发生。

3. 需建立声誉风险事前评估机制。九江银行应该做的不是处理产品责任人，而是在全行建立起声誉风险的事前评估机制，对于任何可能引发声誉风险的重大事项和重要信息披露，都要进行声誉风险的事前评估，据此决定是否开展、如何开展，或者如何做好声誉风险的应对准备工作。

【练习题】

一、重要名词

声誉风险　战略风险

二、单项选择

1. 某银行电子银行业务缺乏足够的安全性和稳定性表明该银行声誉存在（　　）问题。

A. 金融产品/服务存在严重缺陷

B. 内控缺失导致违规案件层出不穷

C. 缺乏经营特色

D. 缺乏社会责任感

2. 声誉风险识别的核心在于（　　）。

A. 是否存在挤兑现象进而造成严重的流动性危机

B. 正确识别信用、市场、操作、流动性风险中可能威胁商业银行声誉的风险因素

C. 是否存在有组织的公共抗议活动

D. 是否存在有组织的公共言论可能严重影响商业银行的声誉

3. 以（　　）为导向的战略规划和实施方案是战略风险管理的最有效方法。

A. 风险　B. 利润　C. 股东权益　D. 债权人利益

4. 战略规划应当从（　　）层面开始，深入贯彻并落实到（　　）操作层面。

A. 战略，宏观和微观　B. 宏观和微观，战略

C. 宏观，微观　D. 微观，宏观

5. 危机时刻，商业银行通常只有有限的时机维护声誉并控制局面，此刻要求危机发言人具有良好的（　　）。

A. 危机现场处理能力　B. 沟通技能

C. 管理技能　D. 分析技能

6.（ ）是声誉风险管理的最佳方案。

A. 负债风险管理　　B. 资产风险管理

C. 资产负债风险管理　　D. 全面风险管理

7. 出现挤兑现象进而造成严重的流动性危机，主要会影响商业银行的（ ）。

A. 内控能力　B. 贷款业务　C. 声誉　D. 对外投资

8. 有组织的公共抗议活动或言论可能严重影响商业银行的（ ），从而影响商业银行的长期发展。

A. 流动性　B. 内控能力　C. 声誉　D. 对外业务

9. 下列关于战略风险管理基本做法的说法，正确的是（ ）。

A. 确保及时处理投诉和批评　　B. 增强对客户的透明度

C. 增强对公众的透明度　　D. 明确董事会和高级管理层的责任

10. 下列关于声誉风险管理的说法，不正确的是（ ）。

A. 努力建设学习型组织不属于声誉风险管理体系

B. 声誉风险通常与信用、市场、操作、流动性风险交叉存在、相互作用

C. 保持与媒体的良好接触有助于改善商业银行声誉管理

D. 声誉危机管理规划给商业银行创造了附加值

11. 清晰的战略风险管理流程不包括（ ）。

A. 战略风险识别　　B. 战略风险规划

C. 战略风险评估　　D. 应急方案

三、多项选择

1. 下列行为会使商业银行的声誉受到损失的有（ ）。

A. 金融产品/服务存在严重缺陷

B. 内控缺失导致违规案件层出不穷

C. 缺乏经营特色

D. 缺乏社会责任感

2. 加拿大帝国商业银行（CIBC）与安然（ENRON）事件表明（ ）。

A. 声誉风险可能造成投资者和公众对商业银行的管理能力产生怀疑

B. 声誉风险会造成商业银行的流动性风险

C. 商业银行丧失更多的业务机会，最终失去在相关业务领域的竞争能力甚至生存空间

D. 商业银行都可能因与违规业务或违法行为相联系而遭到严厉惩罚

3.（ ）负责制定商业银行的声誉风险管理原则和操作流程，并在其直接领导下独立（或在风险管理部门内）设置声誉风险管理职能，负责识别、评估和监测声誉风险状况。

A. 董事会　B. 监事会　C. 高级管理层　D. 股东大会

4. 声誉风险管理的基本做法包括（ ）。

A. 控制商业银行的主要风险　　B. 明确董事会和高级管理层的责任

C. 建立清晰的声誉风险管理流程　　D. 采取恰当的声誉风险管理方法

5. 商业银行清晰的声誉风险管理流程包括（ ）。

A. 声誉风险识别　　　　　　　　　B. 声誉风险评估

C. 声誉风险监测和报告　　　　　　D. 声誉风险内部审计

6. 普遍认为有助于改善商业银行声誉风险管理的最佳操作实践是（　　）。

A. 强化声誉风险管理培训

B. 确保实现承诺

C. 确保及时处理投诉和批评

D. 从投诉和批评中积累早期预警经验

E. 尽量保持大多数利益持有者的期望与商业银行的发展战略相一致

7. 现在，更加具有建设性的危机处理方法是（　　）。

A. 敢于接受暂时性的危机或挑战

B. 用“辩护或否认”的对抗战略推卸责任

C. 勇于承担责任

D. 与内外部利益持有者协商解决问题

8. 声誉危机管理的主要内容包括（　　）。

A. 制定战略性的危机沟通机制

B. 提高解决问题的能力

C. 危机现场处理

D. 提高发言人的沟通技能

E. 危机处理过程中的持续沟通

9. 商业银行战略风险管理的诸多益处包括（　　）。

A. 比竞争对手更早采取风险控制措施，可以更为妥善地处理风险事件

B. 全面、系统地规划未来发展，有助于将风险挑战转变为成长机会

C. 对主要风险提早做好准备，能够避免或减轻其可能造成的严重损失

D. 避免因盈利能力出现大幅波动而导致的流动性风险

E. 优化经济资本配置，并降低资本使用成本

10. 战略风险管理流程包括（　　）。

A. 明确战略发展目标

B. 制订战略实施方案

C. 识别、评估、监测战略风险要素

D. 执行风险管理方案，并定期自我评估风险管理的效果

E. 确保商业银行的长期战略、短期目标、风险管理措施和可利用资源紧密联系在一起

四、判断题

1. 一般来说，商业银行规模越大，抵抗风险的能力越强，同时也意味着商业银行可能面临的风险因素越小，对其声誉的潜在威胁也越小。（　　）

2. 实践表明，良好的声誉风险管理已经成为商业银行的主要竞争优势，有助于提升商业银行的盈利能力和实现长期战略目标。（　　）

3. 花费大量的时间和金钱用于事后的危机管理，可以弥补对商业银行声誉造成的实

质性损害。（　　）

4. 实践中，商业银行所采取的任何行为都应当有利于全部利益持有者。（　　）

5. 商业银行的股权重组、营业时间调整、分行选址、信用政策调整等各种决定，都会从不同方面、不同程度地影响各种利益持有者的利益。（　　）

6. 商业银行必须通过监测和报告保证声誉风险管理政策的执行效果。（　　）

7. 大规模的投诉或批评事件，有可能预示着将发生严重的战略风险，商业银行应当立即采取适当的措施来化解不可预期的风险损失。（　　）

8. 声誉危机管理应当建立在良好的道德规范和公众利益基础之上，而且如果能够在监管部门采取行动之前及时处理，将取得更好的效果。（　　）

9. 商业银行应当将声誉价值观在其内部广泛传播，而不能延续到其合作伙伴、客户和供应商/服务商。（　　）

10. 在出现争议或危机时，公众和投资者通常不会理智区分商业银行和供应商/合作机构的责任归属问题。（　　）

11. 商业银行应当通过定期评估威胁商业银行产品/服务、员工、财物、信息以及正常运营的所有风险因素，及早采取有效措施减少或杜绝此类风险隐患，确保商业银行的健康和可持续发展。（　　）

12. 战略风险管理就是一种全面的、应急性的风险管理方法，得到国际上越来越多的金融机构特别是大型商业银行的高度重视。（　　）

13. 战略风险管理强化了商业银行对于潜在威胁的洞察力，能够预先识别所有潜在风险以及这些风险之间的内在联系和相互作用，并尽量在危机真正发生之前就将其有效遏制。（　　）

14. 股东大会负责制定商业银行的战略风险管理原则和操作流程，并在其直接领导下，设置战略管理/规划部门，负责识别、评估、监测和控制战略风险。（　　）

15. 重大的战略规划/决策有时需要提请股东大会审议、批准，意味着战略规划因此保持长期不变。（　　）

16. 随着市场经济逐步深化，产业细分及专业化程度越来越高，中小企业必将成为市场经济的重要力量，所以商业银行应该调整战略规划。（　　）

17. 商业银行的战略风险管理流程应当定期通过内部审计部门的审核。（　　）

18. 战略风险管理应急方案应当合理包含可能对商业银行产生不利影响的所有风险事件。（　　）

19. 战略风险管理是在战略管理的基础上，进一步考虑商业银行的战略规划和战略实施方案中潜藏的风险，准确预测这些风险可能造成的影响并提前做好准备。（　　）

五、问答题

1. 声誉风险管理的内容及作用有哪些？
2. 声誉风险管理的基本方法是什么？
3. 声誉危机管理的主要内容包括哪些？
4. 战略风险管理的作用及基本做法是什么？

第十章

银行监管与《巴塞尔协议Ⅲ》

【章前引例】

2008年由美国次贷危机引发的国际金融危机为世界各国及国际组织提供了一个重视和重塑金融监管体制的契机，除深刻反思国际金融危机爆发的根源之外，更是引发了一场针对金融监管体制改革及框架调整的浪潮。十年中，美国、英国等国家和地区针对危机暴露出的问题，不断对其监管体制及框架进行了大刀阔斧的改革。

美国金融改革体现出美国已充分认识到加强系统性风险监管的重要性，强调通过维持较高的资本充足率、限制高风险投资和提高杠杆率等措施，对所有大型、关联度高的系统重要性金融机构实施稳健监管。英国要求加强对具有系统重要性的大型复杂金融机构及批发金融市场进行审慎性监管，通过改进公司治理机制、提高市场透明度和其他激励性措施来强化市场纪律约束。欧洲则专门成立欧盟系统风险委员会（ESRB），负责监控和评估在宏观经济发展以及整个金融体系发展过程中威胁金融稳定的风险。守住不发生系统性金融风险的底线是党的十九大对当前中国金融市场发展和监管改革提出的最重要的任务、要求和目标，位列全面建成小康社会“三大攻坚战”之首。

金融监管改革仍以市场主导原则为基础。危机后，各国的金融监管改革都是基于国际金融危机对金融监管的挑战而作出，但从各国改革的内容可以看出，其主要目的在于弥补监管漏洞，纠正由于市场过度自由而导致的市场参与者之间、市场与监管之间的失衡状态，而非对市场自由作出严格限制。各国的改革之所以仍然给予了金融体系发展充分的自由空间，主要是因为大型金融机构具有很强的游说能力和投票砝码，还因为在金融全球化背景下，国家与地区金融市场之间的竞争日趋激烈，一国或一个地区对金融体系的严格限制只会将金融资源驱赶到对其限制更为宽松的地方，从而损害该国或地区的金融竞争力。因此，随着危机的缓解与市场的变化，很多改革在执行过程中进行了调整或放松。

资料来源：金融时报—中国金融新闻网，2018年7月16日。

【本章学习目标】

1. 了解银行监管的架构、目标、原则和标准。

2. 掌握银行风险监管的指标体系。
3. 掌握银行风险监管的内容和方法。
4. 了解并掌握《巴塞尔协议Ⅲ》的内容。

2004 年 6 月，巴塞尔委员会颁布的《巴塞尔协议Ⅱ》中明确最低资本充足率要求、监管部门的监督检查和市场约束三大支柱，对促进全球金融体系的安全和稳健发挥了重要作用。2010 年 12 月发布的《巴塞尔协议Ⅲ》，确立了银行资本监管的新标杆和新高度。面对当前复杂多变的全球经济、金融形势，有效银行监管对保持金融稳定的重要性不断提升，全球范围内就加强银行机构监管、完善监管政策和会计政策、鼓励有效公司治理、提高信息披露水平达成共识。尤其是2007 年底爆发美国次贷危机后，银行监管与市场约束被提升到更加重要的地位。了解和掌握银行监管和市场约束的基本原理，对商业银行风险管理人员至关重要。

第一节　银行监管概述

银行监管（Bank Regulation）是由政府主导、实施的监督管理行为，监管部门通过制定法律、制度和规则，实施监督检查，促进金融体系的安全和稳定，有效保护存款人利益。

20 世纪 90 年代以来，随着科学技术的迅速发展，金融创新日新月异，经济、金融全球化趋势不断加快，金融市场之间联动性明显增强，金融风险也相应得到高度重视。1991 年国际商业信贷银行倒闭、1992—1993 年欧洲市场动荡、1994 年墨西哥金融危机、1995 年巴林银行倒闭、1997 年亚洲金融危机及 2007 年底美国次贷危机等一系列重大事件，给各国金融监管提出了新的严峻挑战。

2010 年，巴塞尔委员会根据国际金融危机中银行资本约束机制所暴露出来的缺陷，公布了《巴塞尔协议Ⅲ》，作为《巴塞尔协议Ⅱ》的重要补充和完善。在监管实践中，由于许多国家银行系统的弱点已经威胁到各国和世界金融体系的稳定，为促进在全球范围内建立稳健的监管标准，巴塞尔委员会于 2012 年 9 月重新修订并发布了新的《有效银行监管的核心原则》。银行监管理念伴随经济与银行业的发展而不断完善。面对当前复杂多变的全球经济、金融格局，各国政府及监管机构有必要进一步加强并深化银行监管。

一、银行监管基础知识

（一）银行监管构架

在不同的时期和不同的国家，银行监管的方法千差万别，从非常宽松到全面管控，从高度干预型管理，甚至是政府直接控制所有权，到“自由”的银行业发展政策。自大萧条以来，在大多数国家里，银行监管中的国家干预程度相对于其他行业大大提高了。

在银行监管体系中，按照监管机构的数量分为一个监管机构和多个监管机构两种。在进行判断时应考虑两个问题：（1）什么样的机构监管银行；（2）是否存在其他监管机构。其中，从问题（1）中我们也可以看出一国的中央银行是否承担银行监管的职责。

（二）银行监管的目标、原则和标准

1. 银行监管的目标。监管目标是监管行为取得的最终效果或达到的最终状态。监管目标的确定，应当遵循银行业监管的一般规律，同时，应当充分考虑一国银行业发展的现状。《中华人民共和国银行业监督管理法》（以下简称《银行业监督管理法》）明确我国银行业监督管理的目标是：促进银行业的合法、稳健运行，维护公众对银行业的信心。同时，提出银行业监督管理应当保证银行业公平竞争，提高银行业竞争能力。

中国银行业监督管理机构在总结国内外银行业监管经验的基础上提出了 4 条银行监管的具体目标：

（1）通过审慎有效的监管，保护广大存款人和金融消费者的利益；

（2）通过审慎有效的监管，增进市场信心；

（3）通过金融、相关金融知识的宣传教育工作和相关信息的披露，增进公众对现代金融的了解；

（4）努力减少金融犯罪，维护金融稳定。

2. 银行监管的基本原则。监管原则是对监管行为的总体规范，《银行业监督管理法》明确规定，银行业监督管理机构对银行业实施监督管理，应当遵循依法、公开、公正和效率 4 项基本原则。

依法原则是指监管职权的设定和行使必须依据法律、行政法规的规定。监管行为的法律性质是一种行政行为，依法行政是有效实施监管的基本要求。

公开原则是指监管活动除法律规定需要保密的以外，应当具有适当的透明度。公开主要有三个方面的内容：一是监管立法和政策标准公开，二是监管执法和行为标准公开，三是行政复议的依据、标准、程序公开。

公正原则是指银行业市场参与者具有平等的法律地位，银保监会进行监管活动时应当平等对待所有参与者。对公正原则应把握两个方面：一是实体公正，要求平等对待监管对象；二是程序公正，要求履行法定的完整程序，不因监管对象不同而有差异。

效率原则是指银保监会在进行监管活动中要合理配置和利用监管资源，提高监管效率，既要保证全面履行监管职责，确保监管目标的实现，又要努力降低监管成本，不给纳税人、被监管对象带来负担。

3. 银行监管的标准。良好银行监管的标准是规范和检验银行监管工作的标杆。中国银保监会总结国内外银行监管工作经验，明确提出良好银行监管的以下六条标准：

（1）促进金融稳定和金融创新共同发展；

（2）努力提升我国银行业在国际金融服务中的竞争力；

（3）对各类监管设限做到科学合理，有所为有所不为，减少一切不必要的限制；

（4）鼓励公平竞争，反对无序竞争；

（5）对监管者和被监管者都要实施严格、明确的问责制；

（6）高效、节约地使用一切监管资源。

在总结和借鉴国内外银行监管经验的基础上，中国银保监会提出了“管法人、管风险、管内控、提高透明度”的监管理念。这一监管理念内生于中国的银行改革、发展与监管的实践，是对当前我国银行监管工作经验的高度总结。

（三）银行风险监管及风险监管指标体系

1. 银行风险监管。风险监管是指通过识别商业银行固有的风险种类，对其经营管理所涉及的各类风险进行评估，并按照评级标准，系统、全面、持续地评价一家银行经营管理状况的监管方式。这种监管方式重点关注银行的业务风险、内部控制和风险管理水平，检查和评价涉及银行业务的各个方面，是一种全面、动态掌握银行情况的风险为本的监管。

风险为本的监管框架涵盖了包括了解机构、风险评估、规划监管行动、准备风险为本的现场检查、实施风险为本的现场检查并确定评级以及监管措施、效果评价和持续的非现场监测在内的 6 个相互衔接、循环往复的监管步骤。

风险监管是一种计划性强、目标明确、提高效率和节省资源的监管模式。在银行业务不断发展和并购频发的今天，机构规模日趋庞大、业务/产品更加复杂、各种风险层出不穷，监管部门的压力也与日俱增。在有限的资源约束下，采用风险为本的监管无疑是一种最具成本效益的选择，它代表着国际银行业监管发展的趋势和方向，并且在实践中发挥重要作用。

2. 银行风险监管指标体系。银行风险监管指标是对商业银行风险状况的量化反映，是准确识别、整体评价、持续监测和识别商业银行风险的重要标准，并为监管部门提供评价、监测、识别、对比商业银行风险状况的手段和标准。银行风险监管指标设计以风险监管为核心，以法人机构为主体，兼顾分支机构，并形成分类、分级的监测体系。银行风险监管指标的监测评价应遵循的原则有准确性、可比性、及时性、持续性、法人并表及保密性。

中国的银行监管部门所设置的银行风险监管指标体系，在总结此前中国银行业监管经验的基础上，涵盖信用风险、市场风险、流动性风险、操作风险等各方面，以及风险识别、风险计量、风险补偿、风险控制和风险报告等各流程，对于商业银行加强风险管理、健全内部控制、提升经营管理水平起到促进作用。

依据原中国银监会颁布的《商业银行风险监管核心指标（试行）》，风险监管核心指标分为 3 个主要类别：风险水平类指标、风险迁徙类指标和风险抵补类指标。

风险水平类指标衡量商业银行的风险状况，以时点数据为基础，属于静态指标，包括流动性风险指标、信用风险指标、市场风险指标和操作风险指标（见相关信用风险、市场风险、操作风险和流动性风险章节）。

风险迁徙类指标衡量商业银行风险变化的程度，表示为资产质量从前期到本期变化的比率，属于动态指标，包括正常贷款迁徙率和不良贷款迁徙率（见信用风险章节）。

风险抵补类指标衡量商业银行抵补风险损失的能力，包括盈利能力、准备金充足程度和资本充足程度 3 个方面（见表 10－1）。

表 10－1　　风险抵补类指标

盈利能力监管指标
资本金收益率（ROE）＝税后净收入/资本金总额 该指标也称为股本收益率，反映银行资本或股本的盈利能力，从而评价该行的经营成果。当发现某行资本金收益率低于商业银行平均值或负面变动较大时，监管当局应要求该行找出问题的原因，制定改进措施，促进其健康发展
资产收益率（ROA）＝税后净收入/资产总额 该指标是反映商业银行资产质量、收入水平、成本管理水平、负债管理水平以及综合管理水平的综合指标。将各商业银行的该指标进行对比，总结指标较高的银行的经验，找出指标值比较低的银行的问题及改进措施，从而加强商业银行管理，提高盈利水平
净业务收益率＝（营业收入总额－营业支出总额）/资产总额 净利息收入率＝（贷款利息收入－存款利息支出）/资产总额 非利息收入率＝（非利息收入－非利息支出）/资产总额 非利息收入比率＝（非利息收入－非利息支出）/（营业收入－营业支出） 监管这些指标，可以比较各商业银行营业收入的取得、结构和创利能力，以便找出问题银行，提出监管意见
准备金充足程度监管指标
信贷资产准备充足率＝授信资产实际计提准备/应提准备×100% 非信贷资产准备充足率＝非信贷资产实际计提准备/非信贷预计损失×100% 信贷资产准备充足率不得低于 100%；非信贷资产准备充足率不得低于 100%
资本充足程度监管指标
核心一级资本充足率＝（核心一级资本－对应资本扣减项）/（信用风险加权资产＋12.5×市场风险资本要求＋操作风险资本要求）×100% 一级资本充足率＝（一级资本－对应资本扣减项）/（信用风险加权资产＋12.5×市场风险资本要求＋操作风险资本要求）×100% 资本充足率＝（总资本－对应资本扣减项）/（信用风险加权资产＋12.5×市场风险资本要求＋操作风险资本要求）×100% 按照监管机构颁布的《商业银行资本管理办法（试行）》要求，商业银行的核心一级资本充足率不得低于 5%，一级资本充足率不得低于 6%，资本充足率不得低于 8%

（四）风险监管的内容

监管部门所关注的风险状况包括行业整体风险状况、区域风险状况和银行机构风险状况。其中，银行机构风险状况既包括银行整体并表基础上的总体风险水平，也包括其单一或部分分支机构的风险水平。监管部门通过现场检查和非现场监管等手段，对银行机构所面临的风险状况进行全面评估和监控，并督促银行业金融机构制定适当的政策和程序，不断提高识别、计量、监测和控制风险的能力和水平。银行业风险监管主要从以下 4 个方面进行：

1. 建立银行风险的识别、计量、评价和预警机制，建立风险评价的指标体系，根据定性和定量指标确定风险水平或级别，根据风险水平及时进行预警。

2. 建立高风险银行业金融机构的判断和救助体系，要建立对高风险银行业金融机构的判断标准，并对被判断的金融机构制订风险控制、化解方案，包括限制业务、调整管理层、扩充股本、债务重组，以及请求中央银行给予流动性支持等。

3. 建立应对支付危机的处置体系，包括停业隔离整顿、给予流动性救助、资产负债重组、关闭清算、实施市场退出等。

4. 建立银行业金融机构市场退出机制及金融安全网，包括存款保险体系建设等。

二、银行监管的方法

银行监管的方法主要包括市场准入、监督检查和资本监管 3 种方法。

（一）市场准入

市场准入是指监管部门根据法律、法规的规定，采取行政许可手段审查、批准市场主体进入某一领域并从事相关活动的机制。市场准入是银行监管的首要环节，把好市场准入关是保障银行机构稳健运行和金融体系安全的重要基础。

根据银行业监督管理机构的监管规则，市场准入应当遵循公开、公平、公正、效率及便民的原则，其主要目标是：保证注册银行具有良好的品质，预防不稳定机构进入银行体系；维护银行市场秩序；保护存款者的利益。银行机构的市场准入包括 3 个方面：机构准入、业务准入和高级管理人员准入。

机构准入是指依据法定标准，批准银行机构法人或其分支机构的设立；业务准入是指按照审慎性标准，批准银行机构的业务范围和开办新的业务品种；高级管理人员准入是指对银行机构高级管理人员任职资格的核准或认可。根据 2013 年 10 月 15 日施行的《中国银监会中资商业银行行政许可事项实施办法》、2014 年 3 月 13 日施行的《中国银监会农村中小金融机构行政许可事项实施办法》、2006 年 2 月 1 日施行的《中国银行业监督管理委员会外资金融机构行政许可事项实施办法》的规定，市场准入的范围如表 10－2 所示。

表 10－2　　市场准入的范围

中资商业银行行政许可 • 机构设立。包括设立国有商业银行法人机构、股份制商业银行法人机构、城市商业银行法人机构、中资商业银行设立的境内分支机构、信用卡中心、小企业信贷中心、私人银行部、票据中心、资金营运中心、贵金属业务部等分行级专营机构，以及中资商业银行申请投资设立、参股、收购境内法人金融机构和境外机构的条件和程序。 • 机构变更。包括法人机构变更名称，变更股权，变更注册资本，修改章程，变更住所，变更组织形式，存续分立、新设分立、吸收合并、新设合并等；境内分支机构变更名称、机构升格等；境外机构升格、变更营运资金或注册资本、变更名称、重大投资事项、变更股权、分立、合并等。 • 机构终止。包括法人机构终止和分支机构终止等。 • 调整业务范围和增加业务品种。包括开办外汇业务和增加外汇业务品种、募集发行债务、资本补充工具、开办衍生产品交易业务、开办信用卡业务、开办离岸银行业务、申请开办其他业务等。 • 董事和高级管理人员任职资格。中资商业银行董事长、副董事长、独立董事、其他董事会成员以及董事会秘书；中资商业银行行长、副行长、行长助理、风险总监、合规总监、总审计师、总会计师、首席信息官以及同职级高级管理人员，内审部门、财务部门负责人，总行营业部总经理（主任）、副总经理（副主任）、总经理助理，分行行长、副行长、行长助理，分行级专营机构总经理、副总经理、总经理助理，分行营业部负责人，支行行长、专营机构分支机构负责人等高级管理人员；中资商业银行从境内聘请的中资商业银行境外机构董事长、副董事长、行长（总经理）、副行长（副总经理）、首席代表，须经任职资格许可。

续表

农村中小金融机构行政许可 • 农村中小金融机构包括农村商业银行、农村合作银行、农村信用社、村镇银行、贷款公司、农村资金互助社等。行政许可事项包括上述机构及其分支机构相关的机构设立、分支机构设立、机构变更、机构终止、调整业务范围、增加业务品种、理事（董事）和高级管理人员任职资格等内容。
外资金融机构行政许可 • 行政许可事项包括外资金融机构（包括独资银行、合资银行、独资财务公司、合资财务公司、外国银行分行和外资金融机构驻华代表机构）和外资法人机构（包括独资银行、合资银行、独资财务公司和合资财务公司）及其分支机构设立、机构变更、机构终止、调整业务范围、增加业务品种和高级管理人员任职资格等。

在我国，根据《中华人民共和国商业银行法》的规定，设立银行机构必须具备以下条件：第一，有符合规定的银行章程；第二，有符合规定的注册资本额最低限额；第三，有具备任职专业知识和业务工作经验的董事（行长）和高级管理人员；第四，有健全的组织机构和管理制度；第五，有符合要求的营业场所、安全防范措施和与业务有关的其他设施。同时，设立商业银行还应当符合其他审慎性条件。

【知识链接 10－1】

发达国家和地区的银行市场准入制度

一、中国香港地区银行业的三级银行制

香港是著名的国际金融中心，其银行体系的特点是实行三级银行制，即由持牌银行、有限持牌银行和接受存款公司三类银行机构组成。根据香港《银行业条例》，三类机构的主要区别如表 10－3 所示。三级银行制是香港监管当局为加强持牌银行的地位，提高银行业的整体稳定性，通过强制性手段对银行业进行的功能性划分。这种基于经营范围划分的牌照管理制度既优化了银行业的规模结构，避免恶性竞争，也保证了从事广泛业务、对金融业和社会影响较大的银行受到较严格的监管，而业务面较窄、对金融业和社会影响较小的银行则受到相对宽松的监管。这一做法促使香港银行业的层次更分明、结构更合理，也确保了银行业的合理竞争和稳健发展。

表 10－3　　香港三级银行机构的主要区别

机构类型	注册（实收）资本	业务范围及客户	存款限制	资本充足率
持牌银行	1.5 亿港元	全面银行业务，各阶层及大小工商企业	无最低存款额限制	8%（最高可达 12%）
有限持牌银行	1 亿港元	商人银行或批发银行业务，一定规模的工商机构和大额投资者	50 万港元以上存款，期限不受限制	8%（最高可达 16%）
接受存款公司	2 500 万港元	一般零售性贷款业务，普通市民及中小工商企业	10 万港元或以上存款，存期至少 3 个月	8%（最高可达 16%）

二、美国的市场准入规定

美国商业银行实行双重银行体制，即美国联邦政府和州级政府当局都有权接受银行注册登记并对注册银行机构进行监督管理。在州注册登记的银行为州银行，由州有关机构对其进行监督管理。在联邦注册的银行为国民银行，由联邦级有关机构对其进行监督管理。

在银行市场准入的标准上，无论是联邦政府或是各州政府都重视对拟设银行的资本金、管理层以及拟设银行所在地市场饱和度的考察。现有联邦法律理论上对在一个少于6 000人的镇设立银行的最低注册资本要求是5万美元，对在一个超过5万人的城市设立银行的最低注册资本要求是不超过20万美元。州立银行的标准则更自由。实际上，美国国立银行三大监管机构——财政部货币监理署、联邦储备委员会和联邦存款保险公司对银行机构所要求的初始资本比联邦法律的规定要高得多，达到100万美元。美国监管机构对银行机构高级管理人员特别是行长的审核相当严格，有时会因为高级管理人员的资格问题直接否决建立银行机构的申请。对市场饱和度的考察重点落在对新银行所在地社区经济和竞争状况的分析，主要包括同业竞争状况、是否可容纳新的竞争者等。此外，为了让本地资金充分地为本地经济发展服务，根据1977年《社区再投资法》，申请人还必须提交一份相关报告，表明新银行如何满足整个社区的信用需要。

三、意大利、法国和德国对外资银行市场准入的差别监管

意大利、法国和德国在授予外资银行牌照时，都实行差别对待。意大利中央银行对外国银行分行的最低资本要求为630万欧元，在设定风险权重时有发达国家和发展中国家之分，与发展中国家的业务往来的风险权重较高。不仅如此，意大利严格的劳工政策还对分行外派人员的工作年限进行了限制，从而在一定程度上影响分行业务的延续性，使其难以融入当地市场。法国则区别对待资产规模不同的外资银行，世界500强的外资银行可以设立分行或附属机构，其他银行只能设立有法资参股的附属行，且法资银行参股比例不低于34%。对分行的监管指标包括资本充足率、贷款集中度、单一客户比例等，并与分行营运资金挂钩，从而限制分行的业务发展。德国实行差别性的资本充足率要求，对某些来自发展中国家的外资银行，要求开业头三年应保持在12%以上，并且各项信贷业务都与资本规模挂钩，但对发达国家设立的分行则无此规定；在高级管理人员方面，要求至少有2名业务领导人，其中1人为德国人，且无正副之分。

资料来源：李志辉．中国银行业风险控制和资本充足性管制研究［M］．北京：中国金融出版社，2007.

（二）监督检查

监管部门通过非现场监管和现场检查等监督检查手段，实现对风险的及时预警、识别和评估，并针对不同风险程度的银行机构，建立风险纠正和处置安排，确保银行风险得以有效控制、处置。非现场监管和现场检查两种方式相互补充、互为依据，在监管活动中发挥着不同的作用。

1. 非现场监管。非现场监管是指非现场监管人员按照风险为本的监管理念，全面持续地收集、检测和分析被监管机构的风险信息，针对被监管机构的主要风险隐患制订监管计划，并结合被监管机构风险水平的高低和对金融体系稳定的影响程度，合理配置监管资源，实施一系列分类监管措施的周而复始的过程。2003 年中国银监会成立之后，针对长期以来缺乏信息化的监管技术手段、监管信息难以共享、监管效率低等问题，启动“1104 工程”（银行业金融机构监管信息系统）项目的建设工作，并颁布非现场监管指引，从而初步形成清晰的非现场监管体系。

非现场监管人员通过风险为本的非现场系统监测被监管机构各类风险水平的变化，并及时跟进预警信号，跟进被监管机构的内控缺陷，纠正其违规行为，改善其公司治理。由于非现场监管的持续、频密，监管机构在两个现场检查的间隔期间仍然可以对被监管机构运营和财务状况有充分深入的了解。非现场监管的程序包括制订监管计划、监管信息收集、日常监管分析、风险评估、现场检查立项、监管评级和后续监管七个阶段。

2. 现场检查。现场检查是指监管当局及其分支机构派出监管人员到被监管的金融机构进行实地检查，通过查阅金融机构的账表、文件等各种资料和座谈询问等方法，对金融机构经营管理情况进行分析、检查、评价和处理，督促金融机构合法稳健经营，提高经营管理水平，维护金融机构及金融体系安全的一种检查方式。现场检查与非现场监管是密切关联的银行监管方法。非现场监管体现了风险监测和预警这一监管原则，而现场检查则是验证银行的治理结构是否完善，银行提供的信息是否可靠，是从实证的角度来发现和预防风险。监管当局除了自身行使现场检查手段外，还可以委托审计事务所、会计师事务所等外部力量来实现现场检查。

现场检查对银行风险管理的重要作用体现在四个方面。

（1）发现和识别风险。针对风险的程度、涵盖的业务领域以及所涉及的机构、有关责任人员采取有效的监管措施。

（2）保护和促进作用。通过现场检查，对商业银行正当的、合法的经营活动以及先进的管理操作做法要加以肯定并予以保护。同时还可以针对商业银行在执行政策法规以及经营管理上的漏洞和不合理之处进行指正，帮助其总结经验教训，找出产生问题的原因。

（3）反馈和建议作用。监管当局通过现场检查，可以对金融宏观调控的运行情况是否正常，现行的金融法律法规与商业银行业务发展及其与金融体制改革的要求是否相适应等问题进行客观的检验，对存在的问题可以及时向有关部门反馈，并提出相应的政策建议，促进监管部门政策法规制度的及时修订和完善，提高监管部门的监管水平和银行业的运营效率。

（4）评价和指导作用。通过现场检查，对商业银行的整体运营状况作出准确、客观的评价，从而可以对单个商业银行或整个金融体系的风险状况进行整体分析和判断。此外，银行监管当局还可以对商业银行的资本充足率、贷款质量、风险集中度、拨备覆盖率、附属机构、流动性、案件防控等状况进行评价和比较，对于经营管理情况欠佳的商业银行，可以重点监控其风险状况，针对商业银行的不足与弱点提出具体的政策建议和指导，督促其不断提高资产质量，改善经营管理。

现场检查内容一般包括合规性检查和风险性检查两大方面。合规性是指商业银行在业务经营和管理活动中执行中央银行、监管当局和国家制定的政策、法律的情况。合规性检查永远都是现场检查的基础，任何银行都必须在合规范围和轨道上经营，任何违规行为在任何国家都是不被允许的，合规性检查在银行存在大量违规经营甚至是恶意经营的情况下，显得尤为重要和不可缺少。风险性检查一般包括其资本金的真实状况和充足程度，资产质量，负债的来源、结构和质量，资产负债的期限匹配和流动性，管理层的能力和管理水平，银行的盈利水平和质量，风险集中的控制情况，各种交易风险的控制情况，表外风险的控制水平和能力，内部控制的质量和充分性等。中国银保监会现场检查的重点内容包括业务经营的合法合规性、风险状况和资本充足性、资产质量、流动性、盈利能力、管理水平和内部控制、市场风险敏感度。

现场检查的程序包括现场检查准备阶段、现场检查实施阶段、现场检查报告阶段、现场检查处理阶段和检查档案整理五个阶段。

3. 风险处置纠正。风险处置纠正贯穿银行监管始终，是指监管部门针对银行机构存在的不同风险和风险的严重程度，及时采取相应措施加以处置，包括以下几方面。

（1）风险纠正。风险纠正主要是针对正常或基本正常的银行机构，以及存在潜在风险隐患的关注类机构采取的措施。根据银行机构风险严重程度，纠正性措施可分为两类：一类是建议性或参考性措施，另一类是带有一定强制性或监控性的措施。对于正常或基本正常的银行，应采取建议性或参考性措施，包括进一步加强和完善业务经营管理和风险控制，改善业务结构和资产负债结构，保持资本充足率和流动性比例，同时监管部门要持续加强对此类机构的风险预警和监控。对于关注类机构，应针对存在的风险种类和性质，采取带有一定强制性或监控性的措施，要求其持续完善内部控制和管理，并加强持续监管，尤其是对出现风险的领域要重点检查，督促其持续改进。

（2）风险救助。风险救助是针对有问题的银行机构采取的救助性措施，主要包括调整决策层和管理层、实施资产和债务重组、外部注资、变现资产、股东增资、冻结大额开支和股息红利分配、停止部分业务，以及实施兼并重组等。风险救助措施可配合使用，其目的是通过风险救助，改善银行机构经营状况，有效处置化解风险，防止风险进一步扩大和恶化。

（3）市场退出。银行的市场退出是指停止办理金融业务，吊销银行营业许可证，取消其作为银行的资格。银行市场退出，具体可分为法人机构退出和分支机构退出两大类，退出形式一般来说可以划分为自愿退出和强制性退出两种。自愿退出是指银行机构根据其章程或股东大会决议，经中国人民银行批准，自行终止其金融业务，依法清算，注销其法人资格的行为。强制性退出是对难以挽救的危机机构采取的处置措施，停止其办理业务，吊销营业许可证，取消其银行资格。及时的强制性退出可防止单一银行风险传导、演变为系统性风险或区域性风险。

【知识链接 10－2】

金融机构市场退出机制将建立

2019 年 6 月，国家发展改革委等 13 部门联合印发《加快完善市场主体退出制度改革方案》，进一步完善优胜劣汰的市场机制，推动经济高质量发展，对金融机构及国有企业退出机制作出了规定。

该方案明确要求完善金融机构市场化退出的程序和路径。完善相关法律法规，明确问题金融机构退出过程中接管、重组、撤销、破产处置的程序和机制，探索建立金融机构主体依法自主退出机制和多层次退出路径。及时有效发挥存款保险制度和相关行业保障基金的作用。

要完善金融机构资产、负债、业务的概括转移制度。依托存款保险制度和保险保障基金、证券投资者保障基金、信托业保障基金等相关行业保障基金，进一步完善金融机构强制退出时的储蓄存款合同、保险合同、证券业务合同、资产管理业务合同、信托财产和信托事务等各类合同和业务的转移接续。

要建立金融机构风险预警及处置机制。明确风险处置的触发条件，制定退出风险处置预案，丰富风险处置工具箱，建立健全信息共享机制。完善金融机构市场化退出损失分担机制，明确股东和无担保债权人应先于公共资金承担损失。

资料来源：《证券时报》，2019 年 7 月 17 日。

（三）资本监管

1. 资本监管的重要性。资本监管是银行监管的方法之一，其在银行监管中的作用如下。

第一，资本监管是审慎银行监管的核心。建立在审慎贷款风险分类、充足计提各类资产损失准备基础上计算的资本充足率，是衡量银行综合经营实力和抵御风险能力的重要指标。在监管实践中，资本充足率监管贯穿商业银行设立、持续经营、市场退出的全过程，也是监管当局评估商业银行风险状况、采取监管措施的重要依据。根据《商业银行资本管理办法（试行）》，我国银行资本充足率的监管要求见第一章内容。

第二，资本监管是提升银行体系稳定性，维护银行业公平竞争的重要手段。银行业是高杠杆、高风险的行业，对维护货币供给体系稳定运行和经济持续增长具有重要意义，各国都对银行业实施了严格的监管。资本监管规定了商业银行的最低资本要求，增强了商业银行抵御风险的能力，可以使商业银行及时地冲销经营过程中各种不确定性造成的损失，从而保护存款人，降低银行清算破产的概率，并且维持银行系统的稳定。

第三，银行监管是促使商业银行可持续发展的有效监管手段。国内外教训反复证明，银行业资产规模的盲目扩张是银行业危机的主要原因。强化资本充足率监管，完善商业银行资产扩张的资本约束机制，能够促使商业银行牢固树立科学发展观，改变传统的经营模式和增长方式，在风险、资本、效益、管理之间建立有效联系机制，寻求规模、速度、质量的平衡，保持合理的资产结构等，有利于控制单个银行及整个银行体系的风险。

2. 资本监管的具体措施。

第一，有效资本监管的起点是商业银行自身严格的资本约束。商业银行的董事会和高级管理层对维持本行资本充足率承担最终责任，并应建立完善的内部资本充足评估程序，识别、计量和报告所有重要的风险，系统、客观地评估这些风险和分配相应的资本，并制定保持资本水平的战略和相应的制度安排。

第二，监管部门对商业银行实施资本充足率监督检查，确保资本能够充分覆盖所面临的各类风险。资本充足率监督检查包括但不限于以下内容：（1）评估商业银行全面风险管理框架；（2）审查商业银行对合格资本工具的认定，以及各类风险加权资产的计量方法和结果，评估资本充足率计算结果的合理性和准确性；（3）检查商业银行内部资本充足评估程序，评估公司治理、资本规划、内部控制和审计；（4）对商业银行的信用风险、市场风险、集中度风险、流动性风险、银行账户利率风险、操作风险、声誉风险及战略风险等各类风险进行评估，并对压力测试工作开展情况进行检查。

第三，为确保商业银行能够应付因经营过程中的各种不确定性而导致的损失，监管部门可以根据商业银行的风险状况和风险管理能力，个案性地要求商业银行持有高于最低标准的资本。

第四，监管部门按照商业银行资本充足状况，将商业银行分为一、二、三、四类，分别采取监管干预措施，以提高不同类别商业银行的资本充足率水平。依据监管干预的强度不同，监管干预措施主要分为预警性监管干预措施和强制性监管干预措施两大类。对一、二类银行监管部门主要实行预警性监管干预措施，对三、四类银行监管部门既实行预警性监管干预措施，又实行强制性监管干预措施。

第五，商业银行董事会负责本行资本充足率的信息披露，未设立董事会的，由行长负责。信息披露的内容须经董事会或行长批准，并保证信息披露的真实性、准确性、充分性、及时性、公平性，以便市场参与者能够对商业银行资本充足率作出正确的判断。对于涉及商业机密而无法披露的项目，商业银行应披露项目的总体情况，并解释项目无法披露的原因。资本充足率的信息披露应主要包括七个方面内容，分别是：（1）风险管理目标、政策、流程；（2）资本充足率的计算范围；（3）资本数量、构成及各级资本充足率；（4）风险加权资产；（5）各类风险暴露和评估；（6）内部资本充足率评估；（7）薪酬。

【知识链接 10－3】

中国银行业资本监管制度的发展

2004 年，中国银监会发布《商业银行资本充足率管理办法》，并于 2006 年 12 月做了修订，初步建立了以《巴塞尔协议Ⅰ》为基础的审慎资本监管制度，确立了资本监管在审慎银行监管中的核心地位。

2007 年 2 月 28 日，中国银监会发布《中国银行业实施新资本协议指导意见》，明确新资本协议实施的总体思路、范围、路线图和工作措施。

2008—2010 年，中国银监会发布了一系列实施新资本协议监管指引，包括信用风险内部评级法、市场风险内部模型法、操作风险资本计量法、专业贷款、风险缓释、流动性风险、银行账户利率风险、资本充足率监督检查和资本充足率信息披露等。

2011 年 4 月，中国银监会发布《中国银行业实施新监管标准指导意见》，提出包括资本充足率、杠杆率、流动性、贷款损失准备在内的一整套审慎监管标准和制度安排。

2012 年 6 月 7 日，中国银监会发布《商业银行资本管理办法（试行）》，建立与《巴塞尔协议Ⅲ》接轨的资本监管制度，并于 2013 年起开始实施，要求商业银行在 2018 年底前达到规定的资本充足率监管要求。

2018 年 3 月，中国人民银行、中国银监会、中国证监会、中国保监会和国家外汇管理局联合发布《关于进一步支持商业银行资本工具创新的意见》，提出要积极扩宽资本工具发行渠道，积极研究增加资本工具种类，扩大投资者群体，简化资本工具发行的审批程序。

2019 年 7 月 19 日，中国银保监会、中国证监会为规范商业银行优先股发行，提升商业银行资本质量，保护利益相关方的合法权益，发布《关于商业银行发行优先股补充一级资本的指导意见（修订）》。

2019 年 9 月 27 日，国务院金融稳定发展委员会第八次会议明确提出，要加快构建商业银行资本补充长效机制，丰富银行补充资本的资金来源渠道，进一步疏通金融体系流动性向实体经济的传导渠道。

2019 年 11 月，银保监会对《关于商业银行资本工具创新的指导意见》进行了修订，完善商业银行资本工具创新相关制度。

资料来源：根据网络资料整理。

【知识链接 10－4】

中国目前监管热点——影子银行

影子银行是指没有传统银行以存款、贷款和结算为核心的业务组织形态，但却像传统银行一样提供融资、信用和流动性转换功能，直接或间接从事资金或信用中介的机构。

影子银行不是银行，却干着银行的活儿。它于 20 世纪六七十年代诞生于欧美，成名于 2007 年美国次贷危机。近年来，中国出现了巨大的社会融资缺口，由于监管限制，银行无法直面客户，或者由于金融垄断，许多客户无法直接从银行获得资金，于是，影子银行应运而生，成为银行和客户之间的“倒爷”，成了资金融通的渠道。

在我国，影子银行发端于2008年国际金融危机。从近年来风生水起的银行理财产品到纷繁复杂的类信贷类产品，再到如今云谲波诡的民间借贷和虚拟化的网贷P2P，影子银行已经渐成体系，基本可以归为三类：第一类是商业银行的理财类产品，即通常所说的银行“资金池”业务；第二类是非银行金融机构，如信托公司、小贷公司、财务公司和典当行等；第三类是民间融资。

有机构估算，截至2013年上半年，影子银行体系提供的总信贷规模高达28.5万亿元，占企业融资总额的29%，规模已极为庞大。影子银行的资金有很大的比重流向了地方性融资平台和房地产等，解决了地方城镇化过程中的资金需求。

影子银行区别于传统银行的特点，不仅在于其创新性和复杂性，还在于其与生俱来的隐秘性。从本质上说，影子银行满足的是不能达到放贷要求的“次级”贷款项目，这些资金游离于常规意义的监管体系之外，导致其隐患重重。规模膨胀的影子银行信贷资产风险危机一旦爆发，将对整个市场信用、货币市场流动性等造成不可估量的损失，引起经济危机。

但由于影子银行隐秘的特性，即使是金融市场走在世界最前列的美国，也没能建立起与影子银行相匹配的金融监管体制。中国对影子银行的监管轨迹如下。

1. 2008年7月，叫停“银行为信托类理财产品担保”。信托类理财产品因其稳健的高收益而一度获投资者青睐，但银行不能为信托类理财产品担保，将致使该产品信用风险上升，对投资者吸引力下降，银行理财将面临重新评估和定价 。

2. 2011年11月，叫停超短期理财产品。时任银监会主席尚福林要求，原则上不允许发行一个月及其以下期限的理财产品。监管层担心，银行过度依赖短期理财产品揽存，将造成存款在月初、月中、月末大幅震荡，诱发流动性风险。

3. 2012年1月，叫停票据类信托。作为银行的表外融资业务，票据类信托产品的风险不容忽视。事实上，大量的银行承兑汇票事实上已经脱离真实的贸易背景，成为单纯的融资工具。叫停票据类信托可以被看作银监会全面布控表外风险的开端。

4. 2012年2月，叫停资产管理公司信托担保。银监会叫停信托担保的主要目的就是防控风险，在商业化进程中仍存在很多不规范的地方，比如，房地产信托面临严峻的兑付压力，而信托担保及增信业务只是一种短期的转嫁行为，并不能解决实质性问题，长期下来只会增加房地产信托的系统性风险。

5. 2012年6月，叫停银证票据合作。与银信合作类似，银证合作同样也是一项通道业务。银行将资金委托给券商，后者通过设立集合理财产品或定向计划对接，再提供给融资客户。券商资管参与银行票据等业务，容易成为银行信贷资金表内转表外的通道，证监会等监管层对其中的风险尤为关注。

6. 2012年10月，规范信托“资金池”。所谓信托“资金池”，是指非指定投资方向的信托。“资金池”的资金收益率大多在6%左右，相对于其他信托产品收益偏低，但是高于银行理财产品。

7. 2012年12月，四部委下发《关于制止地方政府违法违规融资行为的通知》，禁止地方财政担保。地方政府投融资平台已深度介入影子银行。财政部等四部委联合下发文件，试图制止地方政府及其融资平台的违法违规融资行为。

8. 2013 年 3 月，银监会出台《关于规范商业银行理财业务投资运作有关问题的通知》。主要内容有三点：一是提出了“非标”的概念，并规定理财产品投资非标资产不得高于理财产品总余额的 35% 或上年商业银行总资产的 4%；二是要求理财产品与投资标的须一一对应，每个理财产品要单独管理与核算；三是对理财产品，尤其是非标资产的信息披露提出了更高的要求，并且要求商业银行理财业务涉及合作机构名单须提前向银监会报备。

9. 2014 年 1 月，国务院下发了《关于加强影子银行业务若干问题的通知》。2014 年伊始，诸多迹象显示我国监管层对影子银行问题的关注。1 月 7 日，银监会等八部委联合发文，清理规范非担保性融资公司。此项举措，被看作“一行三会”、从中央到地方一起治理整顿影子银行的开端。

10. 2014 年 1 月，银监会设改革小组治理影子银行。在加强影子银行监管的《关于加强影子银行业务若干问题的通知》下发两周后，银监会成立了一个由时任主席尚福林任组长的银行业改革领导小组，拟推动包括理财业务和同业业务治理体系改革在内的多项改革任务。

11. 2016 年底，中央政府和监管部门开启新一轮强监管周期以弥补监管空白和防范化解金融风险，主要举措包括整治市场乱象、规范对交叉金融监管、拆解非法金融集团、严肃追责问责、全面弥补监管制度短板。

12. 2019 年 12 月，中国银保监会课题组发布《中国影子银行报告》，内容聚焦影子银行起源与演变、中国影子银行的形成与发展、影子银行监管三年治理（2017—2019 年）和监管方向探讨。报告指出，2017 年至今中国影子银行监管成效显著，表现为大幅压降影子银行规模和有效防控信用风险、流动性风险和期限错配风险等相关风险，有利于改善投资者对中国金融企业相关风险担忧情绪。

资料来源：根据搜狐财经信息整理。

第二节 《巴塞尔协议Ⅲ》简介

巴塞尔协议一直都秉承稳健经营和公平竞争的理念，也正因如此，巴塞尔协议对现代商业银行而言显得日益重要，已成为全球银行业最具有影响力的监管标准之一。

《巴塞尔协议Ⅱ》经过近十年的修订和磨合于 2007 年在全球范围内实施，但正是在这一年，美国次贷危机爆发，并逐步发展成全球的金融危机，极大地冲击了银行体系，并带来了世界经济的衰退。在这场危机中，有着 158 年历史的投行雷曼兄弟轰然倒塌。但从 2008 年雷曼兄弟中期报告来看，根据《巴塞尔协议Ⅱ》的监管指标，雷曼兄弟应该是安全的：截至 2008 年年中，其一级资本充足率为 11%；截至 2008 年第三季度末，

"流动性池"中仍有420亿美元流动储备，现金资本在剔除长期资金需求后尚余150亿美元。这充分暴露出《巴塞尔协议Ⅱ》的缺陷和落后。

在这种情况下，全球金融管理当局意识到：如果要建立充满活力的银行系统来应对各种重大的危机，抵御金融动荡，必须要对监管的标准和方法进行改革。2009年，在二十国集团（G20）峰会的推动下，国际社会制订了一揽子金融改革计划，其中便包括《巴塞尔协议Ⅲ》。2010年11月，二十国集团首尔峰会批准了巴塞尔委员会起草的《第三版巴塞尔协议》（《巴塞尔协议Ⅲ》）并于2010年12月发布，确立了银行业资本和流动性监管的新标准。巴塞尔委员会要求各成员国从2013年开始实施《巴塞尔协议Ⅲ》，2019年前全面达标，全球银行业正式步入《巴塞尔协议Ⅲ》时代。

一、《巴塞尔协议Ⅲ》的主要内容

《巴塞尔协议Ⅲ》体现了微观审慎监管与宏观审慎监管有机结合的监管新思维，按照资本监管和流动性监管并重、资本数量和质量同步提高、资本充足率与杠杆率并行、长期影响与短期效应统筹兼顾的总体要求，确立了国际银行业监管的新标杆。

（一）强化资本充足率监管标准

资本监管在巴塞尔委员会监管框架中长期占据主导地位，也是本轮金融监管改革的核心。

1. 提高资本工具的损失吸收能力。巴塞尔委员会确定了资本监管改革的核心要素。一是恢复普通股（含留存收益）在监管资本中的主导地位；二是对普通股、其他一级资本工具和二级资本工具分别建立严格的合格标准，以提高各类资本工具的损失吸收能力；三是引入严格、统一的普通股资本扣减项目，确保普通股资本质量。此外，巴塞尔委员会正在研究提升系统重要性银行各类资本工具损失吸收能力的具体方案，包括各类非普通股资本工具通过强制核销或转换为普通股等机制吸收损失、发行应急资本（Contingent Capital）和自救债券（Bail－in Debt）以降低破产概率的可行性。

2. 扩大资本覆盖风险的范围。国际金融危机表明，新资本协议框架下的资产证券化风险暴露、交易头寸、场外衍生产品交易的风险加权方法不能充分反映这些业务的内在风险。为此，巴塞尔委员会调整风险加权方法以扩大风险覆盖范围。一是大幅提高证券化产品（特别是再资产证券化）的风险权重；二是大幅提高交易业务的资本要求，包括增加压力风险价值（S－VaR）、新增风险资本要求等；三是大幅提高场外衍生产品交易和证券融资业务的交易对手信用风险的资本要求。巴塞尔委员会定量影响测算结果表明，风险加权方法的修订导致国际化大银行资本要求平均上升20%。

3. 提高资本充足率监管标准。根据自下而上的定量影响测算和自上而下的监管标准校准的结果，巴塞尔委员会确定了三个最低资本充足率监管标准：普通股充足率为4.5%，一级资本充足率为6%，总资本充足率为8%。为缓解银行体系的顺周期效应，打破银行体系与实体经济之间的正反馈循环，巴塞尔委员会还建立了两个超额资本要求。一是要求银行建立资本留存超额资本（Capital Conservation Buffer），用于吸收严重的经济和金融衰退给银行体系带来的损失。留存超额资本全部由普通股构成，最低要求为2.5%。二是建立与信贷过快增长挂钩的反周期超额资本（Counter - cyclical Buffer），要求银行在信贷高速扩张时期积累充足的经济资源，用于经济下行时期吸收损失，保持信贷跨周期供给平稳，最低要求为0～2.5%。待新标准实施后，正常情况下，商业银行的普通股、一级资本充足率和总资本充足率应分别达到7%、8.5%和10.5%（见表10－4）。此外，巴塞尔委员会还与会计标准制定机构密切对话，推动建立前瞻性的动态损失拨备制度。

表10－4　资本划分框架资本要求和超额资本　单位：%

项目	普通股权益（扣减后）	一级资本	总资本
最低标准	4.5	6.0	8.0
资本留存超额资本	2.5	—	
最低标准加资本留存超额资本	7.0	8.5	10.5
反周期超额资本	0～2.5	—	

（二）引入杠杆率监管标准

金融工具创新以及低利率的市场环境导致银行体系积累了过高的杠杆率，使资本充足率与杠杆率的背离程度不断扩大。为此，巴塞尔委员会决定引入基于规模、与具体资产风险无关的杠杆率监管指标，作为资本充足率的补充。2009年12月巴塞尔委员会发布了杠杆率计算方法的征求意见稿，2010年7月巴塞尔委员会就杠杆率计算方法与监管标准达成共识，2011年初按照3%的标准（一级资本/总资产）开始监控杠杆率的变化，2013年初开始进入过渡期，2018年正式将其纳入第一支柱框架。

（三）建立国际统一的流动性监管框架

为强化流动性风险管理，《巴塞尔协议Ⅲ》建立了全球统一的流动性风险监测工具和两个定量监管指标，即流动性覆盖比率（LCR）和净稳定融资比率（NSFR），并加强流动性跨境监管合作和信息共享，以更好地识别流动性风险，增强银行体系应对全球流动性压力的能力。其中，流动性覆盖比率（高质量流动资产/未来30日的现金净流出量）用于度量短期压力情景下单个银行的流动性状况，目的是提高银行短期应对流动性中断的弹性；净稳定融资比率（可用稳定资金来源/业务所需的稳定资金需要）用于度量中长期内银行解决资金错配的能力，它覆盖整个资产负债表，目的是激励银行尽量使用稳定资金来源。

（四）加强市场约束和公司治理

为缓解银行对外部信用评级的过度依赖，《巴塞尔协议Ⅲ》进一步强化了对银行使用外部信用评级机构的监管要求，将国际证监会组织（IOSCO）《信用评级机构基本行为准则》的相关规定纳入巴塞尔协议的资本框架中。同时，巴塞尔委员会发布的《加强银行公司治理的原则》也对完善银行业公司治理提出了原则性建议。

（五）确定新监管标准的实施过渡期

为减小《巴塞尔协议Ⅲ》对银行乃至经济的影响，各国中央银行行长和监管当局负责人还就执行新的资本标准制定了一个较长的过渡期。这将有助于银行在通过合理的收益留存和提高资本金更好地满足资本金管理要求的同时，仍能通过信贷投放支持经济的发展。过渡期从 2013 年开始，到 2019 年才基本完成。

1. 2013 年达到的最低资本要求。巴塞尔委员会各成员国从 2013 年 1 月 1 日开始在国内执行新的资本监管要求，各成员国必须在执行之前将关于资本的新要求以法律法规的形式予以确立。自 2013 年 1 月 1 日起，银行应符合以下新的相对于风险加权资产（RWAs）的最低资本要求：普通股/风险加权资产为 3.5；一级资本/风险加权资产为 4.5%；总资本/风险加权资产为 8.0%。

2. 普通股和一级资本的过渡期要求。最低普通股和一级资本要求在 2013 年 1 月至 2015 年 1 月逐步实施。到 2013 年 1 月 1 日，最低普通股要求由 2% 提高到 3.5%，一级资本由 4% 提高到 4.5%。到 2014 年 1 月 1 日，银行必须达到普通股 4% 和一级资本 5.5% 的最低要求。到 2015 年 1 月 1 日，银行必须达到普通股 4.5% 和一级资本 6% 的最低要求。总资本一直要求保持在 8% 的水平，因此不需要分阶段实施。8% 的总资本要求和一级资本要求之间的区别在于二级资本和更高形式的资本。

此外，《巴塞尔协议Ⅲ》还对扣减项比例、资本留存超额资本、资本中需要取消的项目及监督检测期做了过渡期安排。

二、对《巴塞尔协议Ⅲ》的评价

虽然《巴塞尔协议Ⅲ》只对各种资本的最低限额作出规定，但考虑到后续各项措施的相继出台，其对世界银行业乃至整个经济的影响都是非常深远的，主要包括以下几点。

1.《巴塞尔协议Ⅲ》使商业银行对资本的质和量两方面要求空前严格。巴塞尔委员会明确了一级资本的构成，即一级资本是由普通股和留存收益构成，并明确一级资本必须要保证银行的正常持续经营，对其他一级资本工具提出要求，即其要能够吸收一定损失，并强调了其某些特征，如次级性等，在简化二级资本结构的同时取消三级资本。过去危机的一个重要教训是在高速创新、高度衍生化、高度资产证券化基础上的高杠杆化。一旦危机发生，公众就会迅速丧失信心，整个银行体系就处于危险中。所以，在提高资本质量的同时，必须进一步提高资本的水平，从而增强公众的信心，维护银行体系安全。

2.《巴塞尔协议Ⅲ》会对银行经营风险全方位覆盖。不仅强调对个体金融风险的监管和覆盖，同时进一步强调对系统性风险、经济周期风险的监管，强调对系统性风险的抵御能力。《巴塞尔协议Ⅲ》不仅提出了资本的监管要求，而且提出了流动性的监管要求；不仅强调个体的微观风险，同时进一步强调宏观的系统性风险；不仅强调对于风险静态的资本覆盖，还强调了资本的反周期作用。《巴塞尔协议Ⅲ》的核心在于两点：一是对银行资本质量要求高了，二是对流动性风险要求高了。同时，对危机期间暴露出来的一些监管体制的缺陷，做了非常重要的改进，比如压力测试。《巴塞尔协议Ⅲ》要求把流动性风险提高到与信用风险同等重要的高度。

3.《巴塞尔协议Ⅲ》会使银行经营理念发生变化。银行将从原来以追求规模为目标，开始转向追求资本的回报和价值，从追求账面的利润开始要算一算经济的利润和资本的回报，强调银行产品的盈利能力，从控制风险转变到主动管理风险，从只是看逆差转向多种盈利，从被动定价转向主动定价，计算风险和银行价格，从部门的分割转向业务流程，从规模导向转到价值导向。《巴塞尔协议Ⅲ》将引导银行实现从资本消耗型向资本节约型的新转变，根据不同的业务结构和风险水平提出不同的资本要求，鼓励银行优化业务结构，加强金融创新和金融服务，最大限度地降低资本消耗，实现风险调整后资本收益的最大化。银行将注重加快发展零售业务、中间业务和中小企业业务，致力于资产结构、负债结构、客户结构与收入结构的优化，中小企业和个人成为银行金融服务和战略转型的重点，提供更好的服务和更全的金融产品也成为银行的重要竞争手段。

4.《巴塞尔协议Ⅲ》将会让商业银行资本对风险的敏感度提高。《巴塞尔协议Ⅲ》对资本充足率要求的大幅提升进一步提高了资本对于风险损失的吸收能力。建立资本留存缓冲，目的即在于确保商业银行在衰退的金融和经济周期吸收可能发生的损失，在一定程度上降低资本监管的顺周期性，降低银行的破产概率。《巴塞尔协议Ⅲ》正式提出，要进一步提高资本的质量，特别是提高核心资本的质量水平，进而提高资本对银行股东风险损失的吸收能力，从而保护纳税人和存款人。

5.《巴塞尔协议Ⅲ》会促使监管机构对商业银行的监管内容、方式、手段更趋多样化。要求加强对系统性重要金融机构的监管，以防范系统性风险，并防范道德风险。强调继续坚持行之有效的资本监管良好实践，调整和完善国内银行资本监管制度（包括数量标准、质量标准、时间表、监管手段等），提升资本监管有效性，维护银行体系长期稳定运行。全球金融监管理念逐渐从自由化和市场化转向加强监管，特别是政府所主导的监管。

6.《巴塞尔协议Ⅲ》将使市场主体的协同性加强。不仅要强化商业银行自身的资本约束，还要进一步强化监管当局对资本监管的约束，以及市场对资本的约束。同时发挥监管当局、市场和商业银行三方面对于整个风险的识别、判断和约束能力，进而形成维护银行体系稳定运行的合力。《巴塞尔协议Ⅲ》要求建立系统性重要银行额外资本。系统性重要银行通常被认为具有“大而不倒”的道德风险，因此该类银行应该有更大的损失吸收能力并要满足更高的充足率标准，以稳定金融系统并降低系统性风险。《巴塞尔协议Ⅲ》大幅提高了对银行一级资本充足率的要求，可能会带来银行信贷市场的缩小。如何使全球银行既能达到要求，保持银行业稳健运行，又尽量减少对经济的负面影响，需要各国监管层、商业银行及其客户和全社会的共同努力。

【知识链接 10－5】

《巴塞尔协议Ⅲ》对银行业的影响

一、《巴塞尔协议Ⅲ》对国际银行业的影响

1.《巴塞尔协议Ⅲ》短期内对发达国家的影响大于发展中国家，对大银行的影响大于小银行，可能对实体经济恢复产生一定的负面影响（见表 10－5 和表 10－6）。

表 10－5　　国际化大银行新旧资本充足率比较

项目	普通股充足率	一级资本充足率	总资本充足率	杠杆率
原标准测算结果	11.2%	10.5%	14%	—
新标准测算结果	5.7%	6.2%	9.5%	2.7%
变化幅度	－5.5%	－4.3%	－4.5%	—

表 10－6　　中小银行新旧资本充足率比较

项目	普通股充足率	一级资本充足率	总资本充足率	杠杆率
原标准测算结果	10.8%	9.9%	12.7%	—
新标准测算结果	8.0%	8.6%	10.6%	4.3%
变化幅度	－2.8%	－1.3%	－2.1%	—

2.《巴塞尔协议Ⅲ》长期将推动商业银行回归传统的业务模式；推动商业银行重新步入有机增长轨道；降低国际化大银行的盈利预期；改善银行业竞争环境。

二、《巴塞尔协议Ⅲ》对国内银行业的影响

1.《巴塞尔协议Ⅲ》短期内对国内银行业的影响不大，相较而言，中型银行面临较大的资本压力（见表 10－7）。

表 10－7　　国内大、中型银行新旧资本充足率比较

项目		普通股充足率	一级资本充足率	总资本充足率	杠杆率
大型银行	原标准测算结果	9.6%	9.1%	11.7%	—
	新标准测算结果	9.6%	9.8%	11.2%	4.8%
	变化幅度	0	0.7%	－0.5%	—
中型银行	原标准测算结果	8.2%	8.0%	10.4%	—
	新标准测算结果	8.1%	8.1%	9.4%	4.0%
	变化幅度	－0.1%	0.1%	－0.7%	—

2.《巴塞尔协议Ⅲ》长期对国内银行业的影响不容忽视，会使信贷资产高速扩张的业务发展模式面临严峻的考验；资本补充机制不健全可能进一步强化资本约束效应；业务创新特别是表外业务、跨市场业务、衍生品交易创新和市场扩张可能带来新型的风险等。

【知识链接 10－6】

《巴塞尔协议Ⅲ》对中国银行业的影响

对于中国银行业而言，鉴于银监会长期坚持“资本质量与资本数量并重”的资本监管原则，短期来看，《巴塞尔协议Ⅲ》对中国银行业的影响相对于欧美银行而言较小，但其长远影响却不容忽视，主要体现在以下几个方面。

1. 信贷扩张和资本约束的矛盾。我国是一个发展中国家，预计在今后很长一段时间内，我国国民经济都将保持一个较快的增长速度，然而我国又是一个以间接融资为主的国家，信贷增长一般为经济增速的1.5～2倍，在某些年份甚至可能更高，如2009年。因此，如果我国保持8%～10%的GDP增速，银行信贷必须达到15%～20%的增速。然而如此迅速的信贷扩张，势必会大大增加资本补充的压力，《巴塞尔协议Ⅲ》尤其重视核心资本的补充，这对中国银行业而言无疑是雪上加霜。

此外，《巴塞尔协议Ⅲ》关于二级资本工具作出了“期限上不能赎回激励、行使赎回权必须得到监管当局的事前批准、银行不得形成赎回期权将被行使的预期”一系列关于赎回的限制性规定，而目前国内很多商业银行补充附属资本的长期次级债券都拥有赎回激励条款，因此这将给国内银行业通过发行长期次级债券补充附属资本带来较大的冲击，而且为满足《巴塞尔协议Ⅲ》关于流动性的有关要求，长期次级债券的需求预计将会有所下降，从而增加长期次级债券发行的难度。

2. 资本补充和估值偏低的矛盾。无论是横向比较还是纵向比较，我国银行业A股估值都偏低，A股估值较H股平均有10%～20%的折价，这其中最为重要的原因就是投资者预期银行业再融资规模较大，如2010年银行业A股融资规模创历史新高，从而极大影响了银行股A股的估值。因此，一方面因为业务发展需要，银行需要通过发行股份补充核心资本；另一方面，再融资会进一步降低银行业的估值，增加融资成本，从而使中国银行业陷入恶性循环。

3. 满足监管要求和盈利能力增长的矛盾。《巴塞尔协议Ⅲ》重视流动性管理。为满足流动性覆盖比率的要求，商业银行应持有更多的现金和超额准备金等流动性高的资产，如风险加权系数为零的证券，包括主权国家发行或担保的证券，中央银行发行或担保的证券，政策性银行、中央政府投资的公用企业发行或担保的证券以及多边开发银行发行或担保的证券。但从盈利的角度看，公司证券和资产担保证券显然比风险加权系数为零的证券收益要高出不少。因此，与未实行流动性监管标准相比，实行《巴塞尔协议Ⅲ》后，银行会倾向于选择风险加权系数为零的证券，从而导致银行收益下降。然而，为了实现通过再融资补充核心资本，降低融资成本，银行业又不得不尽可能提升盈利能力，从而使银行陷入两难的境地。

4. 负债结构调整与网点数量不足的矛盾。《巴塞尔协议Ⅲ》中净稳定资金比例计算的分母为资金流出与资金流入的差额，在资金流出中，存款流出为重要的一部分。一方面，零售存款、中小企业存款、一般企业存款、同业存款计入资金流出的比例依次增大，分别为15%、15%、25%、100%。另一方面，在净稳定资金比例计算的分子中，一年以内的零售存款、中小企业存款计入可用稳定融资资金来源的比例为70%，而一般企业存款、同业存款计入可用稳定融资资金来源的比例为50%。

因此，为满足监管要求，银行显然愿意持有更多的零售存款、中小企业存款和一般企业存款，而不愿意持有过多的同业存款。然而，对于中小股份制商业银行，尤其是一些城市商业银行而言，因为网点数量不足，其吸收零售存款和中小企业存款的能力不足，同业存款是其资金来源的重要组成部分，这无疑会加剧其经营压力。

5. 表外业务发展与业务结构调整的矛盾。《巴塞尔协议Ⅲ》的实施将弱化贸易融资类表外业务、承诺类表外业务的相对优势。从净稳定资金比例来看，零售、一般公司信用承诺计入资金流出的比例为10%，保函业务计入资金流出的比例为50%，信用证业务计入资金流出的比例为20%，包括保函和信用证在内的或有融资负债占可用稳定融资资金来源的比例为100%，这将使相关贸易融资表外业务的资金流出数值非常大。

因而为满足监管要求，银行可能会选择减少贸易融资类表外业务和承诺类表外业务。然而，近几年，为了加快业务结构转型和避免同质化竞争，我国很多商业银行，尤其是一些股份制商业银行，均提出要加快贸易融资等业务的发展步伐和结构转型步伐，《巴塞尔协议Ⅲ》的实施无疑会加剧银行的转型压力。

资料来源：卢鸿.《巴塞尔协议Ⅲ》对中国银行业的影响［N］. 金融时报，2011－01－24.

第三节 银行监管实例
——我国强监管下的中小银行业务变迁①

近年来，监管部门出台多项政策对我国中小银行的业务渠道、产品定价方式以及部分业务的投放规模等进行了规范和限制，中小银行业务运营监管环境趋严，在此背景下，其存、贷款业务与金融市场业务开展方式逐步规范，业务结构有所优化，但未来业务发展将面临一定压力。本部分将从近年来对中小银行主营业务产生相对重要影响的政策及指导意见出发，结合相关数据变动情况分别对存款、贷款以及金融市场业务发展变化情况进行分析，最后将阐述在现阶段监管环境下，中小银行业务发展所面临的压力。

一、中小银行业务发展变迁

1. 存款产品及业务渠道

智能存款、结构性存款监管趋严，靠档计息存款产品被叫停，存款业务逐步规范。商业银行存款产品类型除定期存款、活期存款、大额存单、通知存款等传统存款产品外，还包括结构性存款与智能存款等“创新”存款产品。为增强存款业务吸引力、丰富金融产品体系，以中小银行为主的部分商业银行开展了与利率、汇率、指数等波动挂钩的结构性存款业务，结构性存款规模处于较高水平；但结构性存款业务的发展也带来了高息揽存、资金面宽松背景下的套利和资金空转等问题。为此，银保监会于2019年10月末发布《关于进一步规范商业银行结构性存款业务的通知》，在12个月过渡期内，商

① 作者：联合资信，陈奇伟。

业银行可以继续发行原有的结构性存款，但应当严格控制在存量产品的整体规模内，并有序压缩递减；对于过渡期结束前已经发行的结构性存款，商业银行应当及时整改，到期或兑付后结清。2020 年，中小银行结构性存款规模仅有前 4 个月的余额正向增长，此后结构性存款规模呈快速下降态势（见图 10 - 1）；相对于大型银行来说，中小银行对结构性存款依赖程度更高，规模压降幅度更大。截至 2021 年 6 月末，中小银行结构性存款余额已压降至 34 617.89 亿元，较 2020 年最高点下降 56.22%；大型银行的余额为 25 785.41亿元，较 2020 年最高点下降 39.60%。

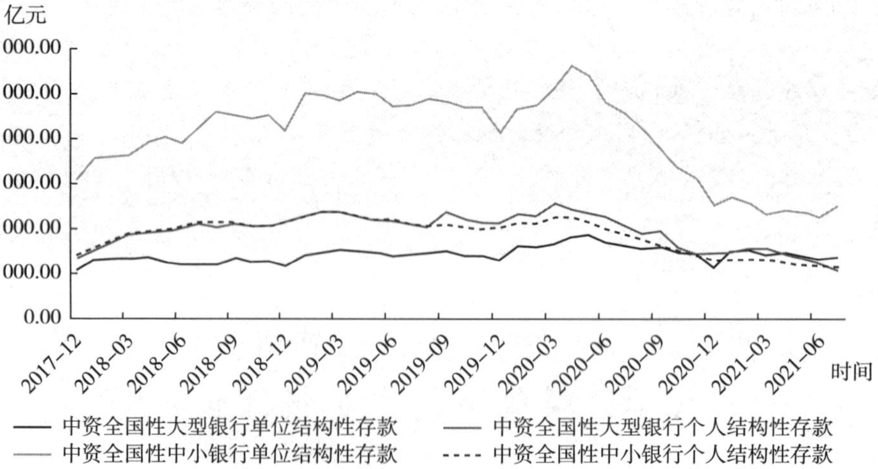

图 10 - 1　结构性存款规模走势

（资料来源：Wind，联合资信整理）

此外，2019 年之前，为稳定存款客户资源，部分金融机构发行了活期存款靠档计息、定期存款提前支取靠档计息和周期付息等产品，该类产品的实际利率水平高于同期限存款利率，且违反了定期存款提前支取按活期计息、整存整取定期存款到期一次性还本付息等规定。2019 年以来，中国人民银行指导利率自律机制加强存款自律管理，并自 2019 年 12 月 17 日起要求金融机构停止新办定期存款提前支取靠档计息产品，该类产品余额已于 2020 年末压降至零；对于活期存款靠档计息产品，人民银行要求金融机构自 2019 年 5 月 17 日起逐步整改活期存款靠档计息产品，并于 2019 年 12 月起停止新办，该类产品于 2020 年末已压降 5.5 万亿元，压降比例超八成。

互联网平台存款业务叫停，线上揽存渠道受限。近年来，互联网金融快速发展，以中小银行为主的部分商业银行借助互联网平台的流量和场景优势，通过第三方互联网平台销售个人存款产品，突破了经营的区域限制，推动存款规模较快增长。截至 2020 年末，有 89 家银行（其中 84 家为中小银行）通过第三方互联网平台吸收的存款余额约 5 500亿元，较 2019 年末增长 127%。但由于通过互联网渠道吸收存款的过程中，存在部分互联网平台违规开展代办储蓄业务、地方法人银行突破经营的区域限制、通过提高存款利率扰乱市场秩序等问题，且由于互联网存款客户具有利率敏感性高、黏性低等特性，这在一定程度上加大了银行流动性管理压力；2021 年 1 月，银保监会、人民银行印发了《关于规范商业银行通过互联网开展个人存款业务有关事项的通知》，叫停通过第三方互联网平台开展的定期存款和定活两便存款业务，存量业务到期后自然结清，第三方互联网平台存款产品陆续下架。截至 2021 年 6 月末，银行业通过第三方互联网平台吸收的存款余额约 4 043 亿元，较 2020 年末下降 26%。

2. 贷款结构及定价方式

新冠疫情背景下中小企业重组贷款规模普遍上升。2020 年 6 月人民银行印发的《关于进一步对中小微企业贷款实施阶段性延期还本付息的通知》规定，对 2020 年底前到期的普惠小微贷款本金、2020 年底前存续的普惠小微贷款应付利息，银行业金融机构应根据企业申请，给予一定期限的延期还本付息安排，最长可延期至 2021 年 3 月 31 日，并免收罚息；2021 年 4 月，五部门发布《中国人民银行　银保监会　财政部　发展改革委　工业和信息化部关于进一步延长普惠小微企业贷款延期还本付息政策和信用贷款支持政策实施期限有关事宜的通知》，指出普惠小微企业贷款延期还本付息政策延期至 2021 年 12 月 31 日。为履行社会责任、加大小微企业金融支持力度，中小银行对疫情期间符合条件的借款方贷款进行重组，中小银行重组类贷款规模较疫情之前普遍呈上升趋势。

房地产贷款与个人住房贷款投放规模受限。由于住房按揭贷款具有低风险、低资本消耗以及利率相对较高等优点，该类贷款为中小银行大力发展的业务方向之一。但为防范资金过度流向房地产领域，促进房地产市场平稳健康发展以及抑制居民杠杆率的过快上升，人民银行、银保监会于 2020 年 12 月联合印发了《关于建立银行业金融机构房地产贷款集中度管理制度的通知》，划定房地产贷款“两条红线”，对中资大型银行、中资中型银行、中资小型银行和非县域农合机构、县域农合机构、村镇银行共 5 档机构分类分档设置房地产贷款占比上限、个人住房贷款占比上限。为达到上述集中度要求，中小银行将适当控制房地产贷款与住房按揭贷款规模增长；对于超出集中度管理上限要求的中小银行将通过制订过渡期业务调整方案来逐步压降房地产贷款与住房按揭贷款规模，房地产贷款与住房按揭贷款业务拓展受到严格限制，部分集中度未达标银行的房地产贷款与住房按揭贷款占比未来将呈下行态势。

以 LPR 为基准贷款定价机制的实行使得贷款利率与市场利率更加紧密结合。市场化是我国金融领域最核心的改革之一，其中稳步推进贷款利率和市场利率的并轨为利率市场化改革的一大重点。LPR 机制实施以来，通过人民银行“窗口指导”与各市场参与主体的自我约束，以及定期监测与定价考核等措施，商业银行新发放贷款利率定价转轨已基本完成了系统流程改造、合同文书调整，且绝大部分新发放贷款已将 LPR 作为基准定价，存量贷款定价模式向 LPR 的转换也已于 2020 年 8 月完成，贷款利率隐性下限被完全打破，贷款定价水平与市场利率的相关性更加明显（见图 10－2）。

3. 金融市场业务结构

社会融资内在结构发生变化，标准化债券逐步成为中小银行投资资产中最主要的组成部分。投资业务作为商业银行重要业务品种之一，能够利用闲置资金发挥分散风险、

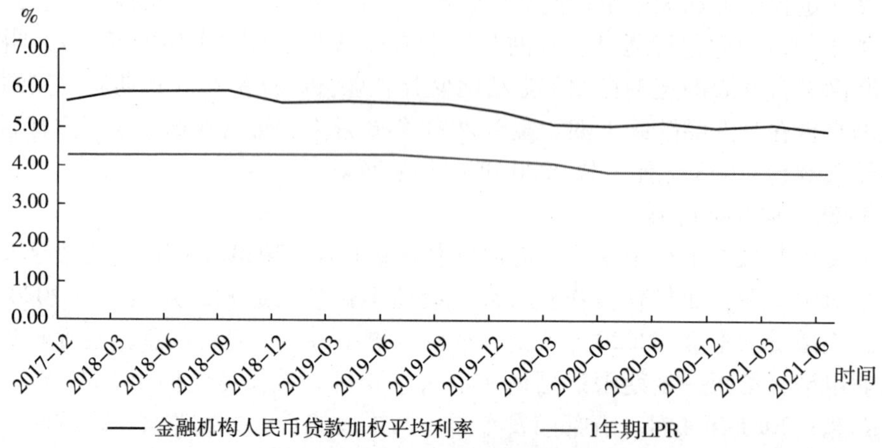

图 10-2　贷款利率与 1 年期 LPR 走势

（资料来源：Wind，联合资信整理）

增加收益来源、调节资产流动性等作用。但部分商业银行为获取较高的投资收益，配置了较大规模的非标资产。近年来，随着《关于规范金融机构资产管理业务的指导意见》（以下简称资管新规）的逐步实施，直接融资的债券市场增量比重明显提升，非标业务的主要品种委托贷款与信托贷款份额萎缩（见表 10-8）；同时，中小银行投资结构有所调整，非标类投资资产规模不断下降，在投资资产中的占比明显下滑，标准化债券配置规模及占比有所上升。

表 10-8　社会融资内在结构　　单位：万亿元，%

项目	2017 年末		2018 年末		2019 年末		2020 年末	
	金额	占比	金额	占比	金额	占比	金额	占比
人民币贷款	13.84	71.19	15.67	81.37	16.88	65.76	20.03	57.46
委托贷款	0.78	4.00	-1.61	-8.34	-0.94	-3.66	-0.40	-1.15
信托贷款	2.26	11.60	-0.69	-3.58	-0.35	-1.35	-1.1	-3.16
债券	0.44	2.27	4.26	22.12	8.06	31.39	12.79	36.69
其他	2.12	10.94	1.63	8.43	2.02	7.86	3.54	10.15
合计	19.44	100.00	19.26	100.00	25.67	100.00	34.86	100.00

资料来源：人民银行官网，联合资信整理。

理财产品向净值化转型成为重要发展方向。银行传统保本理财产品的风险由银行而并非投资者承担，理财产品规模的不断增长使得潜在的刚性兑付压力日渐增加，并成为制约银行理财业务发展的主要因素，但资管新规的发布使理财产品净值化转型成为必然趋势，刚性兑付将逐渐被打破。近年来，银行净值化理财产品规模快速上升，占全部理财产品的比重增长较为明显，理财产品净值化进程不断推进。

二、现阶段中小银行业务发展面临的压力

疫情下延期还本付息政策的实施致使贷款风险暴露出现迟滞，贷款业务信用风险管控压力上升。延期还本付息政策下重组贷款规模的增长将使商业银行信贷资产的风险暴露产生一定迟滞。对于中小银行而言，小微企业贷款业务规模占贷款总额的比重较大，即便延期还本付息政策能够解决小微企业暂时的资金周转问题，但因小微企业自身存在企业规模小、竞争力不强、治理结构不完善、财务制度不健全等缺陷，从而导致其抗风险能力普遍较弱，不排除有部分小微企业在重组贷款到期后偿债能力仍处于较弱水平，故小微企业贷款的风险延后暴露或将对中小银行信贷资产质量造成更大冲击。

非标投资资产压降面临一定挑战，且中小银行存续非标投资资产质量下行压力相对较大。自资管新规出台以来，中小银行不断压降非标投资资产规模，但部分中小银行在压降过程中存在存量非标投资资产压降困难的情况，主要反映在以下三个方面：第一，因信贷政策、企业经营情况等因素的变化，部分融资项目并不满足贷款条件，如部分项目贷款由于项目建设期延长、未按计划回流现金，无法再次就同一项目发放贷款，但又不满足核销条件，只能被动通过展期的方式等待企业经营好转；第二，非标项目的退出是迫于合规经营压力，金融机构本身并没有主动提前清收该类业务的动力，且提前清收反而会增加运营成本；第三，部分未上市公司股权类项目或产业基金类项目期限较长，按照合同约定，在融资人并未违约且无提前还款意向的情况下，银行机构只能等待项目自然到期。

与此同时，现阶段我国经济进入新常态，在国家产业结构持续调整优化、经济增速放缓的大背景下，资本市场违约事件增多，部分存续非标投资资产面临的信用风险持续上升。根据 Wind 资讯，2020 年共有 155 只债券发生违约，违约规模合计 1 757. 72 亿元（见图 10－3），债券违约规模创历史新高；2021 年上半年共有 129 只债券发生违约，违约规模合计 1 392. 50 亿元。由于中小银行对非标投资底层资产所涉及的产业、融资方等方面缺乏深入透彻的分析，内部缺乏成熟的评级体系以及风险防控技术，对底层融资方情况的了解通常依赖于公开评级报告或新闻舆情。因此，在信用风险事件频发的大背景下，中小银行存续的非标类资产违约的可能性更大。

新政策环境下，中小银行理财业务发展具有较大局限性。资管新规要求商业银行对理财产品的发行与管理向净值化转型，并指出理财产品应按照公允价值计量原则，及时反映收益与风险。这对商业银行理财产品的估值能力提出了更高的要求。此外，根据资管新规的要求，商业银行应设立有独立法人地位的理财子公司并通过该子公司开展理财业务，该模式下开展理财业务比直接开展理财业务有更多的优势，如银行理财子公司的理财产品不设置销售起点，并且可以发行分级理财产品。但对于多数中小银行而言存在投研能力偏弱、人才储备不足、专业系统支持不足以及资本规模较为有限等方面的劣势，无法达到设立理财子公司的相关条件，故中小银行仅能够由总行设立专营部门集中统一经营与管理理财业务，不具有通过理财子公司开展理财业务的优势，未来理财业务发展或将面临一定的局限性。

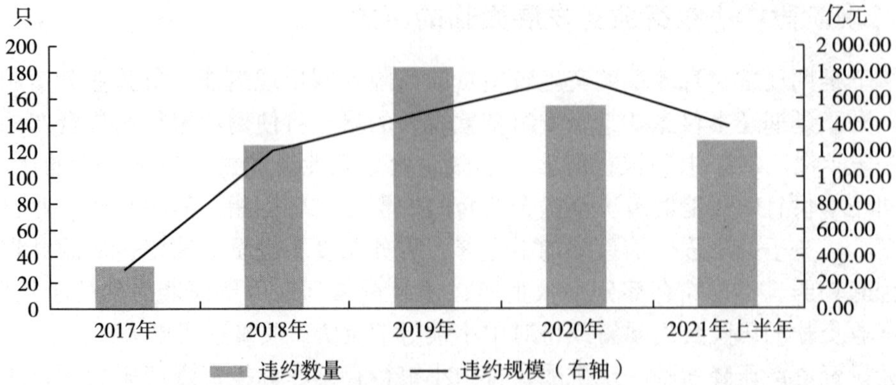

图 10－3　债券违约情况

（资料来源：Wind，联合资信整理）

综上所述，近年来，在监管环境趋严的大背景下，我国中小银行业务发展的规范化程度进一步提升，有利于未来银行业以及金融市场的平稳运行；但相对于大型银行而言，中小银行在业务转型过程中普遍面临贷款业务信用风险管控压力上升较明显，金融市场业务中非标投资资产质量下行压力较大以及理财业务开展局限性较大等劣势，未来中小银行业务发展情况以及业务转型过程中所面临的风险管控与市场竞争压力有待进一步观察。

【练习题】

一、重要名词

银行监管　风险监管　市场准入　非现场监管　现场检查　风险纠正　风险救助　市场退出

二、单项选择

1. 下列属于市场准入应该遵循的原则的是（　　）。

A. 便民　　B. 合理　　C. 守法　　D. 诚信

2. （　　）是银行监管的首要环节。

A. 机构准入　　B. 市场准入

C. 高级管理人员准入　　D. 运营准入

3. 下列选项中，不属于银行监管方法的是（　　）。

A. 资本监管　　B. 市场退出　　C. 监督检查　　D. 市场准入

4. 银行准入的主要目标不包括（　　）。

A. 保证注册银行具有良好的品质，预防不稳定机构进入银行体系

B. 维护银行市场秩序

C. 提高银行防范风险的能力

D. 保护存款者的利益

5. 依据《商业银行风险监管核心指标（试行）》，风险监管核心指标的三个主要类别分别是（　　）。

A. 风险控制、风险转移、风险降低　　B. 风险水平、风险迁徙、风险抵补

C. 风险控制、风险转移、风险抵补　　D. 风险转移、风险迁徙、风险控制

6. 银行风险监管指标设计应以（　　）为核心，以（　　）为主体，兼顾分支机构，并形成分类、分级的监测体系。

A. 资本充足率　董事会　　B. 银行利润　高级管理层

C. 风险监管　法人机构　　D. 风险监管　董事会

7. 监管部门通过（　　）和（　　）等监督检查手段，实现对风险的及时预警、识别和评估，并针对不同风险程度的银行机构，建立风险纠正和处置安排，确保银行风险得以有效控制、处置。

A. 事前监督　事后监督　　B. 定期监督　临时监督

C. 非现场监管　现场检查　　D. 长期监督　短期监督

8.《巴塞尔协议Ⅲ》中，净稳定资金比例（NSFR）是用来（　　）。

A. 度量短期压力情景下单个银行流动性状况

B. 度量中长期内银行解决资金错配的能力

C. 缓解银行对外部信用评级的过度依赖

D. 提高银行短期应对流动性中断的弹性

9.《巴塞尔协议Ⅲ》中，下列不属于巴塞尔委员会确定的三个最低资本充足率监管标准的是（　　）。

A. 普通股充足率　　B. 一级资本充足率

C. 总资本充足率　　D. 核心一级资本充足率

10.《巴塞尔协议Ⅲ》规定，普通股充足率是（　　）。

A. 4.5%　　B. 6%　　C. 8%　　D. 2.5%

三、多项选择

1. 公正原则包括的内容有（　　）。

A. 过程公正　　B. 结果公正　　C. 实体公正　　D. 程序公正

E. 市场公正

2. 风险处置纠正贯穿银行监管始终，是监管部门针对银行机构存在的不同风险和风险的严重程度，及时采取相应措施加以处置，包括（　　）。

A. 纠正　　B. 处罚　　C. 整改　　D. 救助

E. 市场退出

3. 下列体现公开原则的有（　　）。

A. 监管立法和政策标准公开　　B. 商业银行的客户名单公开

C. 监管执法和行为标准公开　　D. 平等对待监管对象

E. 履行法定的完整程序，不因监管对象不同而有差异

4. 中国银行业监督管理机构成立后，在总结国内外银行业监管经验的基础上提出了具体的银行监管目标，它们分别是（　　）。

A. 保证人民银行货币政策的执行

B. 通过审慎有效的监管，保护广大存款人和金融消费者的利益

C. 通过审慎有效的监管，增进市场信心

D. 通过相关金融知识的宣传教育工作和相关信息的披露，增进公众对现代金融的了解

E. 努力减少金融犯罪，维护金融稳定

5. 银行风险监管指标的监测评价应遵循以下原则（　　）。

A. 强制性、可控性　　B. 相关性、风险敏感性

C. 准确性、可比性　　D. 及时性、持续性

E. 法人并表原则、保密性原则

6. 风险监管重点关注银行的（　　），检查和评价涉及银行业务的各个方面，是一种全面、动态掌握银行情况的监管。

A. 业务风险　　B. 内部控制　　C. 风险管理水平　　D. 盈利能力

E. 可持续发展

7. 风险抵补类指标衡量商业银行抵补风险损失的能力，下列属于该类指标的是（　　）。

A. 盈利能力　　B. 信用风险指标

C. 准备金充足程度　　D. 操作风险指标

E. 资本充足程度

8. 资本监管是对银行监管的重要内容之一，其重要性体现在（　　）。

A. 资本监管是审慎银行监管的核心

B. 资本监管是提升银行体系稳定性、维护银行业公平竞争的重要手段

C. 资本监管是促使商业银行可持续发展的有效监管手段

D. 资本监管可以提高银行的盈利水平

E. 资本监管可以直接降低银行的操作风险

9. 监管部门所关注的风险状况包括行业整体风险状况、区域风险状况和银行机构风险状况。对银行机构风险状况的监管具体包括（　　）。

A. 建立银行风险的识别、评价和预警机制，建立风险评价的指标体系

B. 建立商业银行经营管理汇报机制

C. 建立高风险银行业金融机构的判断和救助体系

D. 建立对支付危机的处置体系

E. 建立银行业金融机构市场退出机制及金融安全网

10. 在我国，按照法律的效力等级划分，银行监管法律框架由（　　）几个层次的法律规范构成。

A. 法律　　B. 行政法规　　C. 规章　　D. 地方法规

E. 制度

四、判断题

1. 资本充足率指的是商业银行的资本总额与其资产总额的比例。（　）

2. 确保银行的稳定经营和健康发展是银行监管的唯一目标。（　）

3. 银行监管是由政府主导、实施的监督管理行为，监管部门通过制定法律、制度和规则，实施监督检查，促进金融体系的安全和稳定，有效保护存款人利益。（　）

4. 银行监管的依法原则是指商业银行在经营管理中必须依据法律、行政法规的规定。（　）

5. 银行监管的公开原则是指银行业市场的参与者具有平等的法律地位，银保监会进行监管活动应当平等对待所有参与者。（　）

五、简答题

1. 中国银行业监督管理机构提出的银行监管目标是什么？

2. 我国银行监管的基本原则是什么？

3. 我国银行监管的主要方法包括哪些？

4. 资本监管有哪些措施？

5. 《巴塞尔协议Ⅲ》的内容包括哪些？

第十一章

其他金融机构风险管理

【章前引例】

2013 年 8 月 16 日上午 11 点 5 分 8 秒，沪指突然直线拉升 100 点，暴涨 5%，2 分钟内成交额约为 78 亿元，造成了 6 年来最大的波动。沪指的暴涨源于光大证券的误操作。光大证券自营的策略交易系统包含订单生成系统和订单执行系统两个部分，存在程序调用错误、额度控制失效等设计缺陷，并被连锁触发，导致生成巨量市价委托订单，直接发送至上海证券交易所，累计申报买入 234 亿元，实际成交 72.7 亿元。

根据事后监管层的调查和处罚认定，当光大证券发现误操作后，相关人员不是第一时间披露信息，而是利用内幕信息反向操作，规避损失，将 18.5 亿元股票转化为 ETF 卖出，并卖空 7 130 手股指期货合约。

光大证券在期现货市场上的套利行为让众多跟风买入的无辜投资者受损。当天沪指瞬间暴涨逾 5% 后，45.7 万户个人投资者跟风买入，买入金额为 330 多亿元；1 613 户机构投资者跟风买入，买入金额为 65 亿元，推动早盘沪指 3% 以上的涨幅。但午后，沪指持续回落，并以 0.64% 的跌幅收盘，T+1 的交易制度使这部分跟风入市的投资者损失惨重。

2013 年 8 月 30 日，证监会公布了对光大证券异常交易事件的调查处理情况，此事件被定性为内幕交易与信息误导、内控缺失。11 月 15 日，证监会正式公布行政处罚决定书，没收光大证券 ETF 内幕交易违法所得 1 307 万余元、股指期货内幕交易违法所得 7 414万余元，并处以违法所得 5 倍的罚款，上述两项罚没款共计 5.23 亿元。光大证券时任公司总裁徐浩明、助理总裁杨赤忠、计划财务部总经理沈诗光、策略投资部总经理杨剑波被给予警告、罚款 60 万元并终身禁入证券期货市场的处罚。

资料来源：新华网，http：//news.xinhuanet.com/fortune/2014－02/19/c_ 119413416.htm。

【本章学习目标】

1. 掌握证券公司的风险分类和管理方法。
2. 掌握保险公司的风险分类及管理技术。

3. 了解期货公司的风险类型及管理方法。
4. 了解金融租赁公司的风险类型及管理方法。
5. 了解基金管理公司的风险类型及管理方法。
6. 了解金融信托机构的风险类型及管理方法。

第一节 证券公司风险管理

证券公司作为一级市场上协助证券首次出售的金融服务机构，在一定程度上是经营风险的营利性企业。因此，高风险也就成为证券公司经营过程中显著的特点，对风险的管理贯穿证券公司整个运营体系，不仅对于公司本身的生存和发展起着不可替代的作用，同时也对整个金融体系的安全和稳定产生了深刻的影响。

一、证券公司风险管理概述

证券公司的风险管理是指证券公司用于管理、监督、控制风险的一整套政策和程序，其目的是通过辨别、测量、分析、报告、监控和处理证券公司所面临的各种风险，实现证券公司承担的风险规模与结构的优化、风险与回报的平衡。

（一）证券公司的风险分类

1998 年 5 月，国际证券事务监察委员会组织（IOSCO）下属的技术委员会提交了一份题为《证券公司及其监管者的风险管理和控制指引》的研究报告。该报告的重点是关于风险管理及控制的政策、程序和内控制度的指引，目的是增强证券公司和监管当局对国内、国际风险管理及控制架构的意识。国际证券事务监察委员会组织将证券公司所面对的风险划分为市场风险、信用风险、流动性风险、操作风险、法律风险和系统风险六大类型。

1. 市场风险。市场风险是指因市场波动而导致证券公司某一头寸或组合遭受损失的可能性，这些市场波动包括：（1）利率、汇率、股价、商品价格及其他金融产品价格的波动；（2）收益曲线的变动；（3）市场流动性的变动；（4）其他市场因素的变动。除股价、利率、汇率和商品价格的波动带来的不利影响外，市场风险还包括融券成本风险、股息风险和关联风险。

2. 信用风险。信用风险是指合同的一方不履行义务的可能性，包括贷款、掉期、期权交易及在结算过程中因交易对手不能或不愿履行合约承诺而使公司遭受的潜在损失。这些合约包括：（1）按时偿还本息；（2）互换与外汇交易中的结算；（3）证券买卖与回购协议；（4）其他合约义务。证券公司签订贷款协议、场外交易合同和授信时，将面临信用风险。

3. 流动性风险。流动性风险是指证券持有者不能以合理的价格迅速地卖出或将该工具转手而导致损失的风险，包括不能对头寸进行冲抵或套期保值的风险。

4. 操作风险。操作风险是指因交易或管理系统操作不当或缺乏必要的后台技术支持而引致的财务损失，具体包括：（1）操作结算风险，指由于定价、交易指令、结算和交易能力等方面的问题而导致的损失；（2）技术风险，指由于技术局限或硬件方面的问题，公司不能有效、准确地收集、处理和传输信息所导致的损失；（3）公司内部失控风险，指由于超过风险限额而未被觉察、越权交易、交易部门或后台部门的欺诈（如账簿和交易记录不完整、缺乏基本的内部会计控制）、职员业务操作技能的不熟练以及不稳定与易于进入的计算机系统等原因而造成的风险。

5. 法律风险。法律风险来自交易一方不能对另一方履行合约的可能性，是指因不能执行合约或因合约一方超越法定权限的行为而导致损失的风险。法律风险包括合约潜在的非法性以及对手无权签订合约的可能性。

6. 系统风险。系统风险是指由于这个市场上机构之间的责任相互交叉，并与现货市场相联系，这种风险因此得以加剧。在金融市场发生剧烈波动，如股票市场和外汇市场崩盘的情况下，可能会发生前所未有的金融机构倒闭风潮。

系统风险包括因单个公司或单个市场的波动触发连片或整个市场崩溃的风险。（1）因单个公司倒闭、单个市场或结算系统混乱而在整个金融市场产生“多米诺骨牌效应”，导致金融机构相继倒闭的情形；（2）引发整个市场运行困难的投资者“信心危机”。对于系统风险来说，场外衍生工具市场是监管的重点。一些金融或证券业务集中在少数金融机构手中，并用于进行非对冲的投机活动。如果一家大公司倒闭，这将成为系统风险所带来的“多米诺骨牌效应”的潜在根源。因市场或交易大量亏损而引起全球交易对手违约的风险已不仅仅是一种潜在的可能了。

（二）证券公司的风险管理

1. 证券公司风险管理框架的发展。由于市场环境、组织规模、内部管理等因素不断趋于复杂，证券公司的风险管理经历了从原始管理到全面管理的四个阶段。目前，国外领先证券公司，如摩根士丹利、高盛、美林等，均采用了全面风险管理型的框架。表11－1简述了国外投资银行发展的四个不同阶段。

表11－1　　国外投资银行发展阶段

因素	原始管理式	分散管理式	集中管理式	全面管理式
市场环境	市场形态比较简单	市场环境比较复杂，同时面对多个不同的市场	市场多样化，通常要面对多个国家与地区	面对全球市场，情况复杂多变
发展历程和组织规模	业务规模小	业务规模扩展并呈现一定复杂度	业务组织较为庞大，业务复杂度高	业务组织规模庞大，业务复杂程度高
风险管理方法	缺少风险管理专职部门与人员	风险管理职能由各部门分别负责，无专职部门	成立专设风险管理部门，集中管理风险	设立风险管理部门并由各部门参与监控自身风险
风险度量	无风险度量	以业务为单位进行简单的主观估测	结合系统风险进行风险因素的整体估测	强化风险的组合、精确度量

续表

因素	原始管理式	分散管理式	集中管理式	全面管理式
决策与操作关系	不分离	分离，但不彻底	分离	分离
风险管理独立性	不独立	不独立	独立	独立
业务效率	无质量保证高效率	相对较高	对业务运作效率有一定的影响	以质量为基础的高效率

资料来源：马晓军．投资银行学理论与案例［M］．北京：机械工业出版社，2011.

2. 证券公司全面风险管理体系。遵循风险管理的各类原则，根据证券公司全面风险管理经验，成功的全面风险管理体系主要包括企业风险管理战略和策略、健全的现代企业风险管理组织体系、规范的风险管理流程、完整的风险管理手册、有效的风险预警系统、有效的防范机制、高效的风险管理信息系统。

但在具体实施的过程中，国际金融界的经验是，首先建立一套相对简略但比较完整的全面风险管理系统，这个系统应当基本覆盖证券公司各项风险的识别、评估、缓释、监控、报告等环节，在此基础上建立覆盖整个机构的全面风险管理战略和政策，从相对简略的领域出发，在实践操作中逐步完善，扩大其覆盖的证券公司各项风险的领域。

3. 证券公司的风险管理特点和原则。证券公司风险管理主要有三大特点：（1）董事会与管理者协商共同决定整个企业的风险控制系统，优秀公司的内部审计应该从各管理层、各部门收集数据，从而建立一个可以反映公司整体风险状况的模型，并进行实时监控与调整；（2）每天都要对每项业务进行财务风险监测，这样财务管理者可以不断了解到市场风险的最新消息；（3）建立风险绩效考核体系（RAPM），确保证券公司风险管理体系得以真正实施，克服了传统的绩效考核体系单纯以业务或财务指标为基础，未考虑风险因素的缺点。

证券公司建立风险管理体系遵循五大原则：健全性原则、独立性原则、相互制约原则、防火墙原则、成本效益原则（见表 11－2）。

表 11－2　　　证券公司风险管理五大原则

健全性原则	风险管理和内部控制机制必须覆盖公司的各项业务、各个部门和各级人员，并渗透到决策、执行、监督、反馈等各个经营环节
独立性原则	必须在精简的基础上设立能够充分满足公司经营运作风险管理需要的机构、部门和岗位，各机构、部门和岗位职能上保持相对独立性
相互制约原则	内部部门和岗位的设置必须权责分明、相互牵制，并通过切实可行的相互制衡措施来消除内部控制中的盲点
防火墙原则	投资银行、自营、经纪、资产管理、研究咨询等相关部门，应当在物理上和制度上适当隔离。对因业务需要知悉内幕信息的人员，应制定严格的批准程序和监督处罚措施
成本效益原则	充分发挥各机构、各部门及广大职员的工作积极性，尽量降低经营运作成本，保证以合理的控制成本达到最佳的内部控制效果

【知识链接 11－1】

中国证券公司迈入全面风险管理时代

2014 年 2 月 25 日，中国证券业协会发布并实施了《证券公司全面风险管理规范》（以下简称《规范》）及《证券公司流动性风险管理指引》（以下简称《指引》），要求证券公司建立全面风险管理体系，设立首席风险官，安排专职人员、专门部门开展流动性、市场、信用、操作等风险的管理工作；针对流动性风险管理，新设流动性覆盖率和净稳定资金比例两项监管指标，要求证券公司按期达到指标要求。《规范》和《指引》的出台标志着证券公司风险管理要求迈上新的台阶，进入全面风险管理时代。

《规范》引入了全面风险管理理念，要求证券公司对经营中的流动性、市场、信用、操作等各类风险进行识别、评估、监控及管理，建立包含管理制度、组织架构、信息技术系统、风险指标体系、人才队伍、风险应对机制以及风险管理文化等方面内容的全面风险管理体系。相较于《证券公司内部控制指引》中按各业务条线对内控工作进行规定，《规范》按风险条线分类的风险管理具有更强的针对性，对风险的覆盖更加完整。《规范》要求证券公司制定包含风险容忍度和风险限额等的风险指标体系，通过风险价值、信用敞口、敏感性分析、压力测试等方法或模型来计量和评估市场风险、信用风险等可量化的风险类型，建立逐日盯市等机制，计算、动态监控关键风险指标。可见，《规范》对全面风险管理的指标体系、技术手段等进行了详细的规定，具有较强的指导意义。

《指引》除了对证券公司流动性风险管理目标、原则、架构、方法做了规定之外，还引入了流动性覆盖率（LCR）和净稳定资金比例（NSFR）两个流动性风险监管指标。上述两个指标来自《巴塞尔协议Ⅲ》关于流动性风险计量、标准和监测的国际框架，LCR 指标的基本含义是证券公司 30 天内可随时变现的资产对 30 天内现金净流出缺口的覆盖程度需大于 100%，NSFR 指标的基本含义是证券公司 1 年内长期稳定资金来源对 1 年内表内外业务所需资金的覆盖程度需大于 100%。由于证券公司整体财务杠杆水平较低，且持有的自有资产变现能力较强，因此正常情况下，证券公司均能较好地满足上述两个流动性风险监管指标的要求。但从业务发展趋势来看，证券公司通过发行短期融资券融入资金支持融资融券、股票质押回购等信用交易类业务发展的做法变得普遍，在证券公司的负债水平上升的同时，其资产负债期限错配程度也在提高。此外，NSFR 在计算所需稳定资金时，对自有资金融出资金设定 50% 的较高折算率，这将给信用交易类业务占比高的证券公司的 NSFR 指标带来一定的压力。

总的来看，中国证券业协会发布的《规范》和《指引》对证券公司的风险管理意义重大，有助于证券公司在创新发展过程中控制风险底线，不断提高风险管理水平，长期来看对证券公司的健康发展和整体信用水平均有积极作用。

资料来源：和讯债券网，http：//bond. hexun. com/2014－03－17/163113242. html。

二、证券公司各项业务的风险管理

（一）证券经纪业务风险管理

证券经纪业务是指证券公司接受客户的交易委托指令，为其代理股票以及其他有价证券交易的中介业务。经纪业务是证券公司的主要业务和利润收入的重要来源之一，但由于经纪业务涉及的主体多，其中的环节复杂，风险来源多，因此风险事件发生的频率较高。

1. 证券经纪业务的主要风险。按经纪业务风险内在产生原因的不同，代理买卖证券的风险主要包括合规风险、管理风险和技术风险等。

（1）合规风险。证券经纪业务的合规风险主要是指证券公司营业部在经纪业务中发生违反相关法律、行政法规和证监部门规章及规范性文件、行业规范和自律规则、行业公认并普遍遵守的职业道德和行为准则等行为，可能使证券公司受到法律制裁、被采取监管措施、遭受到财产损失或声誉损失的风险。主要包括：挪用公款买卖证券；编造并传播影响证券交易的虚假信息；假借客户的名义买卖证券；为牟取佣金收入诱使客户进行错误的或者不必要的证券买卖；挪用客户的证券或资金；接受客户的全权委托；没有在规定时间内向客户提供交易的书面确认文件等。

（2）管理风险。证券行业的管理风险主要是指证券公司营业部在经纪业务运营中，由于相关的管理规章制度不健全，或管理层对规章执行不力、经纪人故意违反公司规章操作等多种原因造成账户管理、资金存取、委托买卖及清算交收差错，使单位和个人遭受经济损失的风险。由于证券经纪业务操作环节比较多，如果公司管理不严格，在实际工作中很有可能出现失误而产生风险。主要有下列情形：首先是对开户客户的证件和资料审核把关不严而导致的风险。这一情形主要是指工作人员在办理客户开户时不按规定严格履行审核手续。在开户证件和资料不全、开户资料及证件与本人不符、没有授权委托手续，甚至伪造证件等情况下为客户开立账户，可能导致客户交易纠纷、证券盗卖、资金冒领等，使证券公司承担赔偿责任而遭受损失。

其次是指定交易和转托管的风险。主要是指非客户本人或无效代理人办理指定交易、撤销指定交易和转托管业务；业务申请表格关键信息与客户提交材料或身份证明文件不相符，或填写不完整；司法冻结未解冻，经客户申请柜台进行了指定交易、撤销指定交易和转托管业务操作；机构户办理指定交易、撤销指定交易和转托管业务没有授权文件，或提交的相关申请材料与预留印鉴不一致，且未提供合法变更证明；客户账户存在资金透支或特殊限制处理的，经客户申请办理了转托管和撤销指定交易操作。

（3）技术风险。技术风险是指证券公司的信息技术系统（包括计算机设备、供电、通信设施等）发生技术故障，从而不能保障交易业务正常、有序、高效、顺利地进行，使经纪业务出现异常，可能给证券公司和客户带来损失的风险。技术风险一般来说出现的概率很小，但是一旦出现，就会引起客户巨大的损失。

2. 证券经纪业务风险防范。

（1）合规风险的防范。

①证券公司要加强合规文化建设，从高级管理人员到普通员工都要增强法治观念和合规意识；

②要建立健全各项规章制度，严格按经纪业务内部控制的要求完善内部控制机制和制度；

③对客户交易结算资金实行第三方存管，对经纪业务账户管理、交易、清算、核算、操作权限、风险控制等实行集中管理；对风险程度和重要性不同的业务，实行实时复核、分级审批；

④强化岗位制约和监督，对经纪业务主要部门和岗位实行相互分离的管理制度。

（2）管理风险的防范。

①要加强机构及业务营销管理；

②严格执行经纪业务操作规程；

③建立经纪业务营销和账户管理操作信息管理系统，防范从业人员行为引发的风险，保护客户合法权益；

④ 加强员工培训，提高员工素质；

⑤建立客户投诉处理及责任追究机制；

⑥建立经纪业务检查稽核制度。

（3）技术风险的防范。

①证券机构营业部应加强信息系统建设和管理；

②应根据业务需要建立完善的信息技术系统及相应的容错备份系统和灾难备份系统；

③制定并严格执行信息系统运行管理制度和备份方案、系统故障及业务应急处理预案。

（二）证券自营业务风险管理

证券自营业务是指证券公司以自己的名义和合法资金进行证券买卖的业务，自行决定证券买卖的时机、价格、数量等，由此而产生的收益和损失也由证券公司承担。其与证券经纪业务的区别在于证券自营业务产生的风险由证券公司承担，而证券经纪业务中证券买卖的风险由客户承担。

1. 证券自营业务的主要风险。

（1）经营风险。主要是指证券公司因为在自营业务中投资决策或操作失误，管理不善或内部控制不严格使自营业务受到损失。

（2）合规风险。主要是指证券公司在自营业务中违反法规、规章和监管当局的有关规定而产生的风险，如从事内幕交易的风险。

（3）市场风险。主要是指因不可预见和控制的风险因素导致市场波动，造成证券公司自营业务亏损，这是证券自营业务面临的主要风险。

2. 证券自营业务风险防范。

（1）证券自营业务的规模和比例控制。由于证券自营业务的高风险特性，为了控制经营风险，必须严格地控制各项业务比例。

【知识链接11－2】

《证券公司风险控制指标管理办法》中的有关规定

- 证券自营业务规模不得超过净资本的200%。
- 持有一种证券的市值与该类证券总市值的比例不得超过5%，但因包销导致的情形和中国证监会另有规定的除外。
- 持有一种非债券类证券的成本不得超过净资本的30%。
- 自营股票规模不得超过净资本的100%。
- 违反规定超比例自营的，在整改完成前应当将超比例部分按投资成本的100%计提风险准备。

计算自营规模时，证券公司应当根据自营投资的类别按成本价和公允价值孰高原则计算。

（2）证券自营业务的内部控制。

①建立防火墙制度。

②加强自营账户的集中管理和访问权限限制。

③建立完善的投资决策和投资操作档案管理制度，确保投资过程事后可查证。

④建立独立的实时监控系统。

⑤通过建立实时监控系统全方位监控自营业务风险，建立有效的风险管理监控报告机制。

⑥建立健全自营业务风险监控缺陷的纠正和处理机制。

⑦建立完备的业绩考核和激励制度。

⑧稽核部门定期对自营业务的合规运作、盈亏、风险监控等情况进行全面稽核，出具稽核报告。

⑨加强自营业务人员的职业道德和诚信教育、强化自营业务人员的保密意识、合规操作意识和风险管理控制意识。

（三）证券资产管理业务风险管理

证券资产管理业务是指证券公司作为受托投资管理人，依据有关法律、法规和投资委托人的投资意愿，与委托人签订资产管理合同，把委托人委托的资产在证券市场上从事股票、债券等金融工具的组合投资，以实现委托资产收益最优化的行为。

1. 资产管理业务的种类。资产管理业务存在较大风险，其风险种类和形式与自营业务的风险基本相似，同样分为合规风险、市场风险、经营风险、管理风险（见表11－3）。

表 11-3　　资产管理业务的风险种类

资产管理业务的风险	具体内容
合规风险	主要是指证券公司在资产管理业务中违反法律、行政法规和监管部门规章及规范性文件、行业规范等行为，可能使证券公司受到法律制裁、被采取监管措施、遭受财产损失或者声誉损失的风险
市场风险	主要是指因不可预见和控制的因素导致市场波动，造成证券公司管理的客户资产亏损
经营风险	主要是指证券公司在资产管理业务中投资决策或操作失误而使管理的客户资产出现损失
管理风险	主要是指证券公司在资产管理业务中由于管理不善、违反操作而导致管理的客户资产损失、违约或与客户发生纠纷等，可能承担赔偿责任而使证券公司遭受损失

2. 证券资产管理业务风险的控制。

（1）证券公司开展资产管理业务，应当在资产管理合同中明确规定，由客户自行承担投资风险。

（2）证券公司应当按照经核准的集合资产管理合同和推广代理协议的约定推广集合资产管理计划，指定专人向客户披露证券公司的业务资格，全面准确地介绍集合资产管理计划的产品特点、投资方向、风险收益特征，讲解有关业务规则、计划说明书和集合资产管理合同内容以及客户投资集合资产管理计划的操作方法，应当充分揭示市场风险、证券公司因丧失资产管理业务资格给客户带来的法律风险，以及其他投资风险。

（3）在签订资产管理合同之前，证券公司应当了解客户身份、财产与收入状况、风险承受能力以及投资偏好等基本情况；客户应当如实提供相关信息。

证券公司设立集合资产管理计划，应当对客户的条件和集合资产管理计划的推广范围进行明确界定；参与集合资产管理计划的客户应当具备相应的金融投资经验和风险承受能力。

（4）客户应当对其资产来源以及用途的合法性作出承诺。客户未作承诺或者证券公司明知客户资产来源或者用途不合法的，不得签订资产管理合同。任何人不得非法汇集他人资金参与集合资产管理计划。

（5）证券公司及代理推广机构应当采取有效措施使客户详尽了解集合资产管理计划的特性、风险等情况及客户的权利、义务，但不得通过广播、电视、报刊及其他公共媒体推广集合资产管理计划。

（6）证券公司、托管机构应当至少每 3 个月向客户提供一次准确、完善的资产管理报告、资产托管报告，对报告期内客户资产的配置状况、价值变动等情况进行详细说明。证券公司、托管机构应当按照资产管理合同约定的时间和方式至少每周披露集合资产管理计划份额净值。发生资产管理合同约定的、可能影响客户利益的重大事项时，证券公司应当及时告知客户。

（7）证券公司办理定向资产管理业务，应当保证客户资产与其自有资产、不同客户的资产相互独立，对不同客户的资产分别设置账户，独立核算、分账管理。

（8）证券公司办理集合资产管理业务，应当保证集合资产管理计划资产与其自有资产、集合资产管理计划资产与其他客户的资产、不同集合资产管理计划的资产相互独立，单独设置账户，独立核算、分账管理。

第二节　保险公司风险管理

保险公司的盈利模式是通过承担风险来获取利润，因此，风险管理对于保险公司具有重要的意义。进入20世纪90年代后，日本连续7家保险公司倒闭，而美国仅在2000年至2001年就有60家保险公司破产，最令保险业震惊的是，在2008年国际金融危机中，国际知名保险集团AIG也陷入财务危机，最后不得不接受美国政府的救援。残酷的现实令全球保险业不得不思考的一个问题就是，保险公司传统的风险管理体系究竟出了什么问题；更进一步，保险公司应该怎样做好风险管理工作。

一、保险公司风险管理概述

（一）保险公司风险分类

1. 国际保险监督官协会（IAIS）的风险分类。IAIS制定的《保险监管核心原则和方法》（2000）认为，保险机构面临的风险主要有承保风险、与准备金有关的风险、市场风险（包括利率风险）、经营风险、法律风险、机构和集团风险 、信用风险等。

2. 根据2012年中国保监会《人身保险公司年度全面风险管理报告框架》中的风险分类，结合保险公司的业务特点，可知保险公司在经营过程中面临的风险主要有以下七类。

（1）市场风险，是指由于利率、汇率、权益价格和商品价格等的不利变动而使公司遭受非预期损失的风险。

（2）信用风险，是指由于债务人或交易对手不能履行或不能按时履行其合同义务，或者信用状况的不利变动而导致的风险。

（3）保险风险，是指由于死亡率、疾病率、赔付率、退保率等精算假设的实际经验与预期发生偏离而造成损失的风险，这是保险公司从事保险业务本身过程中面临的风险，既包括不恰当的核保、产品定价与设计、理赔、准备金提取等内部造成的风险，也包括经济环境、保单持有人行为与预期不符等外界因素的不利变化产生的风险。

（4）操作风险，是指由于不完善的内部操作流程、人员、系统或外部事件而导致直接或间接损失的风险，包括法律及监管合规风险。

（5）战略风险，是指由于战略制定和实施的流程无效或经营环境变化而导致战略与市场环境和公司能力不匹配的风险。

（6）声誉风险，是指由于公司品牌及声誉出现负面事件而使公司遭受损失的风险。

（7）流动性风险，是指在债务到期或发生给付义务时，由于没有资金来源或必须以较高的成本融资而导致的风险。

【知识链接 11-3】

保险公司的声誉风险管理

2014年3月4日，为加强保险公司声誉风险管理，维护保险行业和市场的稳定，中国保监会制定并发布了《保险公司声誉风险管理指引》。该文件规定保险公司应将声誉风险纳入全面风险管理体系，建立相关制度和机制，防范和识别声誉风险，应对和处置声誉风险事件。

2021年2月18日，中国银保监会发布《银行保险机构声誉风险管理办法（试行)》(以下简称《办法》)，自印发之日起施行。《办法》共六章30条，主要内容包括：一是明确了《办法》的法律依据、适用对象、声誉风险和声誉事件的定义、声誉风险管理原则，要求银行保险机构承担声誉风险管理的主体责任，银保监会及其派出机构依法对银行保险机构声誉风险管理实施监管。二是明确了银行保险机构应以党的政治建设为统领，强化公司治理在声誉风险管理中的作用，规定了董事会、监事会、高级管理层、声誉风险管理部门、相关职能部门、分支机构和子公司的职责分工，要求构建组织健全、职责清晰的声誉风险治理架构和相互衔接、有效联动的运行机制。三是要求银行保险机构从事前评估、风险监测、分级研判、应对处置、信息报告、考核问责、评估总结七个环节，建立全流程声誉风险管理体系，形成声誉风险管理完整闭环。四是要求银行保险机构从风险排查、应急演练、联动机制、社会监督、声誉资本积累、内部审计、同业协作七个方面做好声誉风险日常管理工作。五是明确了银行保险监督管理机构的监管责任、责任分工、监管措施、问责处罚、行业协作等，要求监管机构将银行保险机构的声誉风险管理纳入法人监管体系，将机构的声誉风险管理状况作为监管评级及市场准入的考虑因素，并可针对发现的问题依据现行有关法律法规实施行政处罚。

资料来源：中国银行保险监督管理委员会。

（二）保险公司全面风险管理

1. 国际上保险公司的全面风险管理。1999年，国际保险监督官协会（IAIS）着手准备新的评级方式，考虑保险公司整体风险，采用类似《巴塞尔协议Ⅱ》的“三支柱”的思想。2004年，国际保险监督官协会发表了这种方法，其中重要一点是基于公司内部模型的偿付资本需求（Solvency Capital Requirement，SCR）。欧盟在《资本需求指引》（The Capital Requirements Directive，CRD）中也准备引用这种框架。

加拿大动态资本充足性测试（Canadian Dynamic Capital Adequacy Test）与澳大利亚公司内部模型法（Australia Internal Model Based Method）要求，保险公司的风险管理应构建与使用内部模型来确定资本需求。

英国金融服务局（FSA）在2004年采用单个资本充足性标准（Individual Capital Adequacy Standard，ICAS）。在这个标准下，公司需要有充足的资本来支持其业务，这种资本的计算是基于公司内部模型，并且需要进行常规的测试。

美国保险监督官协会（NAIC）采用 CARRMEL 评级法。CARRMEL 包括资本充足性（Capital Adequacy）、资产质量（Asset Quality）、准备金（Reserve）、再保险（Reinsurance）、管理（Management）、盈余（Earnings）与流动性（Liquidity）。

2005 年，标准普尔提到，保险的整体风险管理将是评级的关键组成部分。其他评级机构，包括 Moody's、A. M. Best's、Fitch 也调整了它们的评级策略。实际上，Moody's、A. M. Best's、Fitch 已经在应用它们的模型进行评级。

从目前的趋势来看，外部的压力将会越来越大，内部的管理会不断让路，将以一种新的方式来管理风险。正像巨灾风险模型一样，管理优秀的公司将构建、执行内部的企业风险管理模型，并且运用这种模型去理解、管理公司所面临的风险与机会。

2. 我国保险公司的全面风险管理。近十年来，中国经济的高速增长推动了保险业规模不断壮大，年均保费收入增速超过 21%。但是，2008 年国际金融危机的阴霾犹在，2010 年开始的欧洲主权债务危机不断深入，世界经济发展的不确定性增强，加之全球保险业存在的巨灾风险、长寿风险、利率风险等系统风险，这些都给中国保险业带来了严峻的考验。

我国保险业起步较晚、发展较慢，且在过去的几十年中更多地致力于保费增长，忽视了风险管理意识的培育和风险管理体系的构建。为了强化保险公司自身风险防范能力，原保监会从公司治理结构、市场整顿等多角度提高保险公司的风险管理能力，相继颁发了公司治理结构、审计、合规等方面的文件。2007 年原保监会下发的《保险公司风险管理指引（试行）》中将全面风险管理的定义为，保险公司围绕经营目标，对保险经营中的风险进行识别、评估和控制的基本流程以及相关的组织架构、制度和措施。之后 2012 年原保监会又发布了《人身保险公司年度全面风险管理报告框架》及风险监测指标，进一步完善了保险公司的风险管理报告制度。同时，原中国保监会在 2012 年初发布《中国第二代偿付能力监管制度体系建设规划》，加强中国第二代偿付能力监管制度体系建设的顶层设计，推动行业不断提升风险管理能力。经过三年努力，“偿二代”监管体系于 2016 年起正式实施，标志着我国保险监管工作将全面实行“风险导向”新制度。

保险公司在实施风险管理时应遵循以下基本原则。

（1）一致性原则。公司在建立全面风险管理体系时，应确保风险管理目标与战略发展目标的一致性。

（2）匹配性原则。公司在全面风险管理过程中，应确保公司资本水平与所承担的风险相匹配，所承担的风险与收益相匹配。

（3）全面性原则。全面风险管理应渗透至公司各项业务环节，对每一类风险都应全面认识、分析与管理。

（4）全员参与原则。公司应建立全员参与的风险管理文化和相应机制，各级别员工都应按照其工作职责参与公司的风险管理工作，承担日常风险管理职责。

（5）定量与定性相结合原则。公司应根据自身业务性质、规模和复杂程度开发相适应的风险量化技术，推广应用先进成熟的风险管理经验，实现定量与定性方法的有机结合。

（6）不断优化原则。公司应不断地检查和评估内外部经营管理环境和竞争格局的变化及其对公司全面风险管理所产生的实质影响，及时调整和优化风险管理政策、制度和流程。

【知识链接 11－4】

保监会发布《人身保险公司年度全面风险管理报告框架》

继 2010 年颁发《人身保险公司全面风险管理实施指引》之后，保监会近日发布《人身保险公司年度全面风险管理报告框架》及风险监测指标。该报告要求各寿险公司、健康保险公司今年提交的年度全面风险管理报告须按此执行，养老保险公司因其业务性质的特殊性可参照执行。

此次发布的《人身保险公司年度全面风险管理报告框架》及风险监测指标，是在总结保险公司 2011 年提交的年度全面风险管理报告，借鉴国内外保险公司好的经验，结合中国人身保险行业实际的基础上，统一了全面风险管理报告必备的基本内容。同时，制定了保险风险、市场风险、信用风险、流动性风险、操作风险、战略风险等六大类 33 个风险监测指标，根据风险指标波动性的大小，分别按季度和年度进行监测。

该报告的发布和落实将提高保险公司向董事会和监管部门披露自身风险状况的信息质量，有利于公司董事会和监管部门了解公司的风险管理现状和当前面临的主要风险，以及各项风险的具体情况。同时，督促保险公司及时发现自身风险管理中存在的不足，制订提高风险管理水平的计划，持续完善风险管理环境、健全风险管理制度，改进风险管理技术，从而不断提升保险公司全面风险管理的水平。

资料来源：中国银行保险监督管理委员会。

二、保险公司风险管理技术

保险公司的风险管理主要有核保和承保管理、财务管理、再保险风险管理、投资管理和资产证券化等手段。

（一）加强业务管理

业务管理中，核保和核赔是保险公司风险管理的重要内容。

1. 核保和承保。核保是通过对承保标的所面临的风险进行识别、估测和评价，并作出是否承保决定的过程。保险承保的目的是为保险公司安排一个安全和盈利的业务分布组合。核保和承保是提高保险公司风险控制能力和盈利能力的关键业务环节，也是事前进行风险防范的重要手段。

（1）核保和承保的内容。核保包括核保选择和核保控制。核保选择是在展业的风险选择基础上，对可承保的标的进行分析、审核，确定接受承保的条件。投保单是承保选择的第一手资料，通过对每份投保单的审核，分析风险的大小，作出正常承保、条件承保或拒保的决定。核保选择包括事前核保选择和事后核保选择。事前核保选择是指保险人在承保前考虑决定是否接受投保；事后核保选择是保险人对保险标的的风险超出核保标准的保险合同作出淘汰的选择。事前和事后核保选择都采用了风险管理中的规避风险的手段。

核保控制是指保险企业运用保险技术手段，控制自身的责任和风险。随着保险合同关系成立，还可能会诱发两种新的风险，即道德风险和心理风险。道德风险是投保人或受益人故意制造保险事故，谋取赔偿的风险。心理风险是投保人参保后产生松懈心理而引发的风险。其中道德风险是核保控制的重点。

（2）核保的原则。

①公平原则。一方面，每个被保险人所支付的保险费率与其风险等级一致；另一方面，在保险公司营销运作中，保险人必须进行合理的风险评估，确保公平的原则。否则，会给保险人带来巨大的经营风险。

②必须具有充分的理由才能拒保。

（3）核保的政策。核保政策的制定是以公司的经营目标和核保原则为指导。其中经营目标包括保证偿付能力、持续发展能力与盈利能力、树立良好的社会形象等。因此，在制定核保政策时必须考虑经营过程中的各个环节和影响因素，如各环节目标协调、地区的风险状况、保单的形式和费率、赔付计划的选择等。

（4）核保的标准。核保标准的制定不仅要与各业务部门共同协商，而且要充分考虑以往的经验，如索赔经验、业务运营记录、产品发展的历史趋势等。确定核保标准，一方面可以避免核保人员随意费率开价和通融承保；另一方面可以提高保险公司的核保水平，促进核保工作的规范化、制度化和科学化。

2. 核赔。核赔管理制度包括核赔权限、预付赔款、特例案件处理、追偿管理及案件核赔人制度。

（1）核赔权限。核赔权限是核赔监督管理的必要手段。核赔权限设立采用两种方法：一是建立分级核赔制度，确定各级核赔最高限额；二是根据赔案责任和性质来确定核赔权限。

（2）预付赔款。预付赔款是指当保险人收到赔偿或赔付金额不能确定时，应当根据已有证明和资料可以确定的最低数额先予支付的方式。

（3）特例案件处理。特例案件处理的原则：一是赔付后不会主张保护轻视防灾工作，不会造成不当得利；二是赔付后不会产生连锁反应，造成被动；三是赔付后将起到巩固和发展业务的作用。

（4）追偿管理。首先，运用法律手段，积极追偿；其次，第三者责任追偿要建立登记制度；最后，要落实追偿责任制。

（5）案件核赔人制度。通过核赔过程中对关键环节的监控和审核来完成核赔工作。

（二）规范财务管理，强化偿付能力管理

保险公司的财务管理是保险企业经营风险管理的重要环节。主要涉及产品定价与设计、科学提取各种准备金、合理确定自留额水平等。

1. 产品定价与设计。产品定价与设计是基于数理基础、寿险精算原理和非寿险精算原理。保险的精算模型直接影响到产品定价的合理性。

2. 准备金提取。保险准备金是指保险人为了承担未到期责任和处理未决赔款，根据政府有关法律规定或业务特定需要，从保费收入或盈余中提存的一定数量资金。一般来说，财产保险应提存的准备金主要有未满期责任准备金、赔款准备金和特别准备金等；人身保险提存的准备金主要有责任准备金、未满期保费准备金和特别准备金等。

3. 确定自留额水平。自留额是指预定责任限额，是原保险人对其所承保的各类保险业务，根据其危险程度、业务质量的好坏以及自身承担责任的能力，在订立再保险合同时，预先确定的对每一个危险单位自负的责任限额。保险人和再保险人签订溢额再保险合同，在确定每一个危险单位的自留额时，需要考虑以下五个方面的因素。（1）保险标的损失概率的大小与自留额的关系。（2）一个危险单位保险额与自留额的关系。（3）承保同类保险标的的数量与自留额的关系。（4）资本金、公积金和准备金的储备额与自留额的关系。资本金、公积金的数额大，准备金储备量充足，保险偿付能力就大，分保额就可以小一些，自留额大一些。（5）费率要适当。

【案例 11－1】

Mission 保险公司破产

Mission 是位于美国加利福尼亚州的一家保险公司，因经营劳工补偿保险而受到赞誉。20 世纪 80 年代初期，该公司承保了大量商业财产和意外险业务，同时也签发再保险和直接保险业务。Mission 公司通过两家保险代理商扩张业务，他们以 Mission 公司的名义签发保单，并在世界范围内对其中的大部分业务进行再保险。Mission 公司最终只持有很少的自留额，但从再保险人那里收取手续费佣金。Mission 公司与大约 600 家再保险公司有业务关系，其中很多家是不受监管的。

这两家保险代理商以低于其他保险公司的费率承保业务，而当时正处于经济周期的低谷，定价过低的风险到处都存在。赔付高峰到来时，很多再保险公司已经倒闭或者拒绝赔付，留下 Mission 保险公司面对巨额赔偿。1985 年，加州保险局对其开展了三年一次的调查，并于 1987 年进行清算。

Mission 保险公司破产的主要原因是：过度依赖再保险、业务扩展到新领域、缺乏对授权业务的承保风险控制、定价过低等，准备金更是严重不足，还有一些虚假报表和会计账目的问题。

资料来源：孙立娟．保险公司破产的国际经验与借鉴［J］．保险研究，2009（6）．

（三）再保险分散管理

再保险，也称分保，是指保险人将其所承保的危险责任的一部分或全部向其他保险人办理保险，即保险的保险。保险公司再投保是提高其承保能力和分散风险的有效手段。

首先，保险公司承担风险的能力是有限的，受其资本金和公积金数量限制，为求得一定的经营规模和经营业绩的稳定，增强竞争能力和提高经济效益，保险公司必须将其承保的危险责任进行合理安排。保险公司所承保的业务，在每一险种上都达到相当规模，每一保险单位的保险金额都自然均衡是不大可能的。保险公司所承保的业务是多种多样的，有的保险金额不高，但出险概率却较高，而有的保险金额相当高，且出险概率也不低，各个险种的业务量也参差不齐。有些责任还属特殊风险，诸如卫星发射、核电站保险。因此，保险公司在确定了自留额之后，就必须按业务的性质和不同类别向其他保险人转嫁一定风险，以控制自身所承担的保险责任。

【案例 11－2】

Drake 保险公司破产

英国的 Drake 保险公司是一家以车辆保险为主营业务的公司，业务规模位居英国车辆保险公司前 20 名。多年来，Drake 公司在承保业务中非常重视再保险的作用，以其分散风险。但 1996 年，为了节约资金，Drake 公司大幅减少了分保保费。当 1998 年风险来临时，由于没有安排再保险分担，Drake 公司遭受了 1 700 万英镑的损失，无法保持充足的偿付能力，于 2000 年 5 月被英国金融服务监管局（FSA）责令清算。

资料来源：孙立娟．保险公司破产的国际经验与借鉴［J］．保险研究，2009（6）．

其次，再保险是巨灾风险管理方面的有效手段。巨灾是小概率大损失的保险事件，其显著特点是突发性和破坏性，巨灾事件引起的个体保险损失与理赔之间不是相互独立的，而是具有较强的正相关性，这与保险分散风险的基础理论“大数定律”相矛盾；同时，巨灾风险可以在短时间内猛烈地冲击保险公司和保险市场，引发连锁理赔反应，这与保险业务普遍具有的长期性特点相矛盾。因此，巨灾的发生可以轻易打破保险公司的常规经营，导致保险公司破产。据统计，近 10 年自然灾害和人为灾祸所带来的损失大约相当于 20 世纪 70 年代和 80 年代的总和。2001 年 9 月 11 日发生在美国的恐怖袭击事件，造成的保险财产损失和营业中断损失达 190 亿美元，加上责任险和寿险损失，总额高达 600 亿美元，是保险史上财产损失最高的事件之一。保险业正在面临高额损失的发展趋势。

再次，再保险便于业务指导，形成联合保险基金。再保险关系的确立，使原保险人的利益与再保险人的利益联系在一起。原保险人经营不善，防灾不力，事故赔付增加，再保险人的摊赔也必然增多，因而再保险人对原保险人的经营情况十分关注，从而能促使原保险人业务的规范化经营。再保险关系的确立，一般有一定的接受条件，分入业务的同时，也是对原保险业务费率和承保条件的审核。同时由于再保险关系的存在，新成立的保险公司容易获得经验丰富的再保险公司的业务指导机会，促使其业务迅速进入正常轨道。此外，再保险关系的确立，使原来各家独立的保险公司有了携手合作的机会，原来各家独立的保险公司筹集的保险基金也因此而汇集成了联合的保险基金。这样，通过再保险，既分担了危险责任，降低了保险成本，又提高了保障程度，保全了被保险人的合法权益。

最后，确定再保险的原则，避免分保风险的发生。分保风险再投保的原则是：及时投保；合理地确定自留额；再保险人的资信评估。

【案例 11 -3】

过度保险导致保险公司破产

美国 Integrity 公司在 20 世纪 70 年代后期过度使用再保险开展业务。公司承保后只自留其中很少的一部分，而将大量业务分保，以再保险公司的佣金为主要利润来源。这种方式使 Integrity 公司一度与遍布全球的 500 多家保险公司签订了上千份再保险合约。当风险发生后，由于许多再保险合同不能完全履约，Integrity 公司于 1987 年被清算，造成了约 3 亿美元的损失。

资料来源：搜狐财经，http：//business. sohu. com/2004/04/08/46/article219774671. shtml。

（四）保险投资管理

保险投资是指保险企业在组织经济补偿过程中，将积聚的各种保险资金加以运用，使资金增值的活动。

1. 保险投资的作用。

（1）保险投资增强了保险公司的偿付能力。偿付能力充足是对保险公司的最基本要求。保险公司资金进入资本市场，有利于保险公司拓展新业务，提高投资收益，增强保险公司的偿付能力。

（2）保险投资增强了保险公司的风险控制能力。保险资金是一种特种资金，专门用于应付自然灾害和意外事故可能对生产、生活造成的不利后果，因此保险公司的保费收入是对被保险人的负债，而不是保险公司的实际收益。由于保险责任是连续的、不确定的，随时可能承担各种保险业务的未到期责任，因此保险公司在资金运用中，要全面实行资产负债管理，将保险资产进行合理投资，使资产与负债相匹配，增强保险公司抵御风险的能力。

此外，保险投资收益为公司降低保费提供了可能性，而保费的降低有助于提高保险的深度，激发市场的潜在需求，增加保费收入，改善保险业的经营环境，增强保险公司竞争力，使保险行业进入良性发展的状态。

2. 保险投资的原则。一般认为保险投资有三大原则：安全性、收益性、流动性。

（1）安全性原则。保险企业可运用的资金，除资本金外，主要是各种保险准备金，它们是资产负债表上的负债项目，是保险信用的承担者。因此，保险投资应以安全为第一条件。安全性，意味着资金能如期收回，利润或利息能如数收回。为保证资金运用的安全，必须选择安全性较高的项目。为减少风险，要分散投资。

（2）收益性原则。保险投资的目的，是提高自身的经济效益，使投资收入成为保险企业收入的重要来源，增强赔付能力，降低费率和扩大业务。但在投资中，收益与风险是同增的，收益率高，风险也大，这就要求保险投资要把风险限制在一定程度内。

（3）流动性原则。保险资金用于赔偿给付，受偶然规律支配。因此，要求保险投资在不损失价值的前提下，能把资产立即变为现金，支付赔款或给付保险金。保险投资要设计多种方式，寻求多种渠道，按适当比例投资，从量的方面加以限制。要按不同险种的特点选择方向。如人寿保险一般是长期合同，保险金额给付也较固定，流动性要求可低一些。国外人寿保险资金投资的相当部分是长期的不动产抵押贷款。财产险和责任险一般是短期的，理赔迅速，赔付率变动大，应特别强调流动性原则。国外财产和责任保险资金投资的相当部分是商业票据、短期债券等。

3. 保险投资风险控制。保险公司在保险投资中面临着信用风险、价格风险。其中，价格风险包括利率波动风险、汇率风险、投资产品的价格风险。这些风险可以通过风险转移、风险对冲、风险规避等手段加以防控。

（五）保险公司的资产证券化

保险存量资产证券化同其他形式的资产证券化并没有太大的区别，它指的是把保险公司缺乏流动性，但预期未来具有稳定现金流的资产汇集起来，形成一个资产池，通过结构性重组，将其转变为可以在金融市场上出售和流通的证券，据此融资的过程。其实质是将保险公司的现金流转换为可以交易的金融证券。

【案例 11－4】

美国国际集团（AIG）经营危机案例分析

美国国际集团（American International Group，Inc.，AIG）是美国最大的保险集团之一，根据2008年福布斯全球企业2 000强排行榜，AIG列第18位。

2008年9月16日，美联储向由于次贷危机而陷入财务困境的AIG提供了850亿美元贷款，作为代价，美联储将持有AIG 79.9%的股权，而AIG需要出售资产以偿还这笔巨额债务。10月8日，美联储宣布，再次向AIG提供高达378亿美元的贷款，用于帮助AIG补充资金流动性，此时的AIG实质上已经被收归国有。

一、导致AIG陷入财务困境的直接原因

（一）过度的投资导致风险的发生

20世纪90年代末，在金融业交叉销售和协同经营的背景下，AIG也进行了多元化扩张，从传统的保险业务进入了证券、商业银行、投资管理、融资租赁等多个领域。其中最让公司得意的就是负责开发和销售金融产品的金融产品部门（AIGFP）。尽管传统的保险业务占比逐渐减少，但从AIG 2008年前三季度的经营数据中可以看出，AIG的核心保险业务并没有出现亏损，反而比2007年同期有6.8%的增长。但是投资收益的下降和在CDS产品方面的亏损，导致AIG的财务状况急剧恶化。到2008年中期，除AIGFP亏损237.9亿美元外，其旗下的消费金融子公司（AGF）因抵押贷款违约而亏损8 500万美元，资产管理公司的利差投资业务部因投资于抵押贷款产品，亏损了16亿美元。总之，过度的投资，让AIG吞食了风险蔓延带来的苦果。

（二）金融衍生产品的联动性

引发AIG出现财务危机的逻辑链条如下：次贷危机爆发导致AIG销售的与次贷有

关的 CDS 产品巨额亏损，导致需要追加现金和资产抵押以满足监管要求；巨额现金、资产抵押和拨备导致了现金流危机；现金流危机导致 AIG 的信用评级下降；根据 CDS 合同的有关条款，如果 CDS 产品卖方（AIG）的信用等级下降，需要卖方追加现金或资产做抵押，这就更加剧了 AIG 的现金流危机。

二、AIG 陷入实质性破产背后的原因

（一）内部风险控制出现的问题

在过去很长时间里，AIG 都以其控制风险的能力著称。比如，当多数美国保险公司只对 10% 的保单进行再保险时，AIG 会将保险费的 70% 进行再保险。虽然这在一定程度上降低了其利润，却让公司有远远多于竞争对手的现金。但自从 AIG 的老领导格林伯格离开之后，管理层的风险控制意识似乎就出现了问题。Joseph J. Cassano 在 2007 年 8 月的公司内部会议上，还对 AIGFP 的 CDS 产品充满信心，完全没有觉察到已经慢慢累积起来的风险。因此，AIG 的管理层对 AIG 一步步深陷危机负有重要责任。

（二）资产负债表外隐藏的高风险

保险业务要求保险公司计提未到期责任准备金，但 CDS 产品则不同。尽管 CDS 看上去像是一款为债券提供信用保障的保险合约，但由于它是由证券公司创造的，并在证券公司（如 AIGFP）下从事的业务，因此根据惯例，应以衍生品的公允价值（Fair Value）计账。AIG 所承接的 CDS 业务绝大部分都按公允价值计入了资产负债表中。尽管 AIG 实际上承接了超过5 000亿美元的 CDS 业务，但因为当时市场一片繁荣，CDS 产品的价格非常低廉，这些业务在表内只体现了 170 亿美元的公允价值。这就导致了从资产负债表上看，AIG 的杠杆率并不是很高（2007 年末时为 11 倍），但如果加上这部分潜在负债额，公司的实际杠杆率将达到 17 倍，即使只将其中的 50% 计入表内，杠杆率也将上升到 14 倍。

（三）监管机构对跨行业经营业务的模糊管制

CDS 交易属于柜台交易，因而不受任何证券交易所监管，完全在交易对手之间直接互换。也就是说在最初成交 CDS 时，并没有任何机制来保证出售方（如 AIG）是否有足够的储备资本来担保。而且各担保方的“保险”政策不尽一致，完全没有一个统一标准。AIG 之所以能够以如此高的杠杆来运营一项保险业务，与监管机构对跨行业经营业务的模糊管制有关。尽管美国保险监管部门对保险公司的准备金拨备和资本充足率有着严格的要求，但对于保险公司旗下从事“类保险业务”的金融服务公司（如 AIGFP）却没有明确的监管要求，CDS 业务更是没有列入保险监管范围。总之，作为一种横跨保险业与证券业的业务，对 CDS 的松散监管导致了其低拨备、高杠杆的业务特性。于是，无论是证券公司还是保险公司都竞相开展这一业务。激烈竞争下，保费收入（点差）不断降低。例如到 2006 年，高等级债券每年的保费仅为面值的 0.1%；随着风险暴露的增加，保费水平逐渐提高，到 2008 年已上升到 4.33%。CDS 价格的大幅变动，显示了这一保险产品在证券公司的经营框架下，出现了严重的估价错误。

资料来源：王茂琪，陈秉正．AIG 陷入财务困境的原因及启示［J］．保险研究，2009（2）．

第三节　其他金融机构风险管理

一、期货公司风险管理

（一）期货公司风险及其特殊性

1. 期货公司风险分类。期货公司的经营过程中，往往会出现市场风险、信用风险、操作风险及其他风险。

（1）市场风险。市场风险与期货公司的经营密切相关，是期货公司必须面对的风险之一，对期货公司的各项业务损益形成直接的影响。

（2）信用风险。所谓的信用风险，就是期货公司业务开展中，在客户进行交易时，因为合同的一方拒绝履行所要承担的责任，或者拒绝履行相关的义务，以及在交易过程中一方的信誉出现了问题所带来的损失。

（3）操作风险。操作风险具有普遍性，广泛存在于期货公司经纪业务、咨询业务等各个业务流程以及信息技术的整个过程。不同的业务环节操作风险也有所不同，这种风险的引发因素多为期货公司内部因素，包括个人、管理、技术等因素，并且风险发生的概率与损失之间没有相关性，操作风险属于小概率、高危险性质的事件，对操作风险是很难进行数字量化度量的。

（4）其他风险。除以上几种风险外，期货公司还面临其他风险，如信息风险、法律和合规风险、声誉风险等。

【案例 11－5】

嘉陵期货公司挪用客户保证金 8 000 余万元

嘉陵期货公司位于四川省成都市，代理交易额位居四川省第二。2004 年 8 月上旬，嘉陵期货公司董事长刘崇喜被爆因挪用客户保证金无法弥补而失踪。经证监会与公安部门联合调查核实，嘉陵期货公司挪用客户保证金 8 000 多万元，涉及客户 400 多名，随后董事长刘崇喜被公安机关逮捕，公司进入清退客户保证金、处置风险阶段。嘉陵期货公司的问题出在：一是股东失信，虚假出资造成嘉陵期货财务风险；二是内控失效，法人治理结构严重缺失；三是公司工作人员风险意识淡薄，违规操作。

【案例 11－6】

北京寰宇期货公司客户穿仓

2004 年 1 月 6 日至 5 月 11 日，寰宇期货公司的周粉女、夏笙安等共计 12 名客户自有资金不足，无法进行期货交易，但在此状况下，公司允许其中11名客户透支其他客户的资金继续进行期货交易，在寰宇期货公司陆续对上述客户强行平仓时发现客户出现了穿仓损失。同年3月至10月，11名客户透支交易合约总量为6 213手，穿仓损失达4 560.04万元。寰宇期货公司一直违规操作，允许客户在保证金不足的情况下进行透支交易，客户交易数额越大，积累的风险就越多，在客户穿仓造成的损失无法弥补的情况下，将风险直接转嫁到期货公司身上。寰宇期货公司内部合规人员在企业风险管理监控中没有真正发挥作用，没有及时发现、制止、评估风险，也没能及时将风险状况及严重性向公司管理层报告和提出改进建议，公司的管理层和董事会也没有履行合规经营和风险防控职责。寰宇期货公司营业部总经理同样也没有承担起应有的责任。

2. 期货公司风险的特殊性。期货公司具有金融企业的风险特征，但与其他金融企业有所不同，主要有以下几点。

（1）主要业务的不同决定了不同的主要风险（见表11－4）。

表11－4　　金融机构的主要业务和主要风险区别

金融机构	主要业务	主要的风险
银行	存款、贷款	信用风险、流动性风险、操作风险
证券公司	承销、自营业务	市场风险
保险公司	财产、人身保险	技术风险、道德风险
期货公司	经纪业务	信用风险、市场风险、管理风险

（2）期货市场的交易机制决定了期货公司的风险高于其他金融企业。期货市场实行的保证金交易机制和双向交易机制，使期货投资者的亏损额可以大于其投资本金，在理论上客户的亏损可以是无限大的，所以在理论上期货公司承担的客户亏损也可以是无限大的。而其他金融企业在主要业务上的最大亏损是有限的，而且通常在事先就能确定，如银行的贷款业务，其最大亏损就是本金和利息，证券公司承销业务的最大亏损就是承销的证券全部无法售出等。因此，期货公司的风险要高于其他金融机构。

（3）非理性的投机导致了更高的信用风险。期货市场的买空卖空机制、保证金交易机制，可以使投资者以较少的本钱获得很高的回报，这在一定程度上吸引了更多的风险偏好者。从某种程度上讲，期货投资者特别是期货投机者，其风险偏好要高于其他金融市场的参与者。但风险偏好高，并不意味着交易者的交易技术高和承担风险能力强。这些机制在产生高收益的同时也产生高亏损，因此，期货交易者产生大额亏损而无力承担的可能性要高于其他市场的投资者，期货公司也就承担了更高的客户信用风险。

（二）期货公司的风险管理

风险管理是提高公司经营管理水平和核心竞争力，提升公司盈利能力的必要措施。期货公司风险管理就是对公司管理和运作中的风险进行识别、评估、管理和持续监控的过程。

1. 风险识别。风险识别是评估风险发生的可能性与可能的影响等。管理风险要基于对风险的判断。对于开户、下单、交易确认等有明确规则约束的业务的相关风险，可以依据是否合规来进行判断。但是，期货公司主要的风险来源是由于行情的变化而导致客户的保证金不足以及客户不能履行交割义务而造成违约。这就需要对交易品种的后续走势及其影响进行分析、判断和预测，这是制定有效的风险管理措施的依据，也是风险管理决策的基础。

2. 风险度量。风险度量主要是使用多种计量模型来刻画市场因素的不利变化导致金融资产组合价值损失的大小。目前，常用的方法有敏感度分析、波动性分析、VaR 分析、压力测试和极值法。其中，VaR 作为一种在金融业中使用普遍的市场风险计量工具，被期货公司用来时刻了解公司客户潜在的风险大小，以作出正确的决策。

3. 风险控制。风险控制包括建立金融交易业务风险管理制度、内部控制机制和业务处理系统，化解可能由于期货交易而带来的各种风险。

其中，完善的内部控制机制是风险控制的最基本保证。期货公司应当结合自身的实际情况，综合考虑公司的经营规模、企业文化、人力资源状况、战略目标和所处的发展阶段等方面的因素，构建切实可行的以风险管理为核心的内控体系，从而有效地防范和控制风险。期货公司建立和加强内控机制的核心是对风险进行控制。风险控制主要由以下三部分组成：财务会计控制、管理控制和稽核控制。做好风险管理的前提是做好内部控制。内控机制作为企业一种自我调节、自我制约的内在机制，可以起到防范和化解风险、保护资产的安全与完整、保证经营活动合法合规和公司经营战略有效实施等重要作用。

【知识链接 11 -5】

中国证监会颁布《期货公司风险监管指标管理办法》

2013 年 2 月 21 日，中国证监会正式公布了《期货公司风险监管指标管理办法》（以下简称《办法》）及《关于期货公司风险资本准备计算标准的规定》（以下简称《规定》）。自 2013 年 7 月 1 日起，期货公司应按照《办法》和《规定》的要求，完善以净资本为核心的风险监管指标管理制度，确保公司稳健经营。证监会公告称，期货公司净资本监管制度是期货公司监管的核心制度之一，自 2007 年实施以来，在推动期货公司稳健经营、防范行业系统性风险方面发挥了重要作用。当前，国民经济发展对期货市场改革创新提出了更高的要求。为推动期货公司业务创新，进一步提高服务实体经济的能力，证监会重新评估了现行净资本监管制度的实施效果，分析了创新业务带来的新的资本管理需求，在借鉴国际金融危机后成熟市场的制度调整经验和广泛听取市场意见的基础上，经过反复论证，完成了此次修订工作。

证监会表示，本次《办法》修订遵循两项原则。一是为创新业务保驾护航。本次修订充分考虑市场发展实际情况及创新业务提出的资本管理需求，以风险为导向设计了指标标准；二是坚持稳妥有序、循序渐进。对于一些具有参考意义但操作条件不完备的提议留待未来进一步修订时考虑。

本次《办法》修订的内容主要包括以下几个方面。一是适应期货公司创新业务发展需要，建立风险资本准备概念。期货公司业务多元化后，根据每项业务不同的风险特征，规定相应的风险资本准备计算标准，净资本与风险资本准备挂钩，风险资本准备再与具体业务挂钩，从而实现对各项业务规模的间接控制。二是在风险可控的前提下放松对期货公司的资本管制。期货公司经营境内经纪业务的，按客户境内权益总额的一定比例计算风险资本准备，基准比例为4%，与原办法的6%相比，释放了净资本，为期货公司的业务创新提供了有力支持。三是体现扶优限劣政策导向，以净资本为核心的风险监管指标与公司分类评价结果挂钩。为充分发挥分类监管的导向作用，将净资本监管标准与公司分类评价结果挂钩。不同评价结果的公司风险资本准备计算标准不同，按评级等级由高到低，计算标准逐次提高。在放松净资本对优质公司业务发展的束缚的同时，也提高了监管的针对性、有效性。

资料来源：中国新闻网，http：//finance. chinanews. com/stock/2013/02 －28/4605386. shtml。

二、金融租赁公司风险管理

金融租赁是1952年诞生于美国的一种比较新型的金融工具，是一种通过短时间、低成本、特定程序把资金和设备紧密结合起来的资金融通方式。具体而言，是指当企业需要添置某些技术设备而又缺乏资金时，由某金融租赁公司代其购进或租入所需设备，然后出租给承租对象使用的一种租赁方式。目前，金融租赁公司已经成为大量企业实现融资的一个有效的手段和筹资渠道。

（一）金融租赁风险表现形式分析

金融租赁风险主要有来自承租人的风险、来自供货商的风险、来自投资人的风险和来自出租人的风险。

1. 来自承租人的风险。来自承租人的风险主要是信用风险，它是指因承租人或担保债务人不履约而导致资金不能安全回收的风险。因此，主要的风险有两类：一是债权风险，二是物权风险。

债权风险表现为承租人或担保人不履约可能导致出租人不能按期收回租金，更为严重的情况是出租人因承租人破产不能收回全部的投资。

物权风险主要表现在两个方面：（1）承租人非法处置本应属于出租人所有的租赁资产。例如，若租赁资产的机器设备登记制度不严密，常会发生承租人将不属于自己所有的租赁资产用于抵押担保等情况。（2）承租人违约的情况下出租人不能行使租赁物收回权利的风险。金融租赁业务兼具融资与融物的双重功能，租赁资产的收回权是对出租人投资回收的最大保障。

2. 来自供货商的风险。来自供货商的风险主要有两类：一是所有权无效的风险，二是供货商与承租人联合欺诈出租人的风险。

所有权无效的风险是指出租人因不能以合法形式取得对租赁设备的所有权而遭受损失的风险。出租人若想享有税收优惠，则必须对租赁设备拥有所有权。如果出租人不是租赁设备的合法所有权人，则不能享受法律规定的税收优惠。

在金融租赁中，承租人具有选择设备和供货商的权利。若出租人对承租人申请金融租赁的资产市场价格缺乏深刻的把握和判断，同时，在业务开展过程中对采购价格过分依赖承租人提供的信息，往往以承租人与设备供应商草签的供销合同置换自己的采购合同，这就给供货商与承租人联合抬价，恶意欺诈出租人提供了机会。

3. 来自投资人的风险。来自投资人的风险是出租人在融资过程中面临的风险，主要有两类：一是流动性风险，二是融资风险。

出租人为了开展一项金融租赁业务，必须筹集到配套资金，在融资过程中，出租人可能面临能否筹集到某项租赁所必需的资金的风险，也就是流动性风险。该项流动性风险的大小与租赁期间的长短以及出租人财务状况的稳定性有关。

融资风险包括两方面。一是融资成本与租金利率变动方式不同带来的风险。在租赁交易中，租金的构成要素除了租赁资产本身的货价外，主要是租赁期间的利息费，而利率的高低及变动情况对利息费的大小具有直接的影响。当租赁公司向金融机构贷款，利率发生不利变动，将会相应增加租赁公司的融资成本，势必使原定收益下降。二是融资期限与租期不匹配的风险。除了融资时的条件限制之外，引起融资期限与租期不匹配的其他原因包括设备升级、再融资以及双方协商同意提前终止租赁等。

4. 来自出租人的风险。来自出租人的风险有三类：一是行业选择风险，二是租赁资产残值风险，三是或有担保风险。

出租人战略决策失误，选定的行业不能发挥自己的优势，或者不能带来效益，或者行业没有成长性，或者对行业内的竞争状况不了解，就会给出租人的经营和收益带来风险。

租赁资产残值风险主要存在于经营性租赁交易中，出租人对租赁资产残值的估计会影响租金的确定。如果出租人过分高估租赁资产的残值，他可能无法收回最初的投资；如果租赁双方在签订合同时约定，承租人对预先留有的残值不提供保证，那么就由出租人承担了无担保残值的风险；如果出租人对市场的预期不正确而导致租赁资产价值不能在市场上实现，即不能变现或变现太慢，就会给出租人带来很大的残值变现风险。

或有担保风险是指出租人为第三方提供担保，比如为公司的大股东提供担保而承担或有负债的风险。出租人因为公司治理结构不完善或监管部门的监管措施不到位而为第三方提供担保，就可能因为或有负债变为现实负债而承担风险。

（二）金融租赁公司风险管理

金融租赁公司应当根据其组织架构、业务规模和复杂程度建立全面的风险管理体系，对信用风险、流动性风险、市场风险、操作风险等各类风险进行有效的识别、计量、监测和控制，同时还应当及时识别和管理与融资租赁业务相关的特定风险。下面是金融租赁公司具体的控制手段。

1. 规避风险策略。金融租赁规避风险的基本做法如下。第一，要做好租赁融资前的调查和信用分析工作，避免向资信状况差的承租人和风险过大的项目提供融资。第二，注意融资期限结构与负债期限结构的匹配 ，提高资产流动性。第三，在贷款的币种与利率选择上规避风险。在国际借贷中常用“一篮子货币”合理组合的方式来规避风险。在外汇业务中，还可借鉴银行经常采用的“收硬付软”“借软贷硬”等策略规避汇率风险。第四，在租赁项目审查过程中，应坚持审贷分离原则。第五，在租赁融资贷款发放后，要加强贷后检查，发现企业挪用贷款或经营出现危险预兆时，应积极采取措施避免贷款不能按期收回。

2. 分散风险。金融租赁分散风险的具体做法如下。首先，可充分运用租赁的多种形式，在资产种类上适当分散，如采用回租、转租、联合及杠杆租赁等方式进行资产组合；还可以在租赁投资期限及租金回收时间上进行分散组合，避免租金回收期集中在某一时段内。其次，对租赁投资地区、授信金额、币种适当分散。

3. 补偿风险策略。补偿风险策略是指出租方在对风险整体把握的基础上，对风险损失采取事先的补偿措施。主要采用的方法如下：（1）抵押。（2）金融产品定价，建立健全租赁物价值评估和定价体系，根据租赁物的价值、其他成本和合理利润等确定租金水平。售后回租业务中，金融租赁公司对租赁物的买入价格应当有合理的、不违反会计准则的定价依据作为参考，不得低值高买。（3）提取准备金，包括呆账准备金、投资风险准备金、坏账准备金、法定盈余公积金、任意公积金等。过多地提取准备金会使租赁公司的利润偏低，影响盈利水平，过少又可能使租赁公司面临流动性风险，不能满足风险损失的补偿需要。

4. 抑制风险策略。租赁公司经财务审查发现承租人个人财务状况有可能恶化时，可以采取以下措施：（1）追加担保人和担保金额，同时减少追加融资；（2）追加资产抵押，从而提高原债权和新债权的清偿能力；（3）向客户派驻观察员和经营管理财务专家。

5. 转移风险策略。风险转移的具体做法如下：（1）担保。有担保的租赁融资把本应由租赁公司承担的客户信用风险转嫁给担保人，但在转移风险的同时，又承担了担保人信用风险。（2）保险。如租赁公司在进行租赁交易时要求承租人对抵押物进行投保，将抵押物损失的风险转移到保险公司等。（3）期货交易。通过金融期货的套期保值，将价格波动的风险转移给愿意承担该风险的投机商。（4）资产证券化。

三、基金管理公司风险管理

投资基金是通过发售基金份额，将众多投资者的资金集中起来，形成独立财产，由基金托管人托管，基金管理人管理，以投资组合的方法进行证券投资的一种利益共享、风险共担的集合投资方式。

（一）基金管理公司的主要风险

组织严格的风险管理有助于基金管理公司建立规范和有纪律性的投资流程，是创造持续稳定的投资收益的重要保障。常见的投资风险可分为市场风险、流动性风险、内部风险等。

1. 市场风险。市场风险是指由于国内外经济因素变动造成资产或负债价值产生波动，从而使投资者被迫售出资产时可能遇到的价格下跌的风险。开放式基金的最佳环境是规模大、资产集中度较低、流动性强、成熟度高、投资者理性的证券市场，如果证券市场投机性较强、流动性弱、市场波动频繁，将严重影响开放式基金的运作。市场风险又可以进行细化，如经济周期风险、利率风险、汇率风险、上市公司经营风险、购买力风险等。

2. 流动性风险。流动性风险是指由于基金管理公司的投资组合较为集中或超配某些品种，导致所持有的有价证券在短期内难以变现，同时所持有的流动资金又不足以进行正常的调仓或赎回操作而形成的风险。尤其在市场波动较为剧烈、交易量急剧下降、投资者赎回意愿强烈的情况下，容易给基金管理公司造成重大损失。流动性风险又分为市场流动性风险与资金调度流动性风险。市场流动性风险起因于市场交易不活跃，使得金融产品无法在市场上迅速成交，或无法以公平价格成交；资金调度流动性风险是指企业可能因现金流量的规划出现缺失，而被迫提前结算所持有的资产。

3. 内部风险。内部风险是指由于基金管理公司内部经营管理不善和投资决策失误而导致的风险。具体而言，包括限于投研队伍的专业素质、风险意识和道德水平所导致的投资决策风险，如研究或投资策略失误、基准选择失误、内幕交易等；限于企业经营管理水平所导致的经营风险，如由于网络技术水平落后和会计核算不准确而带来的品牌损失风险，由于交易操作中的人为干扰或管理系统和管理制度不健全而造成的操作风险。

其中，基金管理公司的操作风险又可以分为管理风险和作业风险。管理风险是基金管理公司对投资基金资产进行管理中产生的风险，包括基金公司内部组织架构不合理、基金内幕关联交易引起的风险；作业风险是指由于人为舞弊、内部控制不当或管理疏忽使基金面临潜在的损失等风险。

【案例 11－7】

8 年 18 位基金经理涉“老鼠仓”

随着基金公司的大力发展，也产生了许许多多的问题。其中，“老鼠仓”事件在基金公司中越来越严重。所谓的“老鼠仓”是指基金从业人员在使用公有资金拉升某只股票之前，先用个人资金在低位买入该股票，待用公有资金将股价拉升到高位后，其率先卖出个人仓位从而获利的行为。

从 2007 年上投摩根原基金经理唐建的“老鼠仓”第一人到 2014 年汇丰晋信原基金经理钟小婧“老鼠仓”案，监管层处罚了 18 起基金业“老鼠仓”案件。

2009 年“老鼠仓”行为甚至被列入刑法。当年《刑法修正案》刚刚实施，长城基金公司原基金经理韩刚就以身试法，成为中国基金从业人员因“老鼠仓”而被追究刑事责任的第一人。“情节特别严重的，处 5 年以上 10 年以下有期徒刑”的法典以及被判 4 年有期徒刑的明星基金经理李旭利案显然还未震慑后来者，更多的基金经理堕入法网。

为了疏堵结合防治“老鼠仓”，2012 年全国人大常委会还修订了《证券投资基金法》，对基金从业人员的炒股行为放行，以规范基金经理个人的投资行为。

资料来源：新浪财经整理，http：//finance. sina. com. cn/roll/20140514/231219109448. shtml。

此外，基金管理公司风险还包括信用风险、法律风险和政策风险。

（二）基金管理公司风险管理

1. 完善公司治理结构。建立完善的公司风险治理结构，具体而言包括：首先，完善法人治理结构，建立独立董事制度，防止内部人控制以降低投资风险，同时在董事会下增设审计委员会、薪酬委员会和提名委员会，以加强风险控制委员会的风险控制职能；其次，建立多层次的风险控制组织架构，包括风险管理委员会、投资决策委员会、督察员、监察稽核部、业务和支持部门，以及风险绩效评估小组；最后，对公司所有部门和岗位的风险内控。

2. 加强公司内部控制，建立健全风险问责制度。行之有效的风险问责制度是进行基金管理公司风险管理的关键。通过建立风险问责制度，一是可以督促企业员工提高自身业务素质，对潜在的风险进行研究分析，对现行公司规章制度进行认真总结，从而有效规避风险；二是可以从风险事件中总结经验教训、查漏补缺，进而通过制度设计和流程重组进行完善，达到问责有效；三是可以通过有效的激励和惩罚手段，激励员工牢固树立风险意识，以形成良性的工作循环。

（三）加强风险管理和控制的主要策略和措施

1. 市场风险的控制。应加强对多种信息资料的收集整理、研究，正确把握市场的整体走势；建立健全市场风险的预警系统，对风险及其程度进行量化预测；每日对公司的自有资产及基金资产进行估值，确定投资品种的止损价位，将风险控制在一定程度内。

2. 内部风险的控制。(1) 决策风险的控制：研究报告必须科学、真实、及时、完整，结论要中肯；建立一套较科学的决策程序，杜绝决策的主观随意性和侥幸心理；根据投资结果对投资决策的科学性、准确性进行总结、评估；进行系统的员工培训，不断提高员工素质。(2) 操作风险的控制：各部门要建立健全内部风险控制制度和作业流程，并严格执行；建立健全业务复核制度；建立健全业务授权制度；建立集中交易室，实行前后台分离；建立健全交易监测系统及预警系统。(3) 技术风险的控制。必须有专人维护交易系统、服务器、网络，重要软件、文件都要做到“双重备份”；制定严格的计算机系统工作制度，规范计算机系统的操作权限、操作程序和人员责任；建立健全紧急状况处理办法，一旦系统发生故障，能迅速解决或替换；对新购置和开发的硬件、软件，必须做适当的测试，并与旧系统同步运行一段时间，以保证系统的可行性和合理性。

3. 流动性风险的控制。首先，实行投资组合品种的分散化和期限结构的均衡化；其次，科学地设计费率结构，控制投资者的赎回行为。

四、信托机构风险管理

（一）信托机构风险分类

信托机构的风险主要由信誉风险、法律风险、政策风险、操作性风险、市场风险、信用风险和道德风险构成。其中，信誉风险是信托机构的首要和本质的风险。

1. 信誉风险。信托即因信任而委托，委托人对受托人的信任是基于后者良好的信誉，信誉是信托机构生存的基础。如果信托机构不能依约提供有效的信托服务，不能合法地实现信托资金的保值增值，就会产生信誉风险。信誉风险会损害信托机构维持现有客户关系的能力，同样会对该机构建立新的客户关系和推出新产品造成负面影响。任何与信托机构有关的不良事件的出现，都会对信托机构的信誉造成损害。信托机构面临的各种风险，最终都可能导致其信誉受损，实际上信誉风险就是各种风险的集中反映。

2. 法律风险。法律风险主要是指由于信托法律以及配套制度的不完善或修订而对信托业的合法性、信托财产的安全性等产生的不确定性。

【知识链接 11－6】

信托机构面临的法律风险

根据我国《信托法》的规定，下列几种情形会导致信托无效：

（1）信托目的违反法律、行政法规或损害社会公共利益；

（2）信托财产不能确定；

（3）委托人以非法财产或《信托法》规定不得设立信托的财产设立信托；

（4）专以诉讼或者讨债为目的设立信托；

（5）受益人或受益人范围不能确定；

（6）法律、行政法规规定的其他情形。

3. 政策风险。信托机构的政策风险主要是指与信托相关的产业政策、监管政策或政府各种经济和非经济政策的变化给信托投资公司的经营带来的风险。政府对信托业的发展目标和产业规划不明确、政策多变、制度缺乏连续性和可操作性、监管不当等，都可能对信托机构产生风险。信托监管政策的变化、行政干预等因素促成的“政策性风险”，对信托投资公司影响巨大。

4. 操作性风险。信托机构的操作性风险主要表现在公司内部人员在信托理财过程中，以及信托相关业务办理过程中因操作失误而出现的风险。

5. 流动性风险。流动性风险是指由信托财产信托受益权或以信托财产为基础开发的具体信托产品的流动性不足导致的风险。

6. 信用风险。信用风险主要来自以下几个方面：一是业务运作前，信托财产使用方提供虚假的融资方案与资信证明材料、提供虚假担保等骗取信托财产，最终造成信托财产损失；二是在运作过程中，信托财产使用方未严格按照合同约定使用信托资金，或将信托资金投向其他风险较高的项目，造成信托财产损失；三是在信托业务项目结束后，信托财产使用方不按照合同约定，向信托投资公司及时、足额返还信托财产及收益，或担保方不承担担保责任等造成信托财产损失。

7. 道德风险。道德风险包括因企业法人及其职员的道德问题而导致的风险。信托机构的道德风险主要表现为内部人员是否诚信经营、恪尽职守的道德风险。根据信托法律规定，信托公司拥有的固有财产和信托财产分列账户、专款专用、相互之间不可混用，同时信托财产之间也不能相互混用和交易，必须保持绝对的独立性。

（二）信托机构风险管理

信托机构的风险管理包括两个层次的含义：一是风险的内部防范与控制，二是风险的外部监管与治理。

1. 风险的内部防范与控制。

一要健全公司治理结构，加强企业内控机制的建立。完善信托公司的内部结构调整；健全内部制约机制；建立起严格的授权审批制度；设置预警系统；制定岗位责任制，以及档案、信息管理办法等，并配备相应的稽核、审计人员，以实现对内部组织体系、各岗位人员行为的控制，保证业务稳健有序地进行。

二要建立全面的风险管理体系。风险管理体系包括风险管理的组织体系、制度、程序、技术和方法等，创建健全的风险管理体系，就是要确保董事会和高级管理层对公司风险的有效监控；有完善的风险管理政策和程序及完善的风险识别、计量、监测和控制程序，完善的内部控制和独立的外部审计，适当的风险资本分配机制。

三要增强信托机构的创新意识，努力开发各种信托新产品，以适应资本市场的需求。在明确其市场定位的情况下，积极开发潜在的信托市场。例如，根据深化经济体制改革的需要，开发资产经营权信托。资产经营权信托是实现我国国有资产所有权与经营权真正分离，理顺产权关系的可行性方法，对我国国有企业改革具有重要的现实意义，可较好地解决政企不分、多头管理、投资主体不明的问题，防止国有资产流失，保障国有资产产权的完整性。

2. 风险的外部监管与治理。

一是不断完善信托法律制度。防范和控制信托行业风险必须以立法为先。美国信托业务发展历史悠久，在发展过程中建立了完备的信托法律法规，促进了美国信托业的健康发展。由于我国信托业起步较晚，我国有关信托业的法律法规建设滞后，造成信托机构外部监管难度较大。截至 2020 年末，与信托公司相关的法律法规主要有《中华人民共和国信托法》《银行业监督管理法》《关于规范金融机构资产管理业务的指导意见》《信托公司管理办法》《信托公司集合资金信托计划管理办法》《信托公司净资本管理办法》《信托公司股权管理暂行办法》。

二是加强外部监督管理机制。监管部门应加强监管，规范信托机构的经营管理行为，通过外部强制力量来保证信托风险的处置和防范。人民银行对信托机构的资本金、经营性质、业务范围等方面要有严格的界定和审查，改进监管方式，对信托业监管要从合规性监管转为以风险防范为主的谨慎监管。同时增强信托业的自律机制。自律机制包括个体自律和行业自律。个体自律要求信托机构加强自身的战略管理、机制管理和操作管理，建立完善的业务操作规程和控制系统。行业自律要求信托同行之间加强沟通，建立健全行业标准，树立信托公司的对外形象，以提高信托业务的整体业绩。

此外，还要引入委托人和受益人监管机制。特别是针对现有的信托公司对客户不忠实的现象，委托人和受益人以及他们的授权人有权向信托公司了解信托资产的管理情况，并要求信托公司作出说明。信托公司违反信托目的处分信托财产，或者管理信托财产有重大损失的，委托人有权按照信托文件的规定解任信托公司负责人或申请人民法院解任之。

【练习题】

一、重要名词

证券自营业务　证券经纪业务　证券资产管理业务　保险风险　核保　核赔　自留额　再保险　投资基金

二、单项选择

1. 以下证券自营业务中，不是主要风险的是（　　）。

A. 经营风险　　B. 合规风险　　C. 市场风险　　D. 国家风险

2. 根据《证券公司风险控制指标管理办法》的规定，证券自营业务规模不得超过净资本的（　　）。

A. 200%　　B. 100%　　C. 70%　　D. 50%

3. 以下属于内幕交易行为的有（　　）。

A. 证券公司将自营业务与经纪业务混合操作

B. 非法获取内幕信息的人利用内幕信息买卖证券或建议他人买卖证券

C. 以个人名义从自营账户中调入调出资金

D. 证券公司在自营业务信息报告中作出虚假记载、误导性陈述

4. 资产管理业务存在的风险不包括（　　）。

A. 法律风险　　B. 市场风险　　C. 声誉风险　　D. 经营风险

5. 以下不属于证券公司在资产管理业务中存在的法律风险的是（　　）。

A. 在资产管理业务中存在内幕交易的行为

B. 与客户签订的资产管理合同不规范

C. 违规开展资产管理业务

D. 在资产管理业务中存在操纵市场的行为

6. 证券公司开展定向资产管理业务，应当按照有关规则，了解客户的相关信息，这些信息不包括（　　）。

A. 客户财产与收入状况　　B. 客户投资偏好

C. 客户证券投资经验　　D. 客户婚姻状况

7. 编造并传播影响证券交易的虚假信息属于证券经纪业务风险中的（　　）。

A. 合规风险　　B. 经济风险　　C. 管理风险　　D. 政治风险

8. 证券经纪业务的（　　）主要是指证券公司及其营业部在经纪业务中由于管理制度的不健全，或有章不循、违章操作等种种原因造成账户管理、资金存取、委托买卖及清算交收差错，使单位和个人遭受经济损失。

A. 合规风险　　B. 管理风险　　C. 技术风险　　D. 系统风险

9. 挪用客户的资金属于证券经纪业务风险中的（　　）。

A. 技术风险　　B. 管理风险　　C. 系统风险　　D. 合规风险

10. 下列不属于内幕交易主体的是（　　）。

A. 持有公司百分之五以上股份的股东及其董事、监事、高级管理人员，公司的实际控制人及其董事、监事、高级管理人员

B. 由于所任公司职务可以获取公司有关内幕信息的人员

C. 发行人控股的公司的普通职员

D. 证券交易所和证券服务机构的有关人员

11. 证券公司工作人员申报差错引起的风险属于证券经纪业务中的（　　）。

A. 非系统风险　　B. 管理风险　　C. 系统风险　　D. 合规风险

12. 为谋取佣金收入诱使客户进行不必要的证券买卖业务属于证券经纪业务的(　　)。

A. 合规风险　　B. 系统风险　　C. 技术风险　　D. 非系统风险

13. 保险投资发展的根本动因是（　　）。

A. 保险市场竞争的日益加剧导致保险公司的主营业务利润下降甚至亏损

B. 保险产品结构的创新

C. 保险资金的性质

D. 对保险投资监管的放松

14. 理赔与损失管理风险是指保险公司在理赔过程中所遇到的可能导致保险公司损失的风险，主要表现为（　　）。

A. 信用风险和经营风险

B. 内部理赔风险和外部理赔保险欺诈风险

C. 操作风险和资金风险

D. 流动性风险和费率风险

15. 核保的目的在于（　　）。

A. 调查风险　　B. 完善保单

C. 收集整理承保信息　　D. 辨别投保风险的程度

16. 下列不属于保险业务经营过程中所面临的风险的是（　　）。

A. 资金运用风险　　B. 再保险风险

C. 内部管理风险　　D. 理赔与损失管理风险

17. 下列金融租赁风险分散的具体做法不正确的是（　　）。

A. 可充分运用贷款的多种形式

B. 采用回租、转租、联合及杠杆租赁等方式进行资产组合

C. 还可以在租赁投资期限及租金回收时间上进行分散组合，避免租金回收期集中在某一时段内

D. 对租赁投资地区、授信金额、币种适当分散

18. 基金经理涉“老鼠仓”属于（　　）。

A. 作业风险　　B. 管理风险　　C. 流动性风险　　D. 市场风险

三、多项选择

1. 关于证券公司集合资产管理业务的规定，下列说法正确的是（　　）。

A. 证券公司应当将集合资产管理计划设定为均等份额

B. 证券公司可以自有资金参与本公司设立的集合资产管理计划

C. 证券公司必须自行推广集合资产管理计划

D. 证券公司进行集合资产管理业务投资运作，在证券交易所进行证券交易的，应当通过专用交易单元进行，集合计划账户、专用交易单元应当报证券交易所、证券登记结算机构及公司住所地中国证监会派出机构备案

2. 证券公司资产管理业务的主要类型有（　　）。

A. 为单一客户办理的定向资产管理业务

B. 为单一客户办理的专项资产管理业务

C. 为多个客户办理的集合资产管理业务

D. 为客户办理特定目的的专项资产管理业务

3. 下列属于证券公司禁止内幕交易主要措施的是（　　）。

A. 加强自律管理　　　　　　　　B. 建立防火墙制度

C. 加强监管　　　　　　　　　　D. 完善法制

4. 证券公司自营业务与经纪业务相比较，具有（　　）特点。

A. 决策的自主性　　　　　　　　B. 交易的风险性

C. 收益的不确定性　　　　　　　D. 收益的不稳定性

5. 关于证券自营业务的规模及比例控制，下列说法正确的有（　　）。

A. 自营股票规模不得超过净资本的100%

B. 持有一种非债券类证券的成本不得超过净资本的50%

C. 持有一种证券的市值与该类证券总市值的比例不得超过5%，但因包销导致的情形和中国证监会另有规定的除外

D. 违反规定超比例自营的，在整改完成前应当将超比例部分按投资成本的100%计算风险准备

6. 证券公司建立独立的实时监控系统，应采取的措施有（　　）。

A. 建立自营业务的逐日盯市制度

B. 建立健全自营业务风险监控系统的功能

C. 定期或不定期对自营业务进行检查或稽核

D. 健全自营业务风险敞口和公司整体损益情况的联动分析与监控机制

7. 证券公司加强自营业务内部控制的措施主要有（　　）。

A. 应加强自营账户的集中管理和访问权限控制

B. 建立健全自营业务风险监控缺陷的纠正与处理机制

C. 提高自营业务运作的透明度

D. 建立完备的业绩考核和激励制度

8. 证券经纪商在从事证券经纪业务时（　　）。

A. 不得侵占、损害客户的合法权益

B. 不得违背客户的指令买卖证券，或接受代为客户决定证券买卖方向、品种、数

量、时间的全权委托

C. 不得为多获取佣金而诱导客户进行不必要的证券买卖

D. 不得为他人操纵市场、内幕交易、欺诈客户提供方便

9. 核赔管理制度包括（　　）。

A. 核赔权限　　B. 预付赔款　　C. 特例案件处理　D. 追偿管理

E. 核赔人制度

10. 保险公司的风险管理技术包括（　　）。

A. 核保和承保管理　　B. 财务管理

C. 再保险风险管理　　D. 投资管理

E. 资产证券化

11. 保险人和再保险人签订再保险合同时，在确定每一个危险单位的自留额时，需要考虑的因素有（　　）。

A. 保险标的损失概率的大小与自留额的关系

B. 一个危险单位保险额与自留额的关系

C. 承保同类保险标的的数量与自留额的关系

D. 资本金、公积金和准备金的储备额与自留额的关系

E. 费率要适当

12. 金融租赁风险类型主要有（　　）。

A. 来自承租人的风险

B. 来自供货商的风险

C. 来自投资人的风险

D. 来自出租人的风险

E. 只有 ABC 正确

13. 租赁公司经财务审查发现承租人个人财务状况有可能恶化时，可以采取的措施有（　　）。

A. 追加担保人和担保金额

B. 减少追加融资

C. 追加资产抵押，从而提高原债权和新债权的清偿能力

D. 向客户派驻观察员和经营管理财务专家

E. 增加融资，防止承租人财务状况继续恶化

14. 根据我国《信托法》的规定，下列情形中会导致信托无效的有（　　）。

A. 信托目的违反法律、行政法规或损害社会公共利益

B. 信托财产不能确定

C. 委托人以非法财产或《信托法》规定不得设立信托的财产设立信托

D. 专以诉讼或者讨债为目的设立信托

E. 受益人或受益人范围不能确定

15. 信托机构信用风险主要来自（　　）。

A. 业务运作前，信托财产使用方提供虚假的融资方案与资信证明材料、提供虚假担保等骗取信托财产，最终造成信托财产损失

B. 在运作过程中，信托财产使用方提供虚假的融资方案与资信证明材料、提供虚假担保等骗取信托财产，最终造成信托财产损失

C. 在运作过程中，信托财产使用方未严格按照合同约定使用信托资金，或将信托资金投向其他风险较高的项目，造成信托财产损失

D. 信托业务项目结束后，信托财产使用方不按照合同约定，向信托投资公司及时、足额返还信托财产及收益，或担保方不承担担保责任等造成信托财产损失

E. 业务运作前，信托财产使用方不按照合同约定，向信托投资公司及时、足额返还信托财产及收益，或担保方不承担担保责任等造成信托财产损失

16. 信托机构的风险主要有（　　）。

A. 信誉风险　　B. 法律风险、政策风险

C. 操作性风险、道德风险　　D. 市场风险

E. 信用风险

17. 证券公司建立风险管理体系遵循的五大原则包括（　　）。

A. 健全性原则　B. 独立性原则　C. 相互制约原则　D. 防火墙原则

E. 成本效益原则

18. 期货公司具有金融企业的风险特征，但与其他金融企业有所不同，包括(　　)。

A. 主营业务的不同决定了不同的主要风险

B. 非理性的投机导致了更高的市场风险

C. 常用的方法有敏感度分析、波动性分析、VaR 分析、压力测试和极值法

D. 期货市场的交易机制决定了期货公司的风险高于其他金融企业

E. 非理性的投机导致了更高的信用风险

19. 出租人的风险类型有（　　）。

A. 行业选择风险　　B. 流动性风险

C. 租赁资产残值风险　　D. 融资风险

E. 或有担保风险

四、判断题

1. 证券公司在进行自营买卖时，可根据市场状况，自主决定买卖品种、价格，自主决定是否买入或卖出某种证券。（　　）

2. 自营业务关键岗位人员离任前，应当由会计部门进行审计。（　　）

3. 证券公司在证券承销过程中不可以有证券自营买入的行为。（　　）

4. 证券自营业务应建立证券池制度，自营业务部门只能在确定的自营规模和可承受风险限额内，从证券池内选择证券进行投资。（　　）

5. 证券公司银行间市场自营买卖的对象主要是债券，采取询价交易方式进行，交易对手之间自主询价谈判，逐笔成交。（　　）

6. 证券公司面临的系统风险由于这个市场上机构之间的责任相互交叉，并与现货市

场相联系，这种风险因此得以加剧。（ ）

7. 证券公司办理集合资产管理业务，可以接受货币资金或债券、股票等证券形式的资产。（ ）

8. 证券公司集合资产管理计划资产中的证券，不得用于回购。（ ）

9. 证券公司不得以任何方式对客户资产本金不受损失或者取得最低收益作出承诺。（ ）

10. 证券经纪业务的合规风险主要是指证券公司及营业部在经纪业务经营中由于管理制度不健全，或有章不循、违章操作等种种原因造成账户管理、资金存取、委托买卖及清算交收差错，使单位和个人遭受经济损失。（ ）

11. 保险公司再投保是提高其承保能力和分散风险的有效手段。（ ）

12. 基金管理公司的操作风险又可以分为管理风险和作业风险。管理风险是基金管理公司对投资基金资产进行管理中产生的风险，包括基金公司内部组织架构不合理、基金内幕关联交易引起的风险；作业风险是指由于人为舞弊、内部控制不当或管理疏忽使基金面临潜在的损失等风险。（ ）

13. 基金管理公司风险管理包括完善公司治理结构，加强公司内部控制，建立健全风险问责制度等。（ ）

14. 保险公司资本金、公积金的数额大，准备金储备量充足，保险偿付能力就大，分保额就可以小一些，自留额大一些。（ ）

15. 操作风险是信托机构的首要和本质的风险。（ ）

16. 证券经纪业务是指证券公司接受客户的交易委托指令，为其代理股票以及其他有价证券交易的中介业务。（ ）

17. 金融租赁公司的债权风险表现为出租人或担保人不履约可能导致出租人不能按期收回租金，更为严重的情况是出租人因承租人破产不能收回全部的投资。（ ）

18. 投资基金是通过发售基金份额，将众多投资者的资金集中起来，形成独立财产，由基金托管人托管，基金管理人管理，以投资组合的方法进行证券投资的一种利益共享、风险共担的集合投资方式。（ ）

19. 开放式基金的最佳环境是规模大、资产集中度较高、流动性强、成熟度高、投资者理性的证券市场。（ ）

20. 来自承租人的风险主要是信用风险，主要有两类：一是债权风险，二是物权风险。（ ）

五、简答题

1. 简述证券公司的全面风险管理。

2. 简述保险公司的风险管理技术。

3. 简述金融租赁公司的风险来源及其风险管理。

4. 简述金融期货公司的风险特点及其如何进行控制。

5. 近年来，基金公司“老鼠仓”事件屡禁不止，谈谈如何防范和控制其风险事件。

第十二章

金融风险管理六大案例

案例一　晋商消费金融征信报告用语不当

一、声誉事件过程

1. 发现征信报告用语不当。2021 年 4 月 6 日，南通市的房女士发现其个人征信报告“工作单位”一栏内容竟出现带有侮辱性的字眼。房女士随即向人民银行南通市中心支行征信管理部门进行反映。经向晋商消费金融公司核实，该公司承认不当信息是其上传到征信系统的。经过人民银行系统各部门的工作，4 月 6 日当天，人民银行太原中心支行责令晋商消费金融公司在线删除处理。

2. 媒体报道引发关注。此后，房女士一直与晋商消费金融公司沟通解决方案。在沟通未果的情况下，她将相关信息告知了媒体。2021 年 5 月 24 日，人民网在采访晋商消费金融公司未获回应的情况下，报道了房女士的遭遇，立即引起了社会各界的广泛关注，多家媒体纷纷跟进报道，批评晋商消费金融公司的不当甚至荒唐做法，新浪财经还开设了专题，直接导致了晋商消费金融公司的重大声誉风险。

3. 监管部门采取措施。2021 年 5 月 25 日，人民银行太原中心支行主要负责人再次约谈晋商消费金融公司及其大股东，在重申监管意见的基础上，严肃提出后续整改要求：一是要深刻反思事件经过，主动回应客户诉求，消除不良影响；二是要深入调查事件原因，严肃追责；三是要全面梳理内部工作流程，进一步加强内控管理，切实履行征信信息采集报送主体责任，保障金融消费者合法权益。当晚，晋商消费金融公司也在其公司官网发布了致歉声明。5 月 26 日，人民银行太原中心支行发布公告，宣布从即日起暂停晋商消费金融公司征信系统查询权限，责成其内部整改，切实落实各项监管要求。

二、声誉风险应对分析

1. 错失的机会。2021 年 4 月 6 日房女士发现征信报告文字异常后，便开始与晋商消费金融公司沟通解决方案，一直到 5 月 24 日人民网报道之前，晋商消费金融公司都有机会向房女士道歉，商讨解决方案。但晋商消费金融公司并未把握这一机会。

2. 回应迟缓。晋商消费金融公司没有在2021年5月24日人民网报道后第一时间快速作出回应，而是等到5月25日人民银行太原中心支行再次约谈后，在5月25日晚间才发表致歉声明。

3. 媒体口径有问题。5月25日晚晋商消费金融公司在其公司官网发布了致歉声明。声明表示："一、因我公司在采集房女士信用报告相关信息时，审核把关不严，给房女士带来诸多困扰，为此我们郑重致歉。二、对于房女士的相关诉求，我公司一直与其保持积极沟通，责成专人妥善解决。今后，我公司将进一步严格客户信息审核，依法维护消费者权益。"正如人民网后续报道所言"该声明未能回应错误在哪个环节造成以及是否进行追责处理问题"。

4. 没有同步解决问题并拿出安抚方案。晋商消费金融公司的致歉声明让人感觉只是在搪塞媒体，企图蒙混过关，导致了媒体的不买账和继续报道，致使人民银行太原中心支行暂停其征信系统查询权限，对其业务造成致命打击。这时候晋商消费金融公司才被迫采取后续行动。

案例二　招商银行代销大业信托计划违约

一、声誉事件情况

2021年8月15日下午18:04，《证券时报》旗下的"券商中国"微信公众号刊发《重磅独家！招商银行信托代销首次面向自然人违约，事涉大业信托5亿"无抵押"项目！华夏幸福雷暴余波仍在》，将招商银行代销信托计划违约的消息率先披露，此前的17：54，新浪财经已经提前转发了这一消息。一时间，诸多媒体纷纷跟进，招商银行代销信托计划违约成为媒体热点话题。

8月16日12:27，招商银行发布董事会公告"招商银行股份有限公司关于媒体报道的相关说明"，对券商中国8月15日报道的情况进行了说明；大业信托也在稍后刊发了"大业信托有限责任公司关于媒体报道的有关说明"，这是两家机构正式的官方回应。

8月16日在招商银行发布公告后，《21世纪经济报道》刊发了《非标"破刚兑"考验受托与代销孰来担责　招商银行与大业信托回应5亿产品违约》，内容不仅限于招商银行和大业信托的回应，开始探讨"刚兑确实是违约的"之下的"非标'破刚兑'谁来担责"问题，并关注招商银行是否对代销产品进行尽职调查和大业信托的受托责任问题，进而就当前信托公司普遍遇到的信托产品逾期如何解决进行了探讨。

8月17日《中国经营报》旗下的微信公众号"中经金融"刊发了《招行代销大业信托违约背后：私行客户和家族信托也成了"韭菜"》，从项目风险争议、招商银行是否仅仅是代销、银行的私银板块代销房地产信托的风险问题、招商银行是否做好了投资者的适当性管理等方面做了采访和分析，对这一事件进行了进一步的深度挖掘，引发了各界对于这一信托违约“为什么会发生、是否普遍存在、问题如何解决”的思考和追问。通过这篇报道，外界认识到，实际情况绝非招商银行所说的“本公司为代销机构，该信托计划的发行方及主动管理人为大业信托”那么简单。

从8月15日晚间到8月18日，短短三天时间，《21世纪经济报道》《中国经营报》《中国证券报》《上海证券报》《证券时报》《每日经济新闻》《中国基金报》《中国银行保险报》《新京报》和第一财经、界面新闻、财联社等有影响的媒体纷纷刊发报道，行长要览、AI财经社、科技金融报道等自媒体也纷纷报道，新浪财经还做了一个专题“招商银行信托代销首次面向自然人违约”，相关报道总计40多篇，招商银行遭遇了重大声誉风险。

二、声誉风险应对分析

1. 没有完全“甩锅”给合作方。招商银行吸取了2019年5月“钱端”事件的应对教训，没有完全“甩锅”给合作方。在情况说明中，招商银行在强调自身代销、大业信托是发行方及主动管理人的同时，也强调“本公司将从维护本公司客户利益的角度出发，督促主动管理方大业信托妥善解决信托利益的分配问题”。

2. 反应较为迅速。在券商中国的报道刊发18个半小时之后招商银行发布了情况说明，体现出招商银行的基本态度，并协调大业信托同步刊发了情况说明。很多媒体都据此进行了报道，不少报道仅是陈述违约事实及招商银行和大业信托的说明，未进一步追踪挖掘。

3. 安抚了投资人。到2021年8月18日，没有一家媒体采访到此次违约事件的受害方——购买了信托计划的招商银行私银客户，这与以往此类事件往往由客户找媒体爆料而引发声誉事件有很大差别。初步分析，招商银行已经做了这些私银客户的工作，安抚了投资人。

4. 没有体现出声誉风险的主动管理。该信托计划违约，绝不是到最后一刻才确定的，早在一个月前甚至更早就应该有了确切的信息，招商银行早就应该做好应对准备，在处置违约事件的同时考虑声誉风险，考虑如果被媒体获知并报道后如何应对。这样就不会拖到报道刊发18个半小时之后才发出情况说明，完全可以在2021年8月15日晚间券商中国的报道刊发之后快速发出。

5. 情况说明内容不完整。招商银行的情况说明虽然对产品情况和事件过程做了介绍，有些更受关注的内容却没有提及，如是不是真正而非表面上的“代销”，代销产品是否需要风险评估，产品销售时是否进行了充分的风险提示，等等。这些疑虑不打消，媒体会进一步追踪报道。招商银行应该主动准备相关口径，及时打消媒体疑虑，以免被一步步地挖出很多不利或未适当披露内容。

6. 对更敏感问题回避回应。关于2021年8月17日“中经金融”报道所探讨的一些关键问题，并未看到招商银行进一步回应，这就难以打消外界更深层次的疑虑，如果招商银行代销的其他信托产品后续出现爆雷，这些疑虑会再次成为媒体关注报道的焦点话题。

7. 此次回应仅为个案，缺乏系统应对思路。招商银行通过私人银行渠道代销的信托产品并非少数。2021 年 11 月 28 日，招商银行代销的外贸信托——富荣 166 号恒大成都天府半岛项目集合资金信托计划第一期的 34 亿元到期，无法正常兑付，第二期的 16 亿元于 12 月 31 日到期，当时认为也可能发生逾期。腾讯等多家媒体进行了报道，但招商银行并未发布情况说明；也有媒体报道称招商银行和外贸信托扯皮推诿，但并未见招商银行对此有任何公开回应。可见，招商银行并没有应对此类代销信托计划违约的声誉风险系统应对方案。

案例三　美国储贷协会破产

20 世纪 80 年代中后期美国发生了继 20 世纪 30 年代经济大萧条以后又一次商业银行储蓄机构破产的风潮，据美国立法机构统计，有问题的商业银行从 1981 年的大约 200 家增加到 1986 年的超过 1 400 家，商业银行倒闭的数量从 1950—1981 年的平均每年 5 家增长到 1982—1992 年的平均每年 130 家，1988 年更是达到平均每年 200 家以上，美国储贷协会几乎全面破产。至 1995 年末，花费了纳税人大约 1 400 亿美元。据美国会计总署估算，这场危机的保救成本要超过5 000亿美元。在这场危机中，各种利益集团通过立法机关和政府胡整乱治，丑闻百出，在美国金融发展史写上了不光彩的一页。

一、案情

美国储贷协会建立于 20 世纪 30 年代，当时成立这个协会的目的是鼓励美国的中产阶级进行自顾，所以全称是“扶助储贷协会”。为了规范储贷协会的运作，美国国会创建了联邦住宅贷款银行委员会（FHLBB），而且建立了它的附属机构——联邦储贷保险公司（FSLIC），为储贷协会的存款保险。储贷协会吸收公众的短期储蓄存款，并且用这些所得存款向当地的购房者提供 20 年和 30 年的抵押贷款，利率在抵押期内保持不变。

显然，如果储贷协会向储户支付的利率低于储贷协会发放的抵押贷款的平均收益率，则储贷协会就有盈利，可以正常经营，反之，如果储贷协会向储户支付的利率高于储贷协会发放的抵押贷款的平均收益率，则该机构就会亏损。从 20 世纪 30 年代到 60 年代中期利率很低，而且稳定，长期抵押贷款利率高于短期存款利率，即储贷协会的收益曲线总是向上倾斜的。在稳定且低通货膨胀率的时期，储贷协会的经营是很简单的。局外人嫉妒地拿储贷协会经理的“3—6—3”经营方式（以 3% 的利率借款，以 6% 的利率贷款，每天下午 3 点打高尔夫球）开玩笑。不幸的是，在 20 世纪 70 年代中期，利率开始上升。最初，这一上升是温和的、递进的，所以储贷协会遇到的麻烦不大。但在 20 世纪 70 年代后期，不断上升的通货膨胀对利率施加了向上的压力，并将利率提高到了储蓄机构可以向储户提供的利率上限水平。为了防止严重的非中介化，立法机构授权储贷协会发行货币市场单据，这一新工具面值 1 万美元，并允许银行和储蓄机构参照 6 个月国库券的标准来确定利率。

在20世纪80年代初，储蓄机构还被授权发行期限为两年半的浮息存款证，发行这一工具是为了使其能够同期限为两年半的财政债券进行竞争。这些法规的调整，使储贷协会解决了资金来源不足的困难，但并没有解决它的根本问题，即储贷协会的资产主要是固定利率的抵押贷款，而且大部分是过去几年发放的，还要持续多年，根据合同，储贷协会不能提高已发放固定利率抵押贷款的利率。这样一来，储贷协会要将其抵押贷款的平均收益率提高一个百分点需要多年时间。

因为老抵押贷款利率不能提高，抵押贷款平均收益率提高要完全靠提高新的抵押贷款利率。而由于新的购房者对抵押贷款利率十分敏感，当抵押贷款利率提高时，他们延迟购买住宅，这一现象又使储贷协会无法通过对新抵押贷款制定较高利率来迅速提高其平均收益率。而且联邦法规要求储贷协会将其绝大部分资金投放于住房固定利率抵押贷款上，而不能用于其他投资。所以，到20世纪70年代末以后，储贷协会全部抵押贷款的平均收益率低于新的抵押贷款利率，储贷协会的全部资产收益低于资金成本，1981年差额为-0.8%，该行业1981年亏损60亿美元，1982年亏损50亿美元，储贷协会的问题越来越严重。

除了由于利率在1977年到1981年期间逐步上升而引起的短期问题外，储贷协会行业还面临由金融创新所引起的长期结构问题。在20世纪70年代末，来自新生的货币市场互助基金的竞争日益加剧，意味着储贷协会不得不向存款支付更多的利息，而别无选择。金融创新还减少了储贷协会资产负债表的资产方，抵押贷款的证券化引起养老基金和人寿保险公司大量增加对这些抵押贷款工具的需求，从而降低了抵押贷款利率。这些因素使顾客受益匪浅，却降低了储贷协会的“利差”。这一现象标志着储贷协会行业的萎缩，这不同于由利率上升而引起的短期危机。到1982年底，大约有1/4即800家在70年代还在经营的储贷协会消失，其中一些已经倒闭，而另外一些则并入了更强大的机构。估计数字表明，储贷协会行业的净值从1979年的大约320亿美元，降低到1982年底的40亿美元。

美国政府对储贷协会在20世纪80年代早期所遇到的财政困难采取了三方面的对策。

1. 放松管制。由于储贷协会在20世纪80年代初所遭受的第一次重创在本质上是由于政府政策从一开始就禁锢储贷协会，而且20世纪60年代中期以后随着通货膨胀的加剧这种禁锢逐步升级，因此产生了强烈要求立法允许储贷协会公平竞争的情绪。1982年，美国国会通过了《存款机构法案》，通过授权储贷协会发行没有利率上限的货币市场存款证来同货币市场互助基金竞争，从而加速了对储贷协会管制的放松。此法案还授权储贷协会向个人、企业和不动产部门提供贷款，从而扩大了它的业务领域。

有几个州的立法机关为了确保本州的储贷协会相对于联邦注册的储贷协会不会处于不利地位，还极端地放松了对本州注册储贷协会的管制。例如，在储贷协会亏损最严重的得克萨斯州、加利福尼亚州和佛罗里达州，对储贷协会的管制几乎完全放开，这些机构被允许投资于垃圾债券农场和处于萧条期的不动产业。长期以来，经济学家都呼吁政府放松金融管制，《存款机构法案》正是在这一背景下出台的，而这一法案颁布执行时，正值美国的绝大部分储贷协会从技术上说已经破产，因而储贷协会都乐意借机冒险一搏。

2. 忍耐政策。立法机构不但没有关闭或兼并破产的储贷协会，反而决定维持这些机构的经营，期盼通过放松管制使它们交上好运而起死回生。这一政策被起了一个好听的名字“忍耐”。关闭或兼并所有在 1982 年或 1983 年从技术上讲已经破产的储贷协会会耗尽联邦储贷保险公司（FSLIC）的全部保险基金，这就需要纳税人的大力支持，同时引起关于立法机构和国会检查人进行竞争的尴尬问题，所以美国政府倾向于让大部分破产的储贷协会继续经营。在 1983 年到 1989 年这一关键时期中的每一年，都有超过 400 家破产的储贷协会继续营业。

为了执行这一“忍耐”政策，立法机构首先解除了对储贷协会行业会计准则的控制。尽管已经有了相当宽厚的会计准则，但由于该行业境况在 20 世纪 70 年代末的恶化，当局把资本标准——资本与总资产比率的最低要求——从 5% 降低到 1980 年的 4%，随后降低到 1983 年的 3%。资本标准的降低，增加了道德风险问题。自有资本已经低到相当危险的境地，储贷协会有了冒更大风险的愿望，因为即使投资失败它也不会有多大损失的。

存款保险金的增加更加剧了这一道德风险。如果潜在的亏损全部由保险公司承担，被保险者就没有任何意愿避免各种可能造成损失的事件，从而加大这种事件发生的可能性。例如，一个人买了家庭财产被盗保险，那么他就没有在家里安装昂贵报警系统的意愿，因此被盗保险反而增加了盗窃案发生的可能性。一旦储户所在商业银行或储贷协会的破产被上了保险，那么，储户也就没有监视这一机构是否稳健经营的动力。而且在 1980 年，美国国会又提高了存款保险水平，每一储户的联邦存款保险金从 4 万美元提高到 10 万美元，这等于为成千上万的储户提供了这样一个信号：他们根本不需要监视储贷协会的行为。而且存款保险金提高还触发了一个社会成本很大、名为“代理存款”的金融创新的产生（所谓“代理存款”是假设美林公司充当存款代理公司，它接受 A 公司的 100 万美元代理存款，并且将这 100 万美元分成 10 份 10 万美元出售给/存到为实现高速增长而乐于以较高利率吸收资金的存款机构，如储贷协会或银行。假若一家资不抵债的储贷协会 B，在以前，它可能难以吸引资金，现在它却可以通过高利率主动投标代理存款来吸纳美林公司出售的存款，从而为它的高风险项目筹集到资金。这等于储贷协会 B 拿 A 公司的存款资金用于高风险投资，希望获得高收益，以摆脱资不抵债的境地。但从 A 公司的利益角度看，储贷协会 B 所承担的风险与自己无关，因为存在储贷协会 B 的存款都已经全额保险，相反，A 公司可以获得较高利率）。随着大量储贷协会的财务状况在 20 世纪 80 年代初期恶化，它们产生了为获取高收益而承受高风险的动力。而且亏损最严重的储贷协会冒险的动力也最大，因为这种储贷协会抱着“赢了算我的，输了算政府的”心态从事经营，显然，储贷协会破产事件发生的可能性更大了。

3. 没有为储贷协会的监管者和 FSLIC 提供足够的资金支持。由于道德风险问题，里根政府和立法机构（FHLBB & FSLIC）没有主动地关闭破产的储贷协会或至少对这些继续营业的破产机构的行为进行强有力的监管。相反，美国政府拒绝了储贷协会的检查人员提供更多资金的请求，耽误了对正在减少的 FSLIC 保险基金的补充。至 1986 年，由于储贷协会的亏损不断增加威胁到了 FSLIC 保险基金的安全，里根政府从美国国会请款 150 亿美元予以资助。1987 年美国国会通过《银行业平等竞争法案》，要求 FHLBB 继续实行“忍耐”的政策，成百家破产的储贷协会被允许在以后的几年内继续营业，直到布什在 1989 年初就任时，储贷协会危机才被公开。随后，立法机构为了关闭破产的储贷协会和减少此类危机再次发生的可能性而迅速立法。

1989 年 3 月，美国颁布了自 30 年代以来影响储蓄行业的综合性最强的法规，即《金融机构改革、复兴和实施法案》（FIRREA），该法案废除了 FHLBB 和 FSLIC。美国财政部内的一个新机构，即储蓄机构监管委员会（OTS）取代了 FHLBB，联邦存款保险公司（FDIC）取代了联邦储贷保险公司（FSLIC）的立法职能，创建了两只新的保险基金：针对商业银行的银行保险基金（BIF）和针对储蓄机构的储贷协会保险基金（SAIF）。FIRREA 还出于管理和帮助破产的储蓄机构以及变现倒闭机构的资产的目的，创建了复兴信贷公司（RTC）。到 1995 年末复兴信贷公司关闭时为止，它共处理了 747 个破产和处于危机中的储贷协会，而且使从破产的储蓄机构中接管过来的 4 500 亿美元资产的 85% 得到了恢复。美国国会没有将处理的成本置于预算之中，而是创建了复兴基金公司（RFC），通过发行债券来支付费用。

为了新建存款保险基金，FIRREA 大幅度提高了存款机构的保险费，它还恢复了 1982 年《存款机构法案》所放松的一些管制措施，要求储蓄机构将其资产的至少 70% 用于抵押贷款和其他与住宅相关的工具，并且将它们的不动产贷款限制在其资本的 4 倍以内。储贷协会不再被允许购置垃圾债券，而且已持有的垃圾债券必须在 1994 年前变现。核心资本比率从 3% 提高到 8%，而且规定储蓄机构也要遵守与商业银行相同的风险资本要求。陷入危机的储蓄机构不再被允许吸收代理存款，利用合计手法来作弊的渠道也被堵截，加紧了对储贷协会证券投资的限制。最后，立法机构被授权命令储贷协会放弃某些冒险的经营。

二、原因

美国储贷协会走向倒闭的原因有以下两个方面。

1. 20 世纪 70 年代中后期以后利率上升。由于利率上升导致 20 世纪 80 年代初以后储贷协会行业的全部资产收益与资金成本之间的差额为负，储贷协会陷入亏损。而引起 70 年代中后期以后利率上升的原因是美国政府自 60 年代开始的通货膨胀政策和 70 年代两次石油危机的打击进一步加剧通货膨胀率的上升。

2. 立法和政策上的失误。对储贷协会的法规政策开始表现为禁锢过分，当储贷协会发生亏损陷入困境时，立法机关和美国政府采取了过分的放松管制举措和“忍耐”，以及对陷入困境的行业监管机构不提供足够资金的政策，加剧了道德风险，致使大批储贷协会走向倒闭。

三、启示

稳定的宏观经济环境是金融系统保持健康运行的关键，严重的经济动荡会触发存款机构的危机。因此，有助于形成较低的通货膨胀率和稳定经济环境的货币政策和财政政策是十分必要的。

我国虽然没有发生类似美国储贷协会这样的系统风险，但个别的或局部的金融机构资不抵债甚至破产的事件却时有发生，国有商业银行不良资产比例过高也是众所周知的事。如何防止相关的金融风险发生，如何制定金融法规政策并把金融监管纳入法治轨道，美国在处理储贷协会破产案中的经验教训是值得我们认真研究的。

案例四　浦发银行“科远智慧 2.95 亿元存款被莫名质押”

一、声誉事件经过

1. 科远智慧发声引发媒体关注。2021 年 11 月 15 日晚间，上市公司科远智慧发布公告称，该公司存入浦发银行南通分行的共 2.95 亿元存款在不知情的情况下被质押。由于渤海银行南京分行“28 亿元存款被质押担保”事件发生不久且未有定论，媒体还在关注这一事件的进展，浦发银行成了声誉风险的“接盘侠”。科远智慧的这一公告引发了媒体的广泛报道，央视财经、《21 世纪经济报道》、《经济观察报》、《中国经营报》、《每日经济新闻》、《证券时报》、第一财经、《华夏时报》、澎湃新闻、《新京报》等有影响的媒体以及众多自媒体纷纷报道，在股吧、论坛、个人头条号里也有很多报道和评论，直接导致了浦发银行重大声誉风险。

2. 非正式回应。2021 年 11 月 16 日早间，浦发银行以“南京分行有关负责人”名义非正式地对几家媒体作出回应，回应内容是“浦发银行南通分行与南京科远智慧能源投资有限公司确有存款等业务关系。近日，该公司对其与南通分行的有关存款等业务提出查询。为依法保障银行和客户方的权益，查明事实真相，浦发银行南通分行在开展排查的同时，已于 11 月 15 日向公安机关进行了刑事报案，并提供了相关业务资料。后续，浦发银行将积极配合公安机关的调查工作，切实维护相关各方合法权益”。该回应并未在浦发银行南京分行或者总行官网或者官微上挂出正式声明，浦发银行作为上市公司更没有对这一重大事件发布公告。

3. 交易所关注。2021 年 11 月 17 日，深圳证券交易所向科远智慧发出了关注函，要求其说明在浦发银行南通分行理财产品质押的具体情况，这个关注函引发了媒体进一步关注报道。

二、声誉风险应对分析

1. 对存单“不翼而飞”的声誉风险不敏感。在 2021 年 10 月 23 日渤海银行南京分行的存单“不翼而飞”已经引发重大声誉风险的情况下，浦发银行没有对此类声誉事件的重大危害给予足够重视，没有采取措施做好声誉风险的事前控制，既没有积极与客户沟通，寻求在客户不发公告的情况下协商解决问题，也没有吸取渤海银行声誉风险应对的失误和教训，做好声誉风险的应对准备。

2. 媒体回应既不正式层级也低。从11月15日到24日，浦发银行并未在总行层面对此事件进行回应，仅仅在16日早间以“浦发银行南京分行有关负责人”名义非正式地对几家媒体作出回应，并未在分行或者总行官网或者官微上挂出正式声明，作为上市公司更没有对这一重大事件发布公告。这种回应态度，表现出浦发银行竭力想淡化这一事件的严重程度，或者本能地并未把这一涉及客户存款安全的重大事件当回事，认为还没有到总行需要重视乃至出面表态的程度。

3. 回应态度暧昧且没有明确表态。根据科远智慧的公告进行分析，浦发银行南通分行应该有员工存在违规甚至违法行为，并不清楚这一事件是银行个别人员与企业内部员工勾结还是浦发银行南通分行有关领导参与，外界对此很关心。浦发银行南通分行以“刑事报案”的方式，一下子就把所有媒体和客户关心事项的回答推到了公安机关身上，等待公安机关侦查办案完结后再说。实际上，除了涉及刑事案件外，这一事件或此类业务的基本来龙去脉、浦发银行南通分行是否有员工或相关领导参与、南通分行的内部管理和业务流程是否存在缺陷甚至违规等，这些媒体和客户关心的问题都不是刑事问题，浦发银行应该作出回应。

4. 没有回答如何保障客户存款安全。科远智慧的2.95亿元存款对于总资产超过8万亿元的浦发银行来说并不算多，但是存款是银行的立行之本，保障客户存款安全是银行的生存基础。此事件发生后，客户最关心自己在浦发银行的存款安全有没有保障。而浦发银行的回应仅仅提了一句“切实维护相关各方合法权益”，态度既不鲜明，表述也很含糊。按照字面理解，相关各方既包括企业方也包括银行自身，浦发银行这一表述就把客户权益与银行权益放在对立面，两者成了零和关系——让媒体和客户感到担心的是，银行要维护自身权益，是不是以牺牲客户权益为代价？如何让客户相信自己的资金在浦发银行是安全的？浦发银行没有作出回答。

5. 2021年11月24日之后的应对有所改进。11月24日和12月10日浦发银行的两次发声，都是对科远智慧公关的回应，虽然属于被动回应，但都很迅速，并且在总行官微上发声，强调了自己要负责的态度，体现出其声誉风险应对的速度、态度和重视程度都有了明显改进。

案例五　美国新英格兰银行和自由国民银行倒闭事件

一、案情

波士顿的新英格兰银行，在美国的银行持股公司中名列第33位，资产超过200亿美元。20世纪80年代，它是波士顿地区最积极的房地产贷款者，其30%以上的贷款都投在了商业性房地产上。随着80年代后期新英格兰地区房地产价格的下跌（商业房地产价值下降了25%以上），许多银行贷款成了呆账坏账。1991年1月4日星期五，该银行宣布预计上年第四季度亏损额达 4.5 亿美元，超过银行 2.55 亿美元的资本金。预料该银行要倒闭，在接下来的 48 小时内，存款人在银行里排起了队，提取了 10 亿美元以上的资金，其中大多数是通过自动取款机提取的。

联邦存款保险公司时任主席威廉姆·赛德曼对该银行可能倒闭的种种影响表示担心："考虑到新英格兰地区金融体系目前的状况，发出不再保护大储户的信号是不明智的。"于是，联邦存款保险公司采取了"大而不能倒"的政策。1 月 6 日星期天晚上，联邦存款保险公司开始介入，制止了挤兑活动，并同意担保新英格兰银行所有的存款，包括那些超过 10 万美元保险限额的存款。为了确保储户不受损失，需要找一个买主来购买和接管该行，而在此之前，为了维持该银行的正常运行，联邦存款保险公司创立了"过渡银行"。在这种安排中，联邦存款保险公司创立了一个新公司负责银行运行，并立即注入资本金（给新英格兰银行注入 7.5 亿美元）。此后，联邦存款保险公司和该银行的购买者不断给银行注入新的资本，直到收购者全部买下联邦存款保险公司的份额。这些交易活动的结果是联邦存款保险公司花费 23 亿美元保救了新英格兰银行。这在联邦存款保险公司的历史上，是第三大成本昂贵的保救行动。当然，当所有该说的、该做的、该花的都完毕之后，储户没有受到任何损失。

在几个月前，联邦存款保险公司对哈莱姆区无力偿债的一家小银行——自由国民银行则采取了完全不同的处理方法，导致人们对公平问题的关注。自由国民银行由棒球名将杰克·罗宾逊和其他有色种族投资家创建于 1964 年。尽管它规模比较小（存款在 1 亿美元以下），但却是最显赫的由黑人拥有的银行之一。

由于数量众多的用于投机的贷款无法收回，该银行在 1990 年 11 月资不抵债。鉴于银行的规模很小，联邦存款保险公司并不担心它的倒闭会对银行体系产生严重的影响，所以 11 月 9 日决定运用偿付法关闭该银行。自由国民银行进行了破产清理，超过 10 万美元的大储户只得到了一半存款。该银行倒闭时，不仅私人大储户蒙受了损失，慈善机构储户，如联合黑人学院基金、国民都市联盟和几个教会组织也蒙受了重大损失。正如赛德曼在向美国国会陈述自由国民银行的不公正待遇时所说的："我上任后向国会第一次作证时说过，对大银行覆盖所有存款户而对小银行则不然，那是不公平的。我承诺要尽我最大努力改变这种状况。但 5 年过去了，我只能说，我的努力还是不够。"

二、原因

1. 新英格兰银行和自由国民银行走向倒闭的直接原因，都是 20 世纪 80 年代它们把数量众多的贷款用于房地产投资，到 80 年代后期，由于房地产价格大幅度下跌，银行贷款收不回来，变成了呆账坏账，经营亏损大增，资不抵债，引起存款人挤兑提现，银行走向倒闭。

2. 联邦存款保险公司及其"大而不能倒"的政策刺激银行从事高风险业务，加大倒闭的可能性。1934 年建立的联邦存款保险公司主要运用两种方法来处理银行倒闭问题。第一种方法称为偿付法，即联邦存款保险公司容许银行破产并在 10 万美元的保险额度内偿付存款。银行清理以后，联邦存款保险公司和该银行的其他债权人一样，从清理的资产中获得应得的份额。在运用偿付法时，存款超过 10 万美元的储户一般能收回其价值的 90%，但这个过程需要几年的时间才能完成。第二种方法称为购买和接管法，即联邦存款保险公司找到一个愿意兼并银行的合作者来对银行进行重组，并由它接管倒闭银行的所有存款，这样，储户将丝毫无损。联邦存款保险公司可以通过提供补贴贷款或购买倒闭银行的较差的贷款来对兼并者提供帮助。购买和接管法的实际结果是联邦存款保险公司对全部存款提供了保证，而不仅仅是那些在 10 万美元限额以下的存款。在 1991 年新的银行立法以前，购买和接管法是联邦存款保险公司处理银行倒闭最惯用的程序。由于有政府的存款保险制度，银行挤兑和由此诱发的银行恐慌被有效地抑制了。但这种保险制度有利也有弊，存款保险最严重的弊端来源于道德风险和逆向选择。

道德风险即交易的一方从事损害另一方利益的活动的动机。一般来说，保险的存在增加了对冒险的刺激，这会导致赔付。例如，有了汽车碰撞保险的司机开起车来可能会更轻率鲁莽，因为如果他们发生事故，保险公司会支付大部分损失和修车的开支。同时，由于存款保险，存款者也知道，一旦银行倒闭，他们并不会蒙受什么损失，因而当他们怀疑银行在经营上冒过大风险时，他们不会通过提款来对银行施加市场规则的约束。结果，较之未投保而言，对存款投了保的银行会冒更大的风险。逆向选择即那些最有可能造成不利后果（银行倒闭）的人正是那些想充分利用保险的人。例如，与技术好的驾驶人相比，技术不好的驾驶人更愿意选择折扣率（赔付额对保险额）低的汽车碰撞保险。由于受保的储户没有理由对银行施加约束，爱冒险的企业家发现银行业是最诱人进入的高风险行业，而且可以不受欺诈和贪污的制裁。

存款保险产生的道德风险和防止银行倒闭的意图使银行监管者陷入进退两难的困境。由于大银行的倒闭就如同一场大的金融灾难，监管者自然不愿意大银行倒闭，使存款者蒙受损失。而政府实行“大而不能倒”政策带来的一个后果是增加了大银行道德风险的动机。如果联邦存款保险公司采用偿付法来关闭银行，存款超过 10 万美元的储户将遭受损失，这会促使大储户通过严密检查银行的资产负债表项目及表外业务来监督银行，如果他们认为银行经营风险过大，就会从银行提取存款。为了避免储户提款造成的损失，银行会倾向于从事低风险的活动。然而，当大储户知道银行不可能倒闭时，他们就失去了监督银行的动力，当银行经营风险过大时，他们也不会去提取存款，因为不管银行经营如何，大储户都不会遭受损失。这种政策的结果就是大银行更愿意从事高风险业务，走向倒闭的可能性也更大。这也是新英格兰银行和自由国民银行走向倒闭的体制性原因。但最终的结果是新英格兰银行由于是大银行，政府极力加以救助而未真的倒闭，而自由国民银行由于是小银行，又主要是黑人储户，政府不加以挽救而真的倒闭了。可见“大而不能倒”政策带来的另一个严重问题是不公平：允许小银行倒闭，让小银行的储蓄大户蒙受损失；而大银行的大储户则可以免遭损失，这使小银行处于不利的竞争地位。

三、启示

如上所述，与存款保险相联系的道德风险和逆向选择刺激了银行从事高风险活动。道德风险和逆向选择的产生源于信息不对称，也即金融合约的不同当事人不能拥有相同信息的事实。为此，需要政府加强对银行的监管。较传统的银行监管有四大基本类型：存款保险，对银行持有的资产进行限制和资本金要求，注册和银行检查以及银行业与证券业相分离。银行与证券分业经营的办法随着美国1999年底《金融服务现代化法案》的实施已经不值得推广，存款保险既是防范银行风险的手段，如前所述，它也是银行风险加大甚至走向倒闭的刺激因素。因此，在这里讲政府加强对银行的监管，只强调中间两种类型。

一是对银行持有资产进行限制和资本金要求。限制银行持有风险资产（如普通股股票）的规定是防范银行风险过大的直接手段。这一规定也鼓励银行资产多元化，通过对银行各类贷款或单个借贷者的贷款数量的限制来降低风险。银行资本充足率要求是改变银行的动机使之从事低风险活动的另一个办法。当银行被迫持有大量的股权资本时，一旦失败了，银行就会损失惨重，于是更倾向于从事低风险活动。

二是注册和银行检查。常规的银行检查，使监管者可以监督银行是否符合资本要求，限制资产持有的规定具备抑制道德风险的功能。检查者给银行一个所谓的“骆驼”评级（“骆驼”评级包括六项内容：资本充足率、资产质量、管理状况、收益、流动性和市场风险敏感度，“骆驼”则是这六项内容第一个英文字母的缩写“CAMELS”）。有了银行活动的这类信息，管理者就可以进行监管了，如果一家银行的“骆驼”评级很低的话，监管者就可以关闭它。通过防止银行从事高风险投资活动以降低道德风险的行为。成立新银行需要批准注册领取营业执照，这可以防止逆向选择，防止骗子和从事投机活动的企业家来控制银行。为了获得营业执照，申办者必须提交一份申请，说明经营计划。评价计划时，银行监管机构通过检查银行未来管理质量、可能的收益和初始资本金等，来确定要成立的银行是否健全。银行一经注册批准，需要按规定定期提交经营报告，披露银行的资产负债、收入及红利、产权结构、外汇经营状况和其他的详细情况。同时，银行监管机构还要对银行进行至少一年一次的检查，以确定它的财务状况。在完成检查之后，如果检查人员认为该银行没有充足的资本或有不诚实的行为，可以宣布它为“有问题的银行”，它将受到更频繁的检查。

同时，新英格兰银行和自由国民银行倒闭事件说明，“大而不能倒”的政策会增大纳税人支付高昂成本的道德风险，而且对储蓄大户和小银行不公平，我国不应该实行这样的政策，原因是如果实行这样的政策，会对国有银行的商业化改革更加不利。

案例六　恒大事件的风险启示

一、事件概况

2021年6月，恒大地产个别项目公司出现商票未及时兑付的情况，随后评级机构陆续下调其境外主体级别，截至7月30日，惠誉将恒大的公司评级从B+下调至CCC+，展望负面。恒大的流动性陷入枯竭，随着债务到期，公司加速出售资产，但受市场风险偏好以及项目质量影响，公司获现能力极其有限，多地项目出现停工。2021 年 12 月 3 日，中国恒大公告称：“本公司收到要求本公司履行一项金额为 2.6 亿美元担保义务的通知。在本集团未能履行担保或其他财务责任的情况下，可能导致债权人要求债务加速到期。”恒大债务违约风险显露。

2018 年，恒大集团开始投资新能源，2019 年全面加速该板块投资，债务规模持续上升。同时，恒大地产作为恒大集团的主要板块，其高杠杆经营模式也为债务风险埋下了伏笔。2020 年，恒大地产“三道红线”均踩线，再融资难度大幅攀升，风险加速显露，恒大集团随后全面放缓多元化进程，开始转向“降负债”。从恒大集团资产负债情况看，根据 2021 年半年报，恒大集团资产规模约为 2.38 万亿元，流动资产占比为 82.1%，其中存货、开发中物业和持作出售竣工物业合计占 60%，持续维持高位，且近三年存货平均抵押率约为 28%，相对较高。现金类资产占比持续下降，截至 2021 年 6 月，现金及现金等价物占比不足 4%。负债端方面，恒大集团负债规模约为 2 万亿元，流动负债占比为 66%，其中应付款占 40%，2016 年以来持续上升。2020 年有息负债规模超过 7 000 亿元，2021 年上半年减少至 5 700 亿元，净负债率为 99.78%，勉强达标，但更多的是进行债务腾挪，大额转移至应付账款，叠加合约负债等，实际债务压力接近 1.7 万亿元。此外，境外债务存在交叉保护条款的现象较多，由此加速风险传递和积聚。从降负债情况看，恒大集团心有余而力不足。第一，从恒大集团 2021 年以来的资产处置情况看，存量项目变现情况不乐观，存量项目无人接手、土地流拍等情况频频发生，资金回笼压力大。第二，公司在建项目较多，且 2020 年新增土地储备较多，在“保交房”政策下，再支出压力依然很大。

整体来看，恒大集团的债务风险来自高杠杆下的多元化经营模式，且在地产项目中存在资金挪用等违规行为，在风险显露后，短期偿债能力受可变现资产规模限制，且随着销售额被冻结，资产负债规模体量巨大，资金缺口难以依靠自身能力解决。2021 年 8 月，人民银行、银保监会相关部门约谈恒大集团高管；12 月初，广东省政府工作组入驻恒大；同时，在监管层统一协调下，部分地方成立由省级政府牵头、市县级政府为主体的恒大风险化解专班小组，着手处理本地恒大项目问题，部分地区项目数量较多，处置进展缓慢。

二、事件影响

从恒大事件起因、发展及处置看，地产行业高杠杆、盲目多元化的经营模式亟待转型。泛海控股、蓝光发展、阳光城、花样年等公司受市场风险偏好下行及债务集中到期影响，相继出现偿债风险，企业再融资难度持续上升，境外主体级别出现下调。

为防止行业风险扩大为系统性风险，2021 年 12 月以来，政策边际放松，缓解地产公司再融资压力，行业风险的处置将伴随融资规范的加强和去杠杆的进一步推进。2021 年 12 月 20 日，《关于做好重点房地产企业风险处置项目并购金融服务的通知》出台，为地产行业短期风险化解提供了一个解决方式，并加快行业整合。随后在 12 月 27 日人民银行召开的工作会议中提及，稳妥实施好房地产金融审慎管理制度，更好满足购房者合理住房需求，促进房地产业良性循环和健康发展。同时，再次强调“要坚持市场化、法治化的原则来处理，压实股东和属地的责任，稳妥化解各类风险，保护最广大人民群众根本利益”。

三、事件启示

从恒大的危机来看，就是其一意孤行，以为只要企业做大了，就一定会“大而不倒”，市场的经济规律给予了惩戒。做大规模能让房企更好地从银行融资，并在上下游合作方中获得绝对的优势地位和获取更多利润。为了做大企业，恒大的总资产达到了2.38万亿元，其中1.97万亿元是负债。而实际上，这种发展模式是不可持续的。一家企业不仅会牵连到无数金融机构、买房业主与员工，还会牵连大量的上下游供应商，甚至是农民工，以及被拖欠地价的地方政府。因此，一旦有一家房企倒闭，带来的将是一系列不良的社会影响。当然，现在监管层已经意识到了这一风险，因此从2020年开始在信贷方面施予极大限制：从金融机构维度，设置了房地产贷款余额占比和个人住房贷款余额占比“两个上限”，用来控制金融机构流向房企的钱，同时，还对房企提出了“三条红线”的要求。具体来说，就是剔除预收款后的资产负债率不得大于70%，净负债率不得大于100%，现金短债比小于1，同时还有购地金额不得超过销售金额40%的限制。该调控政策的最终目的是实现房地产行业的供给侧结构性改革，主动且坚决地去房地产泡沫，定点排除风险，彻底整顿房企营业模式。调控的一大特点是使“大而不倒”不再是当下房企的免死金牌，再大的房企，只要不改变，就要出现问题。与此同时，随着大量调控落地，整体楼市预期发生变化，买房人贷款难下，房企去化更加困难；叠加房企在2017—2018年拿下高价地块，却不得不在限价之下卖出，以及地价快速上涨等因素，表面光鲜亮丽的房企，内部都存在资金不足的问题。

参 考 文 献

［1］赫尔．风险管理与金融机构［M］．叶伟春，温正大，孙凯，译．北京：机械工业出版社，2009.

［2］陈德胜，文根第，刘伟．商业银行全面风险管理［M］．北京：清华大学出版社，2009.

［3］威尔莫特．金融工程与风险管理技术［M］．刘立新，等，译．北京：机械工业出版社，2009.

［4］布沙尔，波特．金融风险和衍生证券定价理论——从统计物理到风险管理：第 2 版［M］．北京：高等教育出版社，2008.

［5］李健．风险管理和内部控制理论与实践［M］．北京：经济科学出版社，2019.

［6］赵志宏．未来银行全面风险管理［M］．北京：中国金融出版社，2020.

［7］小哈斯莱特．风险管理［M］．北京：机械工业出版社，2017.

［8］陈炜，沈群．金融衍生产品避险的财务效应、价值效应和风险管理研究［M］．北京：经济科学出版社，2008.

［9］中国银行业协会银行业专业人员职业资格考试办公室．风险管理［M］．北京：中国金融出版社，2021.

［10］ROMANS. 金融数学引论——从风险管理到期权定价［M］．邓欣雨，译．北京：科学出版社，2008.

［11］朱淑珍．金融风险管理（第 4 版）［M］．北京：北京大学出版社，2020.

［12］石晓军．商业银行信用风险管理研究——模型与实证［M］．北京：人民邮电出版社，2007.

［13］马昕田．金融风险管理［M］．北京：中国金融出版社，2021.

［14］斯塔茨．风险管理与衍生产品［M］．北京：机械工业出版社，2004.

［15］陆静．金融风险管理（第三版）［M］．北京：中国人民大学出版社，2021.

［16］高晓燕．金融风险管理（第 2 版）［M］．北京：清华大学出版社，2019.

［17］克里斯托弗森．金融风险管理（第二版）［M］．北京：中国人民大学出版社，2015.

［18］林亚臣．零售金融风险管理概论［M］．北京：中国金融出版社，2020.

［19］高顿财经研究院．金融风险管理师指导书［M］．上海：立信会计出版社，2020.

［20］郭延安．风险管理［M］．北京：清华大学出版社，2010.

［21］吕香茹．商业银行全面风险管理［M］．北京：中国金融出版社，2009.

［22］王勇，关晶奇，隋鹏达．金融风险管理［M］．北京：机械工业出版社，2020.

［23］谢非，赵宸元．金融风险管理实务案例［M］．北京：经济管理出版社，2019.

［24］王金安，陈蕾．金融风险管理［M］．北京：中国人民大学出版社，2021.

［25］许国庆．风险管理考试辅导习题集［M］．北京：中信出版社，2008.

［26］章京，张英奎．风险管理考试辅导习题集［M］．北京：中国科学文化音像出版社，2009.
［27］《中国银行业从业人员资格认证考试丛书》编写组．风险管理应试指导及全真模拟题［M］．北京：经济科学出版社，2021.
［28］夏汉平．财务报表分析识别与信贷风险防范［M］．北京：中国社会出版社，2009.